高等院校经济管理类教材系列

市 场 调 研

张德存　主　编

邓凯元　副主编

湖州师范学院"十二五"重点建设教材

科 学 出 版 社

北　京

内 容 简 介

本书共分为十章，内容包括市场调研整个过程所涉及的理论和实际问题，分别介绍了市场调研概述、市场调研的流程、精准界定市场调研问题、调研设计与方法选择、测量技术与量表设计、问卷设计技术、抽样技术、控制数据质量与初步分析、调研数据的深入分析和市场调研报告等内容。

市场调研是一门理论上非常成熟的学科，同时也是一门特别强调实践的学科。本书在体系结构设计上从调研公司和企业实际开展调研的角度出发，以市场调研过程为主线阐述市场调研的主要内容和技术环节，重点突出调研方案设计、调研方法选用、调研问卷设计、抽样方案设计、数据整理、数据分析和调研成果报告，目的是为营销决策者提供有价值的信息。

本书既可作为高等院校市场营销、工商管理等专业本科生、研究生的教材，也可作为从事市场调研人员的参考书。

图书在版编目（CIP）数据

市场调研/张德存主编. —北京：科学出版社，2013
（高等院校经济管理类教材系列）
ISBN 978-7-03-038647-2

Ⅰ. ①市⋯　Ⅱ. ①张⋯　Ⅲ. ①市场调研-高等学校-教材　Ⅳ. ①F713.52

中国版本图书馆 CIP 数据核字（2013）第 221873 号

责任编辑：任锋娟 / 责任校对：马英菊
责任印制：吕春珉 / 封面设计：一克米工作室

斜学出版社 出版
北京东黄城根北街 16 号
邮政编码：100717
http://www.sciencep.com

三河市铭浩彩色印装有限公司印刷
科学出版社发行　　　各地新华书店经销
*
2014 年 1 月第 一 版　　开本：787×1092　1/16
2018 年 1 月第三次印刷　　印张：22
字数：512 000

定价：49.00 元
（如有印装质量问题，我社负责调换〈铭浩〉）

销售部电话 010-62134988　　编辑部电话 010-62135741（HF02）

前　言

　　市场调研是 20 世纪初在美国发展起来的，其历史可以追溯到 1824 年。20 世纪 30 年代以后，随着心理学家的加入、统计方法的进步，市场调研的方法更加丰富，市场调研结果更加科学、可信，市场调研的范围扩大到有关市场营销问题的各个方面。研究者将新技术、新方法应用到市场调研中，如实验设计、意见调查等运用于研究家庭的消费行为。有些心理学家将心理学的研究方法引入产品的消费者测试领域，这些研究进一步促进了市场研究技术的发展。20 世纪 40 年代，"焦点小组"方法在罗伯特·默顿的领导下开发出来。随机抽样的广泛应用，使得抽样技术和调查方法飞速发展。同时，市场调研理论也得到了较快的发展。在美国先后出版了不少关于市场调研的专著，其中 1937 年美国市场营销协会（AMA）组织专家集体编写的《市场调研技术》一书对市场调研学科的发展起到了重要作用。市场调研逐渐形成为一门新兴的学科，并带动了市场调研业的兴起，市场调研的理论与实践得到了进一步的结合，推动了企业生产与经营的快速发展。1950 年以来，市场调研与市场预测结合起来，随着计算机在企业中的广泛应用，一个新型的现代企业信息系统逐渐形成，市场调研和预测已成为这一信息系统的重要组成部分，在现代企业经营管理中发挥了重要的作用。

　　到了 20 世纪 50 年代中期，出现了根据人口统计特征进行市场细分和消费者动机的研究，市场细分和消费者动机分析的综合调查技术又进一步促进了心理图画和利益细分技术的发展。进入 20 世纪 60 年代以后，伴随着描述和预测的数学模型的发展及计算机科学的快速发展，调查数据的分析、储存和挖掘能力大幅度提高，市场调研业也走向成熟。市场调研进入了一个快速发展的时期，消费者行为（价值观和生活方式）成为消费者定性与定量研究的重要组成部分。消费者调查研究是以个人和家庭为消费对象，为更好地理解其生活方式与态度，为企业广告的有效诉求提供依据。另外，利用计算机进行的大量抽样调查和统计软件的开发、使用，使市场调研业成为一个具有发展前景的新兴产业，产生了如兰德公司、斯坦福德公司研究所等一批著名的调查公司。目前在美国及其他发达国家，市场调研已经相当普遍，市场调研业已经成为经济生活的一个重要领域。

　　市场调研作为一种职业在我国发展的历史是非常短暂的。自 20 世纪 90 年代后期开始起步，到今天虽然有了长足的发展，但由于市场营销理论传入国内只有十多年的时间，很长一段时间内企业并没有意识到市场调研分析的重要性。很多企业在经营决策方面还停留在"三拍"阶段，即：一拍脑袋作决策，二拍胸脯作保证，三拍大腿就后悔。很多企业的决策都缺乏基本的市场信息分析的支持，主要依靠企业家个人的能力，凭其经验、主观判断及对市场的直觉而作出决策，严重影响了企业的发展。随着企业竞争的加剧和市场营销走向专业化，市场调研分析师的作用越来越明显，具有市场调研、市场分析能力的调研人才日益受到企业的重视。市场调研和分析是企业了解和掌握市场现状，判断发展趋势，制定营销战略和策略的基础和有效工具。只有通过市场调研和分析，企业才能快速、及时地调整战略和策略，进行有效的市场决策。

　　本书正是在上述大背景下撰写的。在长期市场营销教学及专业建设的过程中，我们深感教材建设对于人才培养的重要性。所以在体系结构设计上，广泛汲取国际上最优秀教材精华，从调研公司和企业实际开展调研的角度出发，以市场调研过程为主线阐述市场调研的主要内容和技术环节，重点突出调研方案设计、调研方法选用、调研问卷设计、抽样方案设计、数据整理、数据分析和调研成果报告，目的是为营销决策者提供有价值的信息；在写作体例上，每章均以案例开篇导入主题，为学生在知识逻辑结构图的指引下深入学习，每章对内容都做了小结，并附有复习与思考题（含实训题），对教学内容起到复习、巩固的作用，最后还设置了补充阅读，为学生提供课后延伸阅读的路径；在写作风格上，概念表述、方法阐述力求做到言简意赅，重点说清楚"是什么"及"怎么用"，还大量运用图表、案例来阐述基本观点；重视学生市场调研实际运用能力的培养，突出的亮点是各章均配备了实训设计、组织与实施，能使授课教师轻松地实现技能培养环节。

　　本书的直接使用对象是市场营销专业的本科或部分专科高年级学生，同时可以作为相关专业本科生的选修课教材和研究生的选读材料。此外，它也可以作为调研公司和企业调研者的入门教材和参考书。我们建议在市场营销专业相关基础课程（如高等数学、经济学、管理学、市场营销学和统计学）学习结束之后开设"市场调研"课程为最佳；对于具有管理学和统计学知识的读者，可以从第一章开始循序渐进地阅读；对于已经学习过市场调研相关知识的从业人员或研究生可以按照自己的兴趣选择任意相关章节阅读。本书在市场营销专业本科教学中可作为54学时的教科书使用，每章5个学时左右，每章结束后再作适当的小结和复习。作为选修课教材时可以根据课时情况作适当的调整。

　　本书共分十章，张德存设计编写框架，编写了第三至九章，并提供了大量的图片和案例；李艳蕊编写了第一章；邓凯元编写了第二章；刘海龙编写了第十章。本书最后由张德存统纂定稿。

　　由于编者水平有限，疏漏之处在所难免，恳切广大读者不吝赐教，以便今后进一步修改完善。

张德存

2013 年 9 月

目　录

第一章　市场调研概述 ·· 1

第一节　为什么做市场调研 ·· 2
一、市场调研是营销管理的需要 ·· 2
二、市场调研是营销策略剖定的需要 ·· 4
三、市场调研是现代企业营销的需要 ·· 5

第二节　市场调研的含义、特点、原则和发展历程 ························ 8
一、市场调研的含义 ··· 8
二、市场调研的特点与原则 ·· 9
三、市场调研的发展历程 ··· 11

第三节　市场调研的内容与类型 ·· 16
一、市场调研的内容 ·· 16
二、市场调研的类型 ··· ·· 18

第四节　市场调研道德伦理 ·· 21
一、市场调研提供者的道德伦理规范 ··· 21
二、市场调研使用者的道德伦理规范 ··· 22
三、被调研者的道德伦理规范 ·· 22
四、市场调研公司的道德伦理规范 ·· 23

小结 ··· 24

复习与思考 ·· 24

第二章　市场调研的流程 ·· 26

第一节　市场调研的主要步骤 ··· 27
一、市场调研流程简述 ·· 27
二、市场调研的具体流程及注意事项 ··· 29

第二节　市场调研步骤之间的联系 ··· 43
一、调研的背景 ··· 43
二、特定的营销问题 ·· 43
三、确立调研目标 ··· 44
四、确定调研设计方案 ·· 44
五、确定资料的类型和来源 ·· 44
六、确定收集资料的方法 ··· 45
七、资料分析和撰写调研报告 ·· 46

第三节　不同市场调研部门类型及流程的比较⋯⋯⋯⋯⋯⋯⋯⋯⋯⋯⋯⋯47
　　一、企业内部市场调研信息系统⋯⋯⋯⋯⋯⋯⋯⋯⋯⋯⋯⋯⋯⋯⋯48
　　二、企业外部市场调研信息系统⋯⋯⋯⋯⋯⋯⋯⋯⋯⋯⋯⋯⋯⋯⋯54
小结⋯⋯⋯⋯⋯⋯⋯⋯⋯⋯⋯⋯⋯⋯⋯⋯⋯⋯⋯⋯⋯⋯⋯⋯⋯⋯⋯⋯58
复习与思考⋯⋯⋯⋯⋯⋯⋯⋯⋯⋯⋯⋯⋯⋯⋯⋯⋯⋯⋯⋯⋯⋯⋯⋯⋯59

第三章　精准界定市场调研问题⋯⋯⋯⋯⋯⋯⋯⋯⋯⋯⋯⋯⋯⋯⋯⋯⋯64
第一节　市场调研问题的界定⋯⋯⋯⋯⋯⋯⋯⋯⋯⋯⋯⋯⋯⋯⋯⋯⋯66
　　一、市场调研问题的含义⋯⋯⋯⋯⋯⋯⋯⋯⋯⋯⋯⋯⋯⋯⋯⋯⋯66
　　二、市场调研问题的类型⋯⋯⋯⋯⋯⋯⋯⋯⋯⋯⋯⋯⋯⋯⋯⋯⋯69
　　三、市场调研问题的确定原则⋯⋯⋯⋯⋯⋯⋯⋯⋯⋯⋯⋯⋯⋯⋯70
　　四、市场调研问题确定的作业程序⋯⋯⋯⋯⋯⋯⋯⋯⋯⋯⋯⋯⋯70
第二节　界定市场调研问题的市场识别视角与模型⋯⋯⋯⋯⋯⋯⋯⋯74
　　一、市场环境问题调研⋯⋯⋯⋯⋯⋯⋯⋯⋯⋯⋯⋯⋯⋯⋯⋯⋯⋯74
　　二、市场需求问题调研⋯⋯⋯⋯⋯⋯⋯⋯⋯⋯⋯⋯⋯⋯⋯⋯⋯⋯76
　　三、市场供给问题调研⋯⋯⋯⋯⋯⋯⋯⋯⋯⋯⋯⋯⋯⋯⋯⋯⋯⋯77
　　四、市场销售潜力问题调研⋯⋯⋯⋯⋯⋯⋯⋯⋯⋯⋯⋯⋯⋯⋯⋯79
　　五、消费者市场问题调研⋯⋯⋯⋯⋯⋯⋯⋯⋯⋯⋯⋯⋯⋯⋯⋯⋯80
　　六、顾客满意度问题调研⋯⋯⋯⋯⋯⋯⋯⋯⋯⋯⋯⋯⋯⋯⋯⋯⋯81
　　七、生活形态问题调研⋯⋯⋯⋯⋯⋯⋯⋯⋯⋯⋯⋯⋯⋯⋯⋯⋯⋯84
　　八、国际市场问题调研⋯⋯⋯⋯⋯⋯⋯⋯⋯⋯⋯⋯⋯⋯⋯⋯⋯⋯84
第三节　界定市场调研问题的市场策略视角与模型⋯⋯⋯⋯⋯⋯⋯⋯85
　　一、生产者市场研究⋯⋯⋯⋯⋯⋯⋯⋯⋯⋯⋯⋯⋯⋯⋯⋯⋯⋯⋯85
　　二、产品市场研究⋯⋯⋯⋯⋯⋯⋯⋯⋯⋯⋯⋯⋯⋯⋯⋯⋯⋯⋯⋯87
　　三、产品品牌研究⋯⋯⋯⋯⋯⋯⋯⋯⋯⋯⋯⋯⋯⋯⋯⋯⋯⋯⋯⋯88
　　四、市场细分与定位研究⋯⋯⋯⋯⋯⋯⋯⋯⋯⋯⋯⋯⋯⋯⋯⋯⋯89
　　五、产品价格研究⋯⋯⋯⋯⋯⋯⋯⋯⋯⋯⋯⋯⋯⋯⋯⋯⋯⋯⋯⋯90
　　六、销售渠道研究⋯⋯⋯⋯⋯⋯⋯⋯⋯⋯⋯⋯⋯⋯⋯⋯⋯⋯⋯⋯90
　　七、广告研究⋯⋯⋯⋯⋯⋯⋯⋯⋯⋯⋯⋯⋯⋯⋯⋯⋯⋯⋯⋯⋯⋯91
　　八、促销研究⋯⋯⋯⋯⋯⋯⋯⋯⋯⋯⋯⋯⋯⋯⋯⋯⋯⋯⋯⋯⋯⋯92
　　九、企业商品销售研究⋯⋯⋯⋯⋯⋯⋯⋯⋯⋯⋯⋯⋯⋯⋯⋯⋯⋯92
　　十、市场竞争研究⋯⋯⋯⋯⋯⋯⋯⋯⋯⋯⋯⋯⋯⋯⋯⋯⋯⋯⋯⋯93
　　十一、商圈研究⋯⋯⋯⋯⋯⋯⋯⋯⋯⋯⋯⋯⋯⋯⋯⋯⋯⋯⋯⋯⋯94
第四节　市场调研计划书⋯⋯⋯⋯⋯⋯⋯⋯⋯⋯⋯⋯⋯⋯⋯⋯⋯⋯⋯96
　　一、市场调研计划书的定义⋯⋯⋯⋯⋯⋯⋯⋯⋯⋯⋯⋯⋯⋯⋯⋯96
　　二、市场调研计划书的主要内容⋯⋯⋯⋯⋯⋯⋯⋯⋯⋯⋯⋯⋯⋯96
　　三、市场调研计划书的评估⋯⋯⋯⋯⋯⋯⋯⋯⋯⋯⋯⋯⋯⋯⋯⋯99

小结 …………………………………………………………………………… 101

复习与思考 ……………………………………………………………………… 102

第四章　调研设计与方法选择 ……………………………………………… 105

第一节　市场调研设计 ……………………………………………………… 107

一、市场调研设计的含义 …………………………………………… 107

二、市场调研设计的分类 …………………………………………… 108

第二节　探索性调研设计 …………………………………………………… 113

一、探索性调研设计的含义与作用 ………………………………… 113

二、二手数据法 ……………………………………………………… 115

三、定性调研 ………………………………………………………… 122

第三节　描述性调研设计 …………………………………………………… 135

一、描述性调研设计的性质与种类 ………………………………… 136

二、描述性调研的方法——观察法 ………………………………… 138

三、询问法 …………………………………………………………… 141

第四节　因果关系调研设计 ………………………………………………… 147

一、因果关系调研 …………………………………………………… 147

二、实验调研法 ……………………………………………………… 149

小结 …………………………………………………………………………… 157

复习与思考 ……………………………………………………………………… 158

第五章　测量技术与量表设计 ……………………………………………… 159

第一节　测量的基本概念 …………………………………………………… 160

一、测量的意义 ……………………………………………………… 160

二、测量与统计的基础——变异 …………………………………… 161

第二节　测量的尺度与格式 ………………………………………………… 163

一、测量的尺度 ……………………………………………………… 163

二、测量格式的基本特性 …………………………………………… 165

三、量化研究的测量格式 …………………………………………… 166

第三节　常用的测量格式 …………………………………………………… 168

一、常用的测量格式 ………………………………………………… 168

二、测量格式的比较 ………………………………………………… 180

三、选择量表时应考虑的因素 ……………………………………… 182

第四节　量表的信度、效度检验 …………………………………………… 182

一、信度检验 ………………………………………………………… 183

二、效度及其评价方法 ……………………………………………… 185

三、效度和信度的关系 ……………………………………………… 186

小结 ……………………………………………………………………………………… 187
复习与思考 …………………………………………………………………………… 187

第六章 问卷设计技术 …………………………………………………………… 191

第一节 问卷的特点、类型与基本结构 …………………………………………… 197
一、问卷的特点 ……………………………………………………………… 197
二、问卷的类型 ……………………………………………………………… 198
三、问卷的基本结构 ………………………………………………………… 199

第二节 问卷设计的流程 …………………………………………………………… 200
一、设计问卷前的探索性分析与研究 …………………………………… 201
二、设计市场调研问卷初稿 ……………………………………………… 201
三、对问卷初稿进行试用和修改 ………………………………………… 203

第三节 问卷设计技术 ……………………………………………………………… 204
一、问卷中问题的设计 …………………………………………………… 204
二、问卷中问题答案的设计 ……………………………………………… 209

第四节 网上创建在线问卷 ……………………………………………………… 213
一、网上问卷调研技术与发展简介 ……………………………………… 213
二、网上问卷调研的特点 ………………………………………………… 213
三、网上问卷系统的具体操作 …………………………………………… 215

小结 …………………………………………………………………………………… 218
复习与思考 …………………………………………………………………………… 218

第七章 抽样技术 …………………………………………………………………… 223

第一节 抽样调研概述 ……………………………………………………………… 224
一、抽样调研的含义 ……………………………………………………… 224
二、抽样调研的特点 ……………………………………………………… 224
三、抽样调研的基本概念 ………………………………………………… 225
四、抽样调研的程序 ……………………………………………………… 228

第二节 抽样方式 …………………………………………………………………… 229
一、随机抽样 ……………………………………………………………… 229
二、非随机抽样 …………………………………………………………… 233

第三节 推断市场总体 ……………………………………………………………… 237
一、抽样误差 ……………………………………………………………… 237
二、参数估计 ……………………………………………………………… 239

第四节 确定样本容量 ……………………………………………………………… 244
一、根据调研目的确定样本容量 ………………………………………… 244
二、考虑总体性质和特点确定样本容量 ………………………………… 245

　　　三、按市场调研条件确定样本容量 …………………………………………… 245
　　　四、样本容量的计算 ……………………………………………………………… 245
　　小结 ……………………………………………………………………………………… 247
　　复习与思考 ……………………………………………………………………………… 247

第八章　控制数据质量与初步分析 …………………………………………………… 251
　　第一节　调研数据的查核与编码 …………………………………………………… 253
　　　一、查核 …………………………………………………………………………… 253
　　　二、编码 …………………………………………………………………………… 257
　　　三、废卷处理 ……………………………………………………………………… 266
　　第二节　数据的分组 ………………………………………………………………… 267
　　　一、数据分组概述 ………………………………………………………………… 267
　　　二、简单分组 ……………………………………………………………………… 267
　　　三、平行分组处理 ………………………………………………………………… 269
　　　四、交叉分组处理 ………………………………………………………………… 270
　　　五、开放式问题的分类归纳 ……………………………………………………… 271
　　第三节　二手数据资料加工 ………………………………………………………… 272
　　　一、二手数据的加工程序 ………………………………………………………… 272
　　　二、历史数据的整序与开发 ……………………………………………………… 272
　　第四节　市场调研数据显示 ………………………………………………………… 275
　　　一、统计表 ………………………………………………………………………… 275
　　　二、统计图 ………………………………………………………………………… 275
　　第五节　调研数据的初步分析 ……………………………………………………… 279
　　　一、单因素表格化分析——单向列表 …………………………………………… 279
　　　二、多因素列表分析 ……………………………………………………………… 283
　　　三、变量关系的详细解释 ………………………………………………………… 285
　　小结 ……………………………………………………………………………………… 288
　　复习与思考 ……………………………………………………………………………… 289

第九章　调研数据的深入分析 ………………………………………………………… 293
　　第一节　市场调研数据分析 ………………………………………………………… 295
　　　一、市场调研数据分析的意义 …………………………………………………… 295
　　　二、市场调研数据分析的规则 …………………………………………………… 295
　　　三、市场调研数据分析的内容 …………………………………………………… 296
　　　四、市场调研数据分析的方法 …………………………………………………… 296
　　　五、市场调研数据分析的程序 …………………………………………………… 297

第二节　单变量数据分析 ··· 297

一、结构性分析 ··· 297

二、集中度分析 ··· 299

三、差异性分析 ··· 299

四、增长性分析 ··· 300

五、趋势性分析 ··· 300

六、季节性分析 ··· 301

七、循环波动性分析 ··· 301

八、显著性分析 ··· 302

第三节　双变量数据分析 ··· 303

一、双变量比率分析 ··· 303

二、边际效应分析 ··· 303

三、弹性系数分析 ··· 304

四、双变量动态分析 ··· 305

五、双变量关联分析 ··· 305

六、两变量的独立性检验 ··· 307

七、两样本的一致性检验 ··· 308

第四节　多变量数据分析 ··· 309

一、多变量比较分析 ··· 309

二、多变量平衡性分析 ··· 310

三、多变量综合评价 ··· 311

四、多变量方差分析 ··· 312

五、多变量相关分析 ··· 313

六、多变量回归分析 ··· 314

七、多变量聚类分析 ··· 314

八、多变量分析的其他方法 ··· 315

小结 ·· 316

复习与思考 ·· 316

第十章　市场调研报告 ··· 320

第一节　市场调研报告的功能 ··· 327

一、书面调研报告的功能 ··· 327

二、演示报告的功能 ··· 328

第二节　书面调研报告的撰写 ··· 329

一、书面调研报告的内容构成 ··· 329

二、撰写调研报告的基本要求 ··· 333

三、撰写调研报告中易出现的问题 ··· 334

第三节　调研报告的口头汇报 ··· 334
　　一、口头调研报告的作用 ·· 334
　　二、做口头调研报告需要准备的材料 ·· 335
　　三、做口头调研报告需要注意的问题 ·· 335
小结 ··· 336
复习与思考 ··· 336

参考文献 ··· 340

第一章　市场调研概述

教学目标与要求

➤ 理解市场调研的含义、特点和作用；
➤ 识别市场调研的发展过程与分类；
➤ 理解市场调研对企业营销决策的重要作用及其局限性；
➤ 了解市场调研各方应遵从的道德规范；
➤ 掌握市场调研的程序。

本章知识逻辑结构图

本章知识逻辑结构图如图 1-1 所示。

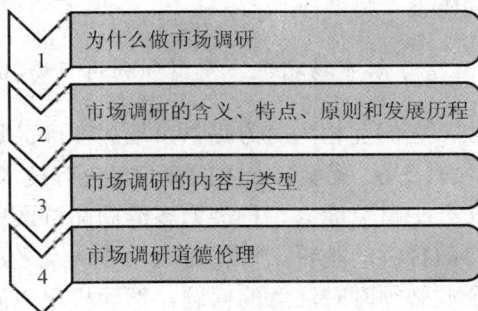

1	为什么做市场调研
2	市场调研的含义、特点、原则和发展历程
3	市场调研的内容与类型
4	市场调研道德伦理

图 1-1　本章知识逻辑结构图

═══ 导入案例 ═══

日本卡西欧公司的市场调研

日本卡西欧公司自公司成立起便一直以产品的新、优而闻名世界，其新和优主要得力于市场调研。卡西欧公司的市场调研主要是销售调查卡。这个卡片只有明信片大小，但考虑周密、设计细致，调研栏目中各类内容应有尽有。第一栏是对购买者的调研，其中包括性别、年龄、职业，分类十分细致。第二栏是对使用者的调研，即区分使用者是购买者本人、家庭成员，还是其他人。每一类人员中，又分年龄、性别。第三栏是购买方法的调研，是个人购买、团体购买，还是赠送。第四栏是调研购买者是如何知道该产品的，是看见商店橱窗布置、报纸杂志广告、电视台广告，还是朋友告知、看见他人使用等。第五栏是调研为什么选中了该产品，所拟答案有：操作方便、音色优美、功能齐全、价格便宜、商店的介绍、朋友的推荐、孩子的要求等。第六栏是调查使用后的感受，是非常满意、一般满意、普通，还是不满意。另外几栏还分别对机器的性能、购买者所拥有的乐器、学习乐器的方法和时间、所喜爱的音乐、希望有哪些功能等方面作了详尽的设计。为企业提高产品质量、改进经营策略、开拓新的市场提供了可靠的依据。

（资料来源：http://jpkc.hnuc.edu.cn/scdcyyc/? uid＝2&cid＝18&id＝88）

上述日本卡西欧公司信息收集活动只是市场调研的一角。日本卡西欧公司采用了大量的市场调研来协助市场战略的制定和评估。日本卡西欧公司采用规范的调研方式来识别成功的概念和提供产品以满足不同利益相关者的要求。例如，产品概念的提出来源于对潜在市场机会的分析，概念工程和概念测试在客户和特定目标群中的验证也是如此。在设计流程的后续阶段，日本卡西欧公司会紧密联系客户，确定他们对其产品的关键需求。同时，该公司会继续调研以支持新产品的推出。在新产品推出前、推出中和推出后都会做新产品的定位、盈利和沟通战略的调研。产品经销商也会提供关于客户行为、产品满意度及售后服务的完善数据。本章将详细探讨市场调研（marketing research）的含义、特点、历程和类型。

第一节　为什么做市场调研

一、市场调研是营销管理的需要

1. 市场调研有助于管理者了解市场状况、发现和利用市场机会

市场由供给和需求组成，它们互相为对方提供市场。在商品日益丰富的情况下，作为供应一方的生产者面临的既有产品、资金、人才的竞争，也有技术水平和技术设备的竞争；作为需求一方的消费者，在一个日益庞大、种类繁多的商品群面前必然会有所选择。而在这种市场条件下，谁能赢得消费者的垂青，谁就是成功者；反之，则面临着被挤出市场的命运。因此，生存危机是企业必须时时注意的问题，然而机遇也同时存在，这就要看企业如何把握和抓住时机。而市场调研有助于管理者了解市场状况、发现和利用市场机会。

阅读资料

一位营销经理可能会考虑在推出一种新的速冻食品时提供优惠券，优惠券可能与电视广告一起被用来引导人们尝试这种新的食品。这样就产生了一个新的问题：谁会接受这种优惠券呢？营销经理提出的下一个问题是：优惠券大量使用者和少量使用者之间是否存在可识别的人口统计特征？市场调研表明，统计上唯一有显著差别的是家庭女主人有没有工作。营销经理根据这一特征来确定新速冻食品优惠券的邮寄清单。

2. 市场调研有助于管理者制定正确的营销战略

在现代市场营销中，主动的管理意味着通过调整营销组合来适应新的经济、社会和竞争环境，而被动的管理则是等到对企业有重大影响的变化出现时，才决定采取行动。市场调研在主动式管理中发挥重要的作用，具有主动性的管理者不仅要在不断变化的市场中寻求新的机会，而且会通过战略计划的制定尽力为企业提供长期的营销战略，基于现有的和

将来的内部能力及预计的外部环境的变化,战略计划可以用来指导企业资源的长期使用。一个好的战略计划是在出色的市场调研基础上得出的,它有利于企业实现长期利润和市场占有率目标;缺乏市场调研的差的战略计划则会威胁企业的生存。市场调研和决策的关系如图 1-2 所示。

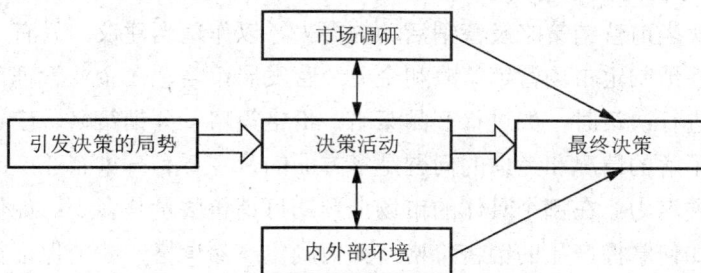

图 1-2　市场调研和决策的关系

3. 市场调研有助于企业开发新产品,开拓新市场

任何企业的产品都不会在市场上永远畅销,企业要想生存和发展就需要不断地开发新产品。例如,索尼公司每年向市场推出 1000 种新产品。市场调研在新产品开发中发挥着重要的作用,通过市场调研可以了解和掌握消费者的消费趋向、新的要求、消费偏好的变化及对产品的期望等,然后设计出满足这些要求的产品,使企业的销售出现新的高潮。

4. 市场调研有助于企业在竞争中占据有利地位

在市场上,生产紧随消费的情况普遍存在,但生产也可以强制需求,即在消费者对产品有了足够的了解和认识以后,认可产品并进行购买,这种强制需求一旦成功,企业就可率先进入产品的销售领域,从而在市场上占有绝对优势。然而,强制需求的成功必须建立在满足消费者的某种需求的基础之上,而在成功的背后市场调研起着极其重要的作用。市场调研是企业有效地利用和调动市场情报、信息的主要手段,是企业开展市场营销活动的基础,它在很大程度上决定着企业的前途和未来。

知识拓展

市场调查的基本问题

1）为何调查:回答为何遵行市场调查,界定调查的目的。

2）调查什么:回答市场调查的内容,界定调查的项目。

3）由谁调查:回答由谁负责市场调查,界定调查的主体。

4）向谁调查:回答市场调查的研究对象,界定调查的客体。

5）如何调查:回答怎样调查的问题,界定调查的方式、方法。

6）何时、何地调查:回答调查的时空范围,界定调查的时间和地点。

任何市场调查者都必须对上述市场调查如何运行的基本问题及其相互关系作出回答,必须正确处理它们之间的关系。

二、市场调研是营销策略制定的需要

市场调研之所以成为营销策略制定的需要，具体原因如下。

1）通过了解分析提供市场信息，可以避免企业在制定营销策略时发生错误，或可以帮助营销决策者了解当前营销策略及营销活动的得失，以作适当建议。只有了解市场实际情况，才能有针对性地制定市场营销策略和企业经营发展策略，在企业管理部门和有关人员要针对某些问题进行决策时，如进行产品策略、价格策略、分销策略、广告和促销策略的制定等，通常要了解的情况和考虑的问题是多方面的，主要有：本企业产品在什么市场上销售较好、有发展潜力；在哪个具体的市场上预期可销售数量是多少；如何才能扩大企业产品的销售量；如何掌握产品的销售价格；如何制定产品价格，才能保证在销售和利润两方面都能上去；怎样组织产品推销，销售费用又将是多少等，这些问题只有通过具体的市场调查才可以得到具体的答复，而且只有通过市场调查得来的具体答案才能作为企业决策的依据。否则，就会形成盲目和脱离实际的决策，而盲目则往往意味着失败和损失。

2）提供正确的市场信息，可以了解市场可能的变化趋势及消费者潜在的购买动机和需求，有助于营销者识别最有利可图的市场机会，为企业的发展提供新契机。市场竞争日益激烈，并不断地发生变化，而促使市场发生变化的原因有很多，有产品、价格、分销、广告、推销等市场因素和有关政治、经济、文化、地理条件等市场环境因素。这两类因素往往又是相互联系和相互影响的，而且不断地发生变化。企业为适应这种变化，就只有通过广泛的市场调查，及时地了解各种市场因素和市场环境因素的变化，从而有针对性地采取措施，通过对市场因素的调整，去应对市场竞争。对于企业来说，能否及时地了解市场的变化情况，并适时、适当地采取应变措施，是能否取胜的关键。

3）有助于了解当前相关行业的发展状况和技术经验，为改进企业的经营活动提供信息。当今世界，科技发展迅速，新发明、新创造、新技术和新产品层出不穷。这种技术的进步自然会在商品市场上以产品的形式反映出来。通过市场调查，可以得到有助于我们及时了解市场经济动态和科技信息的资料信息，为企业提供最新的市场情报和技术生产情报，以便更好地学习和吸取同行业的先进经验和最新技术，改进企业的生产技术，提高人员的技术水平，提高企业的管理水平，从而提高产品的质量、加速产品的更新换代、增强产品和企业的市场竞争力，保障企业的生存和发展。

4）整体宣传策略需要，为企业市场地位和产品宣传等提供信息和支持。市场宣传推广需要了解各种信息的传播渠道和传播机制，以寻找合适的宣传推广载体、方式及详细的营销计划，这也需要市场调研来解决。特别是高速变化的环境下，过去的经验只能减少犯错误的机会，而实时的信息更新则可以保证宣传推广的到位。通常在市场宣传推广中还需要市场调研机构的市场信息支持，比如在消费者认同度、品牌知名度、满意度、市场份额等各方面提供企业的优势信息以满足进一步的需要。

5）通过市场调查所获得的资料，除了可供了解目前的市场情况之外，还可以对市场变化趋势进行预测，从而使企业是前作出计划和安排，充分适应市场的变化，从而使企业获得利益。

三、市场调研是现代企业营销的需要

在营销实践中，任何市场调研都是为了更好地了解市场，搞清楚战略失败的原因或减少决策中的不确定性。为这些目的而进行的市场调研被称为应用性市场调研。例如，企业的产品在市场上的销量是增长还是下降？企业的广告更容易让受众记住吗？应用性市场调研在现代企业营销中的作用可以归纳为以下几个方面。

1. 投入期——确认需求

产品（或服务）在投入市场之前，市场调研扮演着重要的角色。早期确定对产品是否有需求，或者是否有尚未被满足的需求至关重要。市场调研可用来检验其概念或想法。

阅读资料

当一种产品是一种真正的创造发明时，市场调研面临着严峻的挑战，如果该产品在概念上是全新的，购买者就需要去适应，他们的想象力就需要被激发。所以，在检验新产品的概念性时，很多事情不得不留给调研者解释。

2. 成长期——让产品起飞、上升

在成长期，市场调研有许多用途。例如，确定企业的市场营销计划，确定产品的价格水平，策划广告宣传活动，以及细分市场以确定目标市场等。市场营销计划中有三个必须解答的问题：当前产品或公司处在什么地位？希望它走向哪里？即产品或公司的目标是什么？怎样才能达到它的目标？

3. 成熟期——改进产品运营

当产品有了销量并迅速增长时，市场调研可以对产品运营起到强化作用。在这一阶段，成长期很有生命力的那些用途仍使我们期望市场调研对营销计划、定价、广告检验等作出贡献。如检验新广告创意、跟踪广告效果、制定最佳定价，提供关于市场规模与趋势的数据，以制定计划和设定目标。

4. 衰退期——规划下一步的行动

当产品开始衰退时，需求下降、销量减少，这一阶段市场调研有为产品寻找新用途的任务，如寻求改进以恢复销量、寻找新的目标市场。特别是市场调研可以用来探索产品的出口机会，也可以用来提出取代衰退产品的良好建议。

市场调研在战略规划和策略制定中的作用如图 1-3 所示。

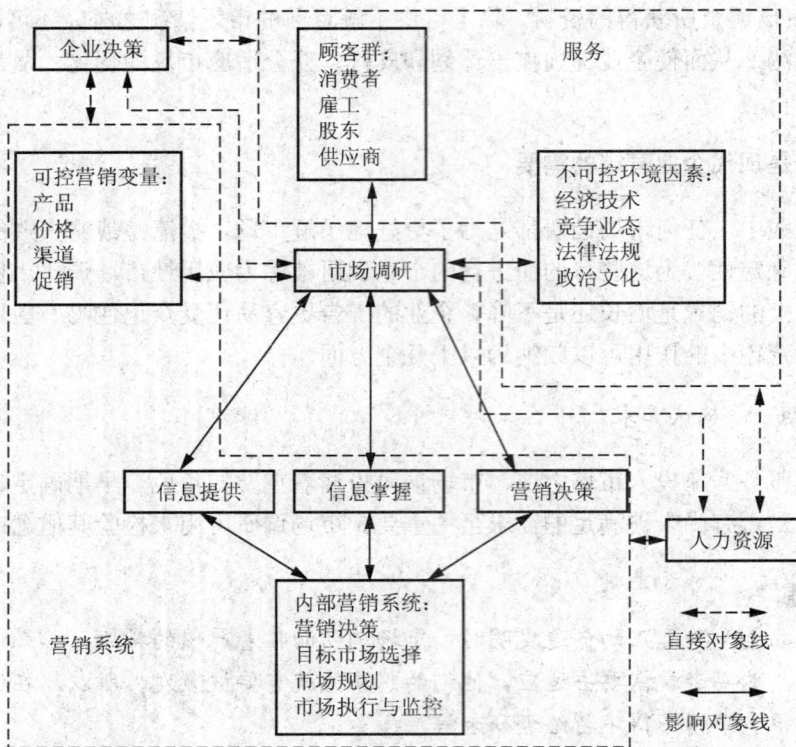

图 1-3　市场调研在战略规划和策略制定中的作用

阅读资料

可口可乐公司"新可乐"的失败

1985 年 4 月 23 日，可口可乐公司董事长罗伯特·戈伊朱埃塔宣布了一项惊人的决定。他宣布经过多年的发展，可口可乐公司决定放弃它一成不变的传统配方，原因是现在的消费者更偏好口味更甜的软饮料，为了迎合这一需要，可口可乐公司决定更改配方、调整口味，推出新一代可口可乐。

1. 改变口味的原因

可口可乐公司做出改换口味的决定，是希望借此将其饮料王国的强劲对手置于死地。在 20 世纪 80 年代，可口可乐在饮料市场的领导者地位受到了挑战，其市场增长速度从每年递增 13%下降到只有 2%，其原因是竞争对手百事可乐来势汹汹，它先是推出了"百事新一代"的系列广告，将促销的锋芒直指饮料市场最大的消费群体——年轻人。在第一轮广告攻势大获成功之后，百事可乐公司仍紧紧盯着年轻人不放，继续强调百事可乐的"青春形象"，又展开了号称"百事挑战"的第二轮广告攻势。在这轮攻势中，百事可乐公司大胆地对顾客口感试验进行了现场直播，即在不告知参与者的情况下，请他们品尝各种没有品牌标志的饮料，然后说出哪一种口感最好，而试验过程则全部现场直播。百事可乐公司的这次冒险成功了，几乎每一次试验后，品尝者都认为百事可乐更好喝，"百事挑战"系列广告使百事可乐在美国的饮料市场份额从 6%猛升至 14%。

可口可乐公司不相信这一事实，也立即组织了口感测试，结果与"百事挑战"中的一样，人们更喜爱百事可乐的口味。市场调研部的研究也表明，可口可乐独霸饮料市场的格局正在转变为可口可乐与百事可乐分庭抗礼。20 世纪 70 年代，18%的饮料消费者认可可口可乐这一品牌，认同百事可乐的只有 4%；到了 80 年代，只有 12%的消费者忠于可口可乐，而只喝百事可乐的消费者则上升到 11%，与可口可乐持平。在此期间，无论是广告费用的支出还是总体营销费用，可口可乐公司都比百事可乐公司高得多。

2. 新可乐的诞生

可口可乐新的领导者戈伊朱埃塔认为，尽管可口可乐公司广告开销巨大，分销手段先进，网点覆盖面广，但市场占有率却还是一直在下滑，其重要的原因是可口可乐那曾经是神圣不可侵犯的，已经使用了多年的配方，似乎已经不能合乎今天消费者的口感要求了。可口可乐公司技术部门决定开发一种全新口感的可口可乐，并且最终拿出了样品，这种"新可乐"比可口可乐更甜、气泡更少，因为它采用了比蔗糖含糖量更多的谷物糖浆，它的口感柔和且略带胶黏感。

3. 市场调研过程

可口可乐公司在研制新可乐之前，曾秘密进了代号"堪萨斯工程"的市场调研行动，它出动了 2000 名市场调研员在 10 个主要城市调查顾客是否接受一种全新的可口可乐，问题包括：可口可乐配方中将增加一种新成分使它喝起来更柔和，你愿意吗？可口可乐将与百事可乐口味相仿，你会感到不安吗？你想试试一种新饮料吗？调查结果表明只有 10%～12%的顾客对新口味可口可乐表示不安，而且其中一半表示会适应新的可口可乐，这表明顾客们愿意尝试新口味的可口可乐。

在新可乐的样品出来后，可口可乐公司组织了品尝测试，在不告知品尝者品牌的情况下，请他们说出哪一种饮料更令人满意，测试的结果令可口可乐公司兴奋不已，顾客对新可乐的满意度超过了百事可乐，市场调研人员认为这种新配方的可乐至少可以将可口可乐的市场占有率推高 1%～2%，这就意味着多增加 2 亿～4 亿美元的销售额。

为了确保万无一失，可口可乐公司斥资 400 万美元进行了一次规模更大的口味测试，13 个最大城市超过 19 万名顾客参加了测试，55%的品尝者认为新可乐的口味胜过了传统配方的可口可乐，而且在这次口感测试中新可乐再次击败了对手百事可乐。

4. 失败的结局

新可乐即将投产，目前面临的问题是：是为"新可乐"增加新的生产线呢？还是全面取代传统的可口可乐呢？可口可乐的决策层认为，新增加生产线会遭到遍布世界各地的瓶装商的反对，公司最后决定"新可乐"全面取代传统可口可乐，停止传统可口可乐的生产和销售。

在"新可乐"全面上市的初期，市场的反映相当好，1.5 亿人在"新可乐"面世的当天就品尝了它，但很快情况有了变化。

在"新可乐"上市后的一个月，可口可乐公司每天接到超过 5000 个抗议电话，还有雪片般飞来的抗议信件，可口可乐公司不得不开辟了 83 条热线，雇用了更多的公关人员来处理这些抱怨和批评。有的顾客称可口可乐是美国的象征，有的顾客威胁说将改喝茶水永不再买可口可乐公司的产品，更有忠于传统可口可乐的人们组成了"美国老可乐饮者"的组织，在发动全国抵制"新可乐"的运动，而且许多人开始寻找已停产的传统可口可乐，这些"老可乐"的价格一涨再涨。面市后两个月，"新可乐"的销量远远低于公司的预期值，不少瓶装商强烈要求改回销售传统可口可乐。

公司的市场调研部门进行了紧急的市场调研，一个月前还有 53%的消费者声称喜欢"新可乐"，一个月以后，一半以上的人说他们不喜欢"新可乐"，再过一个月，认可"新可乐"的人只剩下不到 30%。

"新可乐"面市后的三个月，其销量仍不见起色，而公众的抗议却愈演愈烈。最终可口可乐公司决定恢复传统配方的生产，其商标定名为可口可乐古典，同时继续保留和生产"新可乐"，其商标定为新可乐。可口可乐公司在这次行动中遭受了巨额的损失，原因是可口可乐公司忽略了最重要的一点——对于可口可乐的消费者而言，口味并不是最主要的购买动机。

（资料来源：第三方调研网．www.d3fang.org.cn/index.asp）

第二节　市场调研的含义、特点、原则和发展历程

一、市场调研的含义

人们常说 21 世纪是知识经济的时代，其最大的特征就是信息成为一种重要的社会资源，而市场调研则是获取市场信息、进行市场营销、实行现代化管理的一种重要手段。随着市场经济的发展和市场营销观念的深入人心，市场调研作为一个行业、一门科学逐步发展成熟起来。

市场调研是市场调查与研究的简称，也被称为市场调查、营销调研、市场研究等。市场调研有广义与狭义之分，狭义的市场调研指针对顾客行为所作的市场调研；广义的市场调研除了顾客行为调研之外还包括市场营销过程的每一阶段（见图 1-4）。

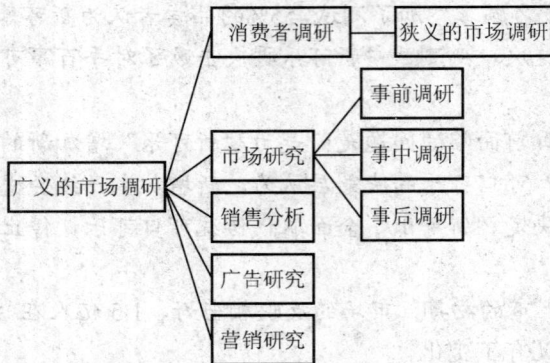

图 1-4　狭义与广义的市场调研

美国营销协会关于市场调研的定义则更详细地描述了这层意思："市场调研是把消费者、客户、大众和市场人员通过信息联结起来，而营销者借助这些信息可发现和确定营销机会和营销问题，开展、改善、评估和监控营销活动，并加深对市场营销过程的认识。"

美国著名的营销大师菲利普·科特勒认为："市场调研是为制定某项具体的营销决策而对有关信息进行系统地收集、分析和报告的过程。"例如，某企业准备生产一种新产品，在做决策之前。有必要对该产品的市场潜量进行较准确的预测。对此，无论是内部报告系统还是营销情报系统都难以提供足够的信息并完成这一预测，这就需要组织专门的力量或委托外部专业调查机构来进行市场调研。

美国的另一学者大卫·J. 拉克认为："市场调研是为了特定的市场营销决策，针对有关资料进行系统的计划、收集、记录、分析和解释。"这个定义与上述定义的主要区别是增加了计划阶段。它认为市场调研在计划环节上应花较大的精力。同时，在对资料进行分析后，应再根据所做的决策进行认真的解释，相当于报告。

中国香港营销学者认为："从广义来说，市场调研是泛指人们为了解决某种产品的营销问题而有意识地具体进行了解市场、认识市场的过程和努力，从狭义来说，是指人们为了对某种产品的营销问题进行决策提供客观依据而系统地收集、整理、分析相关资料的工作。"

我们认为：市场调研是指个人或组织为某个特定的市场营销问题的决策所需开发和提供信息而引发的判断、收集、记录、整理、分析、研究市场的各种基本状况及其影响因素，并得出结论的系统的、有目的的活动与过程。市场调研是运用科学的方法，有目的、有计划地收集、整理、分析有关供求、资源的情报、信息、资料的活动。它把握供求现状和发展趋势，为制定营销策略和企业决策提供正确的依据。市场调研是市场调查与市场研究的统称，它是个人或组织根据特定的决策问题而系统地设计、搜集、记录、整理、分析及研究市场各类信息资料、报告调研结果的工作过程。市场调研是市场预测和经营决策过程中必不可少的组成部分。

市场是企业营销活动的起点，也是企业营销活动的归宿点。市场调研关系到企业能否准确地识别市场需求、选择目标市场、满足市场需求，关系到生产经营项目选择、品种选择、规模选择、营销战略和策略选择等多个方面，从而关系到企业经营决策的成败。因此，企业有必要投入较多的资源，运用科学的方法来做好这项工作。

二、市场调研的特点与原则

1. 市场调研的特点

一般来说，市场调研有 8 个明显的特点，如表 1-1 所示。

2. 市场调研的原则

（1）时效性原则
在现代市场经营中，时间就是机遇，也就意味着金钱。丧失机遇，会导致整个经营策略和活动失败；抓住机遇，则为成功铺平了道路。市场调研的时效性就表现为及时捕捉市场上有用的信息，及时分析、及时反馈，为企业制定和调整策略创造条件。在市场调研工作开始之后，要充分利用有限的资源，尽可能多地收集信息。工作的拖延，不但会增加支出，还会使生产和经营决策出现滞后，对生产和经营的顺利进行极为不利。

表 1-1　市场调研的特点

特　点	表　现
系统性	市场调研作为一个系统，包括编制市场调研计划、设计市场调研方案、抽取样本、访问、收集资料、整理资料、分析资料和撰写分析报告等；影响市场调研的因素也是一个系统，由诸多因素构成一个整体
目的性	任何一种市场调研都应有明确的目的，并围绕该目的进行具体的活动，提高预测和决策的科学性
社会性	市场调研主体、客体内容均具有社会性。市场调研的主体是具有丰富知识的专业人员，市场调研的客体是具有丰富内涵的社会人，市场调研的内容也具有社会性，为了解决某种社会性问题
科学性	市场调研必须采用科学的方法，对事实证据的阐述必须排除主观性。市场调研不是简单的收集情报和信息的活动，为了在时间和经费都有限的情况下获得更多、更准确的信息，必须对整个调查过程进行科学的安排，必须运用科学的调查方法、科学的信息收集和加工手段来进行辅助，为企业经营决策提供正确的信息。必须达到：科学的方法、科学的技术手段和科学的分析结论
不稳定性	市场调研受多种因素的影响，其中很多因素都是不确定性的
时效性	市场调研的时效性表现为及时捕捉市场上任何有用的情报、信息，及时分析、及时反馈，为企业在经营过程中适时地制定和调整策略创造条件
准确性	准确性原则指对市场调研资料的收集、整理、分析必须实事求是，尊重客观事实，切记用主观臆断来代替科学的分析。资料收集时的造假行为、数据分析时的主观判断都可能造成信息的失真
效益性	市场调研是一项费时、费力、费钱的工作，不仅仅需要人的体力、脑力支出，还要利用一定的物质手段，如租赁一些统计设备、提供答谢礼品等。这个花费可多可少，所以，无论任何调研主题，在进行市场调研的时候都必须讲究经济效益，争取以最少的投入取得最好的效果

（2）准确性原则

市场调研工作要把收集到的信息进行筛选、整理，在经过调查人员的分析后得出调查结论，供企业决策之用。因此，市场调查收集到的信息必须体现准确性原则，对调查资料的分析必须实事求是，尊重客观实际，切忌以主观臆造来代替科学的分析。同样，片面也是不可取的。要使企业的经营活动在正确的轨道上运行，必须要有准确的信息作为依据，才能瞄准市场、看清问题、抓住时机。

（3）系统性原则

市场调研的系统性表现为应全面收集有关企业生产和经营方面的信息。因为在社会大生产的条件下，企业的生产和经营活动既受内部因素也受外部因素的制约和影响，这些因素既可起积极作用，以可阻碍企业的正常发展。由于很多因素之间的变动是互为因果的，如果只是单纯地了解某一事物，而不去考察这一事物如何对企业发挥作用和为什么会产生如此作用，就不能把握这一事物的本质，也就难以对影响经营的关键因素作出正确的结论。

从这个意义上说，市场调查既要了解企业的生产和经营实际，又要了解竞争对手的相关情况；既要认识到其内部机构设置、人员配备、管理素质和方式等对经营的影响，也要调查社会环境的各方面对企业和消费者的影响程度。

（4）经济性原则

市场调研是一件费时、费力、费财的活动，它不仅需要人的体力和脑力的支出，还要利用一定的物质手段，以确保调研工作顺利进行和调研结果的准确。在调研内容不变的情况下，采用的调研方式不同，费用支出也会有所差别；同样，在费用支出相同的情况下，不同的调研方案也会产生不同的效果。由于各企业的财力情况不同，因此需要根据自己的实力去确定调研费用的支出，并制定相应的调研方案。对中小企业来说，没有向六企业那样的财力去搞规模较大的市场调研，就可以更多地采用参观访问、直接听取顾客意见、大量阅读各种宣传媒体上的有关信息、收集竞争者的产品等方式进行市场调研，只要工作做得认真细致而又有连续性，同样会收到很好的效果。因此，市场调研也要讲求经济效益，力争以较少的投入取得最好的效果。

（5）科学性原则

市场调研不是简单地搜集信息的活动，为了在时间和经费有限的情况下获得更多更准确的资料和信息，就必须对调研的过程进行科学的安排。采用什么样的调研方式、选择谁作为调研对象、问卷如何拟订才能达到既明确表达意图，又能被调查者易于答复的效果的。这些都需要进行认真的研究，同时运用一些社会学和心理学等方面的知识，以便与被调研者更好地交流；在汇集调研资料的过程中，要使用计算机代替手工操作，对大量信息及进行准确、严格的分类和统计；对信息所作的分析应由具有一定专业知识的人员进行，以便对汇总的信息作出更深入的分析；分析人员还要掌握和运用相关数学模型和公式，从而将汇总的信息用数据表示出来，精确地反映调研结果。

（6）保密性原则

市场调研的保密性原则体现在两个方面。第一是为客户保密。许多市场调研是由客户委托市场调查公司进行的。因此市场调查公司及从事市场调研的人员必须对调研获得的信息保密，不能将信息泄露给第三者。在激烈的市场竞争中，信息是非常重要的，不管是有意还是无意，也不管信息泄露给谁，只要将信息泄露出去就有可能损害客户的利益，反过来也会损害市场调查公司的信誉。所以市场调研人员必须特别谨慎。第二是为被调查者提供的信息保密，不管被调查者提供的是什么样的信息，也不管被调查者提供信息的重要性程度如何。如果被调查者发现自己提供的信息被暴露出来，不但可能给他们带来某种程度的伤害，还会使他们失去对市场调研的信任。被调查者愿意接受调研是调研业存在的前提，如果市场调研不能得到被调查者的信任和配合，那么整个市场调研业的前景也是不堪设想的。

三、市场调研的发展历程

1. 市场调研的产生和发展

市场调研作为一种获取市场信息的手段，是伴随着商品经济的产生而出现，并随着商品经济的发展而发展的。美国是市场经济发展比较早而且比较成熟的国家,因此,市场调研也是从美国产生的。

(1)萌芽期（1920年以前）

1879年,美国广告代理商艾尔公司受美国农业机械生产商的委托,向全美的农业官员发信征询各地区的农作物生产信息及相关的天气、土壤信息。这些信息被用来估计对农业机械设备的需求。这是有正式记载的首次为制定营销决策而开展的市场调研。

学术研究人员大约在1895年开始进入市场调研领域。当时,美国明尼苏达大学的一名心理学教授哈洛·盖尔使用邮寄问卷调查方法对广告效果进行了研究。他邮寄了200份问卷,回收了20份问卷,回收率为10%。

1911年,美国柯蒂斯出版公司首先在企业内部设立独立的市场调研部门,系统地收集、分析读者的习惯、爱好及人口统计方面的资料,作为公司出版业务的依据。柯蒂斯出版公司根据对农具销售、纺织品销售和百货公司的调研,编辑出版了《销售机会》一书,该书是第一本市场研究方面的专著。

这一时期由于受到经济发展水平及调研技术的限制,市场调研在很大程度上只是一种实践经验的积累,是局部的、零星的调研,并带有较大的随意性。

(2)成长期（1920～1950年）

1923年,A.C.尼尔森公司进入商业研究领域,提出了"市场份额"的概念,为其后来成为美国最大的市场调研机构奠定了基础。

1936年,在市场调研的发展历史上发生了一个典型的事件。当时,正值第33届美国总统大选,总统候选人为兰登和罗斯福。为了预测谁能获胜,《文学文摘》杂志社和乔治·盖洛普分别进行了调研工作。《文学文摘》杂志社随杂志发了1000万张预选票,最后收回了237万张,统计结果显示兰登将获胜。乔治·盖洛普利用抽样的方法,在全美选取了1000个样本,他的分析结果是罗斯福将获胜。大选结果是罗斯福获得选票1800万张,而兰登只获得选票700万张。这件事使得盖洛普所采用的调研方法在全球引起了轰动。从此,抽样调查法在西方得到了普遍认可。

第二次世界大战期间,一些新的调研方法被用于研究士兵和后方家庭的消费行为,如实验设计、民意测验等。20世纪40年代,罗伯特·默顿开发出"小组访谈"方法。20世纪40年代末,随机抽样的重要性得到广泛的认识,并在抽样方法和调查过程方面取得了很大进步。

这一时期,人们已不再满足于对被调查者回答的简单分析,于是开始根据收入、性别等方面的差异对被调查者进行分类和比较。简单相关分析开始运用,但是尚未普及。

(3)成熟期（1950年以后）

第二次世界大战以后,科学技术突飞猛进,管理技术日趋完善,市场由卖方市场转变为买方市场,顾客逐渐成为市场的主导力量。企业的经营观念开始从生产导向转为消费者需求导向,企业开始重视对市场的调研。

20世纪50年代中期,依据人口统计特征提出了市场细分的概念。同一时期,人们开始进行动机研究,重点分析消费者行为的原因。20世纪60年代,数学模型开始用于市场调研。20 世纪 80 年代以来，随着计算机科学的快速发展，调研数据的分析、储存和提取能力大大提高，市场调研的理论、方法、技术也越来越高级化、系统化、实用化。

2. 发达国家的市场调研业现状

由于发达国家的企业已经长期、牢固地形成了"决策前先做调研"的观念，这些国家和地区对市场调研一直有很大的市场需求。再加上国外调研业已有几十年稳步发展的历史，因此从整体上来说，目前国外发达国家的市场调研业的状况是良好的、规范的，技术是先进的。与目前国内市场调研业的现状相比，国外发达国家的市场调研业主要具有如下几个特点。

第一，市场调研业兴旺发达。主要表现为调研机构数量多、从业人员专业化程度高、营业额逐年稳步增长。

国外调研机构非常多。例如，在 20 世纪 90 年代，荷兰这样一个几百万人口的国家，就已经有了大大小小 500 多个商业性的市场调研公司；在英国，仅伦敦一个城市就有 60 多个大型的商业性的市场调研公司，中小型的更是不计其数。调研公司的类型各异，有提供全方位服务的机构，也有只提供有限服务的机构。许多从业人员都具有从事调研业所需的专业知识、较强的专业素养和较丰富的从业经验。

按欧洲民意和市场研究协会（ESOMAR）每年一次的对全球调研业的调查研究表明，在近几年中，欧洲、美国、日本等发达地区和国家对调研业的需求（按用于市场调查研究上的花费估计）在逐年稳步增长，平均年增长率为 8% 左右。

第二，调研设备和技术已发展到一个新水平，现代市场调研的效率大大地提高。传统的采用纸（调查问卷）和笔的调研方式在发达国家的正规调研公司中已经很少见。例如，在西欧的一些大的调研公司中，利用纸和笔的调研业务大概不会超过 10%。取而代之的是计算机辅助电话调查系统（CATI）、计算机辅助人员面访系统（CAPI）及其他采用电子手段的调研。采用先进的设备和手段，市场调研的效率得到了很大的提高。例如，调研员利用轻便的超小型便携式计算机面访，当天的数据可以及时通过电话线和调制解调器传回公司的数据处理部门；利用计算机辅助电话调查系统及相应的问卷设计软件、数据处理和报告撰写专用软件，利用传统方法需要一个月左右才能完成的项目，也许在 24 小时之内就可以做完；而利用互联网进行的调研，甚至在几个小时之内就有可能完成。

第三，调查研究的行业活动、学术活动和出版活动积极，使市场调研业的规范化和标准化得到了较好的保证。

目前国际上有关市场调查研究和民意调查研究的协会和学会不少，其中比较有影响的主要有欧洲民意和市场研究协会、世界民意调查研究协会（WAPOR）、国际商会（ICC）、美国市场研究协会（AMRA）、美国市场营销协会等。欧洲民意和市场研究协会和世界民意调查研究协会都已有 50 年以上的历史，每年除了举行一次大规模的年会进行学术交流和业务交流以外，还举行多次专题性的和地区性的会议，在世界各个地区进行交流活动和技术培训活动。1996 年 11 月，欧洲民意和市场研究协会首次在中国香港举行了亚洲的地区性会议；1997 年 10 月，欧洲民意和市场研究协会首次在北京举行了市场调研方面的技术培训；1999 年 10 月，欧州民意和市场研究协会首次在北京举行了关于青少年研究的专题会议；2006 年 3 月，欧州民意和市场研究协会又在上海举行了关于多媒体测量的专题会议，并首次召开了中国论坛。这些活动对促进中国内地市场调研的发展起到了很好的作用。

发达国家市场调研技术方面的学术性杂志、应用性杂志和著作非常多，相关的各种层次的教科书的更新也十分频繁，例如，美国一般商学院的市场研究专业几乎每年都要更换新的教科书。

3. 国内市场调研业的兴起和发展

市场调研在我国的发展经历了一个曲折的过程。改革开放以前，由于实行高度集中的计划经济体制，企业无需了解市场，从而不存在市场调研机构。当时对市场的调研、分析和研究更多地表现为行政指令下进行的带有统计特征的资料收集、汇总、分析工作，其作用仅局限于为政府提供某些信息。改革开放以后，企业作为独立的商品生产经营者的地位得到了确认，政府主要以经济手段对企业实行间接管理，卖方市场开始向买方市场转化，卖方间的竞争日益激烈，这些都为市场调研的发展提供了必要的环境条件。

1984 年，我国第一家商业性的市场调研机构——广州市场研究公司在广州成立。随后，在北京、上海、哈尔滨等城市也相继出现了专业市场调研公司。短短几年内，我国的市场调研业高速增长，据某权威报纸 1997 年的报道，全国有市场调研机构 800 余家，但是规模较大、实际运转良好的也不过 20 家左右。运转良好的主要是国外知名的调研机构在中国的独资或合资的调研公司，与国外或境外调研机构有密切合作关系的调研公司，或是以国外客户、境外客户和国内的合资客户为主要服务对象的调研公司。不少以国内客户为主要服务对象的调研机构很难仅靠市场调研业务来养活自己，先后倒闭或停业。虽然我国调研业的市场潜力极大，但在 1997 年前后，市场调研行业还处于一个艰难的起步阶段，国内市场急需培育和开发。这有客观环境方面的原因，也有市场调研业自身的原因。

1998 年 9 月，设立在中国信息协会之下的市场调研分会筹备委员会成立，与会代表在规范市场调研行业、促进整个调研行业健康有序发展问题上达成共识，为调研行业协会的成立做了必要准备。2001 年 4 月 8 日，中国信息协会市场研究业分会（China Marketing Research Association，CMRA）在广州宣告成立。同期举行的"新世纪市场研究年会暨全国市场研究行业协会成立大会"本着专业化、规范化、国际化的宗旨，对市场研究行业的发展进行了深入的交流与探讨。来自全国各地区近 300 家研究机构、50 余所高等院校的代表和来自国内大型客户企业的代表共约 600 余人出席了此次盛会，国际著名同业组织机构、世界调研行业专业组织、中国台湾和中国香港的研究机构也派出代表到会祝贺。CMRA 的成立被认为是我国市场研究行业发展的里程碑，标志着我国市场调研行业开始走向成熟。

尽管我国内地的调研业在客观环境和自身建设等方面存在诸多困难，但二十几年来，还是发生了巨大的变化。据国家统计局普查中心 2004 年第一次全国经济普查的结果，截至 2004 年年底，我国调研行业法人单位数达到 3042 个；就业人员达到 2.9 万人；全行业拥有固定资产原值达到 12 亿元，全年实现总收入达到 38.2 亿元。

2005 年 3 月，CMRA 在自己的年会上颁布了我国首部《市场研究行业规则》的试行版；

同年，CMRA 成为"全球市场研究网络"（World Industry Network，WIN）在亚太地区的两个成员之一；同年年底，CMRA 与日本市场研究行业协会（JMRA）和韩国民意与市场研究协会（KSOMAR）联合成立了中、日、韩市场研究网络（CJK Network）。这些都象征着我国内地的市场研究行业已经开始与世界接轨，并正在走向世界。

2004 年 4 月，由国务院和民政部批准，由国家统计局主管的一级协会——中国市场信息调查业协会（CAMIR）在人民大会堂正式宣告成立，这是一个被政府部门授权的、能够协助制定相关产业发展规则的、有权威的协会。CAMIR 从筹备成立之日起，就开始与代表我国民间调研业的 CMRA 密切合作。经过两年多的相互沟通，终于在 2006 年年底，两个协会实现了整合的愿望，并确定了整合的具体架构。这不仅意味着市场信息调研业从业机构和从业人员有了一个更大的家园和更充分的国家资源，更意味着这个行业正式步入国家产业布局的轨道，它对行业的发展、成长将起到非常重要的推动作用。

4. 市场调研业的发展趋势

经济全球化及其他信息技术的飞速发展，越来越多地影响着市场调研的发展趋势，并且这种影响将会一直持续下去。从全球经济的角度看，市场调研业的如下两个发展趋势十分明显。

（1）国际化

经济全球化的一个重要特征就是大型跨国公司在不断寻求海外扩张的机会。跨国公司实施全球化战略，希望得到持续性的海外市场信息。为了适应跨国公司对海外市场信息的需求，许多国际性市场调研公司积极寻求在海外建立自己的子公司或网络系统的机会，这为发展中国家市场调研业的发展提供了更多的机会：一方面，本国经济的高速发展、外资的大量进入形成了对市场调研的强大需求；另一方面，由于市场调研具有较强的本土化特征，国际性市场调研公司在介入发展中国家市场调研领域时必须利用本地资源，从而带动发展中国家市场调研业的发展。

（2）战略联盟

随着客户需求日益复杂、调研技术难度加大、调研成本不断提高，更多的市场调研使用者寻求与市场调研提供者之间建立战略联盟，共享数据和信息，并以此作为节约成本的方式。在战略联盟中，调研资料的使用者和提供者根据未来共同的发展利益建立一系列的行为准则，市场调研公司无需进行逐个项目竞标就可提供服务。这样使调研公司可以将资源集中于客户的项目而不是销售和制定协议上，从而提高了效率。

★ 阅读资料

零点研究咨询集团

零点研究咨询集团是在我国经济市场化进程中产生并不断成长的著名专业研究咨询机构。1992 年成立零点调查（市场研究），于 2000 年进行结构调整，投资成立了前进策略（策略咨询）和指标数据（共享信息），是目前国内最大的提供专业的策略性研究咨询服务的集团公司之一，侧重于为植根于大中华市场的杰出本土企业和国际化企业提供专业调查咨询服务。组建并参与了四个全球性研究咨询网络，是欧洲民意与市场研究协会 ESOMAR 的中国代表机构，也是国际管理咨询机构协会 AMCF 的中国代表机构。零点研究咨询集团依照国际惯例，通过持续的研发投入、与国际服务机构的合作和有力度的人力资源组合，成为兼容国际视野和本土经验的调研咨询知名服务品牌。零点研究咨询集团承诺在处理与客户和调查对象之间的职业关系时，遵守国际商会和世界专业研究者协会 ESOMAR 制定的《关于市场和社会研究的国际准则》。HORIZON（零点）为受中国法律与《马德里国际公约》保护的国际注册服务商标。零点也在全球超过 45 个国家拥有业务协作伙伴。零点调查在中国和全球很多区域研究市场和消费者，是总部位于美国纽约的国际调查业组合网（INRA）的会员，并是 INRA 在中国的区域合作方，零点调查可以通过 INRA 在全球 100 多个国家开展市场调查，同时，与国际著名的咨询公司罗兰·贝格、安永等常年进行项目合作，每一年都定期派人到欧美进行考察和开展商务交流活动，这使零点调查具备优秀的为国际国内客户提供跨国和多国调查的能力。"零点调查" 90%以上的项目为多地区实施项目，在中国大陆 800 多个城市与乡镇进行过实地调查。零点也在中国内地多个地区拥有独立的会议设备与专业研究设备，同时拥有在中国香港、台湾地区实施实地调查的能力。零点已与全国范围内的所有省会城市和大多数二级城市中的 80 家执行公司。

（资料来源：http://www.horizon-china.com/cn/index.html）

第三节 市场调研的内容与类型

一、市场调研的内容

市场调研的内容十分广泛，按照调研目的不同可分为如下几个方面。

1. 市场环境调研

1）外部环境因素。任何企业都应充分认识外部环境因素的变化给企业带来的机遇和威胁，随时监测这些变化并与之相适应是非常重要的。外部环境因素的变化总是蕴含着某种需要和趋势。趋势是有一定势头和生命力的方向或事件的顺序。它能预见并可持续较长的时间，能揭示未来。辨别趋势即能发现机会。外部环境因素包括政治法律环境、经济环境、科技环境和社会环境和市场竞争环境调研等，其变化还将影响企业的内部环境。政治法律环境调研，主要是对政府的方针、政策和各种法令、条例，以及外国有关法规与政局变化、政府人事变动、战争、罢工、暴乱等可能影响本企业的诸因素的调研。经济环境调研，主要是对国民生产总值增长、国民收入分配的地区和社会格局、储蓄与投资变化、私人消费构成、政府消费结构等宏观经济指标进行调研。科技环境调研，主要是对国际和国内新技术、新工艺、新材料的发展速度、变化趋势、应用和推广等情况进行调研。社会环境调研，主要是了解一个社会的文化、风气、时尚、爱好、习俗、宗教等。市场竞争环境调研包括竞争环境（宏观与行业环境）、竞争对手或并购的目标企业的信息收集，属于战略调研，也是竞争情报收集工作，为最高领导层战略决策提供依据。

2）内部环境因素。除了对外部因素进行研究之外，旅游市场调研还必须研究旅游地或企业自身与市场需求的发展是否相协调的问题，包括自己的营销策略、营销手段或营销组合是否能有效地开拓市场，如自己的旅游产品、价格、渠道及促销方面是否存在问题。另外，要对自己的营销活动进行管理评估，看其在营销计划、组织实施及控制方面是否适应市场的变化。

2. 市场细分调研

市场细分调研也是战略调研。市场细分就是通过调研，根据消费者的需要和欲望、购买行为、购买习惯等方面的差异，把某一产品市场整体划分为若干个具有类似需求倾向的消费群体的过程。也就是按某种共性特征区分具有相似特征的顾客群。进行市场细分时，可用地理、人口统计、消费者心理及行为等变量来细分消费者市场；用人口统计变量、操作变量、购买途径、情境因素、个人特色等变量来细分工业品市场。市场细分要有效必须具备四个条件，即可衡量性、可接近性、足量性、可行动性。

3. 产品定位调研

产品定位调研即市场定位，是指在选定的目标市场上，根据自身的优劣势和竞争对手的情况，为本企业的产品确定一个位置，树立一个鲜明的形象。市场定位的方法有七种，即属性定位、利益定位、使用（应用）定位、使用人定位、竞争者定位、产品类目定位、质量（价格）定位。要注意市场细分、选择目标市场、市场定位三者间的关系。此外，产品定位调研还涉及产品调研，产品调研是以产品为中心，以消费者为对象，为企业制订营销计划而进行的市场调研。包括对产品的概念、包装、价格和促销方式等属性进行测试，以了解其是否为目标消费群体所接受，并估测目标群体所形成的细分市场规模。

4. 市场行情调研

市场行情调研包括：整个行业市场、地区市场、企业市场的销售状况和销售能力；商品供给的充足程度、市场空隙、库存状况；市场竞争程度、竞争对手的策略、手段和实力；有关企业同类产品的生产、经营、成本、价格、利润的比较；有关地区、企业产品的差别、供求关系及发展趋势；整个市场价格水平的现状和趋势、最适宜于顾客接受的价格性能与定价策略；新产品定价及价格变动幅度等。

5. 市场销售调研

市场销售调研主要是对销售渠道、销售过程和销售趋势的调研。渠道是指产品从制造商到批发商再到零售商，最后到用户手中的整个过程。企业产品是自销还是代销，是完全通过自设网点销售，还是部分经由代销网点销售；代销商的经营能力、社会声誉、目前销售和潜在销量；委托代销的运输成本、工具、路线、仓库储存能力等；人员直销和非人员直销的优劣；采用哪种广告媒体（如电视、广播、报纸、杂志、广告牌）效果较好；各种服务方式，如成套供应、配件准备、分期付款、免费维修、价格折扣、技术培训等，哪种方式最受顾客欢迎等。调研主要分析指标包括渠道结构及作用力、各渠道的竞争态势、市场渗透率、产品在各渠道的流通速度及利润率、用户的购买习惯及满意度等。该调研能帮助企业发现最优的分销渠道及选择最合适的渠道成员。

6. 用户满意度调研

用户满意度是指用户通过对一种产品的可感知的效果或结果与其期望值相比较后，所形成的愉快或失望的感觉状态，它是评价企业质量管理体系业绩的重要手段。

二、市场调研的类型

1. 按市场调研的主体分类

按照市场调研的主体，可以分为四种类型：政府部门的市场调研、企业的市场调研、专业机构的市场调研和个人的市场调研。

（1）政府部门的市场调研

在市场经济活动中，政府是宏观经济的管理者和协调者。政府通过政策、法规等活动影响宏观经济活动。例如，我国修改后的《中华人民共和国劳动法》在工时方面的限制（劳动者每日工作时间不超过 8 小时、平均每周工作时间不超过 44 小时，用人单位应当保证劳动者每周至少休息一日，延长工作时间，一般每日不得超过一小时；因特殊原因需要延长工作时间的，在保障劳动者身体健康的条件下延长工作时间每日不得超过三小时，但是每月不得超过 36 小时）、节假日加班工资报酬、各项社保基金的交付等政策使中国逐步失去了劳动力成本优势，导致劳动密集型产业的转移。例如，服装、纺织转移到越南、泰国、柬埔寨等国家。电子、计算机代工转移到国内中部地区（如富士康在郑州落户）对经济有重大影响作用的政府部门的调查结果往往涉及范围比较广，内容多，对于国计民生的意义重大。因此，它对于个人，尤其是企业，具有很重要的指导意义。作为企业，应该尽可能地利用政府市场调研的各种信息资料。可以从政府网站上下载信息资料，也可以到政府职能部门索取信息资料。

（2）企业的市场调研

市场调研企业是市场调研活动的主要主体，一些市场意识比较强的企业都非常重视市场调研活动。近几年，我国市场调研机构增长很快，但是从业人员素质良莠不齐，很多中小企业对市场调研的重视不够，所投入的费用也很少。

（3）专业机构的市场调研

专业机构是专业从事市场研究、市场调查、营销研究、满意度调查的企业，根据全球市场研究者协会的定义，专业市场研究企业接受委托方（企业、组织）的委托，为获得决策所需要信息而进行的专业性研究活动，包括将相应问题所需的信息具体化、设计信息收集的方法、管理并实施数据收集过程、分析研究结果、得出结论并确定其含义等。在国际上，市场研究机构包括民意调查机构、专项研究机构、零售研究公司、媒介研究公司和个案研究公司等，由于客户国际化的需要，大多数市场研究机构都建立了国际化的执行网络。在中国，专业市场研究机构是 20 世纪 90 年代才开始出现的，最初是国外公司在中国设立有限的市场咨询机构，如盖洛普、TNS 等，同时，宝洁公司等进入中国的企业率先建立起覆盖中国的研究执行网络，使市场研究业务逐步在中国普及。目前，中国境内的市场研究公司有上千个，其中外国的分支机构占有重要的市场份额，但随着中国企业的国际化发展，本土的市场研究企业正面临国际化发展趋势。专业机构的市场调研活动往往具有专业性强、调查结果可信度较高、调查和研究结果参考价值高的特点。

（4）个人的市场调研

个人的市场调研活动因为资金、人员、专业素质等方面因素的限制，具有范围小、内容少、历时短和不规范的特点。但是，在一些内容和方法都具有隐蔽性特点的市场调研活动中，个人节能型的调研活动还是比较多的。例如，热心市民和热心网友自发组织的调查活动。

市场调研主体的特点如表 1-2 所示。

表 1-2　市场调研主体的特点

调研主体	特点
政府	涉及范围比较广，内容多，对于国计民生意义重大
企业	市场调研活动的主要主体
专业组织	专业性强，调研结果可信，参考价值比较高
个人	范围小、内容少、历时短和不规范

2. 按市场调研设计分类

按市场调研设计，可以分为四种类型，分别是探索性调研、描述性调研、因果性调研和预测性调研。这一分类将在第四章详细解析。

3. 按市场调研的性质分类

按市场调研的性质，可分为定量调研和定性调研两大类。

定性调研是根据研究者的认识和经验确定研究对象是否具有某种性质，或某一现象变化的过程和变化的原因，是回答"为什么"或"是什么"的问题。通常用来对研究对象获得一个初步的了解，或用来定义问题，或用来寻找处理问题的途径，例如，为什么某些消费者购买甲产品而不购买乙产品？

定量调研是指可以提供数量性信息的研究。其结果一般是以数据形式呈现的，主要在于回答"有多少"或是"多大"的问题。例如，有多少消费者使用甲产品？有多少消费者使用乙产品？消费者的平均收入是多少？

4. 按市场调研的组织形式分类

按调研的组织形式，可分为专项调研、连续性调研和搭车调研。

专项调研一般是指受某个客户的委托，针对某些问题进行一次性的调研，即从给定的总体中一次性地抽取样本进行调研，并且只从样本中获取一次信息。专项调研可以是定量的，也可以是定性的。

连续性调研一般指的是对一个（或几个）固定的样本进行定期的、反复的调研。样本中的被调研对象（人或单位）不随调研数据的变化而变化。例如，消费者固定样组或其他固定样组调查、连续的品牌测量、连续的媒体研究等。

搭车调研是指多个客户共同利用一个样本进行调查，如同大家一起搭乘一辆公共汽车。根据各个客户搭车调研问题的个数和类型来决定其费用。一般有搭车调研业务的调研公司，每年实施搭车调研的时间和价格都是固定的。例如，每月实施一次或每周实施一次，等等。由于搭车调研的实施一般都是定期的，因此，经常将搭车调研归入连续性调研类。但是要注意的是，搭车调研每次所用的样本不一定是固定的。

5. 按资料的来源分类

按资料的来源，可以分为文案调研和实地调研两种。文案调研也叫做二手资料分析，是通过收集已有的资料、数据、调研报告、已发表的文章等相关二手信息，并加以整理和分析的一种市场调研方法。文案调研经常在探索性的研究阶段中使用。实地调研与文案调研不同，它必须在制定详细的调研方案的基础上，由研究者或调研员直接向被访者收集第一手资料，再进行整理和分析，从而写出调研报告。

6. 按调研样本产生的方式分类

按调研样本产生方式的不同，可分为全面调研和非全面调研，非全面调研又包括典型调研、重点调研、抽样调研等。

全面调研是对要研究的整个范围进行无遗漏的调研，普查就是如此。普查是对要研究的总体中全体个体进行的无一例外的观察、询问、登记的调研方法。这种调研方法的优点在于可以获得有关总体全面情况的准确信息，缺点是工作量大、时间长、费用高。

重点调研就是只对总体中具有举足轻重地位的个体进行调研，以此获得总体的基本情况。

典型调研是对总体中具有代表性的少数个体进行的调研。这种调研方法的特点是调研对象少，可以对调研对象进行细致、透彻的了解，因而可能取得调研对象的详尽资料。使用这种方法的关键是要选好典型，即调研对象要具有充分的代表性。

抽样调研就是从总体中按一定方法抽取部分个体进行调研，从而分析推断总体的情况。

7. 按调研的使用目的分类

按调研的使用目的，可分为应用性市场调研与基础性（或纯粹的）市场调研。

为了更好地了解市场而进行的市场调研称为应用性市场调研。

不以某个具体的实际问题为目标，旨在拓展新的知识领域的市场调研称为基础性（或纯粹的）市场调研。基础性市场调研的目的是为现有的理论提供进一步的证明或者对某一概念或现象获得更多的了解。从长期来看，基础性市场调研有助于丰富、完善相关理论和推动科学的发展。

通常，基础性市场调研的结果在短期内不能直接应用于实践。目前，大多数基础性市场调研都是在大学中进行的，调研结果被刊登在一些期刊上，如《市场调研学报》、《市场营销学报》等。企业所做的大多数调研都是应用性的，因为它们必须在成本上划算并对决策人员有明显的价值。

第四节　市场调研道德伦理

市场调研往往会涉及多方利益，由此便产生了对市场调研伦理的讨论。市场调研道德伦理是调整市场调研所涉及的各行为主体之间关系的行为规范的总和。在市场调研过程中，涉及的行为主体包括市场调研使用者、市场调研提供者和被调研者。对于不同行为主体在市场调研中的道德伦理问题，各国的行业组织都制定了相应的行为准则，如《美国市场调查协会道德准则》、《欧洲民意和市场研究协会关于市场和社会研究国际准则》、《中国信息协会市场研究业分会管理办法（章程）》等。这些准则或章程在一定程度上规定了市场调研主体的行为，成为市场调研的道德伦理准则。

一、市场调研提供者的道德伦理规范

市场调研提供者指承担市场调研任务的组织和个人。市场调研提供者所提供的信息对市场调研使用者的决策起着至关重要的作用。市场调研提供者在提供市场调研服务时，必须遵守以下几方面的道德规范。

1.　信守合同

合同是市场调研主体在自愿的原则下，为了维护各自的合法权益，明确各自的权利和义务关系而签订的契约。市场调研提供者一旦与市场调研使用者签订了调研合同，就应该按照合同的要求按时、保质完成调研任务。市场调研提供者不应寻找理由无故拖延调研时间、随意更改或减少调研内容，以免对市场调研使用者的决策带来不利影响。

2.　实事求是

市场调研提供者必须严格控制收集信息的过程，避免带着某种预先设定的目标确定调查范围。在收集信息时应避免使用职业被调研者，不能为了迎合使用者的口味而不顾事实，更不能为了省事和节约开支而随意减少调研样本单位数量或人为修改、编造数据资料；在资料处理和分析过程中，应避免片面追求方法的复杂性而不考虑研究对象的特点。

3.　公平交易

坚持公平交易，首先要坚持公平竞争，反对把同行视为敌人；其次要坚持平等自愿、等价交换的原则。市场调研的提供者和使用者应按照等价交换的原则，平等协商费用水平。市场调研提供者在报价时，应使使用者了解调研项目的难度，并对调研的内容进行合理的界定，避免为了提高价格而夸大项目的难度和扩大项目的研究范围。同样，对于所需花费的调研费用，提供者不应以任何理由给予克扣，以保证调研工作的质量。

4. 为客户保密

市场调研提供者除非是提供标准化服务，否则不允许同时为处于竞争状态的使用者和有利害关系的使用者提供同种类型的调研服务。市场调研提供者不能利用使用者之间的竞争关系达到自己的目的，更不能搬弄是非，侵害使用者的利益。对于市场调研结果，提供者必须为使用者严格保密，在保密期限内，未征得同意，不得向任何第三方泄漏相关的调研结果。

二、市场调研使用者的道德伦理规范

市场调研使用者是指为了解决特定问题而需要了解和掌握相应的市场信息，产生市场调研需求，提出市场调研任务和要求，并承担市场调研费用，最终使用市场调研结果的政府、企业、社会组织和个人。

市场调研使用者除了同样必须信守合同、尊重市场调研提供者和被调研者的意愿并保护其利益、坚持公平交易外，还应遵守以下道德规范。

第一，市场调研使用者不应以市场调研为由误导公众，不应借助市场调研的方式或借助市场调研机构和人员实现某种不公开的目的，不应借助市场调研进行不正当竞争。

第二，市场调研使用者应与提供者保持一种开诚布公的关系，应该把委托进行调研的真正目的，所需解决的真实问题，所受到的时间、费用、资源等方面的限制如实地告诉提供者。

第三，市场调研使用者应该恰当地使用市场调研提供的信息资料，不应对市场调研提供的信息随意进行夸大、断章取义、篡改，以及曲解。

第四，市场调研使用者不应要求提供者做正常市场调研以外的事情，特别是不能要求提供者收集竞争对手的商业秘密及政府和相关组织机构尚未公开的情报、信息、资料。

第五，市场调研使用者应该尊重提供者的劳动，不能以委托市场调研为借口，诱使提供者为其提供免费的信息资料、调研方案，或达到获取免费咨询的目的。

第六，市场调研使用者有权从提供者处获得相应的信息资料、调研报告和有关建议。信息资料、市场调研报告和有关建议仅作为决策的参考，真正的决策由市场调研使用者作出，决策的后果也由市场调研使用者承担，不能要求提供者承担决策责任。

三、被调研者的道德伦理规范

被调研者是市场信息的直接提供者。在市场调研过程中，被调研者的权利，如是否接受调研的自主权、隐私权、所花费的时间和精力的补偿权等必须得到尊重。

被调研者一旦同意接受调研，则也应遵守相应的道德规范。被调研者应诚实地提供有关信息，并对所回答的问题和所提供的信息的真实性承担道德责任。被调研者有责任对在接受调研过程中涉及的市场调研使用者的商业秘密加以保密，不得随意向第三方泄露。

四、市场调研公司的道德伦理规范

市场调研的质量水平应该成为市场调研服务者道德追求的第一目标，这一目标涵盖的基本要件有市场数据的质量、市场调研的成本价值比、调研沟通、市场调研时间与节奏的控制。

首先，市场数据的准确性、完整性、及时性和可靠性是市场调研最重要的质量标准。要达到这样的标准，如下四个方面应该能够保证。

1）调研方案设计的合理性。也就是根据市场调研目标和市场预算约束，对市场调研项目进行科学、合理的通盘设计与策划。

2）确保调研样本的数量与质量。样本数量是指调研的样本足够多，样本质量是指样本所反映的市场特征要对总体的市场特征具有代表性。

3）调研方法选用的科学性。也就是在对调研总体特征悉心观察的基础上，进行高质量的调查问卷设计，选择恰当的资料搜集渠道与方式，以及有效组织调研工作等。

4）调研执行过程的有效控制。也就是对如上三项内容在市场调研过程中的有效执行与控制，它是调研结果真实与可靠的重要保证。

有些市场调研公司的市场调研设计、操作与标准化和专业化的市场调研作业程序之间存在相当的差距。它们缺乏对特定市场调研项目进行基本的科学设计的能力，甚至对已经设计好的调研方案执行的控制缺乏有效性；也极少有向客户提供市场数据调研结果的精确度（置信区间）和可信度（置信水平），在对市场需求一般水平和购买力一般水平的调研预测中，一般也不对其离散程度（方差或标准差）进行描述和分析。如此，在相当程度上影响了市场调研数据的质量，进而也影响了客户对市场调研的需求与整个调研业的信誉。

其次，任何一项有益的市场调研都需要一定的成本投入，市场调研提供者有责任帮助使用者测算和衡量市场调研的成本与价值，通过成本价值比，说明什么样的调研项目可以进行，什么样的调研设计更为适宜，哪些调研资料的搜集是必要的等。一般情况下，市场调研数据质量与调研成本之间呈正比。当调研项目强调精度和可信度时往往会提高成本。因此，在项目进行前期，市场调研提供者可以向委托者提供几个质量与成本组合的备选方案，委托者可根据条件，从中进行选择。

再次，沟通是市场调研管理过程中的一项重要职能，也是市场调研质量的重要保证。市场调研沟通内容表现为三个方面。①市场调研组织者与委托人之间的沟通，为了满足委托人的需求，并使其对市场调研结果达到满意，市场调研组织者要频繁、诚实、准确地与委托人进行交流与沟通。②市场调研最高组织者要将市场调研项目的目标、计划、方法与技术、调研实施过程向该项目组有关人员传达与沟通，使每一个参与者都能够领会和理解调研项目的宗旨和实施的基本规则。③在市场调研的组织与实施过程中，各级调研项目的组织与执行者都应及时地将调研的进程、存在的问题、改进建议、成绩与失败等准确地反馈到其上一级组织，以便随时进行计划调整，保证调研项目的顺利完成。

最后，对时间进度进行控制。高质量的市场调研应该严格按照时间计划展开工作。由于市场信息的时间性很强，时间进度计划按期执行对市场调研结果的有效利用是十分重要

的。因此，项目经理应能及时估计调研项目能否按时完成，如不能按时完成，应说明主要原因，并说明采取何种措施来调整或弥补调研执行过程中所延误的时间等。在市场调研活动中，对调研时间的控制类似于生产管理中的成本控制，也需要建立一个时间管理控制机制和系统，通过适当的制度与程序，自觉地控制和约束市场调研进度，并能及时处理调研误期问题。如果遇到不可避免的延期问题，市场调研服务提供者应及时与委托人进行沟通，寻求最佳解决途径。

小　结

为什么要做市场调研？市场调研是营销管理的需要，市场调研是营销策略制定的需要，市场调研是现代企业营销的需要。

市场调研是指个人或组织为某个特定的市场营销问题的决策所需开发和提供信息而引发的判断、收集、记录、整理、分析、研究市场的各种基本状况及其影响因素，并得出结论的系统的、有目的的活动与过程。市场调研关系到企业能否准确识别市场需求、选择目标市场、满足市场需求，关系到生产经营项目选择、品种选择、规模选择、营销战略和策略选择等多个方面，关系到企业经营决策的成败和经营成果的大小。

市场调研有 7 个明显的特点，即系统性、目的性、社会性、科学性、不稳定性、时效性、准确性和效益性。

市场调研的发展历程分为萌芽阶段（1920 年以前）、发展阶段（1920～1950 年）和成熟阶段（1950年以后）。在我国，市场调研越来越得到企业、政府的重视，正在开始步入正轨。

市场调研最重要的类型分别是：探索性调查、描述性调查、因果关系调查和预测性调查。

市场调研职业道德常会涉及四类人群：调研人员、客户、调研对象和市场调研服务者。

复习与思考

一、简答题

1. 如何理解市场调研的含义？

2. 市场调研是如何分类的？

3. 简述市场调研的内容。

4. 市场调研职业道德常会涉及哪些人群？各有哪些规范？

二、论述题

1. 描述市场调研如何有助于营销计划和决策的制定。

2. 论述市场调研的特点。

三、实训题

1. 利用互联网收集市场调研案例，成功和失败案例各一个，试分析其中的原因。

2. 走访企业管理者，咨询"市场调研"和"经验积累"对他们决策的意义。

3. 翻阅最近的报纸杂志，试找出两个探索性研究的案例、两个描述性研究的案例和两个因果关系研究的案例。

📖 补充阅读

市场调研员的基本素质培养

1. 培养良好的心态

有人认为市场调研活动实际上是一个重复性的体力劳动，很累，培养不出一点能力，学不到一点东西。其实这种说法完全是错误的。参与市场调研活动其实是培养亲和力、沟通能力与营销能力的一个锻炼机会。试想一下，如果连说服别人为你做一份简单的市场调查问卷的能力都没有，将来怎么有能力说服顾客来购买你的产品呢？所以，为了能够成为营销精英，必须先从这个最基本的"小事"做起。"态度决定一切"，当你开始做市场调研工作时，把自己的心态摆正了，那么市场调研对你来说就不会有那么多的困难了，也许更多的是成功后的喜悦与满足感。

2. 打好成功调研的开头仗

为什么有些调查问卷很多选项都是被调研者匆忙乱填的？为什么还有些被调查者填了一半问卷就不愿意填了，从而导致这一问卷作废？其实这都与最初的调研方式有关。当你在说服别人参与市场调研时，首先应该向他们充满诚意地说明这次调查活动的真正目的及可能花费的大概时间（这样也符合现代商业研究活动的伦理要求）。当他们对这些说明有了大概的了解，再加上你那充满诚恳的态度，我想只要是那个被调查者的条件与时间允许同时又不是"冷血"的话，一定会十分乐意并尽可能认真地来参与你的这个市场调研活动的。记得笔者在暑期实习时，实习单位曾要求我去调查指定的几十家企业与事业单位的高层经理与领导，当我在争得一家事业单位的门卫人员的同意后，来到单位领导的办公室时才得知其在开会，于是我在那里足足等了一个小时的时间，当单位领导会后回来得知我的调研的目的和我这"一个小时"的诚恳态度后，及其认真地配合我做完了这次调研。相反，有些调研员既不向被调查者说明调研目的，更不向他们交待调研所需要的大致时间，而是先把他们"骗上贼船"再说。最后终于因为调查的时间太长而超出了被调查者的忍耐极限，再加上他们可能会产生一种上了"贼船"的被欺骗感，而中止你的调研，或者不负责任的随意完成你调查，从而使你的调研数据质量不高。

3. 让你的头脑灵活到底

说实话，市场调研的确是一件既辛苦又困难的工作，因为在你的调研过程中会听到对方太多的"不"，会遭到对方太多的白眼，会吃到人家太多的闭门羹。但是当你忍受住孤独、郁闷与压力，积极转动你的大脑机器时，解决一切问题的办法你都会想出来的。

（资料来源：中国融资报告网．http://www.cnf888.cn/article.asp？/212.html）

第二章　市场调研的流程

教学目标与要求

➢ 理解市场调研前的准备工作及市场调研目标的确定方法；
➢ 熟悉和掌握市场调研的流程与基本步骤；
➢ 了解市场调研各步骤之间的内在联系和相关性。

本章知识逻辑结构图

本章知识逻辑结构图如图 2-1 所示。

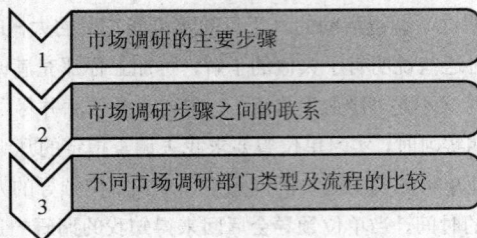

1	市场调研的主要步骤
2	市场调研步骤之间的联系
3	不同市场调研部门类型及流程的比较

图 2-1　本章知识逻辑结构图

== 导入案例 ==

中美天津史克制药有限公司的危机处理

中美天津史克制药有限公司（简称中美史克）是一个合资企业，由美国史克必成集团、天津中新药业集团股份有限公司和天津市医药公司三家合资。1989 年，中美史克的康泰克在中国上市。中美史克的核心产品是康泰克和芬必得，两者占总销售额的 80%，其他 6 个产品（包括曾经名噪一时的肠虫清）仅占 20%。1989~2000 年，康泰克一直保持感冒药市场的龙头地位。1992 年，中美史克进行技术改造，不是进行药物成分的改变，而是进行制剂技术方面的改造。

2000 年 3 月，美国食品及药品监督局（FDA）关于 PPA 的研究报告问世，有禁用 PPA 的趋势。2000 年 11 月 15 日，国家药品监督管理局（SDA）发出对含有 PPA 的药物禁止销售的通知。2000 年 11 月 16 日，中央电视台播发了"禁止 PPA 的政府令"，抵制 PPA 的公众舆论开始形成并产生影响。

PPA 是"盐酸苯丙醇胺"英文名字的缩写，能起到让人兴奋的作用，偶尔也可以导致原发性低血压。在治疗感冒的过程中，PPA 能使血管收缩并刺激中枢神经系统，有缓解鼻黏膜充血、肿胀的作用，还可减轻鼻塞症状和由于感冒引起的上呼吸道变态反应。当时，康泰克虽然在美国和加拿大被禁，但同样剂量的还在日本、英国、中国等地销售。由于国家药品监督局的命令，中美史克只能服从。

接到天津市卫生局的传真后，中美史克立即组织专门负责应对危机事件的危机管理领导小组、沟通小组、市场小组和生产小组，并划分职责，首先从内部稳定军心。11 月 17 日中午，中美史克召开全体员工大会，总经理向员工通报事情的来龙去脉，并表示了公司不会裁员的决心。同日，全国各地的 50 多位销售经理被迅速召回天津总部，危机小组开始工作，以保障企业危机应对措施有效执行。11 月 18 日，各地经理带着中美史克《给医院的信》、《给客户的信》回归本部，应急行动纲领在全国各地按部就班地展开。

在危机形势下，中美史克内部对于任何事情都能开诚布公地发表不同的意见，将这些意见由专人进行收集、综合、分析并反映到上层，而当管理层作出统一决策后，大家一致服从和执行。公司在危机中对待员工的做法是"一个都不能少"，公司让康泰克相关部门的员工拿着全薪"放大假"。

11 月 20 日，中美史克在北京召开新闻媒介恳谈会，回答记者的提问。坚决表示：无论怎样，维护广大群众的健康是中美史克公司自始至终坚持的原则。面对新闻媒体不公正的宣传，中美史克尽力争取媒体的客观宣传，以维系企业的形象。总经理杨伟强频频接受国内知名媒体的专访，争取为中美史克说话的机会。并表示：康泰克已经进入停产程序，新产品开发将按既定计划进行，消费者无需恐慌，中美史克会提供令普通用户和政府都满意的解决方案。中美史克的专业人员也努力说明 PPA 与出血性脑中风之间的相关风险性，而不是直接的因果关系，并提供了十几年来从来没有受到有关康泰克能引起脑中风的副作用反应报告。

面对同行的大肆炒作和攻击行为，中美史克保持了应有的冷静，既未反驳也没有说一句竞争对手的坏话，表现了一个成熟企业对待竞争对手的应有风度和态度。

为更好地服务客户、解答消费者的疑问，中美史克开通了消费者热线，专门培训了数 10 名专职接线员负责接听客户、消费者的问询电话，并作出准确、专业的回答，使之消除疑虑。

2001 年 9 月，新康泰克重返感冒药市场。

（资料来源：山东工商学院精品课程. http://jpkc.sdibt.edu.cn/glxy/scyx/chinese）

上述案例显示的是中美史克通过市场调研化解危机的情况。本章介绍市场调研流程，它的步骤构成一个市场调研项目。

第一节　市场调研的主要步骤

一、市场调研流程简述

市场调研是一种有目的、有计划进行的调研研究活动，是正确认识市场现象的本质和规律的过程。科学的市场调研必须按照一定的步骤进行，保证市场调研的顺利进行和达到预期的目的。市场调研大致可分为四个阶段。

1. 市场调研的准备阶段

1）确定市场调研的任务。

2）设计市场调研方案。具体分为如下几个步骤：①明确市场调研的目的；②设计市场调研的项目和工具；③规定市场调研的空间与时间；④规定市场调研的对象和调研单位；⑤确定市场调研的方法；⑥落实调研人员、经费和工作量安排。

3）组建市场调研队伍。

2．市场调研搜集数据资料阶段

首先收集的是第二手资料（secondary data），也称为次级资料。其次是通过实地调查来收集第一手资料，即原始资料（primaty data）。

3．市场调研研究阶段

它是对市场调研资料审核、分类、制表、分析研究的阶段。

4．市场调研总结阶段

它是形成调研活动的结论性意见的书面报告阶段。

图 2-2 为市场调研的步骤，右边的箭头强调各步骤之间的相互联系。例如，即使在第一步时，调研者、决策者也必须对之后的步骤有所预见；否则，很难作出是否开展调研项目的实事求是的评估。

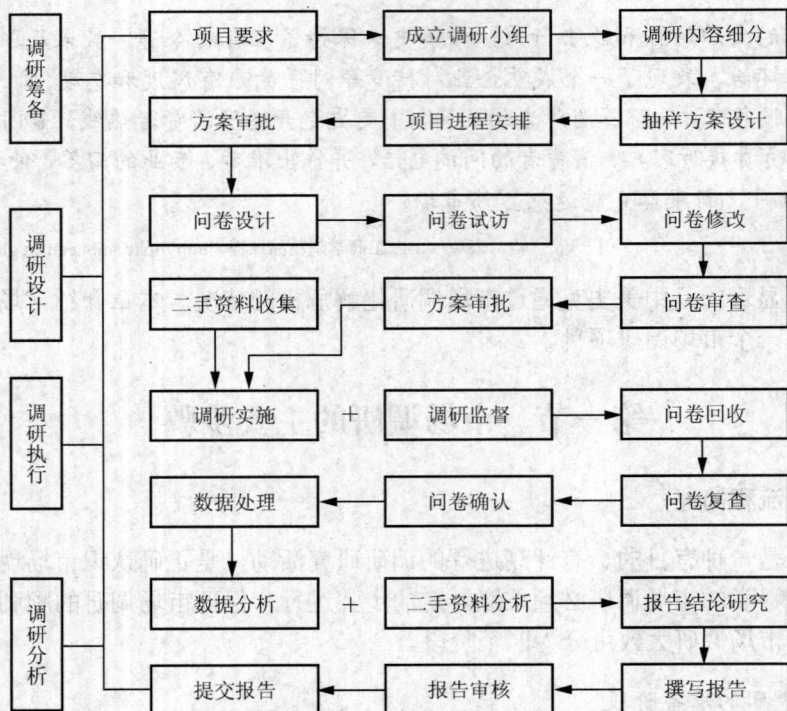

图 2-2　市场调研流程图

二、市场调研的具体流程及注意事项

（一）调研筹备阶段

市场调研的筹备阶段是市场调研的决策、设计、筹划阶段。这个阶段的具体工作有三项，即确定调研任务、设计调研方案和组建调研队伍。合理确定调研任务是搞好市场调研的前提；科学设计调研方案是保证市场调研取得成功的关键；认真组建调研队伍是顺利完成调研任务的基本保证。筹备阶段对市场调研具有重要的意义，它是整个调研的起点。市场调研的领导者和组织者，必须花大力量做好这一阶段的各项工作。本阶段的逻辑起点是确定是否开展一项提起的调研任务。影响本决定的因素有调研结果的潜在效用、管理者对调研的态度、执行调研结果所需资源的可获得性、调研项目的成本和收益如何等。虽然上述问题相互之间并非完全独立，但每个问题都值得单独讨论。下面先就这个阶段涉及的一些注意问题进行讨论。

1. 潜在效用

市场调研任务的潜在效用是在特定情景下，调研结果在何种程度上协助开展下一步行动；或者调研结果在何种程度上可以减少决策的不确定性；或者调研结果针对特定情景提供有关卓越洞察力的观点。显而易见，如果某一个市场调研项目效用不大，在没认真修改之前不应该开展调研。然而在实践中往往忽视了这个浅显的道理。匆忙开展调研项目，在最好的情况下也只会带来不完整的信息，而在糟糕的情况下会得到完全无关的信息。

★ 阅读资料

肯德基又回到了圣保罗市。在新开业的 MOOCA PLAZA SHOPPING 中可以看到一家分店。在大圣保罗地区的 OSASCO 市的 UNIAO 购物中心也可以看到一家分店。ABC 地区的 SAO CAETANO 市的 PARK SHOPPING 也有一家分店开业。预计，下一家分店将在 BARUERI 市。据该集团中，在圣保罗州地区还有另外三份合作合同即将签订。

肯德基集团回到圣保罗市，正在避免此前发生的错误（潜在效用）。肯德基于 20 世纪 70 年代来到巴西，但由于当时的快餐文化还没有得到巴西人的认可，于是失败了。1992 年，肯德基再次回到巴西，负责开发市场的是巴西国家信贷集团的继承人贝德罗·小昆迪。他最初的计划是在圣保罗市一些战略要点开发，如 PAULISTA、SUMARE 和 SAO BENTO 大道。1996 年，肯德基已经在巴西全国开了 23 家分店。但是用手吃炸鸡的理念再次被巴西排斥。于是小昆迪决定改变战略，关闭了街边店，并开始在购物中心开店，可是仍然未能得到大众的认可，最终所有的肯德基都关上了大门。

2003 年，肯德基再次来到巴西，这次选择了里约，现在里约已经开了 14 家分店。为了能够继续维持下去，他们不得不增加汉堡的品种，以满足巴西人的需要，因为似乎炸鸡并没有受到太多人的喜爱。

（资料来源：http://blogs.estadao.com.br/curiocidade/kentucky-fried-chicken-uma-nova-tentativa-em-sao-paulo）

2. 管理者的态度

管理者（或调研使用者）必须用开放式的思维审核一项提起的调研任务是否有用。对任何组织而言，市场调研如果不是出于协助决策制定的话是没有用的，相应的努力也会浪费，除非决策者愿意接受这样的结果。

阅读资料

当惠尔浦公司对欧洲洗衣机市场进行调研时，发现由于欧洲消费者的喜好不同，其洗衣机市场是有地区性的。比如，英国人喜欢低噪声的洗衣机，而且比起欧洲其他国家，英国人的洗衣量也最多。

然而，惠尔浦公司的管理人员却忽略了上述调研发现，他们认为地区差异被夸大了。惠尔浦公司管理人员已经决定推出"全球洗衣机"，一种可在任何地方销售的简单型号洗衣机。虽然全球洗衣机可以让惠尔普公司减少地区生产平台的数量，然而，欧洲市场的严峻竞争却迫使惠尔浦公司不得不更加注重消费者的不同需求。惠尔浦公司在这一全球化经历中遇到的困难让公司经理们认识到，在战略规划中考虑消费者喜好、国别差异的重要性。这一认识体现在惠尔浦公司前董事长、CEO 惠特曼的讲话中："我们承认全球消费者是不同的。他们有不同的口味、文化，以及对我们的产品有不同的使用方式。我们希望能比行业内其他公司更好地认知这些差别以满足不同的消费者。"当惠尔浦公司的产品创新小组在继续出于生产效率考虑而推进规模经济时，公司高层管理者责成产品创新小组也考虑公司服务的不同市场中消费者的独特需求。"思考全球化，行动本地化"已经成为惠尔浦公司的口头语。

（资料来源：A. 帕拉苏拉姆，等. 2009. 市场调研. 第二版. 王佳芥，应斌，译. 北京：中国市场出版社）

3. 执行调研结果所需要的资源

假定一个调研任务能够产生有价值的建议，而且管理层也愿意执行该建议，在这种情况下，我们可以说该调研项目是有价值的吗？答案是不一定。如果企业缺乏执行调研结果必须的资源（资金、人员、时间），则该调研结果将被浪费。上述资源对试图发掘营销机会而考虑开展市场调研的企业而言，是特别有用的。

阅读资料

某市有几家大型商场进入，为了吸引消费者的注意力，几大商场先后开展了诸如"满200 送 100"、"全场五折起"等活动。有一个商场由于没有好的活动主题，显得冷冷清清，后来尽管采取全场商品打折的活动，也没有吸引来更多的消费者，而其中的一些商家由于承担不起促销费用，纷纷要求退出。该商场为此找到了一家市场调研公司，请求其出谋划策，要求市场调研公司出面收集竞争对手的销售额、各类产品的销售比例等数据，以此找出吸引消费者的有效策略。这与市场调研公司的解决方法、职业道德背道而驰。该商场负责人以不能获得竞争对手的销售额为由，否决市场调研公司提出的种种解决方案，甚至认为该市场调研公司没有能力。

4. 调研的成本和收益

调研的潜在效用、管理者对调研的态度、执行调研结果所需要的资源都与调研项目的成本和收益间接相关。每个因素都在讨论市场调研是否有必要开展的问题，在这里我们直接考虑与市场调研相关的货币成本和收益。

方案设计一旦完成，就要考虑经费预算和进度安排了，以保证项目在可能的财力、人力和时间限制要求下完成。

在制定预算的过程中，应当做一个较为详细的费用-效益分析，看看项目是否应当完全按所设计的方案进行，或许还要重新考虑该项目是否应当进行。

考虑费用的同时还必须考虑时间。一个调研项目有时需要六个月或者更长的时间才能完成。决策的延迟有可能会有失去最有利时机的风险。例如，如果一项考察某新产品的调研方案设计得太长，其他竞争者就有可能抢占市场。因此，费用-效益分析的结果或是得出设计方案在经费预算上是合算的，或是认为设计方案在经费预算上不合算而应当中止调研项目。通常情况下一般并不中止调研，而是修改设计方案以减少费用，或者改用较小的样本，或者用邮寄调查代替面访调查等。

调研成本比调研收益更容易衡量。当特定调研任务的主题确定后，完成该调研任务所需的总成本估算相对容易。然而，如果我们对可能涉及的调研各阶段不清楚时，对项目成本就无法做有效的估计。从调研者的角度来讲，如果采用外部调研提供者，那么估计调研成本非常容易，因为调研提供者的报价即为调研成本。

那么，如何量化调研收益呢？没有统一的标准。由于任何调研的基本目的都是协助决策者减少不确定性，一个有用的出发点就是检验决策者面临的不确定性的性质。

阅读资料

某公司想建一家西餐厅，决定研究当地的西餐消费习惯，以考虑如何进入市场和进行准确的市场定位。于是联络了三家本地市场调研公司和一家国内知名调研公司在当地的分支机构。可一看到报价，就拿不定主意了，同样是一个项目，知名公司竟然比本地公司的报价高4万元。甚至有一个本地公司竟然报出了每个样本20元的低价，有点常识的人都知道，问卷印刷费、抽样的费用、调研员劳务费、被访者礼品费、复核员劳务费等加起来都不止20元，这样的价格根本就没有包含市场调研公司的智力劳动成果。

5. 预算约束

市场调研的预算是非常有限的，因此，调研者必须谨慎使用预算。

阅读资料

某房地产公司为了更好地对小区项目进行市场定位，找准其购买对象，在项目建设之初花了2000元，利用大学生的暑假实践活动，进行了一次消费者访谈调查。这次消费者访谈调查共发出调查问卷400份，完成调查问卷290份。其调查结果显示：31%以上的受访者表示可接受价位为7000～10 000元/平方米，对建筑面积的需求以100～150平方米居多。在同样可接受的价位下，首选户型是两室两厅和三室两厅。在受访者中，73%为大专以上学历，69%的年龄在20～40岁。同时，该房地产公司对周边同档次项目进行了供给调查，发现所提供的三居室以150平方米以上居多。综合对比供需两方面，可得出以下结论：在该地区，价位在 7000～10 000 元/平方米的项目中，120～150 平方米的三居室为市场供需的一个空白点。

6. 明确市场调研的目的

市场调研主要是针对特定市场或特定产品而进行的，它一般先针对企业目前所面临的内部环境和外部环境进行科学、系统、细致的诊断，识别存在的主要问题，同时寻求突破的机会；之后利用现代营销管理的方法和专业策划人员的经验，为企业下一步的营销策略提供具体建议。为了保证市场调研活动的顺利进行，可以做一张市场调研计划表，如表 2-1 所示。

表 2-1　市场调研计划表

调研目的	
考虑因素	
方法设计	
预定进度	
使用人力	
调研预算	

以下是具体化的市场调研目的。

1）全面了解产品市场及本品牌的基本状况、目前营销状况，为公司制定宏观决策提供科学依据和技术支持。

2）全面了解本产品的营销现状及相对竞争者的市场优势与市场障碍。

3）全面摸清本产品在消费者中的知名度、渗透率、美誉度和忠诚度；了解不同层次消费者对本产品的消费观念、消费行为和消费心理特征，以及影响他们购买决策的各种因素，为调整品牌营销策略及进行品牌延伸提供科学的依据。

4）全面了解目标地区产品经销商尤其是本产品经销商对本产品、品牌、营销方式、营销策略的看法、意见与建议；同时，查清本产品的销售网络状态、销售政策和销售管理状态。

5）了解目标市场零售层面的状况，主要包括零售商对其所销售的产品及品牌的看法，消费者对产品及品牌的偏好，过去几年市场的转变及对市场前景的预计。同时对当地市场价格结构、各品牌的信用政策、促销手段有感性认识，为制定适应零售市场的销售政策及强化营销管理打基础。

6）了解媒体发布的相关情况。主要内容包括相关栏目、发布时间、相应费用、覆盖范围及效果测试等内容。在实现以上目的的基础上，总结出对本产品市场营销的建议，为公司革新营销策略、提高竞争能力、扩大市场占有份额提供决策支持。

阅读资料

2009 年，当我还沉浸在春节的喜悦中，还没回到上海就接到一位朋友从日本打来的电话，要我参加他们在上海举行的新产品发布会，并帮助他邀请一些媒体朋友来助阵。这位朋友是日本某家具企业在中国的营销总经理，十多年在日本工作的经历使他养成了在实施每个计划之前，总要来个市场调研。实际上，他也做得很好，大项目大调研，小项目小调研，这使他每推出一款新产品，每实施一项计划，都取得了预期的结果。他说："目前，中国家具市场瞬息万变，花点小钱，用点时间，就能把钱用得更好，就不会浪费大量的金钱。何乐而不为！"

确实如此，金融危机冲击着企业本身，家具企业也不例外，而受金融危机影响的市场消费需求和消费能力又冲击着家具销售业绩。对家具企业而言，市场信息犹如眼睛和耳朵，少了它企业就变成了瞎子和聋子，市场营销决策也就成了盲人摸象。

以办公家具为例，上半年的销售还红红火火，金融危机发生之后，大批上半年刚投产的家具厂家在销售上随即遭遇了滑铁卢，大量家具产品堆积仓库中，企业不得不限产或停产，原先期望的利润回报期转眼间变成了产能包袱。一位在奥运会前刚刚投入家具生产的老总说："人家做的时候赚钱，我做的时候亏本，这到底是什么回事？"

是的，很多家具企业的老总们百思不得其解。

其实，这种情况的发生归根结底是因为市场信息不对称、市场动态把握不准、决策缺乏预见性。由此可见，市场信息的收集、调研是家具营销中最重要的工作，它在经营决策中不可或缺。

那么，家具企业如何才能做好这项至关重要的工作呢？那就是要根据家具企业自身的情况，选择适合的市场调研方法和途径。

在家具行业奔走十多年，很少看到中国本土家具企业进行过市场调研工作。而每当我建议企业进行市场调研时，这些家具企业的老总们就会说："你需要什么信息，我来告诉你。我干这行有20年了，根本不需要做什么市场调研！"

面对这种情景，我只好说："请告诉我，购买和使用你们家具产品的人都对你说了什么话？"老总们往往都无法回答这样的问题，因为他们压根就没了解过他的消费者，他们从来不和消费者交流，他们只关心经销商什么时候进货。准确地说，谈不上关心，而只是整天就会问经销商进了多少货，根本就没去想过经销商进货是与家具产品的消费者有关系的，关心经销商的进货是要从关心消费者开始的。

于是，我不得不花费时间来做一些不必要的工作，花费口舌来使这些家具企业的老总们从心底愿意并领导大家来做市场信息收集工作（仅仅是信息收集工作，数据分析工作由另外的团队来完成）。

但这些家具企业很会走捷径，他们会直接购买现成的社会调查中心、经济研究机构编撰的家具市场形势分析与预测报告；财力丰厚的企业则会委托专业调研机构进行市场调研。

我在为企业进行营销咨询时，比较倾向于通过公司内部相关部门进行调研，通过该企业的经销商来进行调研。我把这项工作简称为"内访外调"。内访外调的优点是针对性强，信息反馈的时效性强，简单易行，但是一定要制定详细的调研计划，避免流于形式。但该实施方法的前提是企业自身有能力（特别是人力和时间）参与组织这样的市场调研。

当然，委托专业调研机构进行市场调研的方法相对比较规范，但费用很高，调研时间长，不一定能满足家具市场营销的真实需求。而社会调查中心、经济研究机构编撰的家具市场形势分析与预测报告对家具市场的宏观分析还是可以借鉴的，但这些资料的时效性和针对性不强，很多资料、数据都是间接采集的，实用性不大，而且价格不菲。

家具企业市场调研的目的可以分为很多种，有对某个家具产品品类发展动态的市场调研，有对新产品上市之前的市场调研，还有对区域市场主要竞争对手的市场调研。企业在行业中所处的地位不同，对市场信息的需求程度也不相同。例如，我国的办公家具领域呈现的是品牌众多而杂、市场竞争无序而乱，区域性特征明显而分散等特征，有实力的品牌屈指可数。因此，有人这样说，"办公家具像一座富含金矿的大山，就看谁的眼光准、步伐快。"于是一些家具企业盲目扩产，形成了一个新上装置及扩产装置投产的高潮，这本身给办公家具市场形成了较大的隐患，而金融危机则加剧了事态的发展。一个市场到底有多少企业投产？其中的生产规模、工艺水平、环保状况、下一步的扩产动态如何？在某个时间到底有多少产品涌入市场？办公家具的市场拐点何时出现？下半年乃至明年将走向何方？无疑，作为企业决策者，都应该对这些信息有足够的撑握。

同时，调研内容要逐项列出，并尽可能量化，完成时间、督办责任人等要醒目地出现在调研提纲中，调研对象、任务分配及调研主体不能模棱两可，以避免不同区域、不同部门相互推诿扯皮现象的发生，否则，布置下去的调研可能迟迟无法完成，反馈也极可能似是而非、不置可否，甚至会漏掉某个重要区域或竞争者。如某一家具品种在一个区域的市场容量、同类产品销量、价格、市场占有率、营销动态等能量化的尽可能量化，少用"市场容量很大、价格同我公司差不多"或"肯定比公司便宜"等模糊语言来表述。因为这类语言组成的调研报告基本没什么用处，它无法帮助决策者对市场情况和竞争情况有一个准确的定位。没有有效的市场信息和准确的产品定位做支撑，公司的营销策略能在多大程度上决胜市场也就只能是听天由命了。

明确信息来源存在两大好处：首先便于相关工作人员对市场调研行为进行抽检、复查和确认，检验调研工作的完成程度；其次由不同信息渠道汇集信息相互补充、印证，便于决策者掌握更接近事实的市场动态和各个竞争对手的情况。目前，家具行业的信息来源还是比较多的，竞争厂家的管理人员、业务人员、经销商、原材料的供应商、家具行业协会及海关资料等是比较常用的信息源。随着信息的公开与透明，互联网、家具行业报纸杂志也成为调研市场信息的一个重要来源。

收集市场信息要加工、分类整理汇兑，出具一份详细、及时、具有参考价值的调研报告。不同区域、不同部门的信息按要求收集回来之后，大多还比较分散，多而杂，有些信息甚至是不一致的，需要有专人或专项小组对这些信息进行梳理、分类和加工，找出共性的东西，对当前市场形势形成基本的判断和评估报告，并对下一步的市场运作提出建议或意见，形成一份完整的市场调研报告。针对家具市场上出现的特殊情况或重大变化，如某区域市场出现同类产品价格特别有竞争力或价格特别高的情况，此时一定要注明信息调研的时间、区域及有无其他的配套营销措施，不能误导信息参与者把偶然性、局部性的市场现象当成普遍性现象，致使营销策略出现大的偏差。

家具行业市场信息调研是动态的，不是做完一次就万事大吉、一劳永逸了，尤其是像2008年这样家具行业整体市场出现大幅度震荡的时期，作为家具企业的领导者和市场竞争的积极参与者，都更应该密切关注市场的变化趋势，通过市场调研掌握家具市场动态，及时调整营销策略，这样，才能把握市场主动权，占据主动地位。

（资料来源：家具营销——目的明确要求具体的市场调研．www.795.com.cn/wz/91356.html）

7. 问题认定时的注意事项

在问题认定时，要明确调研项目的准确目的，识别出众多具体问题，确定值得进一步调研的事宜，如果问题认定时出现错误，则将导致调研资源的无效运用，甚至会导致错误的决定。

8. 调研者和决策者有效沟通的重要性

调研者和决策者的有效沟通需具备两个条件：首先，调研者能清晰地表达信息的内涵，以便决策者能确切地理解；其次，调研者重视决策者的反应并根据其反应及时修正信息，免除不必要的误解。两者缺一不可。沟通在市场调研项目中非常重要，如果这一环节缺失，很容易导致调研结果偏离目标方向。比如，某房地产公司想做一个楼盘定位研究，在给市场调研公司发标的时候，定了这么几个规则：限价××万，两天内准备标书，调研周期必须控制在 10 天之内，第三天下午 5 点前将公布中标公司。很显然，由于双方没有坐下来好好沟通，这些规则完全没有考虑到某些高素质市场调研机构未必应标、时间短暂无法保证质量、调研公司没有时间考虑投标公司的实力和方案等一系列问题，缺乏科学性和可行性，最后的结果可想而知。

（二）搜集数据资料阶段

调研项目应该收集何种数据？这取决于我们在最初阶段对调研目的的定义和这种定义是否清晰。识别特定的数据要紧密匹配调研目的及完成这一目的的数据类型。识别调研数据在市场调研中是一项非常重要的一步，这是从客户那里得到重要事实、揭示可能已知或尚未知的趋势，或为调研计划提供无可辩驳的事实支持。通过对数据的深入分析，可以通过大量的数据更多地了解被调研对象，并作出有利的决定。图 2-3 所示为市场调研的第二个阶段，即搜集数据资料阶段的具体工作内容。

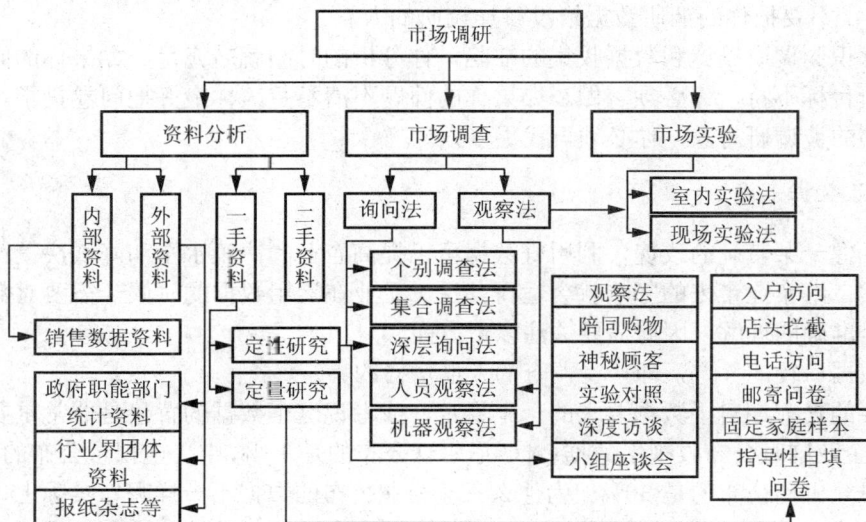

图 2-3　市场调研的第二个阶段

1. 搜集数据阶段的三个易犯错误

开始分析调研结果前，先回顾一下整个问题，例如调研的目的是什么？调研方法与目标是否相符？收集的数据是否准确？有没有充足的数据来得出结论？

尽管到了做数据分析时才想到要换调研方法已经晚了，但了解项目的范围并紧扣这个范围是非常重要的。许多初入门的调研人员在分析数据时总是试图找出"言外之意"。他们总试图得出一些与目标不相关的结论。这些工作无异于"猜"。为了避免上述问题，请记住以下简要规则。

规则 1：如果没问，你就不知道

另一个调研入门者的常犯错误是试图通过改变数据来弥补恶劣的问卷设计。例如，如果用一组数据让调研对象选出他的总收入，那么中间的数就计算不出来。许多人就试图给每个答案用一个数值来代表一个范围。尽管可以在所有答案之间做一些调整，但最后的结论还是错误的。同样的，试图把多选当成单选来分析也会得到错误信息。为了避免这类缺陷，请记住以下规则。

规则 2：不要为了不好的调研设计改变数据

第二个初调研者的错误是把问卷交给不是被调研对象的人群或被调研对象对问卷的理解不正确。例如，如果人力资源经理设计了一个关于福利的调研并邀请全体雇员参加因为每个员工都有机会参加。有足够的员工参加调研，数据应该是有效的，但是否适合所有员工参加呢？答案是：看情况。如果这个调研是用人口统计学的方式问关于公司的问题，结论确实表示出其不了解公司整体的状况。否则，如果被调研对象中 80%已婚，全公司有 50%已婚，那调研的结论就会偏向已婚员工。如果已婚员工对福利的需求与单身员工不同，那么把这个调研数据的结论用来推断全体员工就不如把已婚员工和未婚员工分开计算得到的结论正确。为了避免这个问题，请记住以下简要规则。

规则 3：不要把你的调研数据给没参加调研的人看

越早意识到调研设计和数据收集的缺陷，你分析的时间就越充足。如果你的问卷答案和你的调研目标不符，你必须重做。如果你的问题不清不楚，你最好把问卷扔了。如果你找不到足够的被调研对象，你必须再找更多人。

2. 确认数据来源

数据就像一朵带刺的玫瑰，利用好数据可以提高企业的决策水平和降低决策风险，但若数据失实，给企业带来的影响就会适得其反。企业在运用数据的时候，需要对数据的准确性有一个准确的理解，因此需要关注以下方面。

（1）数据口径的界定，即接受调查的人群资格的界定

最重要的是前期对于数据要求的一个界定，或者说这个数据的背景是非常重要的。例如，有三家企业同时公布收视率数据：A.C.尼尔森公布的是 10%，中央电视台公布的是 20%，另外一家研究机构公布的是 30%。为什么三家企业公布的数据不一样呢？实际上，不是三个都不准，或者某一个不准，而是三家的口径、调查方法是不同的。这一点是很多媒体和企业难以意识到的。这就是说，对外可能只公布一个收视率数据，而没有公布这个数据是

怎么得来的，口径是什么。很有可能这三家企业收视率数据调查的时间不一样，或者调查方法不一样。比如，中央电视台可能采用仪器测量的方法，研究机构可能界定一周为只要看了就算，AC尼尔森可能会界定一周内看了三次才算收视。三家的口径完全不一样，所以数据之间本来就不具备可比性。这大概就是大家经常认为数据不准确的重要原因之一。

（2）确定数据的总体

要注意区分数据所包含的总体。比如，有一个调研公司发布了市长支持率的调查结果：70%的人支持该市长，其数据的总体是指知道这个市长的人，但有人认为 70%这么高的比率是不可能的，因为他们理解的市长支持率是所有市民中的支持率，由于还有一部分人不知道市长是谁，所以所有市民中的支持率可能只有 40%、50%，而没有 70%。该调研公司的做法是先问被访者是否知道所要调查的市长，然后在知道的人里调查支持率是多少。因为通常理解的市长支持率是所有的人中支持市长的比例，所以大家便认为数据不准。

市场调研获取的资料主要包括二手数据和一手数据。二手数据是指已经公开发表并已经为某种目的而搜集起来的资料（相关内容参见第四章）。一手数据也称为原始资料，它是指市场调研人员通过实地调查而获得的资料，具有直观、具体、零碎等特点，是直接感受和接触的现象。原始资料主要是向顾客、零售商、批发商、推销及销售管理人员、贸易部门等调查取得。原始数据收集一般所需的时间较长，费用较大，但比较准确、实用。获取第一手资料，按照采取的形式不同可将其分为访问法、观察法、实验法、定性研究法等。选择哪种方法与调研目标、调研对象和调研人员的素质等有直接关系。每种调研方法其反馈率、真实性和费用都不同。

知识拓展

新力市场研究专家的心得

新力市场研究专家表示，市场调研是一个令很多中小企业营销管理者感到迷茫的问题，在人力上，既没有专职的市场调研人员，也没有独立的市场部门；在财力上，请不起专业的市场调研公司。但市场调研工作又不能不做，因为不做就不知道产品使用的对象是谁，不做就不知道自己的竞争对手的情况。以下是新力市场研究专家的心得。

1. 中小企业市场调研的职责担当

中小企业一般没有独立、完整的市场部门，关于市场调研工作的职责担当问题，有人认为应由总经理室去做，也有人认为应由销售部门代劳。但事实上，在没有独立的市场部门并且近期也不打算建立市场部门的情况下，最好把此项工作交由总经理室，并由专职信息人员负责。这样做有如下三个好处。

1）很多中小企业的销售工作是由总经理直抓或兼管，总经理室作为直属单位，有必要把握市场动态，供总经理决策参考。

2）总经理室与总经理最为贴近，便于总经理指导市场调研工作及查阅市场信息。

3）总经理室作为企业的"中枢神经"，由它来策划和执行市场调研工作与管理的基本原则不矛盾。当然，在策划调研活动时，必须以市场和销售为导向，并充分听取销售人员的意见和建议。

2. 市场调研的具体执行

市场调研是一项繁杂的工作，即便是具备独立的市场部门、专职的市场调查人员的大企业，市场调研工作也不是由市场调查人员"包干到底"的，其工作只是负责策划、组织、指导和控制调研活动，对中小企业而言，具体执行工作可借助于销售人员。

（1）由销售人员借工作之便进行调研或临时执行调研任务

销售人员是冲锋在第一线的战士，他们最了解"敌情"，也是最需要了解"敌情"的人，借助销售人员，一方面，可以节省人力、物力和财力，起到事半功倍的效果；另一方面，可以督促销售人员加深对市场的了解。

（2）借助经销商或代理商来完成调研工作

经销商或代理商在做好本地市场这一基本愿望上是与企业完全一致的，在这一前提下，企业可以策划、指导经销商或代理商做好该地区的市场调研工作，包括该地区基本状况、消费者状况、竞争品牌状况调查及当地媒介状况调查，当地政府和民间活动调查等。同时，实施"动态企划"，抓住机会，巧妙借势，做好在当地的广告、促销活动。这样不仅解决了调研的一大难题，也有助于巩固双方的合作关系。

（3）收集研究二手信息

总经理室不仅应做好市场调研的策划、组织、指导、控制工作，还必须做好二手信息的收集研究工作。很多中小企业虽然订有各种专业报纸杂志、拥有自己的网站，但却不能有效地利用这些宝贵的资源。

专业报纸、杂志也并非多多益善，订几种综合性、权威性的即可。通过这些权威的专业报纸、杂志，可以尽快地了解业界动态。利用网络可以便捷地查询各种有用的信息，而且在网上传播信息省时、省力。当前很多专业的市场调研公司已开始利用网站开展调研活动，中小企业为什么不可以利用自己的网站进行市场调研呢？

一些中小企业对专业报纸杂志还是相当重视的，但对地方报纸及营销类杂志却不那么热情，笔者认为这种作法有些欠妥。很多中小型企业的产品仅供当地及周边市场，地方报纸是企业的耳目，有助于它们了解发生在身边的人和事。营销类杂志则向企业打开了一扇学习别人市场调研和营销经验的窗口，只有虚心学习，才能有所进步。

3. 市场信息的消化与吸收

作为公司的专职信息人员，必须具备较强的计划、分析和文字表达能力，能及时将市场信息消化、整理，上达主管。而作为公司的经营和销售人员，应主动研究市场信息，并及时反馈意见，以求改进及更好地配合市场调研工作。

对中小企业来讲，最重要的两个字是"观念"。企业的营销管理者对市场调研工作重视与不重视，抓与不抓是完全不一样的。

4. 明确责任

中小企业市场调研的责任有哪些？作为企业经营的决策者与主管者，他们有责任做到如下方面。

1）深入分析客户的需求。设身处地地悉心关注、理解客户，并分析客户的需求、偏好，换位思考问题。

2）以非正式、启发式、质疑式的方法，主动直接地抽样访谈主要客户群中的各个层面的经营管理者、应用者，向恰当层次的恰当人询问恰当的需求、偏好问题，以客观地测知其较普遍的重要爱好——与消费者（群）直接交谈，了解其偏好、需求。

3）特别注重与一些精明型、未来型、代表型的客户需求决策者个人交朋友，经常性地直接交谈沟通。并尽可能让其直接参与产品或服务方案设计，以实时探知、洞悉、感悟他们的未来爱好。同时，也可与客户的客户、供应商的供应商、中介分析商、专业证券分析家、产业新闻记者直至竞争对手就客户的未来需要、偏好等问题进行交流、讨论、辩驳，以更宽广的胸怀、视野把客户需要、偏好这个蛋糕做大、做好——洞悉先机，与重要客户、特殊客户交朋友，预知客户的需求、偏好。

4）培养信息的收集、利用意识。中小企业要充分认识互联网对企业生存与发展所具有的重要作用，增强信息的收集和利用意识，并通过信息资源的开发和信息技术的有效利用，来提高企业的生产能力与经营管理水平，增强企业在市场中的竞争力。在企业 IT 经营网络中，特别要建立一个专用的客户信息系统，实行客户关系管理——利用最新科技搜集、分析、储存、整理客户的需求与偏好。

5）在深入访谈调研的基础上，列出未来 2～3 年行业和其他行业中最受欢迎的三种以上产品或服务，及其超常创值盈利的原因，即可预知未来 2～3 年内客户最重要的需求、偏好趋势。

5. 通晓规律

充分了解市场调研的一般规律。

1）调动一切因素。市场调研是一项繁杂的工作，即使是具备独立的市场部门或专职的市场调研人员的大企业，也需要动员上至总经理下至业务员等一切人员的积极性、创造性方能奏效。

2）构建良性循环。市场调研应当建立策划、组织、实施、反馈、修正、实施、评估、再策划的良性循环。

3）倚重销售人员。总经理、总经理室负责市场调研策划、组织、领导、控制。实践工作还是应由销售人员借工作之便进行或临时执行，这是因为销售人员最了解市场实际情况。倚重销售人员，一方面，可以节省人力、物力、财力，起事半功倍之效；另一方面，可以督促销售人员深入对市场的了解。

4）借中间商之力协助完成市场调研工作。经销商或代理商在做好本地市场以获取最大利润这一基本愿望上是与企业完全一致的。在这一前提下，企业可以策划、指导、支持经销商或代理商做好该地区的市场调研工作：了解该地区的基本状况、消费状况、购买力水平、竞争品牌状况，当地的媒介状况，当地政府的政策、方针、态度，民间组织的活动等。

浙江一家专业生产烟灰缸的企业依靠中间商做市场调研颇为成功。这种名为"柔顺"牌的烟灰缸因为质地、造型都不错，在国际市场上很畅销。可过了一段时间，产品渐渐受到冷遇，订单日渐减少。经中间商反馈信息得知，一些发展中国家的居民寓所里普遍安了电风扇，电风扇一开，因烟灰缸太浅，烟灰就四处飞，很不卫生。据此，他们马上试制了一种口小、肚大、底深的新式烟灰缸，产品一经推出，又大受欢迎。可好景不长，一些欧美国家寓所安装的是空调而非电扇，主妇们嫌口小的烟灰缸不好清理，为此，该厂又研制出一种口敞、底较深的新样式，专门出口欧美地区，再度抢占了这些险些失去的市场。

中小企业虽然人、财、物等方面比不上大企业，但若把有限的精力、财力、集中于一点，谋后而动，就能推陈出新，开发出优势产品，创造新市场。

综上所述，成立一个由总经理挂帅，总经理室策划、组织、指挥、协调、控制的市场调研指挥部，组建一支以销售人员为主体、中间商为助理的同盟军，中小企业又何愁做不好市场调研工作？产品或服务的市场需求量将最终决定企业的成败，尤其是中小企业。如果说企业的天性是竞争并盈利，那么企业的天职就是搞好市场调研，尽最大的可能迎合客户需求与偏好。实现客户服务价值的逐步增长，应该是企业经营的出发点。

（资料来源：百度百科）

（三）市场调研研究阶段

市场调研研究阶段的主要任务是对市场搜集数据资料阶段取得的资料进行鉴别与整理，并对整理后的资料做统计分析和开展理论研究。

鉴别资料就是对市场搜集资料阶段取得的市场资料，包括全部文字资料和数字资料做全面的审核。审核的目的是消除资料中虚假、错误、短缺等现象，以保证原始资料的真实、准确和全面。

1. 调研资料的分类

资料的整理工作是市场研究中非常重要的一个环节。因为研究结论最终是从观察、调查、测量中获得的事实资料中分析并推论出来的，被整理的事实资料是否真实、可靠、准确，将直接影响到结论是否正确、可靠，所以说，做好资料的整理是作出科学结论的前提。而资料整理工作的核心就是资料分类。

分类标志是资料分类所依据的特征。分类有两条原则：第一，应根据研究课题的目的来确定分类标志；第二，应选择能反映所研究事物本质的分类标志。对被研究的事物有本质意义的分类标志要通过分析提出。

经过核查选取的资料常包含数量资料和非数量资料。非数量资料是对研究问题有关的定性描述资料，如各种理论阐述、观点、研究对象的形态或感受等。这些资料一般都是用语言形式表达的。数量资料也就是各种数据，它们又可以按数据是否具有连续性分为计量数据和计数数据两种类型。借助于测量或一定的测量标准得到的数据，一般都是连续变化的量，称为计量数据。计数数据指计算个数的数据，它是根据研究对象的某一属性对研究对象进行计数统计所得的数据。在这一属性上，每个研究对象间只有质的不同，没有量的差别，一般取整数形式。不同类型的数据采用的统计处理方法也将不同。

之后，要对资料进行质量分类和数量分类。按研究对象的品质标志进行分类为质量分类。按研究对象的数量标志进行分类为数量分类。在研究中可能只有质量分类或只有数量分类，但是在既需要质量分类又需要数量分类的研究中，数量分类常常是在质量分类后进行的。

资料分类时，还要注意把反映人们主观意见、感受的资料和反映客观事实的资料分开，把反映特殊情况的资料和具有总体特征的资料分开。

2. 市场的定性和定量分析

市场研究的任务是从表面上杂乱无章的现象中看清事物的面貌，发掘和研究被掩盖了的规律，认识和掌握事物的本质。为了完成这一任务，就需要对经过整理的丰富事实资料进行分析研究。

市场调研的一个重要特点就是强调定性研究和定量研究的结合、数量资料和非数量资料的结合。为此，在研究资料的过程中，注重采用统计分析和逻辑分析两种方法。统计分析是把大量散乱的数量资料依据统计的理论和思维方式，对它们进行描述和推断，将研究对象的本质、特征揭示出来的行为。逻辑分析是运用抽象和概括、归纳和演绎等方法，对丰富的现象资料进行思维加工，从而去粗取精、去伪存真、由此及彼、由表及里，达到认识事物本质、揭示规律的目的的行为。

3. 材料整理的方法

材料的加工整理是市场研究的重要辅助工作。在市场研究中，为了便于对材料的分析研究，把搜集来的零散的材料按不同的研究任务和材料的不同性质，采用核对考据、挑选淘汰、汇总统计加工的办法进行加工整理，是特别需要的。

1）核对考据。核对考据就是把搜集起来的材料进行核实、鉴定，了解它的真实性、科学性、整体性和可比性等，从而对材料作出全面的评价。

2）挑选淘汰。挑选淘汰就是对搜集的材料进行处理，把需要的材料选择出来。选择材料要重视四条原则：首先，要鉴别材料的真实性与客观性；其次，要注意材料的有效性；再次，要注意材料的代表性；最后，要注意抽样选取的正确性。总之，应当正确地选择典型的材料留作重点分析、研究之用。

3）汇总统计加工。汇总统计加工就是把搜集的大量零散的同类原材料综合在一起，成为一个有系统的、一目了然的统一体，以便对材料进行进一步的研究与分析。这是对搜集起来的材料进行粗加工的重要步骤。

资料在形成、积累、归档时应注意以下问题：注意材料的真实性和准确性；注意材料的完整性和系统性；注意建立误题档案的科学性和适用性。

4. 分析材料的常用方法

分析研究所积累的材料是市场研究过程中最重要的一环。因为市场研究不仅要搜集足够的资料，还必须应用理论思维方法，对搜集、整理的资料进行分析与研究，以便从中得出正确的结论，应用结论指导研究。

分析研究材料的过程是多种理论思维方法的辩证统一的过程，一般可用逻辑分析方法和统计分析方法。这要视材料内容的不同而作出选择。

（1）逻辑分析方法

逻辑分析主要是将丰富的现象材料经过思维过程，去粗取精，去伪存真，由此及彼，由表及里，形成概念和理论系统。这是一种理论的认识过程，得出的是动态规律性。逻辑分析主要通过下列手段进行。

1）分析与综合。分析是把复杂的事物或现象分成几个简单的组成部分并抽出它们的特征，以便认识每个组成部分的性质和特征的行为。根据分析的结果，可以再把事物或现象作为统一的整体来全面认识。

2）抽象与概括。抽象就是从某种事物属性和特征的总和中抽出其中一种或几种最本质的东西，摒除一切表面的、非本质的内容的行为。在科研中，常用抽象的思维方法，把复杂的现象暂时加以简化，使我们能抓住本质。概括就是把同类事物的本质属性抽出来，归纳、概括为一个普遍的、事物共有的属性。抽象给概括作准备，概括是抽象的继续和完成。

3）归纳与演绎。归纳法是由个别到一般、由事实到概括的逻辑推理方法。演绎法是从普遍性的理论知识出发，去认识个别、特殊的现象的一种逻辑推理方法。为了论证某一属性是某类事物所必然具有的，我们还必须借助于演绎法。所以归纳法和演绎法是密不可分的。

（2）统计分析方法

统计分析方法主要是将丰富的现象材料经过统计学的处理，通过比较和对照，找出研究现象中的矛盾及其内在联系，了解运动的趋势，揭露事物发展的规律。比较是统计分析的基本方法，只有将反映事实的统计资料进行对比，事实的意义及彼此间的内在联系才能充分地表现出来。在实际应用中，通常使用如下几种方法。

1）绝对数和相对数分析法。绝对数表现现象的规模和水平，相对数表现各种现象之间的关系。

2）平均数分析法。在科研中，通常用平均数据去概括描述同类现象的状况和特征，它可以反映事物总体的典型水平和规模。

3）动态数列分析法。世间的事物和各种现象永远在发展、变化。因此，市场调研必须从事物的动态上去探求事物的发展规律，动态数列分析的作用就在于此。它是按时间的先后顺序排列出来的，可按指标的性质分为绝对数、相对数和平均数的动态数列。

4）表格法和图示法。这两种方法通常用来表述现象，它可使表达的现象形象、清晰、扼要地表现出来。表格为图示作准备，图示进一步反映表格内容。图示有三种表现形式，即动态曲线图、分配曲线图和依存曲线图。

5）平行数列对比法。该方法用于查明现象之间的联系和因果关系。其处理方法是通过把统计处理的资料以平行排列的形式在表格上进行对比，表现现象的发展情况，揭示事物发展的原因。

6）相关法。现象是复杂的，又是相关的，通过相关分析可以揭示事物发展的规律。

（四）市场调研总结阶段

总结阶段是市场调研的最后阶段，它的主要任务是撰写市场调研报告、总结调研工作、评估调研结果。

调研报告是市场调研研究成果的集中体现，是对市场调研工作最集中的总结。撰写调研报告是市场调研的重要环节，必须使调研报告在理论研究或实际工作中发挥重要作用。此外，还应对调研工作的经验教训加以总结，为今后的市场预测工作打下基础。评估调研结果，主要是学术成果和应用成果两方面，对市场调研加以评估，目的是总结市场调研所取得成果价值。认真做好总结工作，对于提高市场调研研究的能力和水平，有很重要的作用。

在市场调研的实际工作中，其各阶段是相互联系的，有机地构成市场调研的完整过程。

第二节　市场调研步骤之间的联系

总结起来，任何调研项目都可以分为若干逻辑步骤，起点为确定市场调研的任务，终点为分析和解释调研结果。虽然为方便起见，我们认为各调研步骤是按时间顺序发生的，但实际上一些步骤和其他步骤之间是相互独立的。调研者和决策者面临的一个主要挑战就在于他们开展调研项目之前应该通盘考虑。计划一个潜在的、有价值的调研项目需要更广阔的视野，而不是只局限于某一步骤。为了更好地理解调研各步骤在现实中的联系，以下用肯德基公司的市场调研项目来说明。当然，所有的市场调研项目的结构和开展并不是完全按照下述例子展开的。然而，所有的调研都包括了相同的基本关联步骤。我们不难看出，市场调研是一个系列的活动，每个步骤都有其特点和复杂性，对每个步骤的深入认识有待我们进一步阐述。

肯德基（英国）进行市场调研的目的是为了成功地将其"家庭宴会"推向英国市场。由于这些信息所有权属于肯德基，因此我们在下述的案例中隐藏了部分的情况。但本次调研的主题及其在决定使用新菜单中的项目都是真实的。它将作为一种概述帮助大家理解市场调研的实际运行过程。

一、调研的背景

到 20 世纪 90 年代初期，肯德基进入英国市场已经 30 年了，并开设了 300 多家连锁店。为了直接与当地流行的鱼肉薄饼店展开竞争，肯德基最初的定位是"外卖"，店内座位很少，甚至没有座位。在英国，肯德基的传统消费者是年轻男性，他们时常在当地酒吧与朋友聚会后，在很晚的时候光顾肯德基。在当地还有一些家庭气氛很浓的餐馆连锁店，这些店都具有很强的竞争力；同时，竞争者麦当劳的发展（到现在已有 500 多家连锁店）及其他美国快餐公司的流行，使肯德基很难保持现有的局面，面临寻找竞争优势的挑战。

二、特定的营销问题

肯德基（英国）部的市场总监约翰·沙格于 1993 年会晤了公司营销部人员及广告代理商。这次会晤的目的是确定最佳方案，以使肯德基的消费对象从青年男性扩展到家庭领域。沙格先生和广告代理商意识到，就公司的长期生存而言，肯德基必须重新进行形象定位。诸多迹象表明，家庭是快餐行业最大且增长最快的一部分消费者。公司在设计新的定位策略的过程中遇到了三个棘手的问题。首先，多年来肯德基已在英国消费者心目中形成了一种强烈的"外卖"式餐馆的形象，"外卖"概念在英国消费者心中早已根深蒂固，公司可能会花上好几年的时间使其形象转变为"友好家庭"的形象。其次，肯德基的忠实消费者一直是青年男性，给人一种否定女性消费者的感觉。经常出入肯德基的都是青年男性，甚至是喝醉了的男性，母亲们都会认为把孩子带进肯德基很不安全。再次，竞争者麦当劳进入英国市场虽比肯德基晚 10 年，但它却迅速弥补了时间上的损失。目前，麦当劳公司仅用于儿童广告的单项支出已超过了肯德基的全部广告费用。由此，肯德基营销管理层面临的特定营销问题是：如何改变公司在英国消费者心目中的形象？如何使公司对英国母亲们具有足够的吸引力，并使她们经常购买肯德基的食品作为家庭膳食？

三、确立调研目标

通过对这一特定的营销问题进行分析，肯德基（英国）认为，公司要想把现有的品牌形象转变为"家庭宴会"的形象，有必要调查英国家庭对于家庭膳食的价值观，以适应英国市场。像肯德基的全球战略一样，进入国际商业系统的一个主要好处是可以平衡公司在各地市场的经营。尽管在英国，肯德基的家庭膳食（由于它比个人膳食的价格高出很多，因此，也可以称为豪华膳食）销售所占的比例最低，但近年来家庭膳食在澳大利亚却取得了成功：公司把那种含有丰富食物及餐后甜点的豪华膳食——"家庭宴会"以合理的价格推向了澳大利亚的四口之家。在澳大利亚，肯德基家庭膳食销售的比例已增长到 30%，而在英国只有 10%。在全球所有重要市场中，英国肯德基的豪华膳食或家庭膳食的销售是最差的。此刻，肯德基做了一个富含冒险性的假定，即在一个国家取得成功的菜单项目可以被引入到其他国家，而且也能够获得同样的成功。这个观念需要进行细致的调查和研究，以评定市场的反应。所以，肯德基需要调研的两个主要问题如下。

1）相似的"家庭宴会"是否会吸引英国的母亲们？

2）"家庭宴会"的推出是否会使肯德基的品牌在英国的整体形象及知名度有所提高？

四、确定调研设计方案

针对英国母亲们进行的"家庭宴会"概念的研究，将帮助肯德基（英国）确定这个想法在英国是否具有生命力，这也就解决了上述的两个问题。如果它对母亲们具有吸引力，则肯德基（英国）"家庭宴会"可以在英国全面推行，同时也将开始研究由此产生的商业行为及消费者行为。要研究"家庭宴会"概念，则需要制定相关的调查方案，包括二手资料分析、焦点（小组）访谈研究、对英国母亲们的特定比较分析研究，以及最终的销售及消费者追踪研究。

五、确定资料的类型和来源

在研究快餐业问题时，分析已公布的二手资料，一些行业杂志——《广告时代》《餐馆新闻》等能提供有关竞争者动向的信息，但其作用是有限的，因为竞争对手通常也会密切关注这些资料。肯德基（英国）对公司在其他国家（如澳大利亚）推行家庭膳食的经历进行了实质性的案例研究。研究发现，实际情况与他们想象的并不一样，肯德基在澳大利亚拥有的青年男性外卖概念的地位没有被改变。第一手资料是相当有用的。对于肯德基（英国）来说，第一手资料有两种来源，即定性研究和定量研究。定性研究可以使公司基本了解目标消费者对某一问题的深层次看法。而利用良好的定量研究方法，可以对关键问题进行研究。以上两种情况的基本资料都来源于英国的母亲们。

六、确定收集资料的方法

在完成了对肯德基（澳大利亚）成功经历的研究并收集和分析了其相关的业务资料后，就开始进行焦点（小组）访谈。访谈对象是有 12 岁以下小孩的英国母亲，目的是研究这些家庭的饮食习惯和她们供应家庭膳食的方法。另外，通过问卷调查方法，也对"家庭宴会"的选择数量进行特定的比较分析研究，以了解在不同价格情况下，母亲们认为合理的家庭饮食结构。如果决定开始推行"家庭宴会"，则每月进行定期的品牌追踪研究。这将使肯德基英国分部在实际成本很小的情况下，研究"家庭宴会"对各种营销因素的影响，如广告知名度、品牌特性等。

1. 设计问卷

在焦点（小组）访谈阶段，肯德基（英国）的研究人员走访了英国各地有 12 岁以下小孩的母亲们，与她们展开了一系列的讨论，如她们喜欢的餐馆及快餐店等。由于不希望造成母亲们的偏见或反对，因此，在此过程中研究人员并没有提及调查委托人。所有的焦点（小组）访谈都用摄像机录下，母亲们的观点被制作成文件以备分析使用。特定比较研究是指对不同变量的一系列比较，如价格、食物的数量、套餐中是否包括餐后甜点或饮料等。公司设计了一份结构性问卷以获得这些资料。同时，为减轻现场执行的压力，还对该问卷进行了预测试。市场追踪问卷则是一份标准的、结构性和定量化问卷。为了不影响消费者对一些问题的判断，有关"家庭宴会"的知名度及好处等特定问题都在定期追踪问卷的最后才被提及。

2. 确定抽样方案

在定性研究阶段进行的焦点（小组）访谈的访问对象，是来源于英国伯明翰、利兹、伦敦等 3 个城市的母亲。每一个小组都含有 10~12 个在过去 3 个月内在快餐店中消费过的妇女。比较分析研究的访问对象来源于在英国具有代表性的区域里的 10 条道路上随机抽取的 200 名妇女。市场追踪研究是定期性全国追踪研究的一部分，其样本的来源和数量与比较分析研究相似，也是通过在英国具有代表性的区域进行拦截访问来完成的。

3. 收集资料

资料收集需要花费很多时间。焦点（小组）访谈要求一组人员先后到伯明翰、利兹和伦敦 3 个城市，在每个城市参加 4 次会议，每次会议持续 2 小时。在会议结束后，还要和会议主持人一起总结会议纪要。因此，总共需要花费 2 个星期以上的时间才能收集到相关的资料。比较分析研究及追踪研究是由专业市场调研公司中经过专业培训且富含经验的访问员来完成的。比较分析研究的调查过程大约需要 2 个星期的时间。而一旦决定在全国推行"家庭宴会"，则在定期追踪研究中加入有关"家庭宴会"的问题，这需要 6 个月的时间完成。

七、资料分析和撰写调研报告

焦点（小组）访谈和比较分析研究解决了第一个调研目标，即在英国推出的与澳大利亚相似的"家庭宴会"是否会吸引英国的母亲们。第一手资料表明，参加焦点（小组）访谈的母亲都对"家庭宴会"概念非常感兴趣，并且认为这将促使她们购买肯德基的食品，以作为方便、经济的家庭膳食来源。

根据调查，肯德基（英国）当前正供应一种被称为"经济套餐"的膳食，它包括 8 个鸡块和 4 份常规薯条，其售价为 12 美元。而准备推行的"家庭宴会"包括 8 个鸡块、4 份常规的薯条、2 大份的定食（如豆子和色拉），以及一个适合 4 口之家食用的苹果派。在调查过程中，对这两种膳食进行了比较。分析结果表明，如果"家庭宴会"的售价在 10 英镑以下（约 16 美元），则会更受人们的欢迎。人们认为"家庭宴会"的价格更为合理，食物更为充足，人们也更喜欢、更愿意购买"家庭宴会"。在这些研究发现的基础上，肯德基（英国）推出了"家庭宴会"。

品牌追踪研究解决的是第二个目标，即"家庭宴会"的推出是否会使肯德基品牌在英国的整体价值有所提高。

整体价值的追踪调研显示，在推出"家庭宴会"时，肯德基（英国）的整体价值信用度要比其竞争者麦当劳公司低 10 个百分点。但到追踪调研阶段结束时（6 个月后）两者的整体价值信用度已经接近了，到 1994 年年底时，肯德基豪华膳食销售的比例已从 10%上升到了 20%，增加了 100%。其他的追踪研究包括连锁餐馆的知名度、"家庭宴会"的知名度及"家庭宴会"的销售情况。尽管在英国，麦当劳公司的电视广告是肯德基公司的 4 倍，但肯德基"家庭宴会"还是创造出了前所未有的品牌广告知名度，这戏剧性地拉近了肯德基公司和麦当劳公司在广告知名度上的差距。持续不断的"家庭宴会"广告是肯德基品牌新的有效尝试，并给其带来了利润。仅做了 3 个月广告，肯德基"家庭宴会"在快餐消费者中的广告知名度已达到近 50%，而且 10%以上的快餐消费者都已购买过一次"家庭宴会"。人们更喜欢"家庭宴会"，其销量远高于"经济套餐"。因此，从财务角度看，尽管"家庭宴会"的利润率比"经济套餐"低，但其总利润额却高于后者。令肯德基员工感到惊讶的是，"家庭宴会"的销量上升了，"经济套餐"的销量却没有减少，仍然维持在原来的水平。造成这种情况的原因可从对"家庭宴会"消费者的调查结果中找到。

调查显示，不同类型的消费者对这两种事物具有不同的喜好，即人口多的家庭喜欢"家庭宴会"，而人口少的家庭仍喜欢购买"经济套餐"。"家庭宴会"利用了肯德基原有的实力，因此从竞争地位的角度来看，"家庭宴会"能有效地与其他快餐店展开竞争。除了原有的青年男性购买者外，肯德基还将其消费者领域扩展到了家庭。相对于原有的汉堡和薯条等食品，母亲们更喜欢肯德基提供的这种有益健康的、符合家庭风格的膳食。这使得肯德基与其他汉堡包连锁店的竞争出发点有所不同，如麦当劳公司提供的是一种三明治类的、缺乏健康概念的食品。"家庭宴会"最终成为肯德基（英国）的首要销售项目。

1994 年的销量统计表明，"家庭宴会"的销量已经超过了英国很多的知名品牌，如任天堂电视游戏、奥贝西施香水、珀米尔液（一种流行的洗碗清洁剂）等。

综上所述，肯德基（英国）成功地进行了品牌形象再定位，即家庭喜爱的餐馆。而在这一过程中，对"家庭宴会"的市场调查起到了至关重要的作用。

为了能不断塑造自己的良好形象，并和其他的快餐店展开有力的竞争，肯德基（英国）仍然在市场调研上有很高的投入。

这个案例给我们提出了以下思考。

1）本次市场调研分为哪几个步骤？它们之间的关系如何？

2）肯德基公司面临的特定营销问题是什么？它是如何界定市场调研问题的？

3）这次调研的信息是从哪些途径获得的？二手资料在本次市场调研中的作用如何？

4）本案例运用了哪些一手资料的收集方法？每种方法各解决了什么问题？

5）在一手资料的几种收集方法中，分别选择了多少样本进行调研？各历时多长时间？

6）在本案例中，为什么要选择有 12 岁以下小孩的母亲作为调查对象？

7）在这个案例中，你印象最深的是什么？从中你获得什么启示？

第三节　不同市场调研部门类型及流程的比较

市场调研行业由市场调研服务的委托方和提供方（承包方）构成。

市场调研服务的委托方指各类产品制造商和服务提供商，如宝洁公司、联想集团、中国电信等，为了进行更有效的管理决策和营销决策，这些机构通常需要借助外部机构的力量，即购买调研服务；为了满足制造商和服务商对调研服务的需求，产生了专门提供调研服务的中介机构，如 A. C.尼尔森、央视-索福瑞市场研究股份公司。这也可以称为企业外部市场调研信息系统。

市场调研服务的提供方指在大型的制造商和服务提供商的内部，也设专门的市场调研职能机构或置于其他部门之下的负责调研工作的岗位。这些职能部门或岗位一般具有两个作用，一是负责外购调研服务的组织与管理，包括调研项目的对外招标的组织、与外部合作方的沟通、推动调研结果在企业内部的利用；另一方面，内部调研职能部门或人员也可能直接从事某些调研活动，其深度和广度取决于内部机构的规模、实力和理念。这也可以称为企业内部市场调研信息系统，具体如图 2-4 所示。

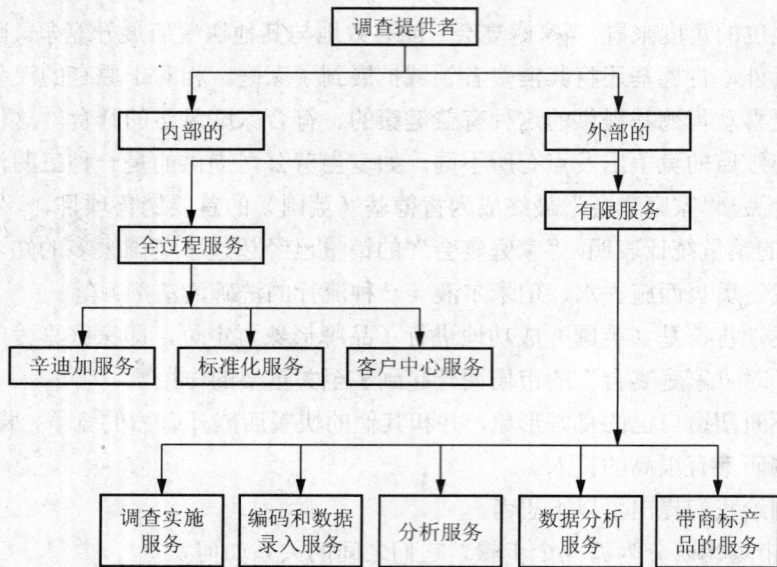

图 2-4　市场调研信息系统

一、企业内部市场调研信息系统

（一）企业内部的市场调研机构

企业内部的市场调研机构在市场调研活动中占有十分重要的地位。在市场调研行业不发达的情况下，企业内部的市场调研机构承担着主要的市场调研与预测职能。即使在市场调研行业相当发达的情况下，企业内部的市场调研机构仍具有不可替代的作用。

1. 影响企业调研机构设置的因素

（1）企业业务的性质与调研机构的设置

行业特点决定企业对调研信息的需求和依赖程度。表 2-2 分析了非耐用消费品制造商、耐用消费品制造商、工业品制造商、服务提供商、销售商在调研信息利用上的差别。

表 2-2　不同类型企业的调研要求

企 业 类 型	特　　　点	对调研的需求
非耐用消费品制造商	不是与最终的用户直接接触 快速购买周期和经常的营销组合调整 很高的行业销售额	使用调研最多的组织
耐用消费品制造商	价格变动周期并不像非耐用消费品那样快	使用调研不那么频繁，但项目较大
工业品制造商	很有限的用户群	使用调研相对较少
服务提供商	规模、服务方式上差别很大正在由垄断转向竞争	对调研的需求快速上升
销售商	更多地使用内部的销售分析来满足经营中对信息的需求	很少进行营销调研

从表 2-2 可以得出如下结论：市场调研对非耐用消费品制造商的意义更为重大，与此相适应，这些行业的企业大多设有专门的市场调研职能部门。

宝洁公司是世界上最早设立企业内部市场调查部门的企业之一，至今这一部门在宝洁公司仍然扮演着重要的角色。国内日化企业立白集团为强化市场调研功能，将市场部从原来的销售部中分离出来并与销售部平行，对于日化行业而言，对消费者的了解是构建企业竞争优势的基础。

随着市场竞争的加剧，耐用消费品制造商和服务提供商也开始重视市场调研，这两种类型的企业开始在内部设立专门的市场调研职能部门。而工业品制造商和零售组织在内部设立调研机构不是普遍模式。美国 1988 年的一项统计资料显示出不同行业中拥有专门调研机构的企业百分比，如图 2-5 所示。

（2）企业规模与调研机构设置

大企业比小企业有更多的营销调研项目，是因为大企业有很高的销售额使它们有能力提取一定比例的市场调研预算，而且，大企业有先进的理念和规范化的管理。正因如此，大企业内部大多存在专门的市场调研职能部门，而小企业却无法做到这一点。

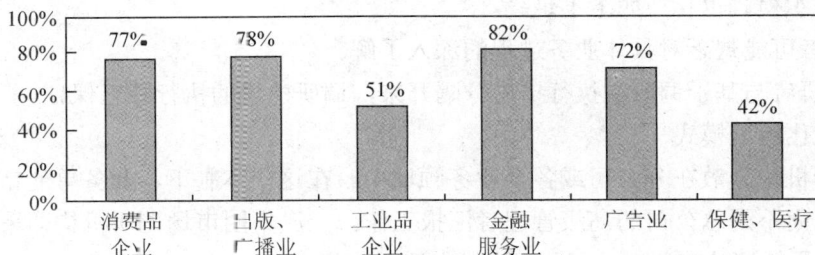

图 2-5　不同行业中拥有专门调研机构的企业的百分比

（3）信息技术的运用水平与调研机构设置

信息技术的发展使企业纷纷建立起自己的 MIS（marketing information system）和 DSS（decision support system）系统，MIS 和 DSS 的运行以信息资源为基础，市场营销调研是 MIS 和 DSS 必不可少的信息来源。以 MIS 为例，其四个子系统为内部报告系统、营销情报系统、营销调研系统和营销分析系统。对于建立了 MIS 和 DSS 的企业，为了保障系统能全面地反映营销状况并提供决策支持，必须建立经常性的营销调研机制，明确企业内部营销调研的职能，即设立专门的调研部门或岗位。因此，信息技术的利用会推动企业建立与之相适应的市场调研部门。

2. 企业调研机构设置的模式

对于一个具有多个子公司和业务领域的集团公司，调研机构的设置涉及是在各个业务单元设立市场调研机构还是在集团总部设立市场调研部门，以及集团市场调研部门和业务单元市场调研部门之间是何种关系等问题。根据这些内容，可将企业调研部门组织模式划分为如下三种类型。

（1）集中化组织模式

将市场调研机构设置在公司总部层次，由总部市场调研机构集中行使市场调研的管理职能。在这种情况下，所有的调研是由负责市场营销的副总裁决定的。集中化组织模式的典型例子是宝洁公司。宝洁公司的市场研究部门约有60人，按产品线来设置，每个产品线均配置市场研究人员。

集中化组织模式有以下几个方面的优点。

1）能够有效地协调和控制调研活动。

2）能够经济、有弹性地使用相关便利条件及人力资源。

3）能提高市场调研部门、人员的地位。

4）增加了吸引高级调研人员的可能性。

5）调研预算有足够的保障。

6）使产生的理念能够受益。

集中化组织模式也存在如下不足。

1）调研者可能缺乏对具体业务过程的深入了解。

2）把调研者与基于调研的执行措施分隔开来，调研建议的执行缺乏保证。

（2）分散化组织模式

市场调研机构分散在分公司或各个业务领域中。在这一体制下，业务单元市场调研人员向部门经理而不是总公司的高级管理者汇报工作。一汽集团市场调研机构即采用了这种模式。一汽集团的解放商用车公司、一汽轿车股份有限公司、一汽-大众公司的销售公司都设有市场部，市场部下设市场调研科室或岗位，负责各个品牌的市场调研工作。

分散化组织模式的优点如下。

1）调研者熟悉市场营销问题。

2）对于产品、消费者或市场的调研更专业化。

3）部门经理会对市场调研更为专注。

分散化组织模式的缺点如下。

1）可能出现重复调研，不利于节约成本。

2）调研过程的管理可能缺乏规范化。

3）调研更多地关注部门利益而不是整体利益。

（3）整合化组织模式

整合化组织模式的体制是：在部门设置市场调研机构或岗位，各部门的市场调研机构负责本部门的调研项目，直接向部门经理负责，在总公司层设置专门的市场调研职能部门，负责调研的管理和协调，这一机构通常向负责市场营销的副总裁负责。这种矩阵组织的核心思想是融合集中化组织模式与分散化组织模式的优点，克服其中的不足，实现更为协调和有效的调研。总公司调研人员的职能如下。

1）总公司调研人员为不同部门的市场调研相关数据的交流提供保障。

2）作为总公司调研项目的赈买机构，总公司调研人员负责外聘中介调研机构或购买各部门共享的数据。

3）总公司调研人员负责全公司范围的调研活动。

联想集团市场调研部门的组织模式体现了整合化组织模式的某些特点：在联想集团，不同业务部门设有本专业的市场研究岗位，负责具体工作；业务单元市场研究人员负责发现业务需求和问题，通过项目或其他方式满足需求，并对结果的推进和利用负责；各业务单元市场研究的需求和复杂程度由于业务性质的不同而有差别。与此同时，企划部作为中央部门对研究项目的立项和合作火伴的选择进行集中管理。企划部调研中心负责搭建和完善集团统一的市场研究平台：包括对内平衡项目需求、规范工作流程、积累和提升集团的市场研究能力；对外联络、管理合作伙伴，规范合作模式。同时，对于重大、跨多个部门和集团层面的项目，会介入具体的研究工作。调研中心向集团企划部总经理（集团副总裁）汇报。

确定市场调研机构组织模式的基本原则如下。

第一，市场调研机构必须是有组织的，以使企业调研项目能够迅速而有效地得以实施。如果企业的部门显示了对调研项目稳定的需求量，那么就有必要建立分散的市场调研机构。

第二，如果企业内部对于调研的需求量很少或波动很大，那么在公司内集中所有的调研活动更加便利。

第三，调研部门必须向执行官汇报调研结果，而执行官对于市场调研会真的感兴趣，理解它是如何操作的，了解其潜力，并且拥有足够的权利来确保所建议的措施能够被实施。

3. 内部市场调查与外部机构的关系

在企业内部市场调研机构发挥的作用、外部合作伙伴的选择、外部机构与内部机构的界线上，同样存在不同的模式，这里以两个企业为例进行说明。

（1）宝洁公司的市场调研管理体系

宝洁公司与市场调研公司合作有一个统一的团队，该团队由 10 个人组成。宝洁公司每年定量和定性研究项目 300 多个，每年或每两年进行一次招标，业务集中给 4~5 家市场调研公司，价格一次谈定，就不再变更了。宝洁公司有一整套对市场调研公司的评估体系并在每年底给这些市场调研公司进行评级，颁奖。

因为宝洁公司都是由自己的各产品线的研究人员做分析和出报告，因此给各家市场研究公司的都是执行项目。

（2）联想集团市场研究管理体系

对于内部研究人员的定位，联想集团同宝洁公司不太相同，联想集团认为，由第三方来执行和撰写市场研究报告更能够体现出研究的客观公正性，而联想集团自己的研究人员的角色如下。

1）清晰、准确地描述各业务的市场研究需求。

2）全程参与项目，在监督项目质量的同时，通过参与项目进行客户体验，更好地体会研究过程，理解研究结果。

3）挖掘数据，对研究报告及一些二手数据、信息进行内部加工。

4）推进研究结果的利用。

联想集团的研究人员把工作主要放在梳理需求、结果的二次加工、结果利用上面，而对于调研，会更多地依赖市场调研公司完成。

在合作伙伴方面，联想集团确定的市场调研公司主要集中在四五家。确定合作伙伴方面的原则是为不同的产品线建立一个或两个固定的合作伙伴。这样，合作伙伴可以有条件深入了解业务，整合该业务所有的研究资源，同时，也可以有效降低项目前期双方的沟通成本。另外，联想集团希望同合作伙伴建立起战略性的合作关系，而不仅仅是限于执行和数据层面的服务。

应该指出的是，我国自从实施市场经济体制以来，大部分国内的企业仍然没有注重专门的信息管理人才的培养和引进，也没有建立起规范的信息管理体制。企业虽然也开始重视市场调研，但是市场调研的观念、调研机构、调研人员的素质、调研方法及调研效果等都还有待提高和改进。

首先，建立包括市场调研在内的企业信息管理制度。将信息的收集、分析、管理与使用等用制度的形式规范下来，并明确营销人员的信息反馈职责，纳入其考核体系。

其次，明确信息管理流程。建立规范的信息收集、分析、传递、使用流程，建立、健全信息管理流程，明确流程各个关键环节的责任落实与时间控制。

再次，设立信息管理机构。20 世纪 80 年代，公司内部市场调研部门的规模有减少的趋势，以前主要由公司内部营销人员来做的日常工作更多地外包给专业代理机构。但内部调研人员的压缩并不等同于不需要或取消内部调研职能部门。一般的企业可以在营销部门设立专人负责信息管理工作。而大型企业则可以考虑建立企业的信息管理部门、竞争情报管理部门或市场调研部门，明确岗位及职责。

总之，企业内部市场调研职能部门的设立是构建企业竞争体系的要求，也是一个企业坚持和实现市场导向的体现。

知识拓展

按发展逻辑过程、发达程度和表现形态，企业内部的市场调研机构大体可以归纳为三类。

第一类是在企业中没有明确的组织机构承担市场调研任务，而是由某些人员实际上从事一些必要的市场调研工作。这些人员可能是企业的经营决策人员、计划人员、供销人员、统计分析人员、财会人员等。这种状态可以看成企业内部市场调研机构的初级形态。

第二类是在企业中明确有某个或某几个职能机构或业务机构兼职负责和承担市场调研的全部或部分职能。这样的机构可能是计划科、经营科、市场部、计统科等。通常，企业中设有若干名专职人员负责市场调研的组织或实施。这种只有兼职机构的内部市场调研机构，可以看成中级形态。

第三类是在企业内部既配备专职的市场调研人员，又设有专业的市场调研机构。这种状态可以看成企业内部市场调研机构的高级形态。应该说明的是，在企业内部设置专业的市场调研机构，并不排斥其他部门承担一定的调研或预测工作。事实上，专业的商场调研机构主要负责企业市场调研与预测工作的组织、总体规划和协调，以及承担某些主要的职能工作和调研与预测任务；其他部门完全应该结合本部门的职能工作或业务活动，兼搞一部分市场调研与预测工作，如市场信息的收集、记录，初步的整理、分析等。专业机构、专职人员与兼职机构和人员有机组合、协同工作是企业搞好市场调研的保证，而这正是目前我国许多企业的薄弱环节。

每一种结构都有各自的优缺点，只设立一个市场调研部门虽然会带来规模效益，也使分工更细致，从而可能会节约成本，但是若企业进行的是多元化经营，这种结构便不能深入地了解每一种产品的特征，在调研结果上可能不会像分别设立市场调研部门那样有针对性。

企业内部调研机构的职位有调研总裁、调查部主任、项目经理、统计学家、数据处理专家、分析师、运作督导、调查员、电脑录入员、资料员等。

（二）企业内部市场调研的流程

企业内部调研需要明确调研目的与要求、调研对象、调研内容、调研表、调研地区范围、样本的抽取方法、资料的收集与整理方法。具体的流程如图 2-6 与图 2-7 所示。

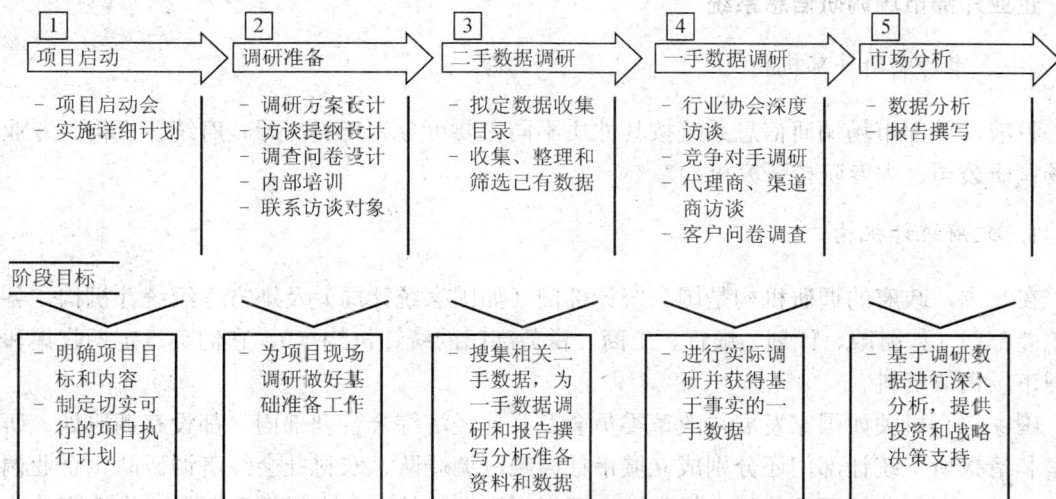

图 2-6　企业内部调研流程

总经理	产品管理部经理	产品管理部	其他相关部门

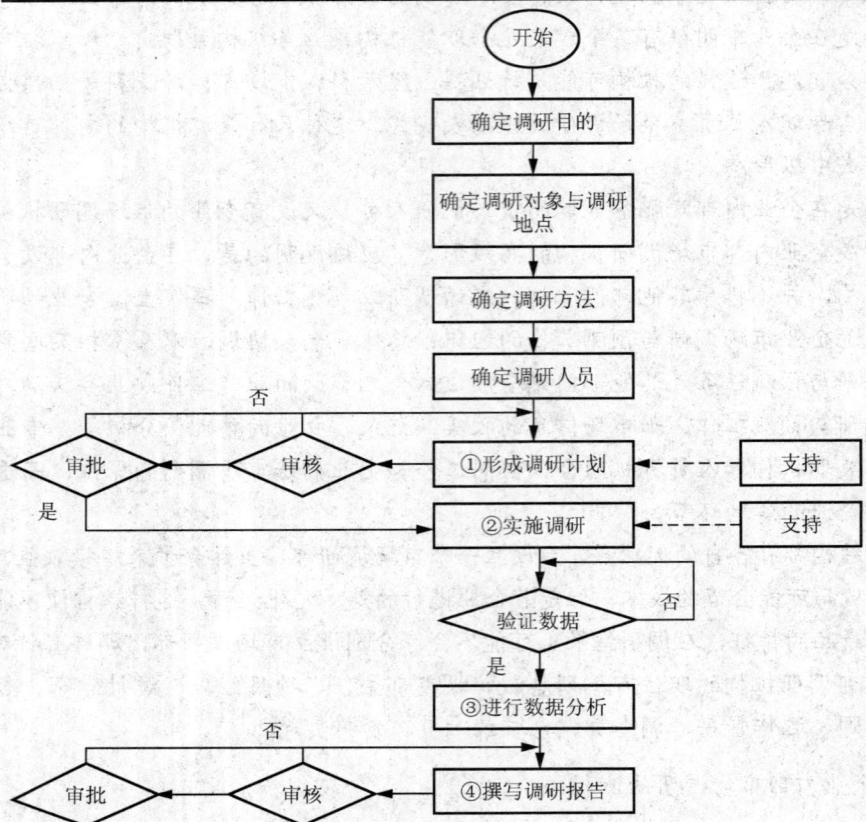

图 2-7　企业内部市场调研部门关系流程

二、企业外部市场调研信息系统

（一）市场调研外部机构

目前，外部市场调研信息系统按其性质不同主要可分为三类，即政府统计机构、专业市场调研公司、大专院校研究机构。

1. 政府统计机构

在我国，政府的调研机构是国家统计部门（如国家统计局）及地方各级统计机构、各级职能部门（如财政、计划、银行、工商、税务部门的统计机构等），它们负责定期收集和管理市场调研资料。

国家综合机关如国家发展与改革委员会及其他经济综合管理部门，都设有调研处、研究室和情报所。统计部门还分别成立城市社会经济调研队、农村社会经济调研队、企业调研队、人口调研队等调研队伍，经常性地开展不定期的社会和市场调研工作，为政府的决策提供有力的依据。经济主管业务部门如商业、供销、粮食、物资、轻工和银行等系统，分别设有信息中心（处、站）或调研室等，从本系统、本部门业务的发展需要出发，对自己所经营的商品、业务范围内的产销情况、供应渠道、消费需求等进行专业性调研。

2. 专业市场调研公司

这一类公司规模大小不等，服务的专业化程度不同，服务质量也高低不一，在为社会服务的营业额中占据了主要份额。在我国，此类调研公司主要有综合性市场调研公司、标准化服务公司、专门的调研公司、咨询公司及广告公司的调研部门等，分别描述如下。

（1）综合性市场调研公司与提供有限服务的调研公司

1）综合性市场调研公司。综合性市场调研公司实力较强，定期收集各种市场信息，提供与市场调研相关的全方位的服务，如设计和组织实施调研方案、收集数据、分析结果并向客户提供建议。综合性市场调研公司拥有较大的实力和影响，以及较全面的数据积累，具有涉及面广、综合性强的特点。

2）提供有限服务的调研公司。提供有限服务的调研公司只在调研环节的某一个方面提供服务，如具体地收集数据的调研实施服务、编码和数据录入服务、提供方案设计及高级研究方法的分析服务、专门进行定量数据的处理的数据分析服务等。以问卷调查为例，有专门提供问卷调研执行的公司，有专门进行定性调研的公司，有只进行数据处理和问卷分析的公司等。这类公司往往拥有某一方面的专家或者先进的技术设备及软件，面向企业、广告代理机构和其他市场调研公司提供服务。

（2）标准化服务公司与定制或专项服务公司

1）标准化服务公司。标准化服务公司使用标准的方法调研不同的对象，即按照特别的、带有专利性质的模式提供市场研究产品和服务，如电视收视率调研。标准化服务公司可以说是基于数据的提供者，它们为很多企业或者广告代理机构收集并提供市场调研数据，但不特别针对某一家公司。每个企业都可以直接购买由这些公司收集、整理、提供的数据（或者数据库）。这些公司通常收集的主要是大众媒体及产品变动方面的数据。一些综合服务机构也提供标准化服务，如新生代的媒体与品牌调研。

2）定制或专项服务公司。与标准化服务公司不同，定制或专项服务公司的主要业务是为不同的企业客户提供定制的、非重复的市场调研服务。如果企业有开发新产品的想法，重新设计包装的想法，以及广告创意、新的定价策略等需求，那么调研公司根据企业的要求，就可以为其提供专业的调研服务，而调研的所有结果和数据都属于调研公司所有。这方面的调研公司在整个市场调研行业中所占的数量很多。

（3）专门的行业性调研公司

专门的行业性调研公司主要是一些小型公司，它们专注于某个行业范围内的市场调研，如房地产调研公司、医疗器械调研公司等。

（4）咨询公司与广告公司的调研部门

1）咨询公司。咨询公司为企业和一些部门的生产、经营进行诊断，提供指导性的建议，即充当顾问。咨询公司在进行咨询服务时，也要进行市场调研，但其进行市场调研的目的并不仅仅是为了将调研结果提交给客户，而是以调研结果为依据，结合专家的实际经验和专门知识，提供相关的咨询服务，如管理咨询、战略咨询及营销咨询等。

2）广告公司的调研部门。广告公司的调研部门旨在为广告创意提供思路，以便取得良好的广告效果，这是经营广告业务所必需的。由于这类部门经常承担有关制作广告与广告效果的调研，所以经验较丰富，一些企业就委托它们进行市场调研，或进行广告制作，或用于指导经营，解决经营中出现的问题。

阅读资料

中国市场调研公司最新排名见表2-3。

表2-3 中国市场调研公司最新排名

排名	公司名称	公司简介	业务领域	员工人数/人	年营业额/万元
1	央视市场研究（CTR）	CTR 市场研究是中国领先的市场研究公司，成立于1995年，2001年改制成为股份制企业，主要股东为中国国际电视总公司和TNS	消费者固定样组、个案研究、媒介与产品消费形态研究、媒介策略研究、媒体广告及新闻监测。可提供连续性的多客户研究，还可以为不同客户提供量身定制的具有针对性解决方案	500	55 000
2	央视-索福瑞媒介研究	CSM 媒介研究是 CTR 和 TNS 合作成立的中外合资公司	拥有世界上最大的电视观众收视调查网络，提供独立的收视率调查数据。致力于专业的电视收视和广播收听市场研究，为中国大陆地区和香港传媒行业提供可靠的、不间断的收视率调查服务	1200	30 000
3	上海尼尔森市场研究有限公司	尼尔森公司是全球首屈一指的媒介和资讯集团，尼尔森公司为私营公司，其业务遍布全球 100 多个国家，总部位于美国纽约	提供全球领先的市场资讯、媒介资讯、在线研究、移动媒体监测、商业展览服务以及商业出版资讯	2000	
4	北京特恩斯市场研究咨询有限公司	由原 TNS Custom and Research International 合并而成的 TNS Research International（中国）是中国专项市场研究公司中的佼佼者，致力于为客户提供可行性市场洞察和基于调研的商业咨询，以帮助客户做出更具成效的商业决策	在消费品、科技、金融、汽车等多个领域为客户提供全面而深刻的专业市场调研服务和行业知识，并拥有一整套先进独特、覆盖市场营销和商业运营所有环节的商业解决方案，其中产品开发与创新、品牌与沟通、利益相关者关系管理、零售与购物者研究和定性研究等更是公司的特色强项	500	23 600
5	北京益普索市场咨询有限公司	益普索于2000年进入中国，目前已经成长为中国最大的个案研究公司之一。益普索在中国拥有专业人员700余名，在北京、上海、广州和成都均设有分公司	专注于营销研究、广告研究、满意度和忠诚度研究、公众事务研究等四大领域的市场研究服务	900	20 000
6	新华信国际信息咨询(北京)有限公司	1992 年末，新华信在北京成立，率先在中国开展市场研究咨询服务和商业信息咨询服务，并于2000年推出数据库营销服务。迄今，新华信已发展为中国领先的营销解决方案和信用解决方案提供商	收集、分析和管理关于市场、消费者和商业机构的信息，通过信息、服务和技术的整合，提供市场研究、商业信息、咨询和数据库营销服务，协助企业做出更好的营销决策和信贷决策并发展盈利的客户关系	700	25 000

续表

排名	公司名称	公司简介	业务领域	员工人数/人	年营业额/万元
7	零点研究咨询集团	中国专业研究咨询市场的早期开拓者与当前领导者之一，旗下"零点调查"（专项市场研究）"前进策略"（转型管理咨询）和"指标数据"（共享性社会群体消费文化研究）和"远景投资"（规范的投资项目选择与运作管理服务），提供专业调查咨询服务	零点调查针对不同的客户需求，提供针对性的研究服务，目前的业务主要定位在消费者研究、品牌研究、评估性研究、产品与营销研究四大研究领域	258	10 223
8	北京捷孚凯市场调查有限公司	总部位于德国纽仓堡的GfK集团，是全球五大市场研究集团之一，拥有80年的发展历史。2005年，GfK集团全球年营业收入超过10亿欧元，在全球拥有超过6000名全职员工，在69个国家和地区设有120多个分公司和分支机构	GfK集团目前在全球范围内的市场研究业务，涉及专项研究、医疗保健研究、消费电子零研、消费者追踪、媒介研究等5大领域	150	5700
9	北京新生代市场监测机构有限公司	成立于1998年，2003年引进外资，成为中外合资企业。新生代从1998年开始持续跟踪和监测中国市场的变迁，记录中国市场风云变幻，提供市场和消费者洞察，协助客户在商战中制定成功决策	连续研究：连续性的、年度的与单一来源的大众市场研究与分众市场研究。媒介研究：平面媒体研究、电波媒体研究、户外媒体研究、网络媒体研究、新媒体研究。消费研究：行业与市场分析、销售研究、营销研究（品牌/产品/价格/广告/促销）、消费研究、客户满意度研究		
10	慧聪邓白氏研究	慧聪邓白氏研究前身为慧聪网旗下的慧聪研究院，成立于1993年，并于2002年随慧聪国际整体在香港上市。慧聪研究在多个行业已成为资深的行业市场研究专家，跻身成为国内一线的市场研究服务机构	主要由两大业务体系构成：一是根植于IT、通信、汽车、家电、医药、媒体、化工、工业品等行业的市场研究解决方案；二是基于1400多家平面媒体监测与5000多个网址源监测的媒体监测解决方案	400	5000

（资料来源：根据《中国信息协会市场研究分会会员名录·2010年》整理）

3. 大专院校研究机构

在国内外现有的市场调研提供者中，大学及其科研机构起到非常重要的作用，它们不仅在理论上和方法上对市场调研起到了指导和引导作用，还直接参与市场调研，为社会提供大量的市场信息。每个学校根据自己的特点，选择不同的方法和重点开展市场调研工作，补充和充实社会市场调研组织的不足。大学及其科研机构的教师及学生凭借其丰富的专业知识和低成本的调研费用，赢得了众多的中小型调研项目。

（二）专业市场调研的流程

1）行业需求。立足于行业需求，通过业内专访和深入访谈的形式，确定调查方向和研究主题。

2）问卷设计。细化调研项目与问卷内容，对各环节子项与跳转规则进行文字设计与技术实现。

3）媒体投放。知晓网媒及电子邮件的媒介功能，选择优质载体以投放问卷。

4）甄别验证。通过调研质量控制体系，对样本效益性进行全方位、多层次的甄别验证。

5）数据分析。针对受众群的特征，运用行业调研数据分析模型，分析样本数据与受众情况。

6）报告编制。依据调研结果，归纳调研结论，按照经济调研报告规范撰写调研报告。

企业外部市场调研的流程如图 2-8 所示。

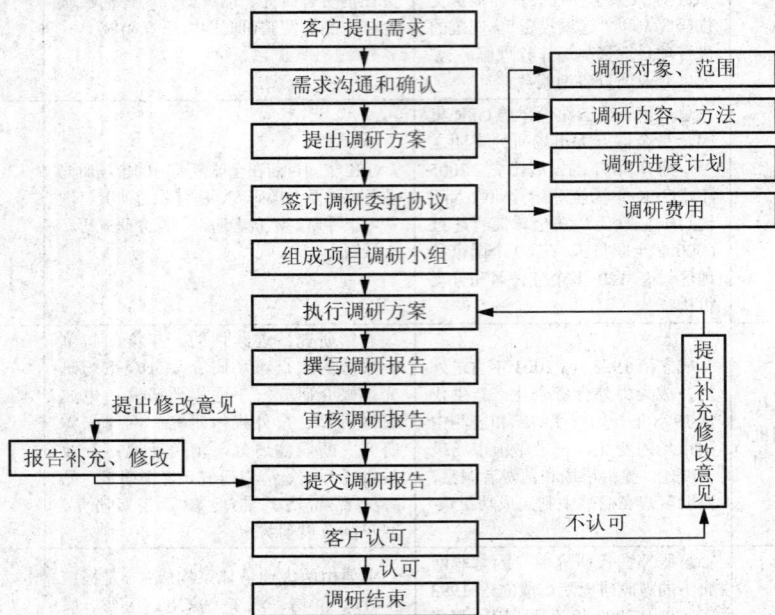

图 2-8　企业外部市场调研流程图

小　结

本章介绍市场调研的流程。市场调研流程的如下方面值得特别关注。

首先，虽然调研流程可以视为按时间顺序的系列步骤，这些步骤之间不一定是相互独立的，一个或更多的步骤可以对之前或之后的步骤产生影响。

其次，某些调研项目可能不需要覆盖调研所有的步骤。当所有需要的数据可以通过二手数据获得时，就没有必要制定数据收集方式、设计样本或收集原始数据。在另一极端，当调研项目数据需求缺乏可以提供可靠数据的来源时（原始或二手数据），比起继续开展项目，及时结束项目才是更好的决策。

最后，虽然市场调研流程是明确定义的逻辑步骤，调研并不完全是科学的。决策者和调研者主观的判断至少在某些步骤中起到重要作用，比如调研项目的价值评判。即使是运用非常复杂的数学方式进行成本和收益评估的步骤也取决于决策者的关键假定并需要决策者的主观投入。虽然调研中某种程度的主观性不可避免，一个调研项目要取得收益的话还是应该以系统方式开展。

营销经理认识到，在许多场合，他们需要雇佣外部调研提供商。采用外部提供商的主要原因包括：调研的可信度、调研竞争力、开展特定项目可获得的能力和更低的成本。选择外部调研者应考虑的因素包括：调研者的名望、过去的从业经验、人员和价格。

复习与思考

一、简答题

1. 市场调研的步骤有哪些？
2. 市场调研准备阶段应注意哪些问题？
3. 调研项目应该收集何种数据？
4. 什么是内部二手数据？什么是外部二手数据？有何区别？
5. 分析研究材料常用的方法有哪些？
6. 材料整理的方法有哪些？
7. 统计分析的方法有哪些？

二、论述题

1. 市场调研的步骤之间有何关联？
2. 内部调研和外部调研有什么区别？在流程上有什么区别？

三、实训题

1. 利用互联网收集市场调研二手数据。
2. 利用互联网收集网上调研系统。
3. 利用互联网收集不同市场调研公司的调研流程和服务内容。

四、案例分析题

杭州"狗不理"包子店为何无人理

杭州"狗不理"包子店是天津狗不理集团在杭州开设的分店，地处商业黄金地段。正宗的"狗不理"包子以其鲜明的特色（薄皮、水馅、味美、汁鲜）而享誉神州。但正当杭州南方大酒店创下日销包子万余只的纪录时，杭州的"狗不理"包子店却将楼下1/3的营业面积租让给服装企业。

要求：

1. 假如你是天津狗不理集团的市场调研经理，请为天津狗不理集团制定一份详细的市场调研计划书，调研杭州的"狗不理"包子店为什么"门前冷落鞍马稀"。

2. 在你的市场调研计划书中，应包括市场调研的不同步骤、最初的项目的必要性到项目结束时提交的报告。

补充阅读

中国机电数据网如何做市场调研

中国机电数据网（简称"机电数据"）拥有丰富的竞争情报实务操作经验与理论积累，其全球调研服务分为产业调研、产品市场调研、用户需求调研、竞争对手调研、企业信用调研、项目投资机会调研、海外市场调研和侵权调研八大类。

机电数据因为拥有十三大数据车（国家统计局、亚洲进出口数据、北美买家、欧洲进出口数据等）、专业的调研团队（高级分析师、专家顾问、调研专员等200多人）和对市场调研的丰富的实践经验和独特的见解，从而在业界形成了良好的口碑。专业调研团队参与过数十次国内外重大项目的调研和执行，专家顾问均来自各大知名研究院、国家部委下属研究室、全球知名咨询顾问集团、重点高校。

此外，"机电数据"保证每一个项目的执行均严格参照标准流程，采用多种调研手段和访问方法，并且确保调查质量，保证市场调查的各环节都可以达到最优效果。

1. 调研流程

任何调研项目的实施，都必须有着规范的流程。"机电数据"在接到客户咨询和委托之后，整个项目将严格按照图 2-9 的流程进行，力争做到"做事方式永远都是规范的"。

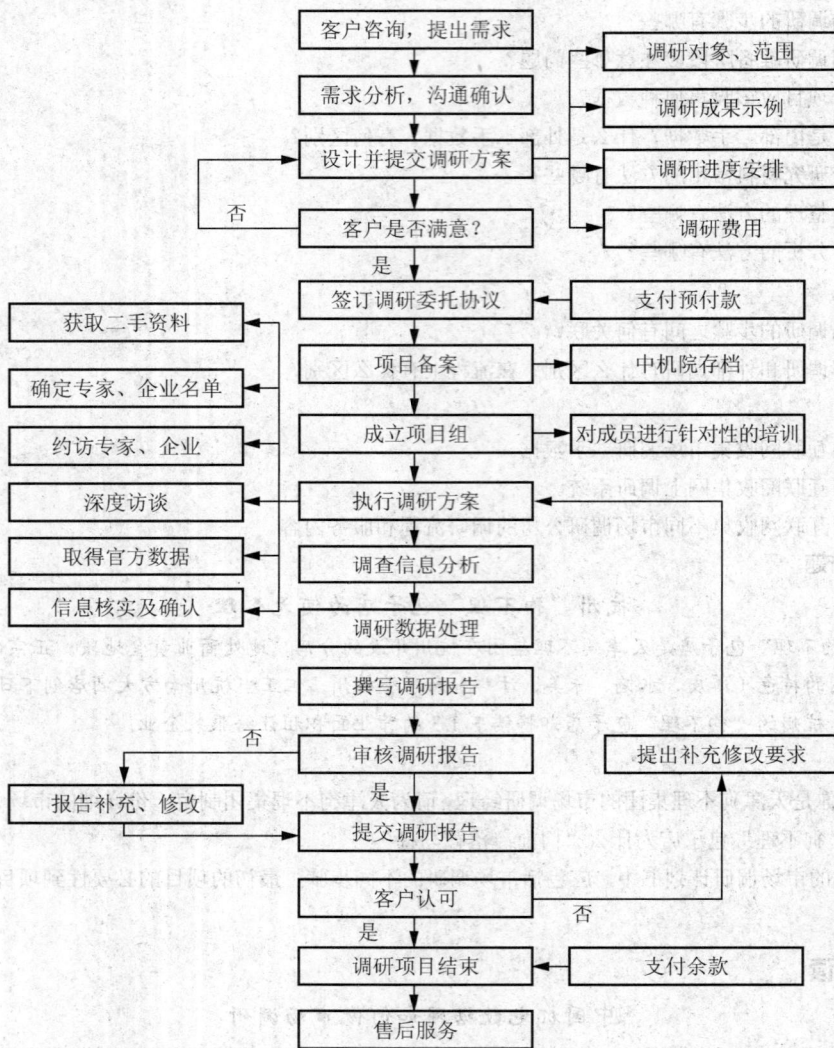

图 2-9 "机电数据"的调研流程

2. 质量控制

为了提高访谈的质量和数据的精度，保证市场调查项目内容更加精确，减少误差，"机电数据"有良好的质量控制方法。无论是从项目管理及操控，还是项目执行过程的访问技巧，都将科学、客观地得到有效信息。具体如图 2-10 所示。

项目管理	模拟调研
1. 机电数据针对每个调研项目均抽调该领域中经验丰富的人员成立专门的执行小组，多名执行督导及项目主管均有丰富的执行经验； 2. 整个调研过程中，项目经理统筹指导，项目组成员明确分工，信息共享，避免重要信息流失	针对调研的受访人进行有针对性的演练，提升现实调研信息收集的准确性
访问培训	**试访谈**
1. 选择专职研究人员作为访问人员，不使用无经验的兼职人员； 2. 项目小组成员进行项目专项讲解，要求深刻理解项目； 3. 对所有访问项目组成员进行严格的访问培训； 4. 内部模拟访问，加强访问技巧； 5. 设想所有突发情况的可能，准备好应对预案	项目组设计调研问卷和访谈提纲，并根据试访谈的情况合理调整访谈大纲和问卷
约访技巧	**数据审查**
1. 确定准确的访谈对象； 2. 侧面资料搜集，了解业内评价，初步接触访谈对象； 3. 采取不同身份进行约访； 4. 通过被访者介绍	通过各种调查方法得到的信息，必须进一步核实。企业财务数据要和国家统计局等官方部门统计的进行对比，确保调查数据为合格数据
访问技巧	**报告复查**
1. 不使用兼职访问员； 2. 选择理想的访问场所，争取形成宽松的谈话氛围； 3. 使用由浅及深的访问次序； 4. 对重点访谈对象进行多次访问； 5. 准备好后备访问名单	报告提交前，行业专家复审，尽可能减少误差

图 2-10　"机电数据"市场调研项目质量控制的方法

3．调研方法

"机电数据"严格按照调研流程，进行充分的调研准备，在实地调查中，由项目经理统筹安排，管理调度，保证项目的顺利进行和数据样本的及时回收。后期的调研分析工作由专家进行指导，对数据进行筛选，以保证一手数据的有效性。具体如图 2-11 所示。

4．访问技巧

丰富的访问方法保证了"机电数据"可以从不同的渠道途径获取一手数据。在调研项目中，"机电数据"整合多种访问技巧，筛选最优访问组合，确保调研的专业性、时效性和可靠性。具体如图 2-12 所示。

5．"机电数据"在企业调查方面的优势

1）"机电数据"的前身为机械部工业信息院情报所，成立于 2000 年，定位于机电工业情报监测与决策支持。多年来一直致力于成为最专业的企业调查、行业研究、投资咨询机构。

2）由于国内企业（非上市）信息的公开程度很低，为此，"机电数据"与重要的官方机构建立了良好的合作关系，如国家工商总局、国家统计局、海关总署、外资委、中国机械工业联合会及相关协会等。因此，在调查中可以迅速而准确地通过官方渠道了解企业的信息。

3）通过多年来官方数据的积累，"机电数据"推出了专业情报服务网站——www.86mdo.com，通过投资《机电经济信息》及《机电财富》杂志建立了全国范围内的信息收集渠道。

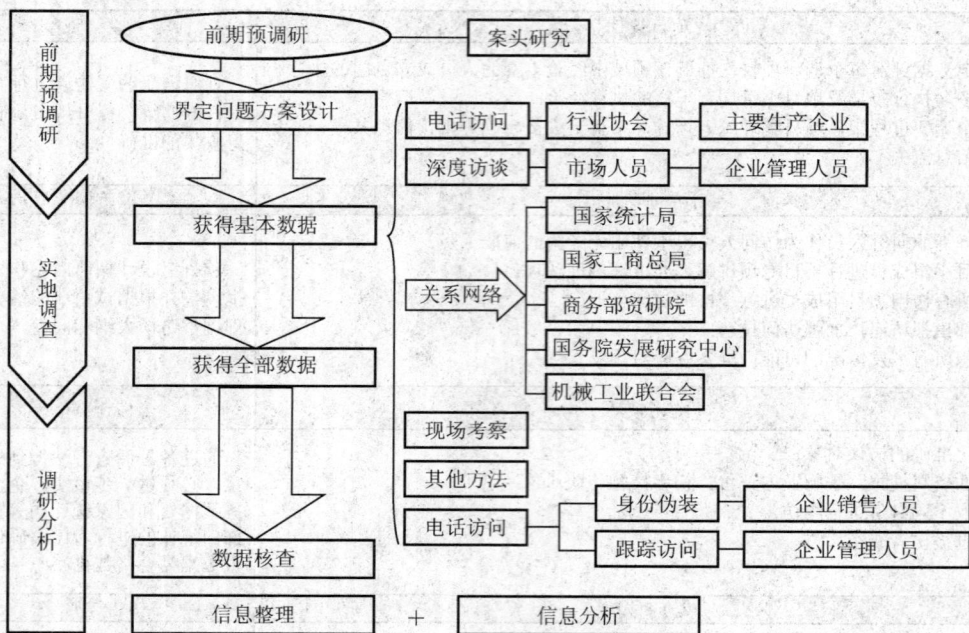

图 2-11 "机电数据"市场调查方法

图 2-12 "机电数据"市场调查项目访问技巧

4）在竞争对手调查和行业研究中，仅仅是官方信息是无法满足数据需求的，针对企业内部人员的访问尤为重要。"机电数据"在进行这类项目操作时，全部的访问均由研究员亲自完成，而非访问督导或者兼职访问员。访问成功与否首先取决于对被访者的身份判断及初次预约，这体现了市场调查机构强大的人力资源网络及灵活而专业的约访技巧。情报学称95%的信息是可以通过公开途径获得的，但是信息的公开有取向性。这便说明了约访技巧的重要性及可实现性。多年来，"机电数据"与大量的人力资源机构、媒体、行业协会保持紧密的合作关系，进行约访时可以借助人力资源机构与行业协会等的资源，准确地联系到适合的被访者。

不同的信息掌握在不同部门的手里，这些信息有针对性地向某一群体公开，因此，需要选择对应的身份与被访者进行沟通，如与销售部门的访问，可以采用客户的身份。

重要的信息需要多方核实，例如，对经销商的管理条件，除了企业内部的销售部门以外，经销商同样了解，可以以想和经销商合作的身份与其联系，了解相关的信息，与从企业内部了解的信息做核实。因此，通过"外围"渠道的调查和信息收集，是有效保证信息全面与准确的方法之一。

"机电数据"的研究员均接受过专业的访问技巧培训，如何营造轻松而又高效的沟通环境、如何由浅入深地把握访问进度、如何在问题中设置逻辑检验数据的准确性……这些是需要经过专业培训，以及大量的实际访问来锻炼和积累的，也是"机电数据"对企业访问的核心优势之一。

（资料来源：中国机电数据网．www.86mdo.com）

第三章 精准界定市场调研问题

📷 **教学目标与要求**

➢ 认识正确界定调研问题的重要性，学习和掌握调研问题确定的依据；
➢ 了解界定市场调研问题的原则和程序；
➢ 掌握界定市场调研问题的市场识别视角、市场策略视角与模型；
➢ 能根据企业面临的问题确定市场调研的问题；
➢ 善于根据市场调研的问题拟定调研目标；
➢ 能根据调研目标设计调研任务和确定调研对象；
➢ 熟悉和掌握市场调研计划书的主要内容；
➢ 了解市场调研方案的评估方法。

📂 **本章知识逻辑结构图**

本章知识逻辑结构图如图 3-1 所示。

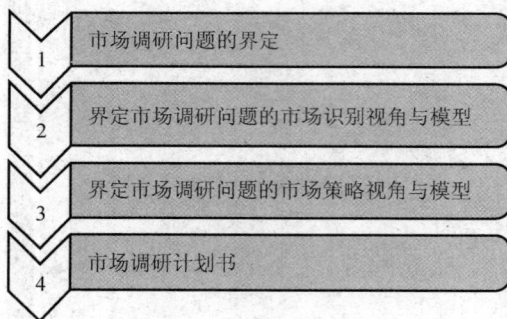

图 3-1 本章知识逻辑结构图

═══ 导入案例 ═══════════════════════════

润妍的退市

润妍是宝洁旗下唯一针对中国市场原创的洗发水品牌，也是宝洁利用中国本土植物资源的唯一的系列产品。曾几何时，润妍被宝洁寄予厚望，认为它是宝洁全新的增长点；曾几何时，无数业内外人士对它的广告与形象赞不绝口……但 2002 年的时候润妍已经全面停产，退出市场，润妍怎么了？

润妍上市前后的两三年里，中国洗发水市场真"黑"：联合利华的黑芝麻系列参产品从"夏士莲"衍生出来，成为对付宝洁的"撒手锏"；重庆奥妮则推出"新奥妮皂角洗发浸膏"，强调纯天然价值，有何首乌、黑芝麻、皂角等传统中草药的精华；伊卡璐把其草本精华系列产品推向中国；河南民营企业鹤壁天元也不失时机地推出"黛丝"黑发概念的产品……市场上一度喊出"终结宝洁"的声音。

在外界看来一片"沙砾"般的问卷调查，宝洁人却能从中看出"金子"：真正坚定调查员信心的是被访者不经意的话——总是希望自己"有一头乌黑的秀发，一双水汪汪的大眼睛"——这不正是传统东方美女的模型吗？

黑头发的东方人就是希望头发更黑！所以在产品测试阶段，宝洁人再次通过调查反省了对产品概念、包装、广告创意等的认识，对原来的计划进行了部分修正。至此，宝洁公司的"让秀发更黑更亮，内在美丽尽释放"的润妍洗发水就此诞生。

宝洁在润妍上市前所做的市场调研工作包括以下方面：

1）"蛔虫"调查——零距离贴身观察消费者。

2）使用测试——根据消费者的意见改进产品。

3）包装调查——设立模拟货架进行商店试销。

4）广告调查——让消费者选择他们最喜欢的创意。

5）网络调查——及时反馈消费者的想法。

6）区域试销——谨慎地迈出第一步。

7）委托调查——全方位收集信息。

市场调研开展了三年之后，意指"滋润"与"美丽"的润妍正式诞生，针对 18～35 岁的女性，定位为"东方女性的黑发美"。润妍的上市给整个洗发水行业以极大的震撼，其品牌诉求、公关宣传等市场推广方式无不代表着当时中国洗发水市场的高水平。

2001 年 5 月，宝洁收购伊卡璐，表明宝洁在植物领域已经对润妍失去了信心，也由此宣告了润妍消亡的开始，到 2002 年年底，市场上已经看不到润妍的踪迹了。

一个经历 3 年酝酿、上市 2 年多还不到 3 年的产品就这样退出了市场，人们不禁要问，为什么宝洁总是能将其国际品牌成功落地，却始终不能成就本土品牌呢？这也应该值得大家去思考：是不是在市场调研问题的界定上出了问题？

问题：宝洁在上市前的市场调研过程中几乎把能用的调查方法全用上了，从产品概念测试的调查、包装调查、广告创意调查一直到区域试销调查，为什么润妍在经历了上市初期的成功后还是失败了？

（资料来源：百度文库）

上述案例导出了本章的话题——界定市场调研问题。为什么宝洁总是能将其国际品牌成功落地，却始终不能成就本土品牌呢？这里最关键的问题就是：只有准确地界定了市场调研问题，后面的调研设计和调研实施才有意义。有一位广告界的前辈说过，"好的策划来自 80%的脚和 20%的脑。"一切的策略、创意和广告都是为了解决一定的营销问题的，而营销问题则是通过准确而周密的市场调研发现的。不同的企业在市场中所处的境况都不一样，同一个企业在不同阶段所遇到的营销问题也都不同。对一个问题作出恰当的定义等于解决了一半。针对企业实际情况界定营销问题是市场调研乃至整合营销所要解决的首要问题，不能准确地发现问题，所有的策略、创意及营销手段都将成为无的之矢，包括市场调研。

第一节　市场调研问题的界定

一、市场调研问题的含义

市场调研问题又称市场调研题目或市场研究项目，是指市场调研需解决什么样的管理决策问题和营销研究问题。市场调研问题具有目标约束、空间约束、时间约束、内容约束四个基本要素。具体示例如表 3-1 所示。

表 3-1　管理决策问题和营销研究问题示例

管理决策问题	营销研究问题
是否应该引进新产品	针对提议的新产品确定消费者偏好和购买倾向
如何夺回市场份额	调整现有产品；推出新产品；改变现有产品组合；调整细分标准
是否应改变广告活动	确定现有的广告效果
这种品牌的价格是否应该提高	确定需求的价格弹性；确定在不同水平上价格变化对销售额和利润的影响
如何应对竞争对手的率先降价	按竞争对手降价的程度降价；维持现有价格但增加广告投入；稍许降价，适当增加广告投入；不降价的同时推出低价品牌

管理决策问题是以行动为中心的（按行动定位），关心的是决策者可能采取的行动。营销研究问题是为了回答管理决策问题、企业需要什么信息及如何获得有效信息的问题，它关心回答管理决策问题的信息依据及获取途径。

在研究了环境内容和进行了探索性的调研之后，调研者就应想办法去定义管理决策问题，并将其转化为市场调研问题。管理决策问题回答决策者需要做什么，而调查研究问题回答需要什么信息和怎样最好地得到此信息。

阅读资料

下面是一个皮鞋商店的几个调研问题的界定。

1）在可能的三个店址中，我们应该选择哪一个？
2）我们的营业时间应该怎样安排？
3）我们应该如何增加男皮鞋的销售？
4）为什么我们店的竞争对手经营都挺好？怎样才能从它们手中争取一部分顾客？

接下来列举上述几种选择各自的优缺点。

1）选择哪一个店址？
　　A 地点：交通运输和消费者方面的条件较好，房租最高，面积最小，竞争激烈。
　　B 地点：交通运输、消费者方面的条件最差，房租最低，面积最大，无竞争。
　　C 地点：各方面都处于中间状态。

2）怎样安排营业时间？
　　9:00~20:00，是邻店的营业时间，对顾客而言不够早。
　　7:00~18:00，是顾客希望的营业时间，违反各店共同遵守的习惯。

3）如何提高男皮鞋的销售？

增加品种：可以吸引和满足更多顾客，但成本高、库存多、商品周转变慢。

减少一些类别的商品，进行专门化：可以吸引和满足特定的消费者，减少许多市场部分，降低成本和库存，销售量增加，加价率和单位毛利下降。

进行广告：增加客流量和新顾客，但成本较高。

4）怎样从竞争者手中争取一部分顾客？

降价、增加库存、增加营业员，类似于竞争对手成功的战略战术，将增加成本和对不同消费者市场的号召力的模仿。

更新设施，做高质量形象广告，保持老顾客和用独行的形象吸引新顾客，昂贵的、费时的。

市场调研问题的界定具有如下意义。

1）关系到市场调研是否具有针对性。市场调研的关键就是市场调研问题的界定，市场调研问题的界定决定市场数据收集和整理针对性，这样才能从零散的数据中提炼有价值的市场信息，并通过系统的论证全面阐述市场特性，为决策提供依据。基于对市场数据的这一理解，我们认为市场调研问题的界定应具有针对性，这样才能达到数据的准确性。对中小企业而言，过度地追求数据准确只能让企业在繁杂的数据查找中丧失决策的时机。比如，当前市场同类产品的竞争价格到底是1000元还是900元并不能成为左右公司制定市场价格政策的决定依据。

2）关系到市场调研是否具有可行性。关于市场调研是否具有可行性，具体包括：本项目更有开展的优势，本项目的技术可行性，本项目的财务可行性，本项目人员组织的可行性，本项目的社会可行性，这里最核心的还是市场调研问题的界定，它决定上述问题的可行性。

3）关系到市场调研实施的有效性。市场调研问题的界定是为了营销决策者提供信息，帮助他们发现并解决营销问题。所以，调研人员必须牢记调研是为营销服务的，目的是发现问题并解决问题，任何偏离主题的调研都不可能成为有效的调研。在每次起草调研提案之前，调研人员先要知道自己要做什么，要对调研目的十分明确，所以，只有紧紧围绕着调研目的设计的方案和问卷才是最有效的。

知识拓展

市场调研的常见主题

1. 态度

态度具有"预先支配性"，它预先支配了人们对某些事物的行动。态度先于行动并影响人们的行动，态度总是集中在某事物上，通过知识分量、感觉分量和行动分量来体现。

1）知识分量：关于该主题这个人知道或相信的是什么。了解人们对该事物知道些什么或相信些什么，是十分重要的。人们常常喜欢发表意见，即使他们对某事物毫无概念。

帮助回忆法：详细地询问该事物的特征。

无帮助询问法：让被调查者说出一组事物中每个事物的名称，或通过描述某事物的位置或属性来识别该事物，通过问一系列的真假问题来得到人们关于某事物的态度的知识分量的信息。

2）感觉分量：如何感受和评价。通过报答与之相关的经验（报答性或非报答性）与评价人们常常自觉或不自觉地按照个人的标准去比较所知道的某事物来表现，通过"位置"与"强度"来测量。

3）行动分量：即使两个人对某事物有同样的知识和感觉，其行动也可能是不同的。测量行动最好也是最常用的方法是测量面对该事物的过去、现在和假设的将来所采取的行动。

2. 形象

某种事物的形象就是存在于人们心目中该事物的"图画"，当人们缺乏信息的时候，他们就倾向于自己去填充这张图画。

1）形象分量：事物的特性及特性的数量和质量，定义了人们心目中形象的特点。要查清到底事物的哪些属性或特征对被调查者来说是最基本的和最重要的，向不同类型的被调查者征询。

2）形象轮廓：需要有对几种属性或特征的具体测量值。属性相互间没有什么固定的相关模式。一般来说，最重要的属性排在中间部分好一些，尽量不要排在开头或结尾。

3）形象比较：要求被调查者分别对事物进行评分。

3. 决定

决定的重点在于过程而非在于结果。

1）信息来源：直接的个人经验、社会影响、媒介来源。

2）评价准则：属性包（最多为6~8个属性）。

3）方法：简单地询问，同时提供一个属性目录。给被调查者提供一个假设的选择环境，询问他们要做选择时会寻找什么样的信息。

4. 需要

调研人员关心的是：为什么人们有各种各样的行为？

1）"为什么"的问题常常通过测量行动和需要、欲望、偏好、动机及目标间的相互关系来获得答案。

2）区分需要、欲望、偏好、动机和目标的含义。

3）测量技术：使用不同的量表、投影技术。

5. 行动

行动的几个相关问题为：做了什么或没做什么？行动是在什么地方发生的？行动的频数或持续情况如何？

6. 生活方式

生活方式由人们做事的模式、信仰和属于自己所特有的东西构成。测量因素有活动、兴趣、观念、财产（注意，单个项目是不可能定义生活方式的）。

7. 交往与所属

社会接触和相互作用常常是调研的重点，在所有的社会群体中，家庭对人们的影响比所属团体或单位对他们的影响都要大。

说清家庭的状态：家庭成员中每个人起的作用、决策情况、家庭内的权利关系。

社会融合性：通过与其他人接触和相互影响的频度和程度来测量。

意见导向者：是指在他人的眼中有特殊专门知识、经验或可信赖的人。

8. 人口状况

人口因素变量：年龄、性别、婚姻状况、家庭情况、家庭生活内容、文化状况、就业状况、职业专长、收入、居住地和居住情况等。

人口状况不同的群体，在一些重要的问题上的看法或表现也常常是不同的。

准确测量人口状况的关键：将类别或维数清楚、简要地描述出来，描述要清楚、简要、精确。

二、市场调研问题的类型

1. 按调查涉及的生产经营活动的阶段分类

1）事前调查。它是指企业对生产经营活动进行的市场预测性调研、可行性调研、市场环境调研等，其目的在于为企业的生产经营决策提供预测性的市场研究成果和信息。

2）事中调查。它是指企业对生产经营活动的进程进行调研，其目的在于及时掌握生产经营活动过程中的情况与问题，以便及时进行控制与调节。

3）事后调查。它是指企业在生产经营活动过程结束以后所进行的总结性的调研。其目的在于总结经验教训，以便有效地指导今后的工作。例如，产品的售后调研可根据消费者的信息反馈，改进产品的设计生产和营销策略。

2. 按市场调研问题的深广度分类

1）常规调研。专业的市场调研公司定期出版的研究报告频度为月度、季度、年度，涉及分类有发展形势、市场预测、竞争对手调查、供需走势、消费调研、竞争态势、项目可行性、投资前景、数据监测、投资价值报告等。

2）定制调研。客户可根据自己需要的内容提出要求，专业的市场调研公司根据客户的特殊需求，提供个性化的报告定制服务。涉及内容有：产品价格监测、区域市场跟踪分析、竞争对手调查、渠道终端调查、消费者需求调查、行业发展趋势、投资咨询等。

3）专项调研。根据客户的特定需求，专业的市场调研公司专门组织调研小组去完成个性化专项调研服务。主要服务内容有：市场宏观信息、渠道调查与环境研究、竞争者调查、产品市场价格监测、终端消费者购买行为调查、企业市场份额调查、新产品市场测试调查等。

3. 按市场调研的侧重点分类

1）市场识别调研。它又称市场状态调研，是指对市场经济活动发展变化的过程、特点、趋势和规律进行调查研究，其目的在于认识市场、掌握市场发展变化的特征和规律。

2）市场策略调研。市场策略调研又称市场对策研究，是指对工商企业的生产经营或市场营销策略或对策进行调查研究，以寻求解决问题的对策方案的行为。

3）市场可行性调研。市场可行性调研又称市场预测性研究，是指对工商企业的生产经营前景或市场未来的发展变化进行预测性的调查研究，其目的在于把握市场未来的发展变化，以便进行正确的决策。

三、市场调研问题的确定原则

1）针对性原则。市场调研问题的确定首先应明确为什么要做调查研究（目的），才能正确界定做什么样的调查研究（课题）。调查课题的确定必须满足管理决策的信息需求，才能具有针对性。

2）价值性原则。市场调研问题的确定应评估此项调查研究是否值得做，包括评估是否能搜集到有用的信息价值，市场调研的成本花费是否高于得到的信息价值。

3）可行性原则。市场调研问题的确定应研究信息获取的可能性，调查组织能力的可行性，人力、物力和财力等约束条件的可行性，评估委托的调查公司的能力、职业道德和信誉。

四、市场调研问题确定的作业程序

1. 决定和阐明管理决策和营销研究问题的信息需求

为了决定和阐明信息需求，调研人员应该对怎样得到最精准的信息来满足管理决策和营销研究的信息需求，调研人员应该做如下工作：同决策者讨论、访问行业专家、分析二手数据和进行定性研究。

（1）同决策者的讨论

调研人员可以了解决策者面临决策的管理问题。因为决策者往往是只知道病症（无法达到预期的销售计划、市场份额丢失、盈利降低等），而不知道病因，只有确定了这些潜在的原因以后，才能准确地阐明问题。另外，调研人员可以为管理决策提供相关的信息，但它不能提供最终的解决方案，因为解决方案需要管理层的判断方能得出。同决策者讨论的内容包括：开展市场调研的原因；可采取的备选方案；评估备选方案的标准；建议采取的可能的行动；确定解决问题所需要的信息；决策者利用信息进行决策的方式；相关企业文化。

调研人员必须具备相当多的同决策者沟通的技巧（7C），例如：沟通——自由交流；合作——团队项目；信心——相互信任；坦诚——不隐藏，坦诚与公开；亲密——热情和亲密；持续——连续性，不时断时续；创意——富有创意，非客套话。

阅读资料

从"不酷"到"酷"

多年以来，十几岁的青年人认为商店自有品牌的牛仔裤"不酷"。虽然诸如亚力桑那品牌牛仔裤或 Gap 的自有品牌长期以其低廉的价格令那些价格敏感的父母为之心动，但十几岁的青年人却对那些知名品牌，如 Levi's 和 Wrangler 情有独钟。通过营销研究问题审核，自有品牌的经营商找到了造成它们市场份额较低的真正原因，就是它们缺乏形象设计。因此，营销研究问题就定义为在目标市场——可获利的青年人市场中强化品牌形象。亚利桑那牛仔裤和 Gap 的自有品牌牛仔裤在扭转自身形象方面一直走在前沿，这些商店品牌同其他商店品牌一起瞄准青年人市场而猛烈地投放广告。它们的广告以摇滚乐队和高科技为特征来吸引青年人。这些品牌同时也在宣传它们的时尚网站。这一系列策略已经将它们的自有品牌牛仔裤同它们的店铺分离开来。对自有品牌牛仔研究的结果是可喜的。市场调研公司 NPD Group 的调查显示，自有品牌牛仔裤的市场份额从 1990 年的 16%增加到了 1997 年的 25%。而在同期，作为市场领导者的 Levi's 却只好眼睁睁地看着自己的市场份额从 22%下降到 20%。

（2）访问行业专家

除了同决策者进行讨论外，与行业专家（对公司和行业知识丰富的人）进行访谈将有助于确定市场调研问题。这些专家既可能是公司内部的，也可能是公司外部的。专家意见对工业企业和技术类产品营销研究非常有用；对很难从其他渠道获得信息新产品的推出，修正或重新定位现有产品非常重要。

（3）分析二手数据

二手数据包括商业和政府机构、营销研究公司和计算机数据库提供的信息。二手数据可以提供经济、快捷的背景信息。分析现有的二手数据是定义问题的一个重要的步骤，只有充分分析了二手数据之后，才应开始收集原始数据。

（4）进行定性研究

从决策者、行业专家和二手数据得来的信息还不足以定义研究问题。在某些时候，还必须进行定性研究以获知对问题和潜在因素的理解。定性研究的特点是基于小样本的、非结构化的、探索性的研究，其常用的研究方法包括专题小组访谈（小组访谈）深度访谈和影射法等定性方法。还可以采取其他探索性研究方法，如对调研对象组成的小样本组进行预调研。

具体如图 3-2 所示。

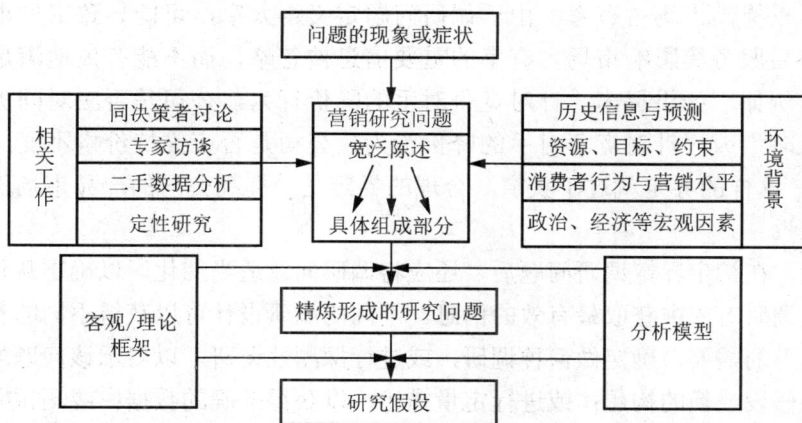

图 3-2　定义市场调研问题的路径

2. 把管理决策和营销研究问题作为调研问题来重新定义

管理决策问题是以行动为中心（行动定位）的，营销研究问题是以信息为中心（信息定位）的，因此，应把决策问题作为调研问题来重新定义。营销研究问题是为了回答管理决策问题、企业需要什么信息及如何获得有效信息的问题，它关心回答管理决策问题的信息依据及获取途径，它是以信息为导向的。

例如，某企业产品的市场占有率连续两年下降，决策者的决策问题是如何提高市场占有率和竞争地位，备选的行动方案包括改进现有的产品、引进新产品、优化市场营销体系中的有关要素等，通过探测性研究，决策者和调研者均认为市场占有率下降是由于市场营销体系中的市场细分不当、目标市场不明确引起的，并希望通过营销研究获取多方面的信息，那么调研问题就变成市场细分化问题。

定义调研问题应遵循的法则如下：

1）能让调研者得到与管理问题有关的全部信息。

2）使调研者能着手并继续进行调研问题的研究。

界定调研问题容易犯如下两类错误。

第一类错误是调研问题定义得太宽。太宽的定义无法为调研项目设计提供明确的指引路线，如研究品牌的市场营销战略，由于这些问题不够具体，因而难以进行调研内容和项目的后续设计。例如，如果企业提出"去探求凡是能发现的能改善公司形象的一切办法"，这样一个营销问题就界定得过于宽泛。事实上，如果问题界定得过于宽泛，那么结果将是企业得到许多不需要的信息，而实际需要的信息却可能得不到。

第二类错误是调研问题定义得太窄。太窄的定义可能使信息获取不完全，甚至忽略了管理决策信息需求的重要部分。例如，在一项关于某耐用品销售公司的调研中，管理决策问题是如何应对市场占有率持续下滑的态势，而调研者定义的调研问题是调整价格和加大广告力度，以提高市场占有率。由于调研问题定义得太窄，可能导致诸如市场细分、销售渠道、售后服务等影响市场占有率的重要信息被忽略，而不能有效地满足管理决策的信息需求。例如，如果提出"针对竞争对手的降价行为，公司是否应对同类产品采取相同的降价策略"或"针对竞争对手的降价行为，公司是否应维持价格不变，但大幅增加广告投入"，这样的界定就过于狭窄。合理的界定是"提高公司的产品市场份额和增加产品的盈利性"。

一般来说，在初步界定调研问题后，还应将调研问题适当细化，以确定从什么地方、以什么方式从调研对象中获取最有效的信息。不同的调研设计可以获得不同的有效信息，应根据企业自身的需要，确定做何种调研，或进行探测性调研，以启示该问题的真正性质并提出可能的假设或新的构想；或进行定量描述，以获得准确的数据；或测试因果关系，明确何种方式会产生何种结果。切勿采用不当的调研设计，获得不必要的信息，而错漏真正需要的有价值的信息。

知识拓展

界定调研问题可能犯的错误

1. 调研方法使用不当

一般说来，调研的方法有四种，即观察法、深度访谈、调查法和实验法。其中，观察法和深度访谈最适合进行探测性调研，调查法适合进行描述性调研，实验法是最正式的调研方法，目的是捕捉变量真正内在的因果关系。在使用调研方法时，应根据调研目的和调研问题的界定选择合适的调研方法，以避免得不到有效的信息或者作无用功。

2. 调研工具设计或使用不当

调研工具有访谈纲要、调研问卷等，对工具的设计应该周密、详尽、简要而有序。调研工具在设计后，应进行试调研和若干次的修正，才能大规模地进行使用。调研工具的设计和使用是整个调研过程中最容易出现错失和误区的环节。调研工具设计和使用不当容易导致以下结果：被调研对象不愿意回答调研问题；被调研对象不能完成调研；被调研对象受调研工具的影响，未作出准确的回答等。

3. 调研队伍培训不足

调研队伍由调研经理、调研督导、访问员等组成。调研督导和访问员均需经过培训方可实施调研，未经过培训或培训不足的调研队伍是进行市场调研的又一个误区。未经过培训或培训不足的调研队伍对调研问题、调研方法、调研工具的把握不准将误导被调研对象，从而影响调研的准确性。

4. 调研样本比例失调

调研样本的比例失调或设置不当也是市场调研中的一个误区。不同国籍、年龄、性别、学历、工作经历的被调研对象对调研问题的反应是不同的，调研样本的比例失调或设置不当将严重影响到调研的准确性，甚至可能得出错误的结论。

5. 机械错失

错误的数据将得出错误的结论。

调研完成后，由于有大量数据需要编码录入，在这一过程中可能因为编码或者录入错误而产生机械错失，从而影响对调研结果的准确分析。

6. 调研分析人员的失误

由于调研分析人员的素质、能力不平衡，用同样的工具对同样的数据进行分析，不同的调研人员可能会得出完全不同的结论。能力较差的调研分析人员由于缺乏训练和创造力，很难在工作中作出出色的成果，最终不能得出有价值的结论。这是市场调研中最后一个可能进入的误区。

总之，市场调研是一项基础的、重要的、细致的、繁琐的工作，任何的疏漏都有可能导致市场调研进入误区，从而影响调研的质量。因此，必须加强对市场调研的质量控制，这样才能得出最有效的信息，为决策提供依据。

除了上述有可能进入的误区之外，企业领导对营销调研的狭隘观念，营销调研人员的素质能力、个人作风与行为差异也都会影响到市场调研结论的正确性。

3. 确定调研的目的

调研问题定义之后，就应确定调研的目的，即建立市场调研的目标，明确调研的任务。确定调研目的时应注意是要了解总体参数还是研究相关联系。指标要精选，尽量用客观、灵敏、精确的定量指标。

例如，某公司市场占有率持续下降，则调研的目的可界定为："通过市场调研，充分获取影响市场占有率的内部信息和外部信息，包括对市场细分、营销渠道、广告效果、定价策略、产品品牌、售后服务、需求变化等方面的调研，以寻找问题的症结，为提高市场占有率的决策提供可选择的行动方案。

4. 建立调研课题的约束

1）调研目标的约束，即明确调研的具体任务。

2）时间约束，即获取合适的信息。

3）空间约束，即调研对象的范围和地理边界约束。

4）调研内容约束，即明确调研的主要内容，规定需要获取的信息项目，或列出主要的调研问题和有关的理论假设。

5. 调研课题最后的评审

调研课题的评审一般从以下方面考虑：

1）调研课题的必要性如何？

2）调研目的是否明确？

3）调研课题的约束是否明确？

4）调研的信息价值如何？能是否有效支持决策的信息需求？

5）调研结果可能带来的经济效益或社会效益如何？

第二节　界定市场调研问题的市场识别视角与模型

界定市场调研问题的市场识别视角又称市场状态调研，目的在于认识市场、掌握市场的特征和规律，以求获得解决问题的途径、对策和方案。模型是指通过设计一些变量及它们之间的相互关系来反映实际系统或过程的整体或局部。模型可以有不同的形式，最常见的有文字模型、图示模型和数学模型。

一、市场环境问题调研

市场环境是指对企业生产经营活动发生影响的外部因素的总和，包括政治、法律、经济、文化、教育、民族、科技等方面。市场环境问题调研的内容主要有如下三个层次。

1. 总体环境

总体环境是指所有企业和个人共同面临的社会经济与自然环境，又称大环境。主要内容有政治环境、法律环境、人口环境、经济环境、社会文化环境、科学技术环境、自然环境和国际环境。

2. 产业环境

产业环境是指企业所处的行业的生产经营景气状况。企业进行产业环境调研，应重点考察所处行业或想进入行业的生产经营规模、产业状况、竞争状况、生产状况、产业布局、市场供求情况、产业政策、行业壁垒和进入障碍、行业发展前景等。

3. 竞争环境

竞争环境是指企业在特定的区域市场和特定的产品范围内所面临的同行动向。竞争环境与产业环境的不同点在于：产业环境是从全行业的整体出发思考问题，而竞争环境则是从个别企业出发思考问题。

市场环境问题研究的目的在于找出环境中的机会与威胁，依据企业本身的优势与劣势，确定企业的发展方向和策略。环境分析可依据以下四种组合作出选择。

第一种情形是环境中出现了机会，而企业本身恰好具有优势（见图 3-3 中的第 I 象限），因此，企业可在这种可能的领域下工夫，制定发展策略，建立自己的王国。

第二种情形是环境中出现了威胁，而企业在这方面具有优势（见图 3-3 中的第 II 象限），因此，企业将面对不少竞争对手的压力，策略规划的重点在于排除障碍，应对危机。

第三种情形是环境中出现了机会，而企业在这方面不具有优势（见图 3-3 中的第 III 象限），为此，企业必须建立一些优势或寻求联合，否则，只能让机会散失。

第四种情形是环境中出现了威胁，而企业在这方面不具有优势（见图 3-3 中的第 IV 象限），为此企业不必在这种领域去寻求发展，应力求回避或撤退。

具体如图 3-3 所示。

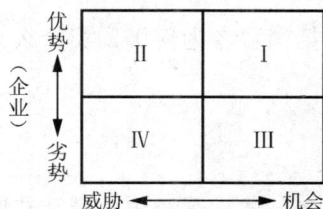

图 3-3　环境的 SWOT 分析模型

二、市场需求问题调研

市场需求是指一定时期的一定市场范围内有货币支付能力的购买商品（或服务）的总量，又称市场潜力。市场需求的大小决定着市场规模的大小，对企业投资决策、资源配置和战略研发具有直接的重要影响。

市场需求研究主要包括如下因素。

1. 市场需求量测定

（1）市场总需求

市场总需求指一定时期内一个国家或地区对货物和服务的需求总量。

市场总需求＝居民消费需求＋政府消费需求＋投资需求＋出口需求

＝最终消费需求＋投资需求＋出口需求

＝国内总需求＋出口需求

（2）某类（种）商品市场需求量

就某类（种）商品而言，其市场需求量取决于人口数量（或用户数量）、人均（户均）购买量、其他需求量三个要素，即

市场需求量＝人口数量（用户数量）×人均（户均）购买量＋其他需求量

其中，人口数量（或用户数量）及其变动是计算需求量的基础变量；人均（户均）购买量是计算需求量的重要参数，可利用历史数据或抽样数据进行测定，测定时，应考虑人均（户均）购买量的发展变化趋势和规律；其他需求量主要包括企业、事业、机关团体和政府的投资需求和公共消费需求，流动人口需求等。

2. 需求结构研究

需求结构是指消费者将其可支配收入用于不同类别商品（服务）支出的比重，它决定着消费者的需求投向或消费投向。需求结构研究通常可利用居民家庭购买商品支出的分类数据，分析研究大类需求结构、小类需求结构和品种需求结构。

3. 消费者的购买动机与行为研究

消费者的购买动机与行为包括消费者为何买、买什么、在哪里买、由谁买、何时买、买多少等要素。

4. 市场需求变动因素研究

影响市场需求变化的因素很多，通常有经济总量及其增长率，宏观政治、经济环境变化，居民货币收入与储蓄的变化，物价总水平的变动，固定资产投资的拉动，货币流通与货币政策、产业政策等。具体如图3-4所示。

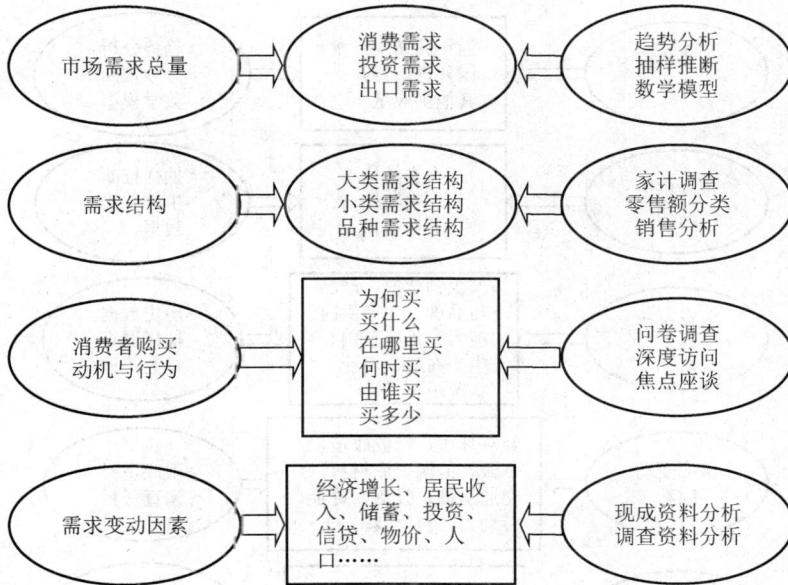

图 3-4　市场需求研究模型

三、市场供给问题调研

市场供给是指一定时期和一定市场范围内可投放市场出售的商品总量，又称市场可供量、市场供给潜力或商品资源。

1. 市场供应量的测定

市场供应量可从全部商品、某类商品、某种商品三种口径进行测定。

市场总供给通常是指一定时期内一个国家或地区可供消费和资本积累的货物和服务的总和，是由货物和服务的国内总供给量、进口量两部分构成的价值量或实物量。其中，国内总供给是市场总供给形成的主体，其价值量表现为国内生产总值（GDP），实物量表现为各种产品的国内生产量。市场总供给形成的基本关系式为

市场总供给＝国内生产总量＋进口量＋其他供应量

由于市场全部商品供应量的测定涉及的范围广、产品多、要素多，一般情形不进行测定，通常只测定某类商品和某种商品的市场供应量，其决定模型为

市场供应量＝当年生产量×商品率＋国外进口量＋其他供应量

其中，国外进口量是指从国外进口的商品量，可依据进出口统计数据作趋势推断；其他供应量包括商品储存量的增减，国家储备的增减；测算局部市场的供应量还应包括外地购入量。

具体如图 3-5 所示。

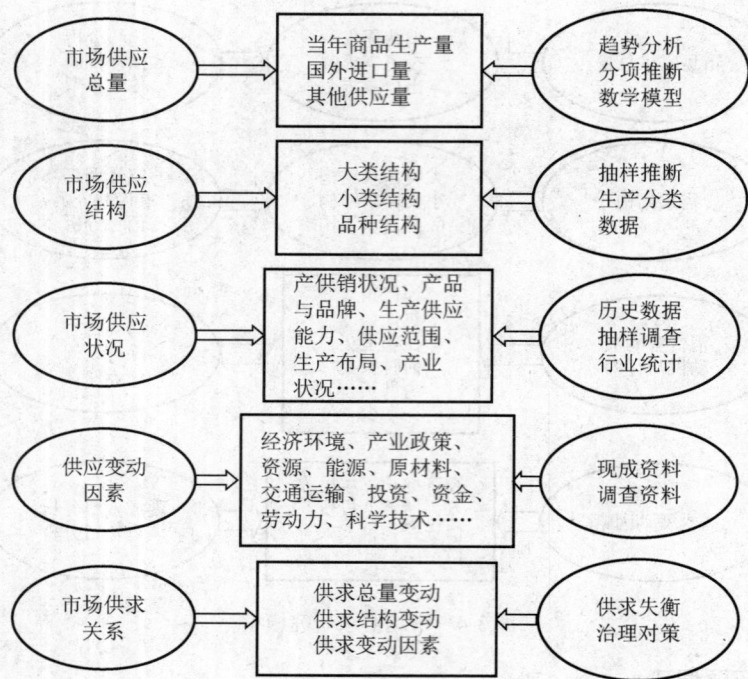

图 3-5　市场供给研究模型

2. 市场供应结构研究

市场供应结构亦可分为大类结构、小类结构和品种结构三个层次,可依据行业生产分类统计数据进行分析研究,亦可根据企业抽样调查资料进行分析研究。

3. 市场供应状况研究

市场供应状况研究主要研究产品的产供销情况,主要产品的产量、质量、品种、规格、包装、成本和价格变动,生产者的生产、供应能力和供应范围、生产布局与调整、新产品开发等。

4. 市场供应变动因素研究

影响市场供应变动的因素主要有政治经济环境、产业政策与产业布局、资源的稀缺程度、能源与原材料的供应、交通运输条件、固定资产投资、资金供给、劳动力供给、科学技术发展等。

5. 市场供求变动关系研究

市场供求关系是指市场商品供应与市场商品需求之间的对比关系。市场供求关系有供不应求、供大于求和供求均衡三种状态。市场供求变动关系研究的主要内容如下:

1）市场供求总量研究。研究市场供应总量与市场需求总量之间的平衡状态，判断是否存在总量失衡，总量失衡是属于供不应求，还是属于供大于求。

2）市场供求结构研究。研究市场供应结构与市场需求结构之间的适应状态，判断是否存在结构性失衡，哪些商品供大于求（买方市场），哪些商品供小于求（卖方市场）。

3）市场供求变动因素研究。从供给与需求两个方面分析影响市场供求总量失衡或者结构失衡的主要因素有哪些，并分析它们发生作用的程度和方向。

4）市场供求失衡对策研究。研究治理供求总量失衡或结构失衡的经济政策、货币政策、投资政策、信贷政策、产业政策等，为宏观经济调控提供决策参与依据。工商企业则应研究怎样调整生产经营结构和投资方向，如加强市场营销、开发新市场和新产品、调整企业的发展战略等，以应对市场供求失衡带来的不利影响。

四、市场销售潜力问题调研

市场销售潜力是指企业的某个产品品牌或某类商品在一定时间范围内可能获得的销售额（见图 3-6）。在市场需求潜力既定的条件下，企业的市场销售潜力取决于市场占有率的高低，即

$$市场销售潜力＝市场需求潜力×市场占有率$$

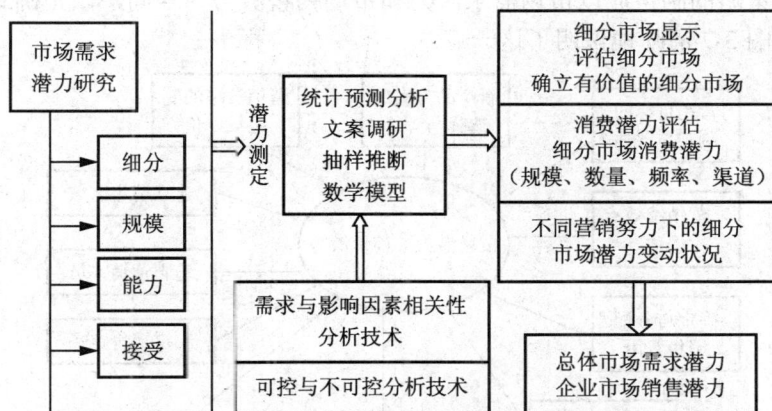

图 3-6　市场销售潜力研究模型

1. 市场需求潜力的测定

应根据产品的性质、使用或购买对象，产品行销的区域范围选择合适的测定方法。测定的方法主要有统计预测分析、文案调研、抽样推析和数学模型等。

2. 市场占有率的确定

市场占有率是企业生产经营的产品在整个市场中占有的份额。通常有产量市场占有率和销售市场占有率两种口径。大多采用后一种口径。

市场占有率的高低与品牌的知晓度与满意度、产品的质量与重购率、企业的生产经营规模与行销范围、广告宣传与营销努力等因素相关。

1）老产品市场占有率的确定。可根据历史数据进行趋势分析和预测，亦可采用抽样调查进行定量研究。

2）新产品市场占有率的确定。可根据新产品的性质、质量、功能，生产规模和行销范围的规划、市场竞争程度、市场营销努力等因素采用定性研究、专家判断、主观概率等方法进行合理的界定。

3. 市场销售潜力的确定与评估

$$市场销售潜力＝市场需求潜力×市场占有率$$

市场销售潜力评估的内容包括：

1）市场需求潜力增长率，即现有市场供给能力怎样，是否还有发展空间。

2）本企业市场销售潜力增长率，即生产供应能力和营销能力是否相匹配。

3）新产品开发应评估市场前景，即是否有较大的市场潜力、销售潜力及发展空间。

4. 市场营销策略研究

市场营销策略的制定应以市场需求潜力和市场销售潜力为导向，以正确制定营销目标和营销策略。图 3-7 清晰地说明了这一点。

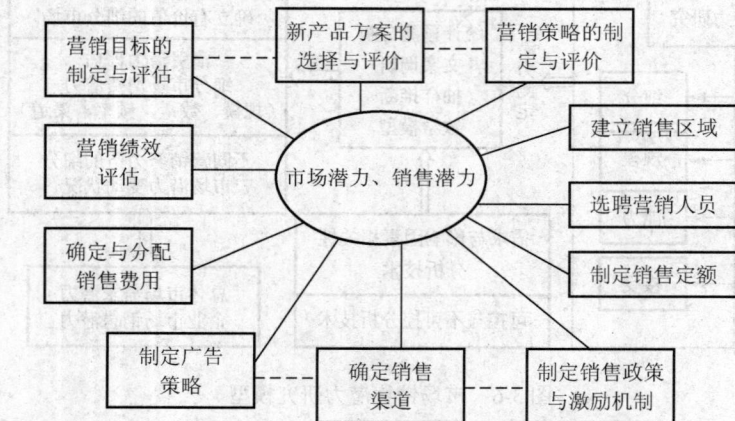

图 3-7　市场营销策略研究模型

五、消费者市场问题调研

消费者市场研究指在对市场环境、人口特征、生活方式、经济水平等基本特征进行研究的基础上运用各种市场调研技术和方法，对消费群体的认知、态度、动机、选择、决策、购买、使用等阶段实现自身愿望和需要进行深入、系统的研究，为企业测定市场潜力、界定市场目标、制订产品研发与生产策略、制订营销策略提供完整的消费者市场研究成果。

（1）消费者市场问题调研的主要内容

1）消费者数量与分布研究。现有消费者和潜在消费者的数量、构成与区域分布。

2）消费者基本特征研究。按年龄、性别、职业、民族、文化程度、城乡等标准研究不同消费群体的特点及其需求差异。

3）消费能力与水平研究。研究居民人均收入、人均消费支出、购买力水平、购买力投向（消费结构）、购买商品的数量及其要求。

4）消费者购买动机研究。研究消费目的、产品用途、购买习惯、消费倾向、消费嗜好、消费预期等。

5）消费者购买行为研究。研究消费者的消费决策、购买什么、购买多少、何时购买、在何处购买、由谁购买、如何购买等。

6）消费者满意度研究。主要研究消费者对产品、服务、广告的认知程度，研究消费者对产品的质量、功能、性能、外观、包装、价格、售后服务等要素的满意度，研究消费者对企业形象的评价等。

（2）消费者市场问题调研的方法

1）市场调研技术，包括现成资料搜集、固定样本调查、阶段性专门调查等。

2）定性分析技术，包括焦点座谈会、小组讨论、观察法、实验法、投影技法等。

3）定量分析技术，包括聚类分析、回归分析、因子分析、相关分析、方差分析、对应分析、判别分析、时间序列分析等。

消费者市场问题调研的方法具体如图 3-8 所示。

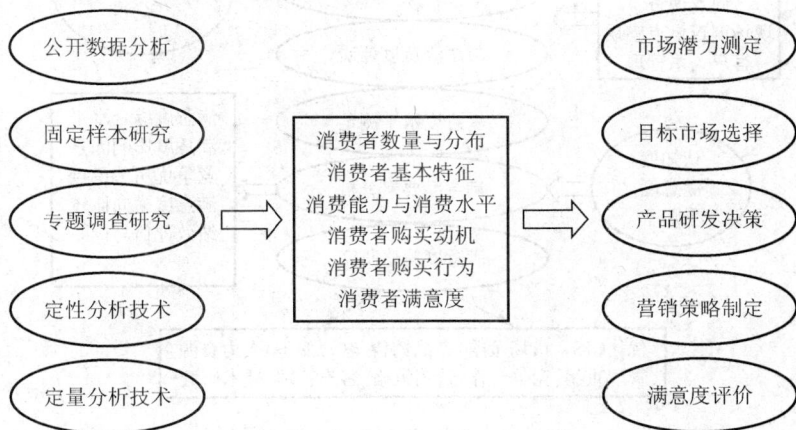

图 3-8　消费者市场问题研究模型

六、顾客满意度问题调研

顾客满意度是指消费者或用户通过对一种产品或服务的可感知的效果与他的期望值相比较后，所形成的愉悦或失望的感觉状态，是可感知效果和期望值之间的差异函数。

员工满意和顾客满意是 21 世纪企业盈利模式的两个重要变量（见图 3-9）。

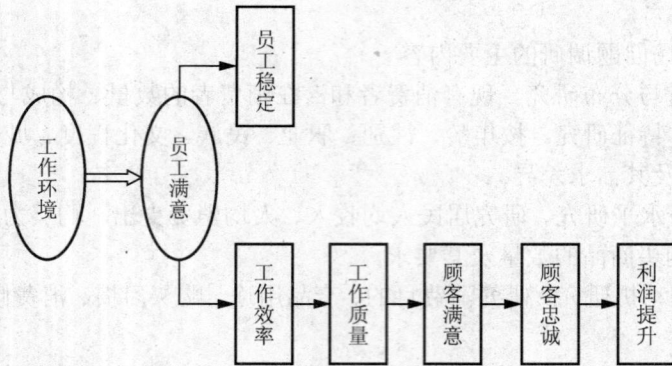

图 3-9　21 世纪企业盈利模式

　　顾客满意度研究是指通过构造顾客满意度评价指标体系，通过调查研究获取顾客对本企业产品或服务的有关评价信息，在此基础上，对顾客的满意度进行综合性评定，分析认知度、满意度、忠诚度或重购率水平的高低，剖析顾客缺憾，揭示提升顾客满意度的关键因素，为企业制定提高顾客满意度的策略，减少顾客抱怨和顾客流失，增加重购率，创造良好的口碑，提升企业形象，确保稳定、持续的利润增长提供信息支持。

　　顾客满意度研究的主要内容如图 3-10 所示。

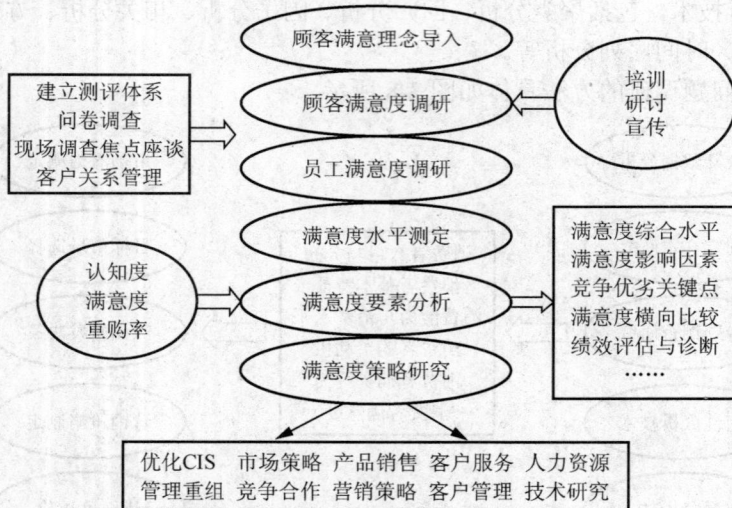

图 3-10　顾客满意度研究模型

1.　顾客满意理念导入

通过宣传、培训、研讨，树立顾客满意理念和行为意识。

2.　顾客满意度调研

设计顾客满意度调查问卷，通过顾客访问、销售或服务现场调查等获取信息。

顾客满意度评价指标体系包括品牌认知、品牌购买、品牌使用、品牌美誉度、产品质量、产品功能、产品外观、产品式样、产品包装、价格定位、产品安全性、产品可靠性、产品设计、企业信誉、服务质量、服务环境、服务态度、服务规范、用户投诉、售后服务等诸多要素。

3. 员工满意度调研

通过问卷调查、员二座谈等方法获取各种信息。

员工满意度评价指标体系包括工作生活环境、用人机制、物质激励、精神激励、人际关系、劳资关系、发展翔望、内部管理、成就感、安全感、愉快感、信任感等要素。

4. 满意度水平测定

利用满意度调研数据，对各项目的满意度和综合满意度水平进行测定。

顾客满意度测评，可计算认知度、满意度、重购率等指标进行反映。

员工满意度测评，可计算满意度、忠诚度（员工安心率、外流率）等指标进行反映。

5. 满意度要素分析

1）将各要素的满意度归纳为高、中、低三种类型，揭示影响顾客和员工满意度、忠诚度和流失的关键驱动因素。

2）确定与企业资源和战略目标相吻合的顾客群体。

3）从内部和外部两方面对产品与服务质量及其症因进行诊断，揭示企业目标与现实绩效的差异，明确优劣环节，寻找和识别影响这些问题的要素。

6. 满意度策略研究

在满意度分析研究的基础上，针对顾客和员工满意度较低的要素、绩效薄弱环节，提出改善企业内部工作环节、工作流程、权限和方式的高效配置有限资源的对策方案。

知识拓展

场景式满意度研究模型

满意度指标的设计侧重从顾客的感受出发，从而使顾客在对指标的理解上更容易与企业产生共鸣，更客观、准确地对企业的服务水平作出评价。

1）顾客满意度（CS）研究模型。通过顾客对企业服务水平的评价，找出顾客期望与现实感受之间的差异，清晰企业与竞争对手的差异，明确自身提升的方向，增强企业的竞争力。

2）顾客流失研究模型。探寻顾客流失的真正原因，明了潜在流失顾客的真实期望，从而有效地区分流失顾客的价值，针对有价值的流失顾客制定行之有效的挽留政策。

3）关键因素分析模型。结合顾客需求与企业实际服务水平，通过企业战略改进矩阵分析，找出影响顾客满意度的关键指标，从营销的角度明确企业改进的方向，达到节省营销资源、合理配置营销资源的目的。

4）服务与绩效测量研究模型。将顾客满意度表现测量与企业绩效管理相结合，及时体现，使用量化管理的方法进行绩效管理。

5）加纳模型。用于区分顾客产生不满意、满意和高兴几种心理状态的感知特性。

6）对应分析技术。应用于市场细分、竞争分析、广告研究、概念发展及新产品开发等商业领域。

七、生活形态问题调研

生活形态研究指对特定的目标群体的生活形态进行连续性的追踪调研。

1）内容：特定消费群体的消费观念、消费能力、消费结构、消费模式、消费心理与行为的状况与发展趋势。

2）要求：进行连续、周期性的跟踪调研，大多采用固定样本追踪研究。

具体如图 3-11 所示。

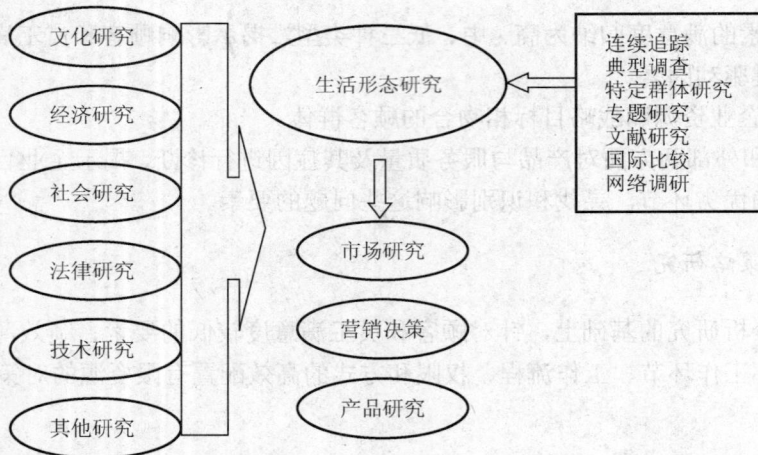

图 3-11 生活形态研究模型

八、国际市场问题调研

国际市场研究是指在调查研究国际市场特点的基础上，展开出口需求与国际竞争研究及国际市场营销策略研究。

国际市场研究的主要内容包括：国际市场环境研究；国际市场需求研究；国际市场进入策略研究；国际市场营销策略研究。

具体如图 3-12 所示。

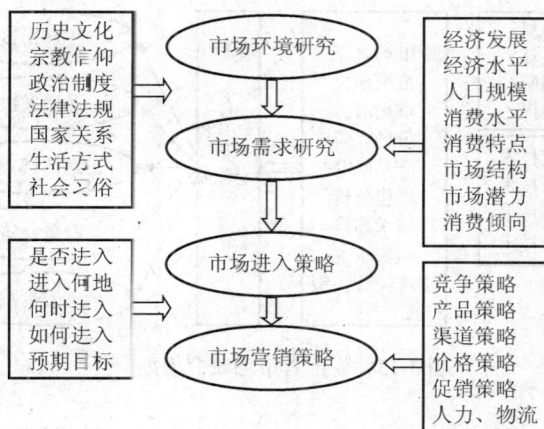

| 历史文化
宗教信仰
政治制度
法律法规
国家关系
生活方式
社会习俗 | ⇒ | 市场环境研究 | | 经济发展
经济水平
人口规模
消费水平
消费特点
市场结构
市场潜力
消费倾向 |

信息来源：出口商、经销商、合资企业资方、公开资料、驻外机构、出国调研、信息系统
研究方法：市场研究技术、政策分析、经济分析、人文研究、文化比较、专家咨询

图 3-12　国际市场研究模型

第三节　界定市场调研问题的市场策略视角与模型

界定市场调研问题的市场策略视角是从企业生产管理决策或市场营销决策的角度，对特定的决策问题进行调查研究，以求获得解决问题的路径、对策和方案的。确定研究方法过程应该包括客观理论基础、分析模型、研究问题、假设和确认所需信息等内容。

一、生产者市场研究

生产者市场研究是指工商企业以生产经营策略研究为中心对生产经营范围内的产品或服务的市场表现、市场地位、经营业绩等进行调查研究，为生产经营决策提供参考依据。

主要模块的研究内容如下（见图 3-13）。

1．市场表现研究

市场表现研究通过分析产值、增加值、产品产量、销售额（量）、利润额、产品销售率的变化，以及与同行企业比较的差异来衡量本企业的市场表现。

2．市场地位研究

市场地位研究通过分析本企业产品的市场占有率和市场覆盖率的变化、产品成本比较差异，来衡量本企业的市场地位。

3．市场潜力研究

市场潜力研究用于分析经营商品的市场需求量的大小、现有需求和潜在需求、现有市场和未来市场的情况，分析市场需求变化的特点和趋势。

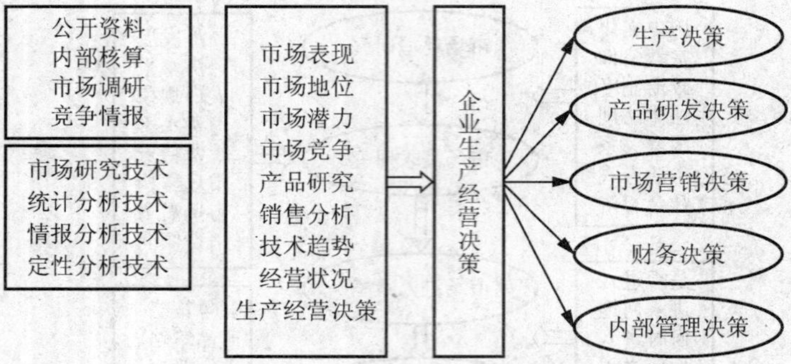

图 3-13　生产者市场研究模型

4. 市场竞争研究

市场竞争研究用于分析本行业内竞争参与者的数量和竞争策略；本企业与竞争对手相比，在产品品牌、成本、质量、价格、服务、新产品开发、市场覆盖等方面具有哪些竞争优势和劣势，本企业的市场竞争策略是否切实可行。

5. 产品研究

产品研究用于分析本企业的产品的定位、特点、功能、效用、质量、品种组合、包装、价格等方面与同类企业相关产品相比，有何特色和优势，存在哪些缺陷，应如何改进。同时，还应研究产品处于经济生命周期的哪个阶段，属于成长期产品，还是属于成熟期或衰退期产品，如何调整生产经营规模、结构和经营策略。

知识拓展

产 品 研 究

1）产品概念测试。产品概念测试是新产品开发过程中的重要环节，是了解消费者对新产品概念的反应。面对诸多可供研发、生产的产品概念，企业需要进行测试、评估，以确定科学的产品概念，并进行生产和市场投入，从而有效降低市场风险。

2）产品口味测试。口味测试研究可以帮助企业在产品口味方面更好地进行定位，以了解在不同区域、不同市场与不同消费者之间的差异，从而更好地与竞争类产品进行竞争。

3）产品功能测试。产品留置测试包括实际生产产品并让消费者使用产品，是最终用户或目标市场对产品（或服务）的评价。

4）包装测试研究。产品的包装不但具有盛放产品的作用，还具有宣传、介绍产品的作用。好的包装可以给产品锦上添花，从而吸引消费者的眼球、激发消费者的购买兴趣、增加销量。

5）价格敏感度测试。价格因素对于产品在市场上的表现往往起着关键性的作用，对于大多数产品而言，价格是消费者反应最敏锐的营销变量，在中国市场上多数消费者的品牌观念还处于较低的层次，价格决策对营销的成败往往起着关键的作用。

6. 销售分析

销售分析用于分析本企业产品销售的规模、结构、效益的变化，销售区域分布的特点，销售额（量）的发展变化趋势和规律，产品的产销率、市场占有率和市场覆盖率的变化，客户关系管理中存在的问题，顾客满意度的高低等。

7. 技术趋势研究

技术趋势研究用于分析新工艺、新材料、新产品代替旧工艺、旧材料、旧产品的发展趋势，新产品开发和进入市场的表现，本企业产品的科技含量等。

8. 经营状况研究

经营状况研究用于分析本企业的资产、负债、权益、损益等方面的财务状况，评价企业经营效率、偿债能力、盈利能力的高低，评价资产配置是否合理等。

9. 生产经营决策研究

生产经营决策研究用于找准影响本企业生产经营的关键项目和要素、存在的主要问题，从而有针对性地展开生产经营决策或策略研究，提出解决问题的对策。应围绕为谁生产、生产什么、生产多少、怎样生产、何地生产、何时生产、如何营销、如何管理等问题展开策略研究。

二、产品市场研究

产品市场研究是指围绕企业的产品或服务的概念、定位、特点、功能、效用等测试，进行产品市场定位研究，分析消费者需求的满足程度和价值接受，从而确定企业产品的市场前景，预测市场潜力和销售潜力，为企业开发新产品和制订有效的营销策略提供依据。

产品市场研究通常包括产品概念形成、产品定位、市场模拟测试、市场营销策略规划、产品诊断等五个阶段的研究，每一阶段研究的目的和任务都是不同的（见图3-14）。

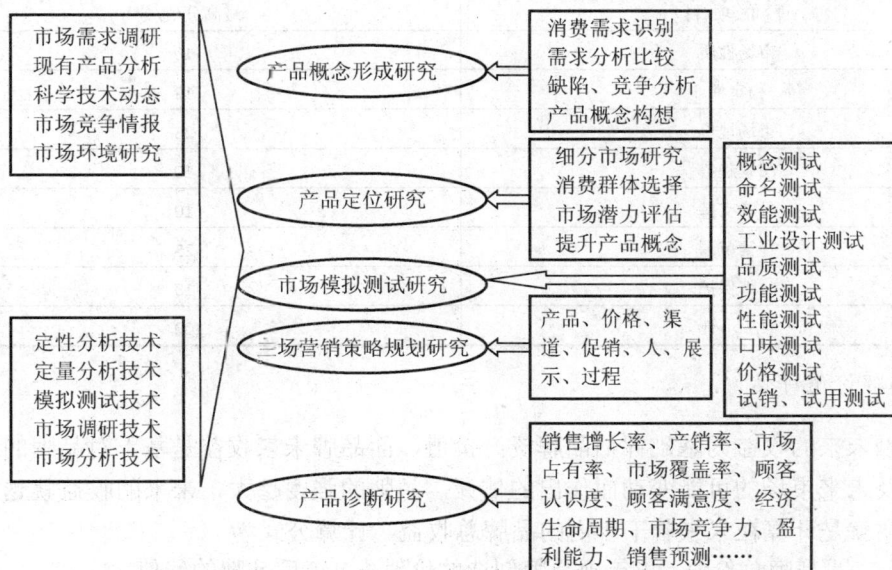

图 3-14 产品市场研究模型

三、产品品牌研究

产品品牌研究是指对品牌强度和品牌价值进行评估、分析。确定品牌在同行业品牌中的相对地位，衡量品牌在其收益过程中的风险，为品牌的塑造提供依据。

1. 品牌强度分析

品牌强度分析是通过市场调研和分析，评价消费者对品牌的认知程度、满意度、忠诚度、品质感知度等，以衡量品牌的市场地位和竞争力的分析方法。评价的主要内容如下：

1）市场性质，如品牌的成熟性、稳定性、抗冲击性。

2）品牌的稳定性，如品牌的知晓度、满意度、忠诚度。

3）品牌的市场地位，如市场占有率的高低。

4）产品行销范围，如市场覆盖率的大小。

5）品牌趋势，如产品品牌是否具有时代感、与消费需求趋势是否一致。

6）品牌的支持，如科研投入、广告投入、营销投入。

7）品牌保护，如是否获得注册、享有商标专用权、特殊法律保护。

品牌强度评估的信息获取途径主要有市场消费者的品牌测试、全行业的现成资料、本企业有关产品品牌的文献资料等，评价的方法主要采用英国伦敦 Interbrand 公司倡导的综合评分法。

上述 7 个方面的理想分值如表 3-2 所示。

表 3-2 品牌强度评估理想分值

评 价 项 目	最高分值/分
市场性质	10
稳定性	12
市场地位	25
品牌趋势	10
品牌支持	10
行销范围	25
品牌保护	15
合　　计	100

2. 品牌价值评估

通常以未来的收益为基础评估品牌资产价值，而品牌未来收益是基于对品牌的近期和过去业绩及未来市场的可能变动而作出的估计，品牌的强度越大，未来的收益就越大。品牌价值评估就是计算在未来若干年内的品牌总收益，计算公式为

品牌总价值＝N年内品牌创造的价值＋N年后品牌的残值

$$=\sum_{i=0}^{n}\left\{\left[\left(\begin{matrix}净销\\售额\end{matrix}\times\begin{matrix}营运收\\益率\end{matrix}-\begin{matrix}有形资产\\提成收益\end{matrix}\right)\times\begin{matrix}品牌收\\益率\end{matrix}\times税率\right]\div贴现因子\right\}+\begin{matrix}N年后品\\牌的残值\end{matrix}$$

简单的实例如表 3-3 所示。

表 3-3　Interbrand 品牌评价法　　　　　（单位：万元）

年份 评价内容	第0年	第1年	第2年	第3年	第4年	第5年
净销售额	1000	1100	1210	1331	1464	1611
营运收益	150	165	182	200	220	242
有形资产收益	25	27	29	32	35	39
无形资产收益	125	138	153	168	185	203
品牌收益	94	104	115	126	139	152
税率/%	33	33	33	3	33	33
税后品牌收益	63	70	77	84.0	93	102
贴现因子	1.0	1.15	1.32	1.52	1.75	2.01
现值现金流量	63	61	58	55	53	51

根据计算公式得出，5 年内品牌收益 341 万元，5 年后品牌残值 354 万元，品牌总价值 695 万元。

运用此公式测算品牌价值应注意以下要点：

1）净销售额。包括无品牌产品和非评估产品的销售额。

2）营运收益率。根据以往的营运收益额占净销售额的平均比率确定。

3）有形资产提成收益。营运收益中固定资产和流动资产所创造的收益。

4）无形资产收益。营运收益减去有形资产提成后的收益。

5）品牌收益率。无形资产收益中品牌收益所占的比率。

6）品牌收益。无形资产收益乘以品牌收益率，再乘以税率即为税后品牌收益。

7）贴现因子。对未来各年税后品牌收益进行贴现的因子，第 0 年的贴现因子为 1.0，第一年为（1＋贴现率），第二年为（1＋贴现率）^{2}，第 n 年为（1＋贴现率）^{n}。

贴现率通常根据品牌的强度确定，强度大的品牌应采用较低的贴现率，反之，应采用较高的贴现率。

四、市场细分与定位研究

市场细分与定位研究是指将顾客及潜在的顾客按照地理特征、人口特征、心理特征、行为特征、收入特征、消费特征等中的一个或某几个营销组合变量的敏感度进行分组，然后选择其中的一个或几个组别作为目标市场，并通过特定的目标营销策略与战术实现市场的进入和市场的定位。

理论基础：相同的顾客群体会选择和购买适合他们自己的产品和服务。

研究的步骤与内容可参考图 3-15。

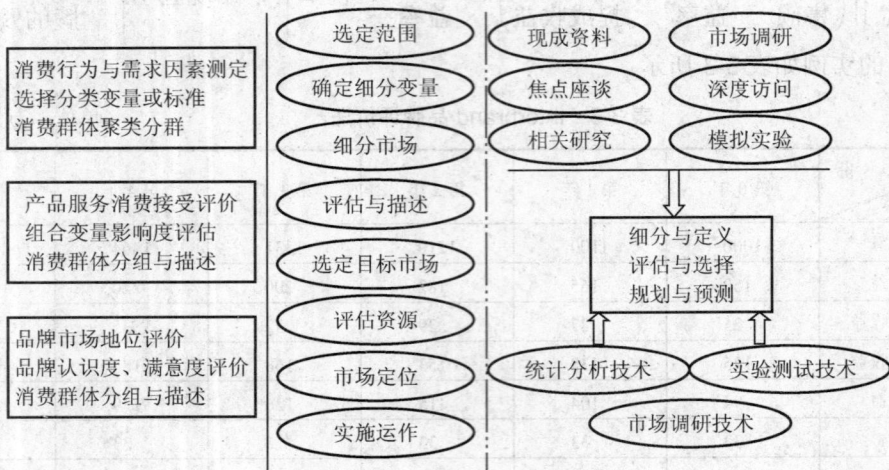

图 3-15 市场细分与定位研究模型

五、产品价格研究

产品价格研究是指对产品或服务的价格构成、变动范围和幅度、变动趋势与影响，价格变动引起的连锁反应等进行分析研究，为制订定价策略和价格定位提供可靠的依据。

研究的主要内容可参考图 3-16。

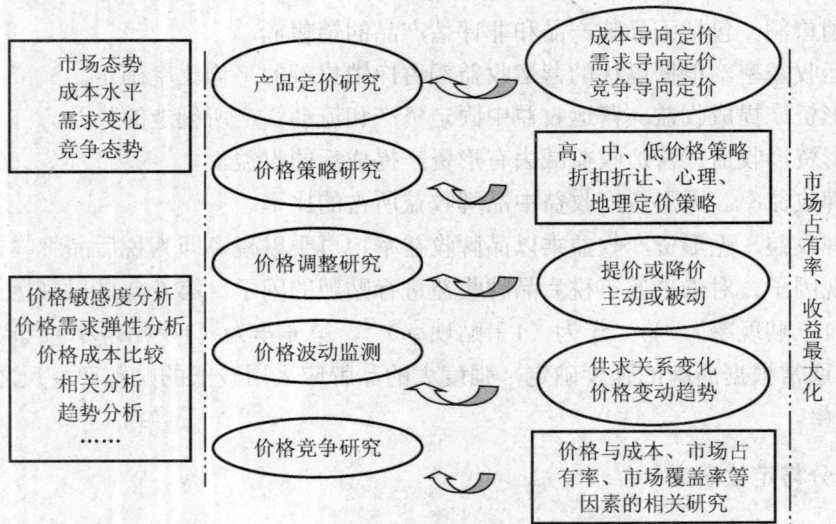

图 3-16 产品价格研究模型

六、销售渠道研究

销售渠道研究是指对产品销售渠道、经销商及产品经销状态进行的研究，包括评价和选择最适合的渠道形式、评价和选择最适合的经销商，考察现有的销售渠道和经销商的情况，为销售渠道设计和优化提供依据。

销售渠道研究的主要内容可参考图 3-17。

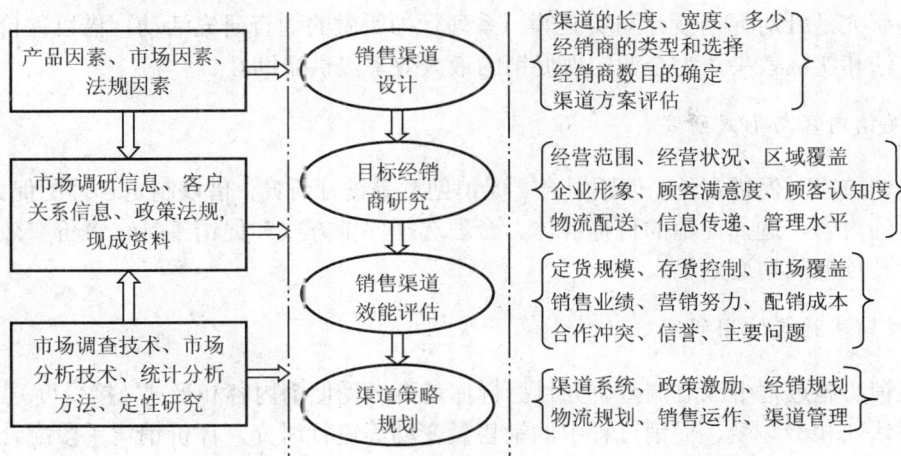

图 3-17　销售渠道研究模型

七、广告研究

广告研究是指针对广告制作及媒体投资等一系列行为所做的调查研究活动，其目的在于系统地调查广告的作用、方法和效果，揭示市场营销、品牌策略、广告创意、媒体组合等与广告受众的关系和规律，为广告策划提供支持。

广告研究往往与广告本身的设计与媒体投放结合在一起，为了提高广告的效果，还需要考虑品牌研究、消费者研究、市场细分研究、促销研究等的相互影响与渗透。广告研究的主要内容可参考图 3-18。

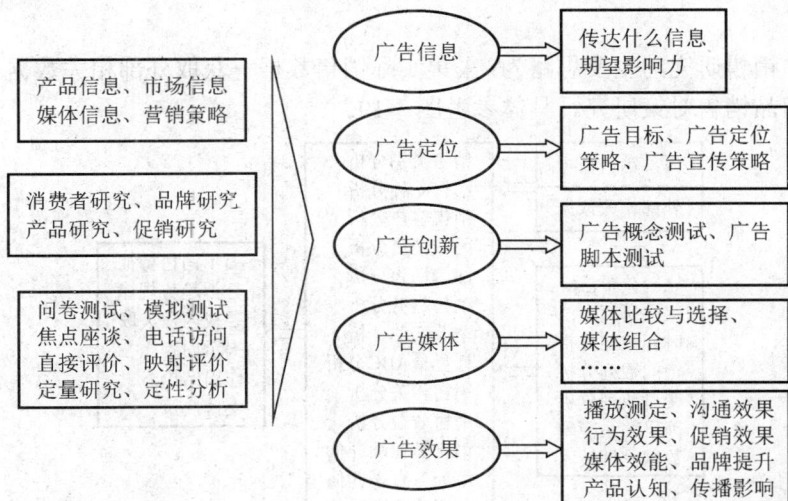

图 3-18　广告研究模型

八、促销研究

促销研究是针对促销设计与实施等一系列行为所做的调查研究活动，借以评价促销的作用、方法和实际效果，为企业实现促销的最大效率提供帮助。

1. 促销内容与形式研究

在促销前应对促销定位、促销组合、促销创意等进行研究，借以制定合理的促销目标，界定促销的内容，选择促销的目标群体，合理选择促销方式和促销工具，评价有效的促销信息概念及预期的沟通效果。

2. 促销实施与运用研究

在促销实施过程中应对调查研究目标群体是否接受促销内容和形式（接受度）、目标群体的促销认知和参与度、促销过程中的销售量变动等进行研究，评价销售手段配合是否有效、促销的组织工作是否完善、促销费用运用的效果怎样等。

3. 促销效果研究

在促销实施后对促销效果进行评价，包括信息传递效果、促销促进效果、品牌影响效果、竞争态势的变动、产品改进反馈等方面的评价。

九、企业商品销售研究

企业商品销售研究指通过企业实际销售数据的采集、处理和分析，借以描述各产品、各区域和分类市场的销售状态、特征、趋势，揭示存在的问题与原因，寻找扩大销售的机会和努力方向，评估市场营销的业绩，为企业制定生产、资金、人力和销售计划等决策提供依据。

企业商品销售研究的主要思路为：采集实际销售数据→获取外部相关数据→对比研究、分析数据→商品销售对策研究。具体参考图 3-19。

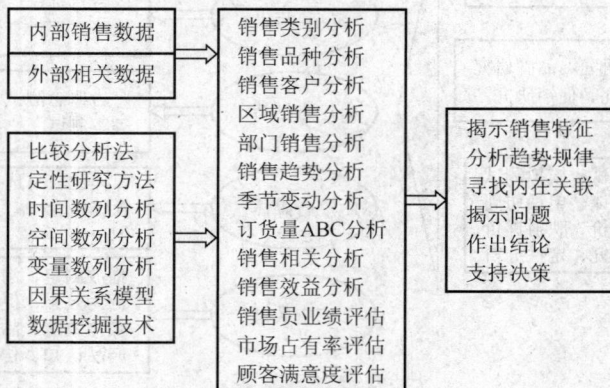

内部销售数据 外部相关数据	→	销售类别分析 销售品种分析 销售客户分析 区域销售分析 部门销售分析 销售趋势分析 季节变动分析 订货量ABC分析 销售相关分析 销售效益分析 销售员业绩评估 市场占有率评估 顾客满意度评估	→	揭示销售特征 分析趋势规律 寻找内在关联 揭示问题 作出结论 支持决策
比较分析法 定性研究方法 时间数列分析 空间数列分析 变量数列分析 因果关系模型 数据挖掘技术	→			

图 3-19　企业商品销售研究模型

十、市场竞争研究

市场竞争研究是指通过市场情报采集与分析技术，对竞争环境、竞争对手、竞争态势、竞争目标和竞争策略进行综合信息分析与研究，主要为企业提供市场竞争对手和参与者的概况、能力、优劣势与策略等方面的信息，为企业制定竞争策略提供支持。

市场竞争研究的主要内容如下。

1. 市场竞争情报采集

主要是搜集和挖掘竞争者的基本情况、产品服务构成、生产能力、技术研究能力、投资行为与举措、经营情况、财务优良状况、商业信用、市场份额、市场覆盖、营销策略、组织与管理、人力资源与社会资源、发展战略与目标等。具体如图 3-20 所示。

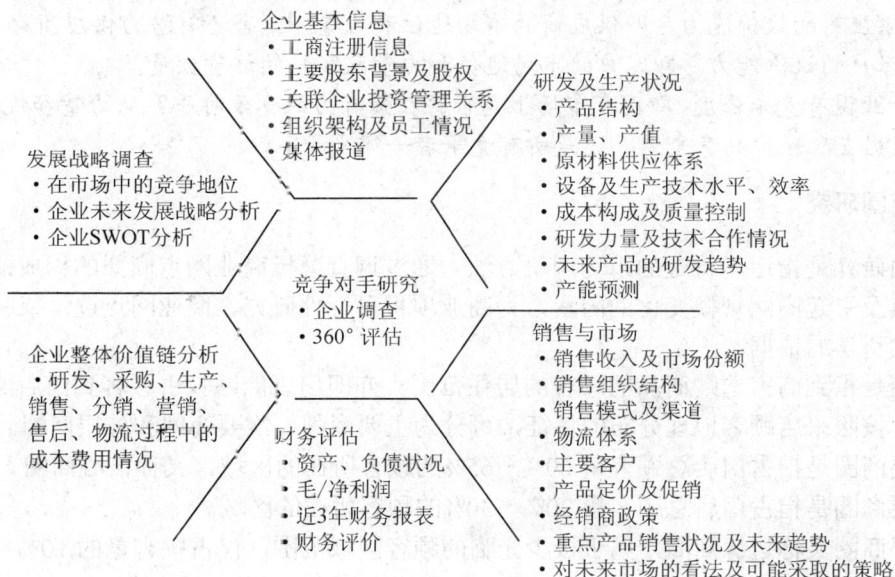

图 3-20　市场竞争情报采集模型

2. 市场竞争状态分析

市场竞争状态分析的主要评估内容包括：企业的市场竞争位置与优劣势；评估市场占有率在竞争者之间的分布状况及其特点；分析竞争者的产品、技术、投资、资本的动向与优势，寻找对手的薄弱环节与缺陷；分析影响本行业内导致竞争的各种动力和因素；评价从供应商、生产者、中间商到购买者的产业链上的竞争状况等。

3. 市场竞争策略研究

主要是围绕企业的发展战略与目标、生产与经营规模的扩大、产品质量提升、品牌塑造、新产品开发、技术研究、完善服务体系、提高顾客满意度、企业形象塑造、资本运作、管理重组、市场营销策略完善等方面展开提升企业竞争力的对策研究。

知识拓展

波特五力分析

决定企业获利能力的首要因素是"产业吸引力"。企业在拟定竞争战略时必须要深入了解决定产业吸引力的竞争法则，这种竞争法则可以用五种竞争力来具体分析。这五种竞争力会影响产品的价格、成本、必要的投资，也决定了产业结构，从而能够决定产业的获利能力，具体包括：

1）新进入者的威胁，即新进入者进入市场的难易程度，是否存在市场进入的障碍？

2）替代产品或服务的威胁，即产品或服务是否很容易被替代？尤其是技术含量低的产品。

3）供应商的议价能力，即供应商的市场地位和力量，是否还有潜力供应商存在？

4）客户的议价能力，即客户的市场地位和力量及客户的订货数量。

5）行业现有竞争强度，即现有市场上是否存在强有力的竞争对手？从力量和规模上看，是否有占据支配地位的竞争者？还是所有竞争者一律平等？

十一、商圈研究

商圈研究是指运用特定的市场调研方法，通过调查分析商业网点商圈的构成情况、范围、特点及引起商圈规模变化的因素，为商业项目可行性研究、商业网点选址或制定营销策略提供科学的依据。

商圈是指到商家选购商品的顾客的居住范围。亦即门店能够吸引顾客到门店购物的有效距离。按照来店顾客地理分布的特征，可分为主要商圈、次要商圈和外层商圈。

主要商圈是指占门店总顾客量60%～65%的顾客所在的区域，又称核心商圈。

次要商圈是指占门店总顾客量20%～30%的顾客所在的区域。

外层商圈又称边缘商圈，属于极少光临的顾客区域范围，仅占顾客量的10%～15%。

商圈研究的主要内容参考图3-21。

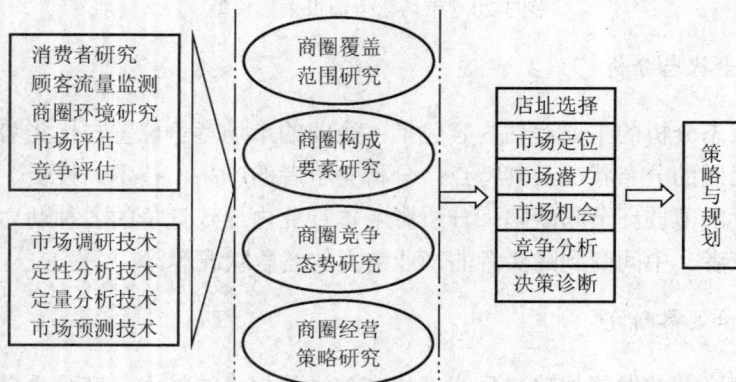

图3-21　商圈研究模型

1. 商圈覆盖范围研究

商圈的大小一般与门店的营业面积、人口数量、经营业态等因素密切相关。

2. 商圈构成要素研究

研究商圈内的人口规模和密度，商圈人群特征，客流量的时间和地理分布，商圈的地理环境和交通状况，商圈的经济环境（居民的经济状况和消费特点），商圈内零售店的种类、经营状况及竞争饱和程度等。

3. 商圈竞争态势研究

确认商圈内的主要竞争者，搜集竞争者的商圈大小、顾客流量、经营范围、销售额、经营策略等情报，了解商圈内顾客对主要竞争者的满意程度，评价商圈内的竞争程度、商家进入的可行性或经营策略调整的必要性。

4. 商圈经营策略研究

对企业的产品、价格、销售渠道、销售促进、有形展示、服务等经营策略进行研究，制定成本与风险最低，具有竞争力的商圈经营策略和营销规划，保证企业在进入运作、影响和控制方面实现预定的市场目标。

知识拓展

商圈调研的内容

1. 经济环境分析

城市经济指标：人口、国内生产总值、社会消费品零售总额等。

居民经济指标：人均可支配收入、人均消费支出、恩格尔系数等。

2. 地理位置分析

1）商圈范围测量（商业圈/次要商业圈/边缘商业圈）。决定三级商圈规模与形状的因素包括：商店的类型、规模；竞争者的坐落点；顾客往返的时间和交通条件；宣传工具。

2）选址调查。环境的竞争优劣势、道路交通状况、政府规划情况等。

3）商铺调查。商贸状况、经营业态、物业管理水平、每月租金等。

3. 消费者研究

消费者购买行为和习惯：购买场所、停留时间、交通工具等。

消费者满意度研究：对商圈的满意度、对商家的评价和喜好度等。

4. 竞争情况分析

竞争者经营情况：经营规模、产品结构经济效益、发展计划等。

5. 人群流量及车流量监测

人群流量监测：不同时段经过的人流总数、不同性别人数、不同年龄人数、进店人数等。

车流量监测：不同时段经过的车流总数、本地与外地牌照车辆数、交通拥挤程度等。

第四节　市场调研计划书

在界定市场调研问题后，制定一份正式的调研计划书是十分必要的。

一、市场调研计划书的定义

市场调研计划书是在调研项目实施之前对整个项目各个方面和各个阶段任务的一个通盘的考虑和安排，它是整个调研项目的一个框架或蓝图。它至少有如下四个主要作用。

1）为后续的调研工作提供路标，它提供整个调研过程的研究框架或蓝图、关键领域及时间进程表。

2）为质量监控提供标准，它规定具体调研过程中必须实施的任务和完成标准、操作的工作细节和方法等，而这些标准又成为调研质量的控制依据。

3）市场调研计划书在委托人与承担者之间的合同或协议上有利于避免或减小后期出现误解的可能性。由于主要的一些决定已明确写入报告，如调研目的、范围、方法等。使得有关的各方面都能有一致的看法。

4）在争取项目经费、与其他调研机构竞争某个项目、投标时，报告撰写质量的高低可能直接影响到项目能否被批准或能否中标。

市场调研计划书必须满足两个基本条件：一是切实向委托者阐明并使之相信该项调查工作与经营决策有关；二是说明如何在该项工作的不同阶段运用经济的和有效的手段来完成调研主题，其中包括调研人员完成任务的专业技能水平。

二、市场调研计划书的主要内容

一份市场调研计划书一般应包括 10 个部分。

（1）项目的标题

市场调研计划书的标题应与调研的主题或目标一致。例如，管理决策问题是该公司开发的新产品能否推向市场。通过分析，确定的市场调研目的是调研消费者对此新产品的偏好程度及购买意向，那么计划书的题目或者标题应为"某新产品的购买意向调研计划书"。一个简洁、清楚、醒目、反映调研主题的标题，其本身就是市场调研计划书的"卖点"。

（2）摘要

摘要是调研计划的简要概括，往往包括 1～2 页。摘要通常包括调查目标概述及描述分析资料时所运用的方法。撰写摘要时应将市场调研计划书中的要点展示出来，因为委托者首先要阅读该摘要，以便对拟议的调研工作有个大概了解。有时候，调研人员还应标出主题词或关键词，以便审阅市场调研计划书的人员查找。

（3）背景分析

背景分析为调研人员提供了一个展示其是否了解所调研项目的行业背景的绝好机会。

背景分析的主要目的是了解行业及企业目前的情况，以寻找解决企业问题的办法，从而达到调研工作的最终目的。完善的背景分析能给调研人员提供大量可帮助企业管理层决策方面的信息。同时，背景分析也要阐明调研项目的来源。

（4）问题陈述及调研目标

对问题的背景分析之后，需要用精确的语言陈述问题和研究目标。陈述问题、目标或假设的方式将影响调研工作中采取的步骤，并影响委托者可能选择的解决问题的方法。为找到解决的办法，就应在调研工作的不同阶段不断地评估对问题的界定。鉴于问题陈述和研究目标对调研和委托者的决策作用，调研人员应格外重视本部分，应确定问题所在，并以准确的语言予以定义。调研员在撰写本部分前应认真考虑，需要借鉴过去的经验教训，与了解公司状况的人士交流，审阅公司的内部档案；同时，还应与决策者保持有效联系，帮助其进行决策。确定问题并用精确的语言进行描述是调研人员和委托者双方的责任。

（5）调研方法

该部分常常包括以下信息。

1）调研类型。调研类型有三种，即探索性调研、描述性调研和因果关系调研。

2）资料收集方法。在调查计划中，还要规定采用什么组织方式和方法取得信息资料。收集资料的方式有普查和抽样调查等。具体调研方法有二手资料分析法、访问法、观察法和试验法等。在调研时，采用何种方式、方法并不是固定和统一的，而是取决于所要收集的资料、调研对象和调研任务。

3）抽样技术。多数调研项目所需的资料都是从与调研项目有关的目标总体中的其个样本中获得的。抽样设计就是要描述选择这个样本的过程和特点。不管资料是取自总体还是取自总体的样本，都必须以准确的语言描述其总体特征，这有助于调研人员在当前及将来收集有关总体资料时发现总体要素。

4）资料分析的方法。目前资料分析的方法层出不穷，尤其随着经济理论的发展和计算机的应用，越来越多的现代统计分析方法可供我们在分析资料时选择。每种分析方法都有其自身的特点和适用性，因此，应根据调查的要求选择最佳的分析方法并在方案中加以规定。

（6）调研时间表

调研时间表是指调研项目所需要的时间安排。可从以下四个方面评价一个时间过度表的合理性：调研不同阶段的时间安排是否与调研可利用的人员一致；收集资料的时间安排是否妥当；根据现有的人员、设备和手段，分析资料的时间安排是否适当；调研人员是否能够按时撰写最终报告并提供适当份数的复印件。具体如表3-4所示。

（7）调研经费预算

调研的费用因项目不同差异很大。一般而言，在进行经费预算时，一般需要考虑如下几个方面：①总体方案策划费或设计费；②抽样方案设计费（或实验方案设计）；③调查问卷设计费（包括测试费）；④调查问卷印刷费；⑤调查实施费（包括选拔、培训调研员，试调研，交通费，调研员劳务费，管理督导人员劳务费，礼品或谢金费，复查费等）；⑥数据录入费（包括编码、录入、查错等）；⑦数据统计分析费（包括上机、统计、制表、制图、购买必需品等）；⑧调研报告撰写费；⑨资料费、复印费、通信联络等办公费用；⑩专家咨询费；⑪劳务费（公关、协作人员劳务费等）；⑫上缴管理费或税金；⑬鉴定费、新闻发布会及出版印刷费用等。

表 3-4 调查时间表安排进度

时间或日期	作业项目	作业负责人	备注
	问卷设计、印刷		
	抽样调查		
	访问员的招聘和培训		
	预调查		
	问卷修改、印刷		
	调查实施		
	资料的整理和统计分析		
	报告的撰写、修改和制作		
	调研报告汇报		

　　在进行预算时，要将可能需要的费用尽可能考虑全面，以免将来出现一些不必要的麻烦而影响调查的进度。例如，预算中没有鉴定费，但是调查结束后需要对成果作出科学鉴定，否则无法发布或报奖。在这种情况下，课题组将面临十分被动的局面。当然，没有必要的费用就不要列上，必要的费用也应该认真核算作出一个合理的估计，切不可随意多报、乱报。不合实际的预算将不利于调研方案的审批或竞争。因此既要全面细致，又要实事求是。表 3-5 是一个调研公司给出的估价清单样本。

表 3-5 估价清单（样本）

支出项目	数量	单价	金额	备注
印刷费				
方案策划费				
问卷设计费				
抽样设计费				
差旅费				
访问员劳务费				
统计处理费				
报告撰写与制作费				
杂费				
合计				

　　注：本估价单有效期＿＿＿天。订约时请先付调查启动金＿＿＿元，余款于调查报告交付之后＿＿＿天内全部付清。

（8）提交调研成果

市场调研的目的是为企业管理决策提供科学的依据，因此，委托者非常关注调研公司能提供哪些成果及统计成果的形式。一般而言，调研公司提交给委托者的成果包括调研计划书、问卷样本、所获取的信息数据库、调研报告等。同时，由于市场调研是一项涉及商业机密的工作，委托者常常还要考虑成果的归属问题，故还要说明成果的归属权问题。

（9）调研的执行与控制

调研的执行与控制是为了确保调研能顺利完成的具体工作计划。主要是指调查的组织管理、人员的选择和培训、调研小组的设置、调研的质量控制、调研的风险分析与规避等。

任何调研都是在一定的前提假设基础上，委托单位和调研公司讨论确定后进行的。由于市场瞬息万变，所以调研工作也就存在着许多不可预见的风险，如双方违约、政治和自然的因素使得调研工作不能顺利进行等风险。因此，在计划书中应对风险进行充分的估计，并提出防范风险的措施和方法。

（10）附录

附录部分主要包括有关背景分析的参考资料、计划书中所涉及技术术语的解释、调研问卷及其他有关资料。

市场调研计划书中用作参考的所有书籍、杂志或其他资料都被罗列在本部分。准备参考书目时，调研人员应查阅有关正确罗列形式方面的手册。

市场调研计划书的附录部分也许会包括详细的技术术语。例如，调查人员可能会采用很复杂的数学模型或统计模型，采用大量的技术术语等。委托者对此也许会感兴趣，也许不会感兴趣。在这种情况下，技术术语可以放在附录中，这样可为那些有意阅读这些术语的人提供方便。此外，将技术术语放在附录中还有助于保证市场调研计划书简洁且可读性强。

三、市场调研计划书的评估

为了体现市场调研的探索性、科学性和复杂性原则，在较大型的市场调研活动中，调研方案一般都不是唯一的，而是设计多种方案，以备择优选用。有时，对于比较重要的调研活动，在委托外部机构调研时也要从几家调研机构的调研方案中进行择优选取。这时，市场调研方案的评估工作就成了调研委托者考虑的问题。

1. 市场调研计划书的可行性评估

市场调研方案的评估主要包括经济可行性研究、技术可行性研究和操作可行性研究。

（1）经济可行性研究

经济可行性研究是指对市场调研方案在经济上的合理性和效益性的研究，即关于调研方案是否符合经济性的研究。关于企业而言，市场调研是一项经济活动，因此，其首要的目标应该是以最小的成本获得最大的产出。市场调研的成本投入主要表现在市场调研的全过程，包括准备阶段、实施阶段和总结阶段所发生的全部费用和支出；市场调研的效益产出主要表现为市场调研的结果和所提出的建议为企业带来的所有即期和远期、有形和无形的有益的结果和影响。

经济可行性研究就是要研究市场调研方案设计中所确定的调研方式和调研方法、调研范围和样本的数量等方面在经济上是否可行，所付出的成本是否划算。如果通过经济可行性研究证明方案是可行的，则可采取；如果不可行，成本与预期收益不相匹配，则必须对调研方案进行改进，甚至更换。

（2）技术可行性研究

技术可行性研究是指对市场调研方案在技术上的科学性和适用性的研究，即关于调研方案是否符合适用性原则的研究。在市场调研过程中，所采用的调研方式、调研方法和调研技术并不是越先进越好，可以用常规的、简单的方法和技术来解决的问题，就没有必要非用先进、高级的技术来解决。在市场调研过程中，调研方法和调研技术选择应该遵循"只有适用的，才是最好的"原则和思想。能够用抽样调研、重点调研和典型调研解决的问题，尽量不用全面调研；能够用二手资料解决的问题，尽量不用一手资料调研；能够用问卷调研解决的问题，尽量不用实验调研。

（3）操作可行性研究

操作可行性研究是指对市场调研方案操作和实施上的可能性和风险性的研究，即关于调研方案是否符合可操作性原则的研究。可操作性不仅决定了市场调研方案所涉及的每一个阶段、每一个程序、每一个方法和技术都可以让调研人员在调研过程中进行操作、执行和实施，而且还决定了调研工作预期的调研结果、相关数据信息及所提出的营销解决方案必须能够切实发挥营销决策支持作用，可供营销人员和其他相关人员采用、执行和操作，它反映了市场调研工作的具体要求。因此，市场调研方案中所涉及的每个调研细节、每种调研方法、每种调研技术都必须详细具体、明确界定、没有歧义、不得含糊，使得市场调研的一线执行人员不需要揣摩调研方案策划人员的本意，就可以按已经设计好的调研方案进行操作和执行，从而大大提高了市场调研工作的效率。

假设某企业需要对自己的某些客户进行调研，决定采用重点调研的方式。如果在市场调研方案设计中只是规定采用重点调研，而没有具体地说明什么样的客户才算"重点"，就会造成此阶段的调研工作不具有可操作性，必须重新琢磨、确定"重点客户"，才能使调研工作进行下去。

2. 调研可行性评估的方法

调研可行性评估方法包括逻辑分析法、经验判断法、试点调研法三种方法。

（1）逻辑分析法

逻辑分析法是指通过检查调研方案所涉及的部分内容是否符合逻辑、情理和实际情况，来判断调研方案是否可行的方法。

如果要对从不知道网络为何物、从未上网的人调研其关于网络广告或电子商务的看法和建议，或者对没有通电话的偏远山区进行电话问卷调查等，都是不符合调查对象实际情况的。如果要调研某城市居民的消费结构，而设计的调研指标却是居民消费结构或职工消费结构，按此设计所调研出的结果就无法满足调研的要求，因为居民包括城市居民和农民，城市职工也只是城市居民中的一部分。显然，居民、城市居民和职工三者在内涵和外延上都存在一定的差别。

（2）经验判断法

经验判断法是指邀请具有丰富经验和相关知识的专业人士，对设计好的调研方案进行初步研究和判断，以及研究方案的可行性的方法。

例如，如果要对城市中的务工人员问题进行调研，就不宜采用普查方式，而适合采用抽样调研方式，因为城市中的务工人员数量多、流动性强，无法全面调查；如果要对小麦、棉花等农作物的生长情况进行调研，就适宜采用重点调研等。

（3）试点调研法

试点调研法是指针对小范围内的调查对象进行调研以增强调研方案的可行性的方法。试点是对整个调研方案进行评估的一个十分重要的步骤，对于大规模市场调研来讲尤为重要。试点调研的目的是使调研方案更加科学和完善，其目的不仅仅是收集资料。

从认识的全过程来说，试点是从认识到实践，再从实践到再认识，兼备了认识过程的两个阶段。因此，试点具有两个明显的特征——实践性和创新性，两者互相联系、相辅相成。试点正是通过实践把客观现象反馈到认识主体，以便起到修改、补充、丰富和完善主体认识的作用。同时，通过试点，还可以为正式调研取得实践经验，并把人们对客观事物的了解推进到一个更高的阶段。

3. 市场调研计划书的总体评价

客观而言，并不存在唯一的、最好的调研设计方案，每一种调研设计方案都有优缺点，这需要调研人员对每一个调研方案用多种方法从不同角度进行综合的评价。一般主要从四个方面进行调研方案的评价：①是否确实体现了本次调研的目的和要求；②是否科学、完整和适用；③能否保证本次调研的质量；④通过实践检验调研方案的有效性。

小　结

市场调研的关键就是市场调研问题的界定，市场调研问题的界定决定市场数据收集和整理的针对性，这样才能从零散的数据中提炼有价值的市场信息，并通过系统的论证全面阐述市场的特性，为决策制定提供市场依据。基于对市场数据的这一理解，我们认为市场调研问题的界定要具有针对性，才能达到数据的准确性。

确定市场调研的分析模型，要从两个维度出发，一个是市场识别视角；另一个是市场策略视角。

在界定调研市场调研问题后，制定一份正式的调研计划书是十分必要的。一份市场调研计划书一般应包括 10 个部分：①项目的标题；②摘要；③背景分析；④问题陈述及调研目标；⑤调研方法；⑥调研时间表；⑦调研经费预算；⑧提交调研成果；⑨调研的执行与控制；⑩附录。

最后要对市场调研方案的进行科学的评估评估。

复习与思考

一、简答题

1. 市场调研问题的含义是什么？其主要类型有哪些？
2. 市场调研问题确定的原则是什么？
3. 市场调研问题确定的作业程序有几个步骤？
4. 界定市场调研问题的市场识别视角与模型有哪些？
5. 界定市场调研问题的市场策略视角与模型有哪些？
6. 市场调研计划书的主要内容包括哪些？
7. 市场调研方案评估的方法有哪些？

二、论述题

1. 论述市场识别研究的调研目的。
2. 论述市场策略研究的调研目的。

三、案例分析题

1987 年，铱星公司开始了一项通信史上前所未有的浩大工程——"铱星系统"计划。整个工程预计 11 年完成，累计耗资 50 多亿美元。铱星公司的目标是利用 66 颗卫星组成一个包围地球的"卫星圈"，从而使无线通信网络覆盖全世界的每个角落，包括两极与各大海域。11 年后，它的梦想得以实现，这是世界上第一个大型低轨卫星通信系统，也是全球最大的无线通信网络。

铱星系统的诞生，可以说是移动通信领域的一个里程碑。人类第一次实现了不依赖于地面网而直接通信，对于科技、军事、远洋等方面也有着非凡的意义。当年，它被美国的《大众科学》列为年度百项最佳科技成果之一，某些权威机构甚至将它评为 1998 年世界十大科技成就之一。虽然由于多方面失误，几年后，铱星陨落了。无论如何，这都是通信史上一件十分令人惋惜的事情。

要求：

1. 从没有进行深入的市场调研、界定市场调研问题的角度，深度分析铱星为什么陨落了。
2. 利用市场需求研究模型分析铱星失败的原因。

四、实训题

以"关爱老人，关注养老——基于×××市孤寡独居老人养老问题的调查研究"为题，谈谈如何界定市场调研问题。

补充阅读

市场调研与营销理念

古人云："兵无常势，水无常形。"如今企业面临的市场是不断变化的，而且变得越来越成熟，而消费者也变得越来越精明。厂商不断推出新的营销策略以争取客户，而市场则是以更多的冷静给予回应。与 20 世纪相比，今天的市场有很大的不同，无论是竞争格局，还是消费者的思想和行为，都发生了很大的变化。而随着环境的变化，营销理念也随之发生了几次变化，经历了三种典型的营销理念，即以满足市场需求为目标的 4P 理论、以追求顾客满意为目标的 4C 理论和以建立顾客忠诚为目标的 4R 理论。这些理论模型是我们做市场调研时必须考量的。

1. 以满足市场需求为目标的 4P 理论

美国营销学学者麦卡锡教授在 20 世纪 60 年代提出了著名的 4P 营销组合策略，即产品（product）、价格（price）、渠道（place）和促销（promotion）。他认为一次成功和完整的市场营销活动，意味着将适当的产品，以适当的价格、适当的渠道和适当的促销手段投放到特定市场的行为。

20 世纪 60 年代，当时的市场正处于从卖方市场向买方市场转变的过程中，市场竞争远没有现在激烈。这时候产生的 4P 理论主要是从供方出发来研究市场的需求及变化，研究如何在竞争中取胜。4P 理论重视产品导向而非消费者导向，以满足市场需求为目标。4P 理论是营销学的基本理论，它最早将复杂的市场营销活动加以简单化、抽象化和体系化，构建了营销学的基本框架，促进了市场营销理论的发展与普及。4P 理论在营销实践中得到了广泛的应用，至今仍然是人们思考营销问题的基本模式。然而，随着环境的变化，这一理论逐渐显示出其弊端：一是营销活动着重企业内部，对营销过程中的外部不可控变量考虑较少，难以适应市场的变化；二是随着产品、价格和促销等手段在企业间相互模仿，在实际运用中很难起到出奇制胜的作用。

由于 4P 理论在变化的市场环境下出现了一定的弊端，于是，更加强调追求顾客满意的 4C 理论应运而生。

2. 以追求顾客满意为目标的 4C 理论

4C 理论是由美国营销专家劳特朋教授在 1990 年提出的，它以消费者需求为导向，重新设定了市场营销组合的四个基本要素，即消费者（consumer）、成本（cost）、便利（convenience）和沟通（communication）。它强调企业首先应该把追求顾客满意放在第一位，其次是努力降低顾客的购买成本，然后要充分注意到顾客购买过程中的便利性，而不是从企业的角度来决定销售渠道策略，最后还应以消费者为中心实施有效的营销沟通。与产品导向的 4P 理论相比，4C 理论有了很大的进步和发展，它重视顾客导向，以追求顾客满意为目标，这实际上是当今消费者在营销中越来越居主动地位的市场对企业的必然要求。

这一营销理念也深刻地反映在企业营销活动中。在 4C 理念的指导下，越来越多的企业更加关注市场和消费者，与顾客建立一种更为密切和动态的关系。1999 年 5 月，大名鼎鼎的微软公司在其首席执行官巴尔默德主持下，也开始了一次全面的战略调整，使微软公司不再只跟着公司技术专家的指挥棒转，而是更加关注市场和客户的需求。我国的科龙、恒基伟业和联想等企业通过营销变革，实施以 4C 策略为理论基础的整合营销方式，成为 4C 理论实践的先行者和受益者。在家电行业中，"价格为王"、"成本为师"都是业内的共识，以前都是生产厂家掌握定价权，企业的定价权完全从企业的利润率出发，没有真正从消费者的"成本观"出发，这就是为什么高端彩电普及不快的原因。而现在消费者考虑价格的前提就是自己的"花多少钱买这个产品才值"。于是作为销售终端的苏宁电器专门有人研究消费者的购物"成本"，以此来要求厂家"定价"，这种按照消费者的"成本观"来对厂商制定价格要求的做法就是对追求顾客满意的 4C 理论的实践。

但从企业的实际应用和市场发展趋势看，4C 理论依然存在不足。首先，4C 理论以消费者为导向，着重寻找消费者的需求，满足消费者的需求，而市场经济还存在竞争导向，企业不仅要看到需求，还要更多地注意到竞争对手。冷静分析自身在竞争中的优劣势并采取相应的策略，才能在激烈的市场竞争中站于不败之地。其次，在 4C 理论的引导下，企业往往失之于被动适应顾客的需求，往往令他们失去了自己的方向，为被动地满足消费者需求付出更大的成本，如何将消费者需求与企业长期获得利润结合起来是 4C 理论有待解决的问题。因此，市场的发展及其对 4P 和 4C 的回应，需要企业从更高层次建立与顾客之间的更有效的长期关系。于是出现了 4R 营销理论，不仅仅停留在满足市场需求和追求顾客满意，而是以建立顾客忠诚为最高目标，对 4P 和 4C 理论进行了进一步的发展与补充。

3．以建立顾客忠诚为目标的 4R 理论

21 世纪伊始，《4R 营销》的作者艾略特·艾登伯格提出 4R 营销理论。4R 理论以关系营销为核心，重在建立顾客忠诚。它阐述了四个全新的营销组合要素，即关联（relativity）、反应（reaction）、关系（relation）和回报（retribution）。首先，4R 理论强调企业与顾客在市场变化的动态中应建立长久互动的关系，以防止顾客流失，赢得长期而稳定的市场。其次，面对迅速变化的顾客需求，企业应学会倾听顾客的意见，及时寻找、发现和挖掘顾客的渴望与不满及其可能发生的演变，同时建立快速反应机制以对市场变化快速作出反应；企业与顾客之间应建立长期而稳定的朋友关系，从实现销售转变为实现对顾客的责任与承诺，以维持顾客再次购买和顾客忠诚；企业应追求市场回报，并将市场回报当作企业进一步发展和保持与市场建立关系的动力与源泉。

4R 营销理论的最大特点是以竞争为导向，在新的层次上概括了营销的新框架。该理论根据市场不断成熟和竞争日趋激烈的形势，着眼于企业与顾客的互动与双赢，不仅积极地适应顾客的需求，还主动地创造需求，通过关联、关系、反应等形式与客户形成独特的关系，把企业与客户联系在一起，形成竞争优势。

如今建立稳定的顾客关系和顾客忠诚的重要性已经为许多企业所认识。美国哈佛商业杂志的一份研究报告指出，重复购买的顾客可以为公司带来 25%～85%的利润，固定客户数每增长 5%，企业利润则增加25%。建立顾客关系的方式有多种多样，就看各个商家如何大显神通了。有些企业通过频繁营销计划来建立与顾客的长期关系，如香港汇丰银行、花旗银行通过其信用证设备与航空公司开发了"里程项目"计划，按累计的飞行里程达到一定标准之后，共同奖励那些经常乘坐飞机的顾客。有些企业设立高度的顾客满意目标，如果顾客对企业的产品或服务不满意，企业承诺给予顾客合理的补偿，以此来建立顾客关系。如印度尼西亚的 Sempati 航空公司保证，它们的飞机每延误 1 分钟，将向顾客返还 1000 印尼盾的现金。有些企业通过建立稳定的顾客组织来发展顾客关系，如日本资生堂化妆品公司吸收了 1000 万名成员参加资生堂俱乐部，发放会员优惠卡并定期发放美容时尚杂志等。

4．结语

市场营销经过了数十年的发展和丰富，形成了一套以经典 4P 理论为基础的形式多样、不断丰富的综合体系。不管是 4P、4C 还是 4R，都是来自于营销实践，又反过来指导着企业的营销实践。信息化和全球化的影响、企业竞争规则的转变、消费理念和消费习惯的变化，都成为新思想涌现的加速器，未来必然还会出现更多创新的营销理念和实践方案，来共同完善和发展营销体系，为市场上的不同企业提供丰富的营销思路。

第四章 调研设计与方法选择

📌 教学目标与要求

➤ 能根据调研项目的要求，选择合适的调研设计方法；

➤ 重点掌握二手数据的查询方法、定性调研法、询问法、观察法和实验法；

➤ 能区分四种访问法，根据调研设计的要求，选择合适的访问法；

➤ 能根据要求开展简单的座谈会讨论调研。

📌 本章知识逻辑结构图

本章知识逻辑结构图如图 4-1 所示。

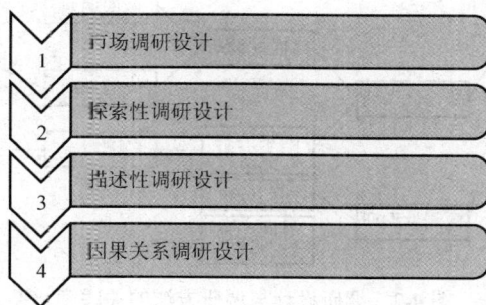

图 4-1　本章知识逻辑结构图

━━ 导入案例 ━━

只要一提起沃尔玛，人们无不公认它引领着零售行业的潮流，殊不知凯马特公司曾经一度霸占着该行业巨头的位置。19 世纪 80 年代末期到 90 年代初期，凯马特的市场份额逐渐被西亚斯、沃尔玛和塔吉特百货侵蚀，事实上从 1996 年开始，凯马特已经连续亏损了 13 个季度，利润也逐年下降。凯马特经理层深知顾客不会主动回归，因此他们没有选择守株待兔，而是思索着许许多多的战略，希冀着重振雄风夺回第一把交椅。这些策略包括：设计新的商店布局为顾客提供便利；对某些高周转的产品如零食、饮料和纸巾等提供高额折扣；将业务划分为三个消费类别，即零食、儿童游戏和玩具、家居时尚用品。如果凯马特应用上述策略，那么每个门店的改造费用近 40 万美元，按照每年 450 个转换门店计算，凯马特要完成所有商店的转型则需要近 3 年的时间。

可以看到，这些策略代价高昂，同时需要花费一段时间才能使得整个凯马特系统完成转型，于是凯马特公司经理层需要足够的信息来支持他们的决策，否则，轻率的行动将会导致更严重的失败。

在这种情况下，调研公司需要设计一个可行的调研方案，在这个方案中，多种设计类型将被使用，他们提供的信息将有助于管理层的有效决策，随后调研公司还得提交一份市场营销调研计划书，备述情况以期得到凯马特管理层的关注。

（资料来源：屈援. 2011. 市场调研. 北京：经济科学出版社）

前面几章我们分别调研了市场调研的一般步骤和市场调研问题的界定，然而，市场调研的性质和类型的不同，决定了市场调研方案的不同，一般而言，不同的市场调研问题所匹配的调研设计也会不同。而不同的调研设计所包含的调研方法也不同，本章就从调研设计角度来理清调研方法与调研设计的关联度及逻辑关系（见图4-2和图4-3）。

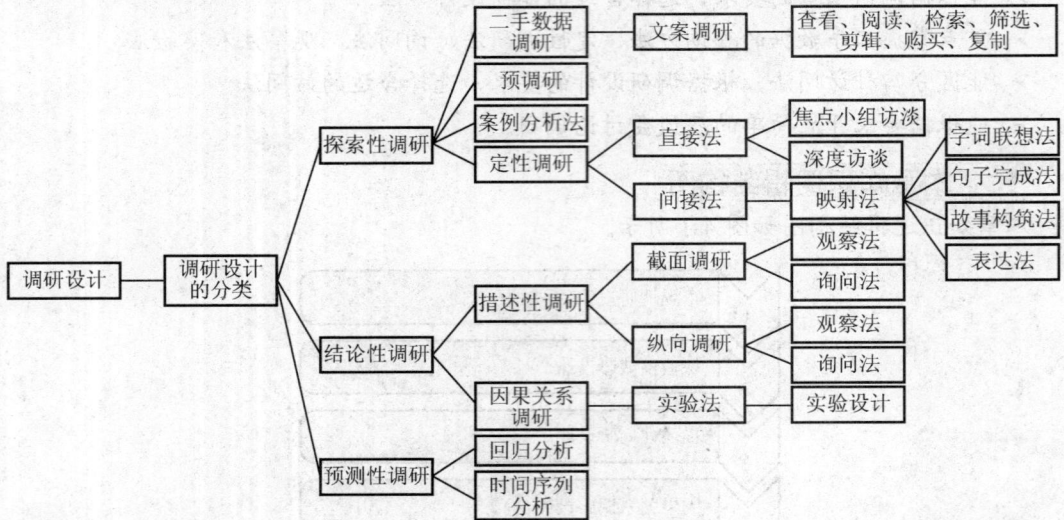

图 4-2 调研设计与调研方法的关联度

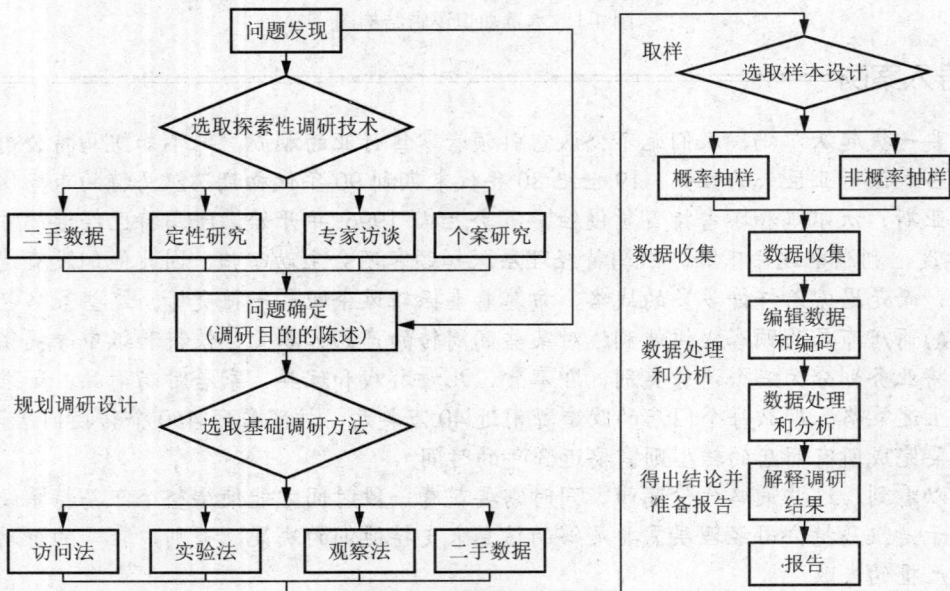

图 4-3 调研设计与调研方法的逻辑关系

第一节　市场调研设计

一、市场调研设计的含义

市场调研设计是指在正式调研以前，根据发现的问题和初步的分析调研，制订出一系列的调研方案组合，形成一个主体规划或调研方案以使市场调查有目的、有计划、有组织地进行。市场调研设计是由调研性质和调研目的决定的，开展某一市场调研项目所需要遵循的必要程序及方法。

市场调研方案设计就是根据调研的目的和对象的性质，在进行实际调研之前，对调研工作总任务的各个方面和各个阶段进行的通盘考虑和安排，提出相应的调研实施方案，制定出合理的工作程序。

市场调研设计除了市场调研方案设计以外，通常还应当关注调研信息需求，调研人员必须考虑数据类型、数据收集方法、抽样方式、进度表和预算。

市场调研设计有两个方面的含义：一方面，它是指市场调研的计划、方案；另一方面，它是指调研人员对市场调研计划、方案的策划过程。

市场调研设计的组成部分如下。

1. 识别并阐明信息需求

决策方要阐明需要解决的管理问题，调研人员则需与决策者进行沟通，以协助确定调研目标和了解整个问题的情况，在此基础上，定义市场调研问题。

2. 确定数据来源

应当确定用于分析的数据是一线调研资料数据还是二手资料，抑或两者的结合。对于第一手资料，应该初步确定调研人员的范围，如果需要第二手资料，则需要确定收集的方向和方法。选择调研设计，一个具体的调研项目通常需要多个调研设计，最常见的调研设计包括探索性调研、描述性调研和因果关系调研。

3. 检验测量问题与设计量表

对描述性调研和因果关系调研而言，检验测量问题和量表有助于确定那些和问题相关的变量，调研人员必须回答如下问题：应该如何定义和测量相关变量？使用单项测度还是多项测度来量化变量？

4. 问卷设计和预调研

设计高质量的问卷难度很大，调研人员必须选择正确的问题类型，调整适当的问题顺序，并对问卷进行预调研。预调研中的应答者必须按照要求完成问卷，他们往往还被要求对问题的可理解性、清晰度、顺序及所有可能的难点进行评价。

5. 确定抽样设计和样本容量

市场调研必须考虑样本的代表性问题，通常情况下，营销决策者最关注那些与其目标市场相关的问题，调研人员需要确定相关的目标总体。对于总体很大的调研目标，在收集数据过程中，调研人员可以选择不同的抽样设计。样本容量影响数据的质量和代表性，因此，调研人员也必须予以关注。

6. 预算经费和进度安排

调研工作总是需要花费一定的时间和资金，因此，必须作出预算进行成本效益分析，以决定市场调研工作是否有必要进行。

7. 制订数据分析计划

调研设计具有两个重要特征：第一是技术性，调研设计必须要说明调研过程中的关键技术；第二是纲领性，调研设计首先需要说明调研的性质和目的，后续的测量、量表、问卷、抽样等设计和方法都要受调研性质和目标的制约，对于不能在调研、设计中明确的其他事项也应考虑调研性质和目的的要求。调研设计的重要性和严肃性往往被很多调研人员所忽视，可能会给市场调研工作带来很多负面的影响，浪费人力和物力。

市场调研设计的作用如下。

1）从认识上讲，市场调研设计是从完整性认识过程过渡到定量认识的开始阶段。

2）从工作上讲，调研设计起着统筹兼顾、统一协调的作用。

3）从实践要求上讲，调研设计能够适应现代市场调研发展的需要。

二、市场调研设计的分类

我们先看以下三个案例：

1）A 现代办公设计公司提供广泛的办公室设备和用品。通过努力，该公司向众多机构出售产品。虽然过去两年整个行业销售在增长，A 的销售额和利润却在下降，这是 A 高层所担忧的事。

2）B 储蓄银行在几年前创建后取得迅速的发展，明显是因为该银行提供的系列独特服务。虽然对目前的业绩还满意，管理者却担心来自其他金融机构的竞争升级。为巩固自己的市场地位，B 的高层希望调研消费者的人口统计数据，以及他们如何看待本银行的优势和劣势。

3）C 餐饮集团是在 8 个小型人口社区开设连锁餐厅的公司。C 如今的形象为提供高价优质食品的高档餐厅。该餐厅的总裁想知道如果菜单品种价格调低 15%，将会如何促进或损害餐厅的销售收入和利润。

上面三个案例的共同点在于市场调研的必要性。那么，哪种调研设计适合它们呢？这就给我们提出了区分市场调研设计类型的必要性。不同的市场调研问题需要不同的市场调研设计。一般而言，市场调研设计可分探索性调研设计和结论性调研设计；结论性调研设计也被称为"核实性调研"，是在特定情景下帮助决策者选择特定的行动路线。当决策者头脑中存在一个或几个选择方案且正在评估这些方案的时候，结论性调研设计特别有用。需要结论性调研时，调研人员已经对数据需求作出清楚的定义，而且调研的目的是协助决策程序的最后阶段，所以结论性调研设计比探索性调研设计更正式、更严格。结论性调研又可分为描述性调研和因果关系调研。另外，市场调研设计还有预测性调研设计。

1. 探索性调研设计

探索性调研设计是为了界定调研问题的性质及更好地理解问题的环境而进行的小规模的调研活动。在调研初期，调研者通常对问题缺乏足够的了解，或尚未形成一个具体的假设，对某个调研问题的切入点难以确定，这时需要进行探测性调研设计。控测性调研的目的是为了发现新的想法和新的关系。企业将先假设调研问题产生的原因，然后展开市场调研，验证假设是否成立，进而针对问题采取改进处理方法。

探索性调研设计的基本目的是提供一些资料以帮助调研者认识和理解所面对的问题。常常用于在一种更正式的调研之前帮助调研者将问题定义得更准确些，帮助确定相关的行动路线或获取更多的有关资料。这一阶段所需的信息是不精确定义的，调研过程很有灵活性，没有什么结构。

【案例4-1】某化妆品公司的口红市场份额去年下降了，公司无法一一查知原因，就可采用探索性调查来发掘问题。

1）问题是否出现在产品质量和功能上（颜色不够红润、味道不讨广大男性喜爱等）？

2）是否因为经济衰退的影响？还是广告支出减少的影响？

3）是销售代理效率低？还是消费者的习惯改变了？

总之，此时就适宜采用走访、座谈会、收集分析二手资料等方法来初步了解情况，发现问题所在，为正式深入调查扫清障碍，做好准备。

2. 描述性调研设计

描述性调研设计就是调研为容着重于市场状况特征，将所需调研的现象具体化。它是要解决"谁"、"什么"、"什么时间"、"什么地点"和"怎样"的问题。如消费者的收入层、年龄层、购买特性的调研等。假设一家快餐店开设分店，公司想知道人们是如何惠顾这家公店的。因此就要描述下列问题：惠顾者是谁？他们的性别、年龄和居住地点及他们是如何来这里的？他们对快餐产品和服务的要求是什么？等等。当然，这些描述问题必须根据调研的目的而定。如若是用来制定促销计划，重点应放在人们是如何知道这家店的；若是决定开店的位置，重点应是分析快餐的商圈。

描述性调研是结论性调研的一种，顾名思义，这种调研的结果就是要描述某些事物——通常是事物的总体特征或功能，具体地说，就是描述市场的特征或功能。描述性调研主要有如下内容：

1）描述有关群体的特征。例如，给出某些名牌商店的"重型使用者"（经常购物者）

的轮廓。

2）估算在某一具体总体中显示某种行为的人群所占的比例。例如，估算既是某些名牌商店的"重型使用者"，同时又光顾减价商店的顾客的比例。

3）确定产品特征的概念。例如，不同家庭是如何按照选择准则的一些重要因子来认识各百货商店的。

4）确定变量间的联系程度。例如，在百货商店购物与外出就餐之间有什么程度的关联？

5）进行具体的预测。例如，某地区的时装（某特定类别的产品）的零售销量会是多少？

描述性调研假定调研者事先已对问题有许多相关的知识。事实上，探索性调研与描述性调研的主要区别在于后者事先构置了具体的假设。因此，所需的信息是很清楚地定义了的。典型的描述性调研都是以有代表性的大样本（一般在 600 人以上）为基础的。正式的调研方案的设计规定选择信息来源的方法，以及从这些来源收集数据的方法。

【案例 4-2】某商店了解到该店 67% 的顾客主要是年龄在 18～44 岁的妇女，并经常带着家人、朋友一起来购物。这种描述性调查提供了重要的决策信息，使商店特别重视直接向妇女开展促销活动。

【案例 4-3】09 级同学期末学习汇报中所做的超市调查：100 名受访对象中有 94 人有过到超市购物的经历，其中 68.1%（64 人）在超市购物频率较高，并且他们都为 25～35 岁的青年人，他们的月收入集中在 2000～3000 元。这体现了超市购物更适合现代都市工作繁忙的年轻人。

需要注意的是，描述性调查获得的资料必须要真实、详尽、系统，在调查中必须按照市场调研的步骤进行，要有完整的市场调研方案和具体的收集信息的工具，使调研在周密的计划中进行。

【案例 4-4】2012 年中国手机质量跟踪报告活动由中国质量协会、中国电子质量管理协会等举办，在北京、上海、杭州等 20 多个城市跟踪了 17 个品牌（其中进口品牌 8 个、国产品牌 9 个）的 1781 部手机。

调查结果显示，消费者对手机质量的总体评分为 82.2 分，排名前三位的是三星、苹果、摩托罗拉；国产品牌中，Oppo、魅族、小米评价相对较高。

消费者最不满意的项目包括待机时间短、外观不美、铃声不动听、显示屏不清晰、功能反应慢、通话质量差等。

另外，我国消费者选购手机时着重考虑的因素是依次是外观造型（超过 40%）、品牌知名度、质量、功能和价格。

3. 因果关系调研设计

因果关系调研设计是调研一个变量是否引起或决定另一个变量变化的调研过程，其目的是识别变量之间的因果关系。例如，在某一时期影响自行车销量的因素有哪些，其中何为主要影响因素，何为次要影响因素；快餐店的销售额受地点、价格、广告等因素的影响。我们就要明确因变量与自变量之间的关系，通过改变其中一个重要的自变量来观察因变量受到影响的程度。

【案例4-5】某品牌牙膏广告效果测试。

首先我们要知道我们测试什么。

知晓阶段——目标人群中，有多少人已经知道我们的产品、服务和公司？

理解阶段——有多少人已经知道我们广告中要传达的特定观点？

确信阶段——有多少人在心目中已对购买我们的产品有偏好？

行动阶段——有多少人已经采取我们希望的行动，如购买产品、造访零售商，或要求销售员造访？测试结果如表4-1所示。

表4-1　某品牌牙膏广告效果测试

项　　目		广告活动前	广告活动后	广告效果
知晓（知道品牌名称）	提示前回忆	18%	24%	+6%
	提示后回忆	35%	40%	+5%
理解（了解广告信息）	信息A	6%	7%	+1%
	信息B	10%	20%	+10%
	信息C	8%	12%	+4%
确信（倾向偏好购买）	心态上倾向	4%	7%	+3%
行动（显示行动）	产生购买行为	2%	4%	+2%

根据表4-1可得出结论：广告是有效的。

【案例4-6】A.C.尼尔森的一项最新调查显示，中国出境游客主要集中在平均月收入超过5000元的人群，新加坡和泰国是最热门的目的地。在北京、上海、广州三地，7%的受访者曾在过去12个月中出境旅游；同时，同样比例的受访者表示12个月内有出境游的打算。调查显示，14%的高收入受访者曾出境旅游，而中等收入（月收入2500～4999元）和较低收入（月收入2500元以下）的受访者出境游比例仅为4%和2%。结果表明，由于出境游需要大量时间和金钱，所以中国出境游客主要集中在高收入人群。

4. 预测性调研设计

预测性调研设计是指对未来可能出现的市场行情的变动趋势进行的调研，属于市场预测的范畴。它是在描述性调研和因果关系调研的基础上，对市场的潜在需求进行的估算、预测和推断。因此，预测性调研实质上是市场调研结果在预测的应用。在市场竞争日益激烈的情况下，为了避免企业决策错误，就必须进行调研和预测市场潜在需求，这样才能把握市场机会。如在快餐店的经营中，通过建立销售与广告的因果关系，得知广告与销售额成正比例关系，据此就可以预测下年由于提高广告费增加多少销售额。

【案例4-7】1979年，中国开始实行对外开放政策，引起西方发达国家的兴趣，美国和欧洲诸国的家电企业先后派人到中国市场进行考察。

中国的改革开放使得外国企业都十分想了解一下神秘的中国和神秘的中国家电市场，

要调查一下它到底是个什么样子。

问：这个调研是什么调研？答：对一无所知的市场进行的调查是探索性调研。

此次调研的结论是：由于中国居民收入很低，在5～7年内不能形成消费市场。同时，日本的家电企业也派人来调查，虽然当时我国的职工年平均工资仅有644元，但日本人认为东方民族家庭素有积攒钱财的习惯，而且为了一个家庭认同的目标省吃俭用的精神可以发挥到极致，这是欧美人士难以理解的。

问：这个调研是什么调研？答：不仅探索了，而且对市场状况有描述，是描述性调研。因此，日本企业的人员估计最迟到1985年，中国家电市场的消费高潮就要到来，于是积极进行适合中国市场的家电产品的开发。

问：这个调研是什么调研？答：属于预测性调研。

1983年，中国的家电消费高潮出现，比日本企业人员的预计提前了两年。

到了1985年，中国进口的家用电器产品达到700万件（台），其中日本企业的产品占23.6%。当时欧美国家的新闻媒体称，日本企业现在正夜以继日，为中国市场加班加点赶制产品。

表4-2为调研设计的分类比较。

表4-2　调研设计的分类比较

比 较 项 目	探索性调研	描述性调研	因果关系调研
目标	发现新想法与新观点	描述市场的特征或功能	确定因果关系
特征	灵活多变、通常是整个调研设计的起始	预先提出特定的假设、计划好的结构化的设计	操纵一个或多个自变量控制其他变量
方法	二手资料/文案调研法、小组焦点法、座谈会、深度访谈法、案例调研	观察法、访问法	实验法

5. 探索性调研、结论性调研与因果关系调研之间的关系

三种类型的研究设计并不是绝对互相独立进行的。有些调研项目需要涉及一种以上研究类型的方案设计。如何将不同类型的方案相结合完全取决于调研问题的性质。选择调研方案设计的原则有如下几点：

1）如果对调研的情况几乎一无所知，那么就要从探索性调研开始。下述几种情况就需要首先进行探索性调研：如果要对调研问题作更准确的定义，如果要确定备选的行动路线，如果要制定调查问答或理论假设，如果要将关键的变量分类成自变量或因变量。

2）在整个研究方案设计的框架中，探索性调研是最初的步骤。在大多数情况下，还应继续进行描述性调研或因果关系调研。例如，通过探索性调研得到的假设应当利用描述性调研或因果关系调研的方法进行统计检验。

3）一般探索性调研都是作为起始步骤的，但有时这类调研也需要跟随在描述性调研或因果关系调研之后进行。例如，当描述性调研或因果关系调研的结果让管理决策者很难理解时，利用探索性调研将可能提供更深入的认识从而可以帮助理解调研的结果。

第二节　探索性调研设计

一、探索性调研设计的含义与作用

1. 探索性调研设计的含义

探索性调研一般是在调研专题的内容与性质不太明确时，为了了解问题的性质，确定调研的方向与范围而进行的搜集初步资料的调研。通过探索性调研，可以了解情况、发现问题，从而得到关于调研项目的某些假定或新设想，以供进一步调研。

探索性调研设计通常是最没有结构和最不正式的调研方案，它通常没有一系列正式的目标、抽样方案和问卷。探索性调研经常在项目开始阶段进行，探索性调研通常包括：查阅已有的二手数据；组织精通市场调研的专家就某一问题提出自己的看法；对顾客、员工或者其他人员进行深度访谈；简单观察企业的业务情况，咨询部门的相关信息。探索性调研非常灵活，它允许调研者调研任何一个想要调研的对象，并且允许以调研者本人意愿决定调研的深入程度。

2. 探索性调研设计的作用

探索性调研适合那些我们知之甚少的问题，它被广泛运用在获取背景资料、定义术语和阐明问题、确定研究重点和确定市场研究的优先顺序上面。

1）获取背景资料，为寻求解决问题的方法做尝试性的工作。当问题还不够明确，对所要调查的项目又知之甚少，探索性调研就可以用来获取必要的背景资料。现在许多公司都已经建立起自己的信息系统，这些信息系统往往保留了大量的二手数据，这些数据使得公司更加方便地进行探索性调研，以获取包括公司、品牌、销售状况和财务状况等背景资料。由于市场环境变化多端，为了适应新的研究需要，研究人员不得不经常进行探索性调研，以获得最新的背景资料。

2）定义术语和阐明问题，更精确地设计或确定问题的范围。如果某些概念存在不统一的定义或者某些问题的表述尚不明确，那么，探索性调研将有助于定义术语和精确地定义问题。例如，管理人员正在考虑服务政策方面将要发生的改变，并希望这种改变会使中间商满意。探索性调研可以用来澄清中间商满意这一概念并发展一种用来测量中间商满意的适当方法。

3）分离出主要变量及其间的关系，以便对它们做进一步的考察。探索性调研可以在进一步分析之前提出研究项目应当考察的重点，正因为对问题知之甚少，盲目进行调研自然耗费大量的人力、物力和财力。探索性调研有助于公司考察研究主题的重要性，从而确定在接下来的研究中重点关注的对象。

4）形成假设。

5）为进一步调研进行择优排序。当研究主题较多时，探索性调研有助于公司按照重要性程度对研究主题进行优先排序。

知识拓展

案头调研的方法

1. 搜索

搜索是指应用现代信息手段，特别是应用互联网和局域网，从网上、数字图书馆或数据库中获取各种所需的资料。如前所述，随着现代信息技术的发展，各种网站如雨后春笋般建立，许多图书馆将设置数字图书馆，数据库也越来越多。在这些网站、图书馆中存有大量的信息资料，而且有很多是免费提供的。这是十分宝贵的资源，市场调研人员必须十分注意充分利用好这些资源。为此，开展案头调研，首先应该注意上网搜索。

2. 查找

查找是获取第二手资料的基本方法。从操作的次序看，首先要注意在企业内部查找。一般来说，从自身的信息资料库中查找最为快速、方便。此外，还应从企业内部各有关部门中查找。只要信息基础工作做得比较好，从企业内部查找可以获得大量反映企业本身状况的时间序列信息，还可以获得有关客户、市场等方面的资料。在内部查找的基础上，还需到企业外部查找。主要是到一些公共机构，如图书馆、资料室、信息中心等查找。为提高查找的效率，应注意熟悉检索系统和资料目录，在可能的情况下，要尽量争取这些机构工作人员的帮助。

3. 索讨

索讨是向占有信息资料的单位或个人无代价的索要。由于索讨属于不计代价的，这种方法的效果在很大程度上取决于对方的态度。因此，向那些已有某种联系的单位和个人索讨，或由熟人介绍向那些尚未有联系的单位和个人索讨，常能收到较好的效果。有些企业出于宣传自己的需要，乐意向社会提供有关的信息资料，向它们索讨也有好的效果。而采用复印的手段，常是索讨成功的有效办法。

4. 购买

购买即通过支付一定的代价，从有关单位获取资料品行为。随着信息的商品化，许多专业信息公司对其储存的信息实行有价转让，大多数信息出版物也是有价的，购买将成为收集资料的重要办法。当然，企业订阅有关的报纸、杂志等从本质上说也属于购买一类，只不过这种方式是一种经常性的工作。但要注意企业订阅的报纸、杂志应尽量避免雷同。还要注意对这些报纸、杂志发布的信息资料进行系统的收集与整理。

5. 交换

交换是指与一些信息机构或单位之间进行对等的信息交流。当然，这种交换不同于商品买卖之间的以物易物，而是一种信息共享的协作关系，交换的双方都有向对方无代价提供资料的义务和获得对方无代价提供资料的权利。

6. 接收

接收是指接纳外界主动免费提供的信息资料。随着商品经济的发展和现代营销观念的确立，越来越多的企业或单位，为宣传自身及其产品和服务、扩大知名度、树立社会形象，主动向社会广为传递各种信息，包括广告、产品说明书、宣传材料等。作为信息资料的接收者，要注意接收和积累这些信息。尽管其中有的一时显不出其价值，且又有经常性的特点，但坚持长期收集，往往会成为有价值的资料。

二、二手数据法

在探索性调研设计中，通常采用二手数据法、定性调研设计法（专题组座谈法、深度访谈法、映射法）、案例分析法、经验调查法（专家调查）、预调查法等。下面我们重点介绍应用广泛的二手数据分析法和定性调研法，其他不做详细介绍，有兴趣的读者可以阅读其他书籍。

1. 二手数据的定义和特征

谈到二手数据，就离不开原始数据。所谓原始数据，是指通过访谈、询问、问卷和测定等方式直接获得的用以解决特定问题的数据。原始数据的收集往往有其特定的目的，这些独特的需求是机构或者个人收集相关数据的原始动力，各种数据搜寻的方法和科学而严谨的调查计划也被采用以获得高质量的数据。

原始数据是一种昂贵而高效的数据，它们一般较为精练，针对性非常强，但是数据的调查过程需要严格的控制，每一个步骤都应尽量体现其科学性和可靠性，同时，调查人员的素质、被调查人员提供信息的真实性等都会影响到数据精确性，因此，原始数据的收集需要耗费大量的人力、物力和财力。

二手数据是那些由某些机构或个人并非出于解决当前问题的目的而收集来的数据，这样一个定义基于和原始数据的对比。从字面上理解，二手数据是已经经过一次使用的或者并非首次得到的数据。

二手数据的数量多得惊人，几乎每个和数字挂钩的资料都是二手数据，甚至一些和数据没有明显联系的资料也可能成为二手数据的来源。二手数据的这种广泛性涵盖了社会生活中的方方面面，它要求使用者能够甄别有用的信息。

任何一种调研都不大可能是完全独一无二的或是从未发生过的，很可能是以前就已经收集好了的，在使用之前已不需要再次收集，只需要适当地整理和筛选，用以解决当前的问题，二手数据的这种特性可以称之为历史性。

对数据的收集并没有准入的限制，很多数据甚至无法知道是什么机构或者个人通过何种方法收集而来的，这种低的准入门槛必然导致二手数据存在一定程度上的质量缺陷，它和二手数据的广泛性共同对数据的甄别和处理提出了挑战，而这也使得评价二手数据的质量成为必不可少的一个环节。

二手数据和原始数据的比较如表4-3所示。

表 4-3　二手数据与原始数据的比较

比 较 项 目	原 始 数 据	二 手 数 据
收集目的	直接针对调研课题	为了其他目的
收集程序	非常费劲	快而容易
筹集成本	高	低
收集时间	长	短

数据挖掘（data mining）就是从大量的、不完全的、有噪声的、模糊的、随机的实际应用数据中，提取隐含在其中、人们事先不知道的，但又是潜在有用的信息和知识的过程。这个定义包括好几层含义：数据源必须是真实的、大量的、含噪声的；发现的是用户感兴趣的知识；发现的知识要可接受、可理解、可运用；并不要求发现放之四海而皆准的知识，仅支持特定的发现问题。

从商业角度定义，数据挖掘是一种新的商业信息处理技术，其主要特点是对商业数据库中的大量业务数据进行抽取、转换、分析和其他模型化处理，从中提取辅助商业决策的关键性数据。

简而言之，数据挖掘其实是一类深层次的数据分析方法。数据分析本身已经有很多年的历史，只不过在过去数据收集和分析的目的是用于科学研究。另外，由于当时计算能力的限制，对大数据量进行分析的复杂数据分析方法受到很大的限制。现在，由于各行业业务自动化的实现，商业领域产生了大量的业务数据，这些数据不再是为了分析的目的而收集的，而是由于纯粹的商业运作而产生。分析这些数据也不再是单纯地为了研究的需要，更主要是为商业决策提供真正有价值的信息，进而获得利润。但所有企业面临的一个共同的问题是：企业数据量非常大，而其中真正有价值的信息却很少，因此，从大量的数据中经过深层分析，获得有利于商业运作、提高竞争力的信息，就像从矿石中淘金一样，数据挖掘也因此得名。

因此，数据挖掘可以描述为：按企业既定业务目标，对大量的企业数据进行探索和分析，揭示隐藏的、未知的或验证已知的规律性，并进一步将其模型化的先进、有效的方法。

2．二手数据的优缺点

（1）二手数据的优点
包括：①比较容易获得；②成本较低；③快速获取；④比较丰富；⑤省事、省钱、省时。
（2）二手数据的缺点
包括：①相关性差，指二手数据与市场调查与预测所需要信息的关联程度；②时效性差，指信息较旧；③可靠性低，指信息的准确度较低。

3．评价二手数据的标准

（1）技术要求（收集资料所用的方法）
收集资料时的技术要求或所用的方法，比如，抽样方法、样本性质和大小、回收率和回答质量、问卷设计和执行、现场调查实施的程序、资料处理和报告的方法过程等是考察资料有无可能存在偏差的最重要的准则。对这些方面的考查可以提供有关资料的可靠性和有效性方面的信息，也有利于帮助我们确定是否可以将这些资料用于解决现有的问题。

（2）可获性

由于二手数据的主要优点是省时、省钱。因此，人们在选用二手数据时应该考虑这些问题：所需的资料是否能被调研人员迅速、方便、便宜地使用？一般只有在迫切需要信息时才会使用昂贵的数据来源。但是，调研经费如果很少，那么花钱少的信息来源应该加以优先考虑，快速和便利则是次要的了。某些国家统计非常完备，企业可以很容易地得到所需要的资料，可是在另外一些国家（特别是发展中国家）统计手段落后，调研人员很难得到需要的资料。

（3）准确性

调研者应当确定二手数据用于当前研究的问题是否足够准确。二手数据误差的来源是多方面的，包括研究方案设计，抽样，数据的收集、分析及项目报告等。而且，由于调研者并没有实际参与，所以很难评价数据的准确性。评价的方法之一是寻找多方面来源的类似数据，然后通过标准的统计方法来比较；方法之二是到现场去复查。

（4）时效性

二手数据可能不是当前的资料，其发表时间远远迟于收集时间。即使是最近期的，但对解决目前问题来说可能仍不够及时。民意测验一般都需要当前的数据，二手数据如果过时了其价值也就消失了。

（5）目的性

数据总是按一定的目标或用途来收集的，因此首先要问的基本问题就是"为什么要收集这些数据？"了解了数据收集的目的，就可以知道在什么情况下这些数据可能相关或有用。按一定具体目标而收集的数据不一定适用于另外一种场合。例如，为了了解待业青年所做的民意测验，就不一定完全适合用于分析青少年犯罪，而只能作为一种补充。

（6）性质、内容（数据的内容）

考察数据的性质或内容时应特别注意关键变量的定义、测量的单位、使用的分类及相互关系的研究方法等。如果关键的变量没有定义，或者与调研者的定义不一致，那么数据的利用价值就很有限了。例如，假定有关于消费者对电视节目偏好方面的二手数据。要利用这些数据，重要的是必须知道"对电视节目的偏好"是如何定义的。是按照看得最多的节目来定义的？还是按最需要的、最欣赏的、最有帮助的（提供最多信息）、对当地提供最好服务的节目来定义的？

（7）可靠性

数据是否可靠要通过考查专家鉴定数据来源或调研机构的信誉、名声来判断。这可以通过询问曾经利用过该数据来源的机构或人们来考察判断。另外，对于为了特殊利益关系或为了进行宣传而出版发表的数据要抱怀疑的态度。同样，匿名发表的或是企图隐瞒资料收集方法和过程细节的二手数据也是令人怀疑的。此外，还要考查二手数据是直接来自原始的收集机构，还是间接地由其他机构再次进行处理后生成的？一般来说，使用来自原始收集机构的二手数据是相对比较安全的。因为这样的数据可能在收集方法等细节方面规定得很详细，而且比再加工的数据更为准确和完整。

（8）可比性

从不同国家得到的数据有时无法进行相互比较，这是由于各国条件不同、数据搜集程序和统计方法不同等原因所致。有时同一类资料在不同的国家可能会使用不同的基期，同指标在含义上也可能不大相同。例如，电视机的消费量在德国被归入消遣性支出，而在美国则被归入家具类支出。各国数据在各国之间的不可比性，必然会影响到数据的有用性，从而影响到企业的决策。

二手数据的综合评价如图4-4所示。

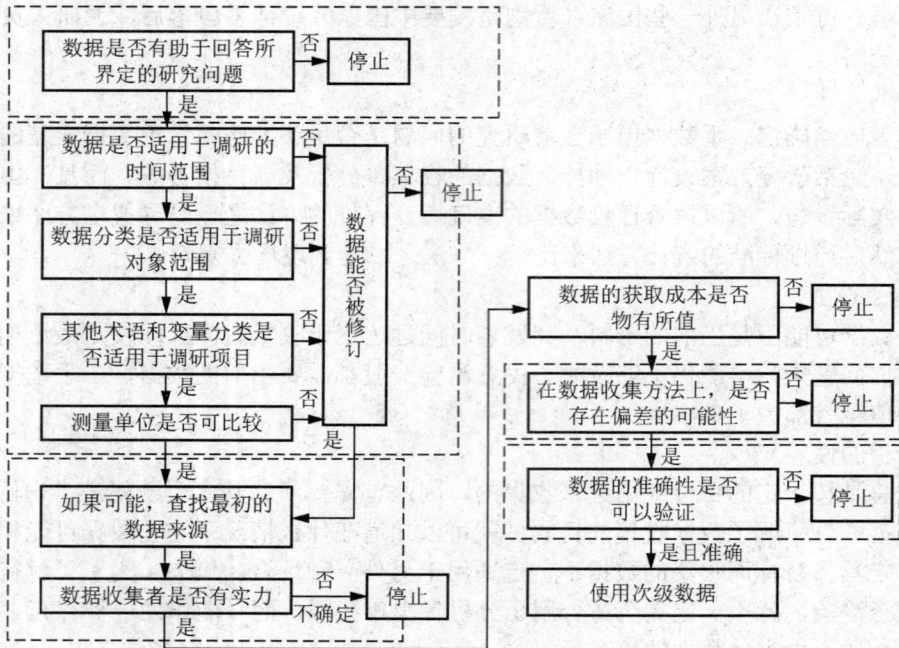

图4-4　二手数据的综合评价

知识拓展

评价二手数据的准则

1. 谁收集的（who）

首先要问的是，二手数据是从哪来的？收集者是谁？委托收集者是谁？谁发布的？尤其是对收集数据的机构的信誉（是否诚实，是否有出色的工作）及委托单位的特点要有所了解，因为这些都有可能影响数据的质量。还有一个相关的问题就是，委托单位是否有足够的财力来委托这样的数据收集工作？是否有故意将数据过高或过低报告的动机？另外，还应当考虑到一个部门可能受到某种压力，而不愿意报告其真实情况，或不愿意花时间去收集数据，结果就可能导致数据出现偏差。发布的媒体是大众媒体还是专业媒体也应考虑在内，因此，有些大众媒体由于受新闻舆论导向的管制，而对敏感信息可能有所"润色"。

2. 为什么目的而收集的（why）

在利用二手数据之前，还应考察二手数据收集的初衷。为了某个团体某些特定的利益而收集的数据是令人怀疑的。例如，人们会对某街道办公室自己做的街道工作评价的调查结果表示谨慎的态度，因为该办公室有可能选择那些有利于自身评价的方法、分析程序等，而不太可能将那些不利于自己的结果公布于众。

3. 怎样收集的（how）

样本的收集方法是评价二手数据质量的另一个重要的标准。事实上，收集数据所用的一整套方法的缺失往往影响二手数据质量的最终评价。在二手数据收集方法的评估口，需要了解问卷内容、访问方式、样本的性质、样本量、回收率、拒访率、实施的组织管理情况及其他任何有可能影响调研结果的方法。如果上述环节的信息都能获取，使用者对于数据来源的质量就心中有数了。对这些环节的考察的关键是这些方法中是否可能造成结果的系统偏差。

4. 什么内容（what）

即使二手数据的质量可以让人接受，也可能难以使用或不能适应需要。例如，二手数据的原有分类可能太宽，而实际应用时需要进行更细的分类。

5. 什么时候收集的（when）

一般来说，人们把上周的报纸刊登的消息看成旧闻而不再是新闻。这样的数据常常是没有什么利用价值的。虽然数据是否真正"过时"还与其类型有关，但在任何情况下，使用这些数据的研究人员都应当知道数据是什么时候收集的。因为有些调查结果发表的时间与所收集数据的真正时间常常是相隔很久的。

6. 一致性如何（coherence）

多个数据来源的多边检验、核准可以从一致性的角度来考察二手数据的可靠性，从而了解所收集的二手数据与其他对相同问题调查所得到的数据的一致性状况。二手数据可能存在不少难以发现的问题，要完全识别这些问题是很不容易的，最好的办法是再找 10 个以上可以用作比较根据的数据来源。在理想的情况下，使用两组来源不同但可以得到同样结果的数据。但一般情况下，两组数据都会有些差别，为此要找出各自的可能偏差以减少两者之间的不一致性，最后决定哪一组数据是更可靠的。

（资料来源：袁岳. 2009. 零点调查——民意测验的方法与经验. 福州：福建人民出版社）

评价二手资料的标准如表4-4所示。

表4-4　评价二手数据的标准

标　　准	要　　点	说　　明
规格与方法	数据收集方法 回答率 数据的质量 抽样技术 样本规模 问卷设计 现场工作 数据分析	数据应该可靠、有效，能够分析现在的问题
误差与精确度	检查存在于方法、研究设计、抽样、数据收集、数据分析和报告中的误差	通过比较不同来源的数据评价精确度

标 准	要 点	说 明
及时性	收集数据和公开数据之间的时滞更新的频率	辛迪加服务公司定期更新普查数据
目的	为什么要收集这些数据	调研目的将决定数据的相关性
性质	定义关键变量 测量单位 所用分类方法 所检验的关系	如果可能的话，重组数据以增强其有用性
可靠性	信息来源的专业、可信度和声誉	应该从原始处而非间接的渠道获得数据

4. 二手数据的来源

二手数据的来源主要可以分成两大类：内部数据来源和外部数据来源（见图 4-5 和图 4-6）。

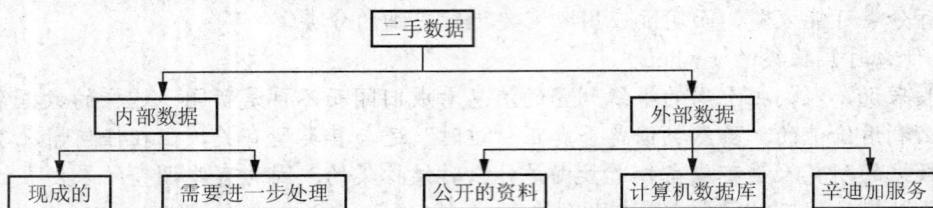

图 4-5 二手数据的分类

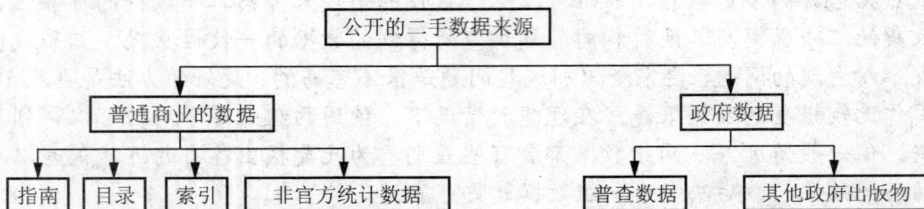

图 4-6 公开的外部二手数据来源

（1）内部数据来源

内部数据来源指的是出自我们所要调查的企业或公司内部的资料。企业内部数据主要源于五个具体方面即业务数据、统计数据、供销数据、财务数据和企业积累的其他数据。内部数据来源可以为如下三部分。

1）会计账目和销售记录。每个企业都保存关于自己的财务状况和销售信息的会计账目。会计账目记录是出口企业或公司用来计划市场营销活动预算的有用信息。

2）企业的销售记录、顾客名单、销售人员报告、代理商和经销商的信函、消费者的意见及信访中找到有用的信息。

3）其他各类报告。其他各类记录包括以前的市场营销调研报告、企业自己做的专门审计报告和为以前的管理问题所购买的调研报告等信息资料。随着企业经营的业务范围越来越多样化，调研越来越有可能与企业其他的调研问题相关联。因此，以前的调研项目对于相近、相似的目标市场调研来说是很有用的信息来源。西方许多企业都建立了以电子计算机为基础的营销信息系统，其中储存了大量有关市场营销的数据资料。这种信息系统的服务对象之一就是营销调研人员，因而是调研人员的重要的二手数据来源。

（2）外部数据来源

外部数据指的是来自被调研的企业或公司以外的信息资料。这类信息包括出口国国内的数据和来自进口国市场的数据。一般来说，二手数据主要来自以下几种外部信息源。

1）政府机构。本国政府在外国的官方办事机构（如商务处）。通过这些机构，可以系统地搜集到各国的市场信息。我国的国际贸易促进委员会及各地分会也掌握着大量的国外销售和投资方面的信息。外国政府的有关部门。许多国家的政府为了帮助发展中国家对其出口，专门设立了"促进进口办公室"，负责提供下列信息：统计资料，销售机会，进口要求和程序，当地营销技巧和商业习俗，经营某一产品系列的进口商、批发商、代理商等中间机构的名单，某一类产品的求购者名单及求购数量。

2）国际组织。许多国际组织都定期或不定期地出版大量市场情报，如国际贸易中心、联合国及其下属的粮食与农业组织、经济合作与发展组织、联合国贸易和发展会议、联合国经济委员会、国际货币基金等。互联网和在线数据库也是企业搜集外部信息的重要渠道。对于市场调研者来说，通过互联网和在线数据库可收集存放在世界各地服务器上的数据、文章、报告和相关资料，对于特定的市场调研课题来说，可以获得重要的信息资源。

3）行业协会。许多国家都有行业协会，许多行业协会都定期搜集、整理甚至出版一些有关本行业的产销信息。行业协会经常发表和保存详细的有关行业销售情况、经营特点、增长模式及其类似的信息资料。此外，它们也开展自己行业中各种有关因素的专门调研。

4）专门调研机构。这里的调研机构主要指各国的咨询公司、市场调研公司。这些专门从事调研和咨询的机构经验丰富，搜集的数据很有价值，但一般收费较高。

5）联合服务公司。这是一种收费的信息来源，它们由许多公司联合协作，定期收发对营销活动有用的资料，并采用订购的方式向客户出售信息。它们在联合的基础上定期提供四种基本的信息资料：经批发商流通的产品信息，经零售商流通的产品信息，消费大众对营销组合各因素反馈的信息，有关消费者态度和生活方式的信息。

6）其他大众传播媒介。电视、广播、报纸、广告、期刊、书籍、论文和专利文献等类似的传播媒介，不仅含有技术情报，也含有丰富的经济信息，对预测市场、开发新产品、进行海外投资具有重要的参考价值。

7）商会。商会通常能为市场营销调研人员提供的信息有成员的名单、当地商业状况和贸易条例的信息、有关成员的信息及贸易习惯等。大的商会通常还拥有对会员开放的商业图书馆，非会员也可前去阅览。

8）银行。银行尤其是一家国际性大银行的分行，一般能提供下列信息和服务：有关世界上大多数国家的经济趋势、政策及前景，重要产业及外贸发展等方面的信息；某一国外公司的有关商业资信状况的报告；各国有关信贷期限、支付方式、外汇汇率等方面的最新情报；介绍外商并帮助安排访问。

世界银行及其所属的国际开发协会和国际金融公司每年都公布许多预测的重要经济信息和金融信息。另外一些区域性的银行，如亚洲银行、欧洲银行等也能为市场营销调研人员提供丰富的贸易、经济信息。许多国家都有以保护消费者利益为宗旨的消费者组织,这些组织的众多任务之一就是监督和评估各企业的产品及与产品有关的其他营销情况,并向公众报告评估结果。这些信息对调研者来说具有很大的参考价值。

有关竞争者信息的一个重要来源就是这些公司本身。调研人员可通过直接或间接的方式从这些公司获取产品目录、价格单、产品说明书、经销商名单和年度财务报告等。

9)官方和民间信息机构。许多国家政府经常在本国商务代表的协助下提供贸易信息服务以答复某些特定的资料查询。另外,各国的一些大公司延伸自己的业务范围,把自己从事投资贸易等活动所获得的信息以各种方式提供给其他企业,如日本三井物产公司的"三井环球通讯网"、日本贸易振兴会的"海外市场调查会"等。

我国的官方和民间信息机构主要有国家经济信息中心、国际经济信息中心、国家统计局、中国银行信息中心、新华社信息部、中国国际贸易促进委员会经济信息部、各有关咨询公司和广告公司等。

5. 二手数据的收集方法

1)文献资料筛选法。它是指从各类文献资料(科研报告、会议文献、论文、专刊文献、档案文献、政府政策条例文献、内部资料及地方志等)中分析和筛选出与企业生产经营有关的信息和情报的一种方法。

2)报刊剪辑分析法。它是指调研人员平时从各种报刊上所刊登的与企业经营和市场有关的文章、报道中分析和收集情报信息的一种方法。

3)情报联网法。它是指企业在全国范围内或国外有限地区内设立情报联络网,使情报资料收集工作的"触角"伸到四面八方的一种方法。

4)互联网法。它是指调研人员通过互联网收集所需情报信息的一种方法。互联网有两个重要的信息源:一是公司、组织机构、个人创设的推销或宣传其产品或服务的网站;二是由对特殊主题感兴趣的人们织成的论坛。

5)广告收集法。它是指通过收集其他厂商免费赠送产品目录、说明书等资料获得"文案"资料的方法,企业还可以根据自己需要的内容通过书信索取、询问、现场搜集、接受赠阅等方式获得这些资料。

🔖 知识拓展

二手数据的收集方法包括:核算法,报告法,汇编法,筛选法,剪辑法,购买法,参考文献查找法,检索工具查找法,计算机网络检索法,情报联络网法。

三、定性调研

探索性调研设计所需要的信息不仅仅只从二手数据中获得,调研者所需的信息也可以从定性调研中获得。从调研方式及功能进行区分,所有的调研方法可以分为两大类:定性调研与定量调研。定性调研强调对人或事物本身的深入观察,它是对问题点的深刻探究;而定量调研则通过量化分析来阐明问题认知点的影响面或波及面。定性调研强调对问题洞察的深度，而定量调研则强调对问题洞察的广度。二者虽然各有侧重，但并不相互排斥而是相得益彰。

在市场调研中，常常将定量与定性方法结合使用。例如，当一个新品牌想要进入市场时，就需要弄清楚整个市场的状态：有哪些主要竞争对手、竞争的优势、市场营销策略和广告策略、消费者构成、消费者消费行为、消费满意度等，然后在此基础上确定本品牌的市场细分、定位，选定目标消费群，并设定广告目标、广告利益点、诉求方式和广告表现等。其中，有些情况需要通过定性的方法来了解，而有些就需要通过定量的方法来实现。

一般而言，定性调研方法主要应用在探索性研究与深度的问题点研究中，而定量调研则主要用于研究问题点的广度。譬如，市场销售资料表明，某品牌的销售量在不断下滑，但不知道问题到底出在哪里。这时最好的办法就是先通过定性调研，即先对小部分典型消费者进行研究，了解他们对本品牌的态度、意见、满意情况及对手的相应情况，从而找出影响销量下滑的核心因素。然后再进行一定样本量的抽样调查，确定这些影响销量下滑的因素在目标消费群中的影响面，从而确定营销对策。另外，也可以采用先定量再定性的研究组合方式。

（一）定性调研的含义

定性调研是相对于定量调研而言的。它主要是指这样一类研究方法：选择有限的样本代表，重点在于了解、探究被研究者关于对事物的深层次的看法、态度和意见。其研究结果表明对所研究问题的性质判定及认识深度，但不能像定量调研那样推及其他，即定性调研结果没有经过量化或者定量分析，它只停留在对问题特征的认定上——它是什么及为什么，但不能回答该研究特征的影响面或波及面。

例如，通过定量调研不仅可以得到每周到肯德基快餐店消费三次以上的消费者的年龄、收入及家庭状况，还能揭示其中不同年龄、不同收入的消费者每周去快餐店次数的区别。而定性调研的作用则在于，深层探究这些经常去消费快餐的消费者的态度、感觉和动机。

定性调研方法得到的是一个个活生生的有关消费者态度、情感和动机的资料，因此，对于广告营销策划具有很强的参考价值，许多有创意的广告、有效的促销手段都从定性调研中获益匪浅。定性调研强调对人本身的理解，可以说是回到了研究人的消费行为的"人本主义"立场。这种对人本身的理解可以追溯到 18 世纪历史学家戈亚姆巴狄斯塔·韦高的主张：只有人才能理解人。而且对人的理解是通过被称为"直觉"的天赋来实现的。人们常常将人的行为分为理性与感性，但是对人的行为的理解，确实需要深刻的洞察力，这种深刻的洞察力可以称为"直觉"或社会学中所称的"想象力"。

（二）定性调研的普及

定性调研在市场调研中的产品概念测试、包装偏好测试、消费满意度测试、文案测试、毛片测试及广告效果测试等方面，得到了比较广泛的应用。在小样本缺陷的前提下，其应用还如此广泛，原因在于以下几个方面。

1）定性调研通常比定量调研成本低。

2）定性调研是了解消费者内心深处的动机和情感的最好方法。

3）定性调研可以作为定量调研的基础，从而提高定量调研的质量与效率。定性调研与定量调研相结合，可以更透彻地了解消费者的需求。

4）定性调研技术包含无规定答案的问题和诱导刺探技术，从中获得的资料内容丰富，更具人情味，也更具启发性。

（三）定性调研的局限性

一项调研要具有较高的价值，至少必须具备四个条件，即真实性、代表性、资料的深度及性价比。虽然定性调研在性价比、资料的深度方面具有独特的优势，但也有其明显的局限性。

1. 定性调研的最大局限性在于其样本的代表性非常小

首先是代表性差。比如，很难说一个由 10 个大学生组成的小组能够代表所有的大学生，或是代表某一所大学的学生。其次，由于样本小，难以进行详细的比较分析。营销中常常需要区分一些细微的差别，如进行每天消费 3 瓶以上某种饮料的消费者与每天消费 1 瓶某种饮料的消费者之间的行为比较，以便制定不同的营销政策。而定性调研显然难以满足这种需求。

2. 定性调研过程与结果的不稳定性

首先，定性调研非常依赖研究人员的素质与经验。例如，在焦点小组访谈中，怎样有效地引导消费者集中讨论主题，而不是过多地谈论与主题无关紧要的问题；怎样让每个消费者都发表其真实的看法，而不是由某些意见领袖左右访谈的气氛、引导大家的观点；访谈主持人怎样才能既有效地引导话题，又尽可能地避免诱导被访者……上述都是定性调研中容易出现的问题，如果这些问题控制不好，就会直接影响定性调研结果的真实有效性。其次，定性调研的设计与结果解释都依赖于研究者的主观认识，不同知识背景、不同经验的研究者在对相同定性调研结果进行阐释时，可能会出现差异，甚至会有较大的分歧。最后，定性调研的不足还在于，研究人员素质参差不齐，大多没有受过正式的培训。

（四）定性调研与定量调研的比较

同定性调研相比，定量调研的特点为结构性、大规模和更具代表性的受访者样本。因此，定量调研技术（通常为大规模调研或结构性观察）的逻辑位置一般属于结论性调研项目。定性调研的主要作用是获得预感或假说，以便在以后更正式的调研中进行测试。相比之下，定量调研能提供更特定数据、最终行动路线的情境服务，定量调研最主要的作用是测试预感或假说。

定量调研与定性调研在研究目标、研究对象、研究依据与学科基础、研究方法和研究结论上都存在着明显的区别（见表 4-5）。

表 4-5　定性调研与定量调研的区别

项　目		定 性 调 研	定 量 调 研
研究目标		提供潜在原因与动机的定性解释	量化数据，注重预测、控制
研究对象	样本	样本量较少	样本量较大
	着重点	强调调查对象的主观意向性	强调事实的客观存在性
研究依据与学科基础	研究依据	大量以往事实和生活经验材料	调研得到的数据资料
	学科基础	逻辑学、历史学	概率论、统计学
研究方法	数据收集	非结构化的或低度结构化	结构化的数据分析
	非统计分析	统计分析、数学模型	
研究结论	结论内容	提供最初的理解	建议最终的行动方案
	表述形式	多以文字描述为主	数据、模型、图形等

通过表 4-5 可以看出，定性调研和定量调研主要有以下不同之处。

1）研究目标不同。定性调研是为了探究消费者行为的潜在原因与动机，而定量调研主要通过数据分析进行预测和控制。

2）研究对象不同。定性调研主要研究少量的样本，而定量研究需要样本量足够大。

3）研究着重点不同。定性调研注重调研对象的主观意向性，而定量调研注重强调事物的客观存在性，注重事物量的方面。

4）研究依据不同。定性调研主要依据的是大量以往事实和生活经验材料，而定量调研主要依据的是调研得到的数据资料。

5）学科基础不同。定性调研注重逻辑和以往事例，以逻辑学和历史学作为其学科基础；而定量研究主要以概率论和统计学作为学科基础。

6）数据收集方式不同。定性调研主要通过非结构化或低度结构化的问题获得信息，被调查者自由度较大；定量调研主要通过结构化的问题来获得数据，以便于后面的数据分析。

7）数据分析不同。定性调研得到的数据比较凌乱，主要是一些观点的整合，很少进行统计分析，而定量调研获得的数据比较量化，容易用统计软件进行统计分析和处理。

8）结论内容不同。定性调研主要是探索性的调研，调研所得的结论只是提供最初的理解；定量调研由大量有代表性的样本得出量化数据，然后进行统计分析，所得结果可以建议最终的行动方案。

9）结论表述形式不同。定性调研的结论主要以文字描述为主，而定量调研可以借助数据，通过表格、图形和模型等方式来进行表述。

（五）定性调研的种类

定性调研主要有三大类，即焦点小组访谈、深度访谈和影射技术。如图 4-7 所示，根据被调查者是否了解项目的真实目的，可以将定性调研方法分为直接法和间接法两大类。直接法即对研究项目的目的不加掩饰，向被调研者告知，或者从所问的问题中可以明显地看出。市场调研领域中，最常用的两种直接法是焦点小组访谈法和深度访谈法。与直接法不同，间接法掩饰项目的真实目的，被调研者并不知道项目的真实目的。最常用的间接法是映射法，映射法又包括字词联想法、句子完成法、故事构筑法及表达法。

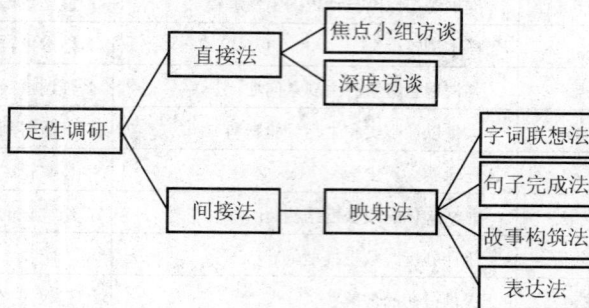

图 4-7　定性调研方法分类

1.　焦点小组访谈法

焦点小组访谈法又叫专题组座谈法，是指邀请符合调查目的的受访者，在主持人的主持下，以小组的形式针对某一主题进行座谈，展开讨论，以获得必要信息的过程。焦点小组访谈法是市场调研中经常采用的一种定性的调研方法，一般由 8～12 人为一组，通常是在设有单透镜和监听装置的会议室完成的。焦点小组访谈的目的在于通过引导参与者对主题进行充分而详尽的讨论，理解人们深层的态度、情感、动机、想法及其原因。

（1）焦点小组访谈法的主要特点

首先，焦点小组访谈是由主持人主持的一对多的交谈，区别于一对一的深度访谈；其次，焦点小组访谈是由调研公司精心组织的交谈，有目的、有主题和有重心，而不是泛泛而谈；最后，受访者要围绕调研提纲的问题展开讨论，在座谈过程中，没有标准问卷，更没有标准答案。

（2）焦点小组访谈的分类

1）试探型或探索型焦点小组访谈。试探型或探索型焦点小组访谈主要用于以下几个方面：帮助准确界定问题、探索想法或观点、事前测试、形成研究假设、探索问题点以作为定量的基础等。例如，某种产品上市效果不理想，想要找到准确的问题所在，究竟是广告、价格、产品出了问题，还是渠道出了问题。这时，可以先用焦点小组访谈，找一些消费者来试探性地了解关键问题所在，为后面的定量调研奠定基础。

2）临床诊断型焦点小组访谈。临床诊断型焦点小组访谈类似于精神分析法，其目的在于揭示表面现象下的深层动机，或意识背后的潜意识。其前提假设是：人们的真实动机可以通过类似于临床精神分析那样被揭示出来。与精神分析法遇到的问题和受到的攻击一样，临床诊断型焦点小组访谈面临的难题也是其结果过于受分析者本身条件的影响，缺乏可靠性与客观性，访谈结果容易引起争议，难以作为决策的依据，因此，在市场调研中这种类型运用得不多。

3）体验型焦点小组访谈。体验型焦点小组访谈主要指通过观察和访谈，深入了解消费者是怎样使用、消费、认识、感受或评价产品与服务的。比如某品牌的香皂是月牙形的，而不是像大多数香皂那样为长方形，据说就是专门对使用者进行研究后设计的。月牙形的香皂使使用者容易使用而不易从手中滑落，从而为消费者提供了很大的方便。又如，仅通过问卷访谈，可能会反映出消费者认为某种奶粉包装使用不方便，但很难让人知道到底是如何不方便。如果能跟踪消费者进行奶粉使用过程的观察，或许就能够发现消费者所反映的不方便原来是包装不易放置，当开启后放在桌上时，容易因放置不稳而倒在桌上，奶粉洒出来；同时，从包装开口处取奶粉时，容易洒落在地上。只有了解到这些，才算是对消费者的"不方便"有了真正的认识，才能知道应当怎样对包装进行调整。在市场调研中，许多大众消费性的新产品都采用焦点小组消费体验式的研究方法，以获得消费者对产品或服务的最真实的态度、看法等信息。通过这种方法，调研者能够感受产品使用过程中的情感背景。从某种意义上说，调研者能够进入某一个人的生活，同其一起重现当产品被带回家后的所有的满意与不满意、兴奋与沮丧。

（3）焦点小组访谈法的优点

与其他数据收集方法相比，焦点小组访谈法有如下 10 个优点：①协同增效。将一组人放在一起讨论，与单个人去询问得到的私人的保密的回答相比，前者可以产生更广泛的信息、更深入的理解和看法；②滚雪球效应。在焦点小组访谈中常常会有一种"滚雪球"效应，即一个人的评论会启动参加者的一连串反应；③刺激性。通常在简短的介绍期间，随着小组中对所谈论问题的兴奋水平的增加，参加者想要表达观点和感情的愿望也在增强；④安全感。因为参加者的感觉与小组中的其他成员是类似的，所以参加者感到比较舒服并愿意表达自己的观点和感情；⑤自发性。由于对参加者没有要求回答某个具体的问题，他们的回答可以是自发、不遵循常规的，因而应该是能够准确地表达自己的看法的；⑥发现灵感。与一对一的访问相比，小组的讨论更容易激发灵感产生想法；⑦专门化。因为多个被调研者要同时参与，所以雇用一个受过高级训练，但是价格昂贵的调研员（主持人）是合适的；⑧科学监视。焦点小组访谈法容许对数据的收集进行密切的监视，观察者可以亲自观看访谈的情况并可以将讨论过程录制下来用作后期分析；⑨结构灵活。焦点小组访谈在覆盖的主题及其深度方面都可以是灵活的；⑩速度快。由于同一时间内同时访问了多个被调查者，因此，数据收集和分析过程都是相对比较快的。

（4）焦点小组访谈法的缺点

焦点小组访谈法有如下 5 个缺点：①误用。焦点小组访谈法是探索性的，但可能会误用和滥用而将结果当成结论性的来对待；②错误判断。焦点小组访谈的结果比其他数据收集方法的结果更容易被错误地判断。焦点小组访谈法特别容易受客户和调研者的偏差的影响；③主持。焦点小组访谈是很难主持的，具有高素质的主持人也是很少的，而调研结果的质量十分依赖于主持人的技术；④凌乱。回答的无结构性使得编码、分析和解释都很困难。焦点小组访谈的数据是凌乱的；⑤错误代表。焦点小组访谈的结果对总体是没有代表性的。因此，不能把焦点小组访谈的结果当成决策的唯一根据。

（5）焦点小组访谈法的程序

怎样进行焦点小组访谈？这涉及有关操作流程的问题。下面就此问题进行专门的讲述。从整体上看，焦点小组访谈有如下程序：一是访谈环境的选择与设备的准备；二是筛选并约请参与人员；三是选择访谈主持；四是编写访谈大纲；五是主持访谈；六是撰写访谈报告。

1）访谈环境的选择与设备的准备。通常，焦点小组访谈是在专门的访谈室中进行的，访谈室一般是一间类似会议室的房间，其中一面墙上装有一面大单向镜。在不引人注目的地方（一般在天花板上）装有话筒或摄像机探头，来记录整个讨论过程。在单向镜后是观察室，室内为观察者准备了椅子、桌子。观察室中还装有录音或录像设备。有些调研机构提供起居室式的环境来代替会议室。像起居室这样的非正式环境，会使参与者感到更放松，就像在一般的家庭环境中一样。另外一种选择是不使用单向镜，而改用闭路电视设备连接焦点小组和远处的观察室。这种方法的优点在于员工可以随意地走动，用平常的语调交谈而不会被隔壁的人听到。

2）筛选并约请参与人员。通常，研究者需要规定一些参与小组访谈人员的甄别条件，然后再进行选择。选择焦点小组访谈参与者常见的有两种方法：一种是拦截法，在商业街上随机地拦住一些行人进行甄别约请；另一种是随机号码法，即随机选择一些电话号码来进行甄别约请。在焦点小组访谈人员的选择中，应当注意选择典型的消费者，而不是专业的评判者或为了报酬而来的"职业"受访者。任何研究都是想要了解消费者的真正想法、感受、态度和意见等。因此，焦点小组访谈正式开始前，主持人应当再次核对被访者的身份或背景资料，以确定参与访谈的人员是否合乎要求。同时，确定一个访谈小组的人数也非常重要。焦点小组访谈一般的人员数量为8~12个。小组人员的数量与其发言时间紧密相关。通常，一次小组访谈的时间在一个半小时左右，很少会持续两个小时以上。如果参与访谈的小组人员较多，那么小组成员在有限的时间内就无法充分地表达自己的意见。例如，在为时90分钟的10人小组访谈中，解释访谈目的、规则，介绍参加人员就可能用去10分钟，而剩下的80分钟中，有20分钟的时间由主持人用去，每个人的实际平均发言时间就只有6分钟。此外，调查发现，人们参与焦点小组访谈的首要动机是报酬，其余的动机依次是对访谈话题感兴趣、有空闲时间、焦点小组认为研究有价值、受访者对产品知道得很多且好奇，以及焦点小组访谈提供了一个表达自我的机会。研究还发现，专门为礼品或报酬而来的参与者更倾向于敷衍了事。

3）选择访谈主持人。同选择合格的受访者一样，选择一个优秀的主持人是焦点小组访谈成功的另一个关键因素。一个合格的主持人需要具备三个方面的基本条件：一是组织能力，即主持人必须能有效地组织一个小组；二是良好的沟通能力与沟通技巧，主持人必须具备良好的沟通技能，以便有效地引导小组成员进行深入讨论，充分地表达个人的想法、观念，并且能够及时地纠正谈话偏离主题的情况；三是扎实的专业基础，因为访谈主题都是与商业行为有关的，因此主持人必须具备相应的专业知识，如营销、广告、社会心理学方面的知识等。具体而言，焦点小组访谈主持人应当具备的能力与技能包括：①对人及人的行为、生活方式、情感、观点真正感兴趣；②价值多元化，对具有不同价值观、行为的宽容；③具有广泛的兴趣，能使自己完全融入所讨论的话题，并能很快学会必需的知识；④具有关于调研、营销和广告方面的扎实的基础知识；⑤良好的倾听技巧。既要能听到说出来的，又要能分辨出没有说出来的潜台词；⑥良好的观察技巧。能观察到正在发生的和没发生的细节，善于理解肢体语言；⑦良好的口头和书面交流技巧。善于清楚地表达自己，并能在不同类型和规模的团体中很自信地表达自己的看法；⑧客观性。能够抛开个人的思想和感情，听取他人的观点和意见；⑨灵活性。善于应对突发事件，能够迅速地作出决策，并且思维敏捷；⑩善于观察细节，具有较好的组织能力。

此外，一名主持人还需具有以下针对调研委托商的技巧：①具有充分理解客户业务内容的能力，善于与整个项目组融为一体，能够获得高层管理层的信任；②能在调研过程的每一阶段，包括之前、之中和之后，为客户提供正确的反馈信息；③具有可靠性、可信赖性、责任心、独立精神和克服困难的顽强意志；④具有与客户相契合的个人作风。

4）编写访谈大纲。精心编制一份访谈大纲是焦点小组访谈的又一关键环节。访谈大纲是小组讨论会中所要涉及的话题清单。在访谈之前，研究人员就需要根据访谈的目的、主题等内容，设计出访谈大纲，并与客户讨论确定。访谈大纲要确保在访谈中按一定顺序逐一讨论所有突出的话题。一般而言，一份访谈大纲应当包括三个部分的内容：①预备谈话部分；②主体部分；③简单总结部分。

需要说明的是，访谈大纲在执行前，一般要进行试访谈，以进一步了解访谈中会出现的问题，以使访谈大纲尽可能少出设计上的缺陷问题。

5）主持访谈。主持访谈的过程是根据访谈目的与访谈大纲的要求搜集详细资料的过程，需要进行充分的设计与事前准备。

6）撰写访谈报告。通常，当小组访谈结束后，主持人可以当场做汇报总结，有人称为即时分析。对这种传统的做法，既有赞成者也有反对者。支持者的主要理由是：即时分析提供了一个即时的讨论氛围，大家对访谈的记忆正处于一种最佳状态，信息损失与失真情况最小。更重要的是，正处于非常活跃与兴奋状态的思维会引发全新的观念和理解。是否做即时分析要根据需要而定，但书面正式的访谈报告是必须认真做好的。定性调研的一个特点是不能进行总体推断，但它能获得深度的、鲜活的信息，因此深度访谈报告的一个最典型的特点就是原话的归纳整理。针对每一个讨论主题，将被访者的所有意见进行分类总结，同时需要从中得出一些具有高度概括性的结论，以供商家参考。小组访谈报告通常由三个部分构成：①研究背景、目的、主要内容、小组参与者个人情况简介及甄选的过程；②主要结果或发现及建议，通常为2~3页的篇幅；③访谈原始资料，分主题将访谈内容进行精心归类，以附录的方式附在报告后面，供详细阅读与查阅。

2. 深度访谈法

深度访谈法是一种无结构的、直接的、个人的访问，在访问过程中，一个掌握高级技巧的调研员深入地访谈一个被调研者，以揭示对某一问题的潜在动机、信念、态度和感情。深度访谈主要也是用于获取对问题的理解和深层了解的探索性市场调研。

与焦点小组访谈法一样，深度访谈法主要也是用于获取对问题的理解和深层了解的探索性研究。不过，深层访谈法的应用不如焦点小组访谈法那么普遍。比如，为发掘目标顾客在某产品所引起的深层动机时，可采用深层访谈法；在此过程中，研究者为消除受访者的自我防卫心理，可以采用文字联想法、语句完成法、角色扮演法之类的技巧来对受访者进行访问。

深度访谈法适合于了解复杂、抽象的问题。这类问题往往不是三言两语就可以说清楚的，只有通过自由交谈，对所关心的主题进行深入探讨，才能从中概括出所要了解的信息。

（1）深度访谈法的常用访谈技术

深度访谈法比较常用的深层访谈技术主要有三种：阶梯前进、隐蔽问题寻探、象征性分析。阶梯前进是顺着一定的问题线探索，例如，从产品的特点一直到使用者的特点。使调研员有机会了解被访者思想的脉络。隐蔽问题寻探是将重点放在个人的"痛点"而不是社会的共同价值观上，放在个人深切相关的而不是一般的生活方式上。象征性分析是通过反面比较来分析对象的含义。要想知道"是什么"，先想办法知道"不是什么"。深层访谈的成功与否是十分重要的。调研员应当做到：避免表现自己的优越和高高在上，要让被访者放松；超脱并客观，但又要有风度和人情味；以提供信息的方式问话；不要接受简单的"是"、"不是"的回答；刺探被访人的内心。

（2）深度访谈法的分类

1）结构性访谈。结构性访谈也称标准式访谈，它要求有一定的步骤，由访谈员按事先设计好的访谈调研提纲依次向被访者提问并要求被访者按规定标准进行回答。这种访谈严格按照预先拟定的计划进行，它的最显著的特点是访谈提纲的标准化，它可以把调查过程的随意性控制到最小限度，能比较完整地收集到研究所需的资料。这类访谈有统一设计的调查表或访谈问卷，访谈内容已在计划中做了周密的安排。访谈计划通常包括访谈的具体程序、分类方式、问题、提问方式、记录表格等。

由于结构性访谈采用共同的标准程序，信息指向明确，谈话误差小，故能以样本推断总体，便于对不同对象的回答进行比较、分析。这种访谈常用于正式的、较大范围的调查，它相当于面对面提问的问卷调查。一般来说，量的研究通常采用结构性访谈。

2）非结构性访谈。非结构性访谈也称自由式访谈。非结构性访谈事先不制定完整的调查问卷和详细的访谈提纲，也不规定标准的访谈程序，而是由访谈员按一个粗线条的访谈提纲或某一个主题，与被访者交谈。这种访谈相对自由和随便，并且较有弹性，能根据访谈员的需要灵活地转换话题，变换提问方式和顺序，追问重要线索，所以，这种访谈收集资料深入而丰富。通常，质的研究、心理咨询和治疗常采用这种非结构性的深度访谈。

3）半结构性访谈。半结构性访谈是介于结构性访谈和非结构性访谈之间的访谈形成。在半结构性访谈中，有调研表或访谈问卷，它有结构性访谈的严谨和标准化的题目，访谈员虽然对访谈结构有一定的控制，但给被访者留有较大的表达自己观点和意见的空间。访谈员事先拟定的访谈提纲可以根据访谈的进程随时进行调整。

在定性调研的初期多运用非结构性访谈，以了解被访者关注的问题和态度，随着研究的深入，逐渐进行半结构性访谈，对以前访谈中的重要问题和疑问作进一步的提问和追问。

半结构性访谈兼有结构性访谈和非结构性访谈的优点，它既可以避免结构性访谈缺乏灵活性、难以对问题作深入的探讨等局限，也可以避免非结构性访谈的费时、费力，难以作定量分析等缺陷。

知识拓展

访谈的技巧和过程

1. 访谈的技巧

1）一般事先要对访谈对象有了解。

2）一般要尽可能自然地结合受访者当时的具体情形开始访谈。

3）访谈的问题应该是由浅入深、由简入繁，而且要自然过渡。

4）在有充分准备的前提下，为避免谈话跑题，有时需要适当地调节和控制。

5）无论是提问还是追问，问的方式、内容、都要适合受访者。

6）在回应中要避免随意评论。

7）要特别注意在访谈中自己的非言语行为。

8）要讲究访谈的结束方式。

2. 访谈法的运用过程

1）设计访谈提纲。无论是哪一种形式的访谈，一般在访谈之前都要设计一个访谈提纲，明确访谈的目的和所要获得的信息，列出所要访谈的内容和提问的主要问题。

2）恰当进行提问。要想通过访谈获取所需资料，对提问有特殊的要求。在表述上要求简单、清楚、明了、准确，并尽可能地适合受访者；在类型上可以有开放型与封闭型、具体型与抽象型、清晰型与含混型之分。另外，适时、适度的追问也十分重要。

3）准确捕捉信息，及时收集有关资料。访谈法收集资料的主要形式是"倾听"。"倾听"可以在不同的层面上进行：在态度上，访谈者应该是"积极关注地听"，而不应该是"表面的或消极地听"；在情感层面上，访谈者要"有感情地听"和"共情地听"，避免"无感情地听"；在认知层面，要随时将受访者所说的话或信息迅速地纳入自己的认知结构中加以理解和同化，必要时还要与对方进行对话，与对方进行平等的交流，共同建构新的认识和意义。另外，"倾听"还需要特别遵循两个原则：不要轻易地打断对方和容忍沉默。

4）适当地作出回应。访谈者不只是提问和倾听，还需要将自己的态度、意向和想法及时地传递给对方。回应的方式多种多样，可以是诸如"对"、"是吗"、"很好"等言语行为，也可以是点头、微笑等非言语行为，还可以是重复、重组和总结。

5）及时做好访谈记录，一般还要录音或录像。

（3）深度访谈的流程

深度访谈的流程如表4-6所示。

表4-6　深度访谈的流程

流　　　程	描　　　述
1. 接收任务书	
2. 制定约人方案	（1）确认被访者条件 （2）确认配额 （3）准备确认甄别问卷 （4）制定劳务费标准（约人、礼金等） （5）购买礼品、准备礼金

流　程	描　述
3. 预约被访者	（1）培训联络者。说明被访者的条件，公司的介绍信及访问说明，劳务费标准，深度访谈时间，约人注意事项，约人终止时间 （2）为避免预约到有重大变故的被访者，要求访问员在约定的时间内将被访者的情况及时反馈给公司 （3）根据被访者的背景情况，对预约被访者进行甄别；多约几人备用（具有相同背景的人选）。可以采用突然发问等形式的侧面甄别同一个访问员所约的多名被访者是否相互认识，最后确认深度访谈时间 （4）被访者配额、行业、职务、从业工龄、生活背景应该均匀分布 （5）将时间安排、访问安排传真给客户，如有变动及时取得联系
4. 正式访问	（1）访问员整理现场问卷、录音 （2）访问员一对一地与被访者进行现场访问 （3）对收回的问卷、录音督导要亲自过目 （4）及时将回收的问卷、记录、录音等寄给客户
5. 访问后	整理工作，记录存档留底
6. 访问后续工作	

（4）深度访谈的优点

深度访谈法比小组座谈法能更深入地探索被访者的内心思想与看法。深度访谈是一对一访谈，所以时间较长，所问问题会更加深入；而且深度访谈可将反应与被访者直接联系起来，不像焦点小组访谈那样难以确定哪个反应是来自哪个被调查者。深度访谈可以更自由地交换信息，而在焦点小组访谈中可能做不到，因为有时会有社会压力不自觉地要求形成小组一致的意见。

（5）深度访谈的缺点

首先，能够做深层访谈的、有技巧的调研员（一般是专家，需要有心理学或精神分析学的知识）的人工成本是很昂贵的，也难于找到。其次，由于调研的无结构使得结果十分容易受调研员自身的影响，其结果的质量也十分依赖于调研员的技巧。再次，结果的数据常常难以分析和解释，因此需要熟练的心理学家的服务来解决这个问题。最后，由于占用的时间和所花的经费较多，因而在一个调研项目中深度访谈的数量是十分有限的。

3. 映射法

映射法是一种间接的、非结构化的提问方法，目的在于鼓励被调研者间接地透露其对有关问题的动机、信念、态度和感受。这种方法要隐瞒调研的真实意图，解除被调研者的心理防御，使调研者在无意之中、在没有心理防御的情况下泄露其真实的态度或动机。

焦点小组访谈法和深度访谈法属于直接方法，研究的真实目的对研究对象不加掩饰。映射法是非结构化的，以间接方式进行提问，鼓励调研对象反映自身对于所关心的主题的潜在动机、信念、态度或感受。映射法要求调研对象解释别人的行为而不是描述自己的行为，通过对别人行为的解释间接在相关背景下，反映出他们自己的动机、信念、态度和感受。常用的映射法主要有字词联想法、句子完成法、故事构造法和表达法等。

（1）映射法的类型

1）字词联想法。字词联想法是指给被调查者一组意义无关的词汇（测试词汇），每次给出一个，要求被调查者针对给出的词说出浮现在脑海里的印象和词汇。通过对反应词及反应时间的分析，了解被调研者对测试词汇的印象和态度。字词联想法的假设是，联想可以让调研对象揭示他们对于有关主题的内在感受。对答案的分析是通过以下计算实现的：任何联想词汇作为答案的频率；被调研者给出答案之前的反应时间；在一段合理的时间内，对测试词没有反应的调研对象的数量。

常用的字词联想法有自由联想法、控制联想法和连续联想法。①自由联想法，如"当你听到小轿车这个词时，你想到了什么？"被调研者可以无拘无束地说出脑海里所想的东西，就是自由联想法。②控制联想法，如"当你听到小轿车这个词时，你首先想到的品牌是什么？"被调研者的联想答案只能限于"品牌"这个范围之内就是控制联想法。③连续联想法，又称引导性联想，它是调研者根据调研问题给出一连串的词语，每给一个词语都让被调查者回答首先联想到的词语（叫反应语）。然后统计出每个反应语出现的频数、在给出反应词语之前耽搁的时间长度、完全无反应的被调研者数目等统计量，借以揭示被调研者的潜在动机、需要、态度或感情。

2）句子完成法。它是指冷未完成的句子呈现给被调研者，由他们将未完成的句子完成。

① 句子完成法。句子完成法与词语联想法类似，给被调研者一些不完全的句子，要求他们完成句子。一般来说，要求他们使用首先想到的那个单词或词组。

② 段落完成法。要求被调研者完成由某个刺激短语开头的一段文章。

③ 故事完成法。给出故事的一个部分，要求被调研者用自己的话来完成故事。

④ 关键词组编故事法。给出3～5个关键词，要求被调研者用自己的话来完成故事。

以下是几个例子：

a. 又到了吃午餐的时侯了，我到哪里去吃呢？吃什么呢？想来想去还是去＿＿＿＿＿吃＿＿＿＿＿吧，因为那里＿＿＿＿＿。

b. 化妆品、女人、悲剧。（组编故事）

c. 男士、奋斗、学问、汽车、别墅。（组编故事）

d. 一位男士在他所喜爱的一家百货商店里买上班穿的西装。他花了45分钟并试了几套之后，终于选中一套他所喜欢的。当他去结账的时侯，一位店员过来说："先生，我们现在有减价的西装，同样的价格但质量更高。您想看看吗？"

句子完成法主要用于了解品牌名、公司名、广告注目语句、广告文案的知名度和认知度等。运用句子完成法时，在未完成的句子中一般不要有第一或第二人称，以免研究对象产生防御心理。

3）故事构造法，要求被调研者以故事对话或绘图的形式构造一种反应。在结构技法中，调研者为被调研者提供的最初结构比完成技法中提供的少。主要有图画回答法和和卡通试验法。

① 图画回答法。该做法是显示一系列的图画或漫画，有一般的也有不寻常的事件；在其中的一些画面上，人物或对象描绘得很清楚，但在另外一些画面上却很模糊。要求被调研者看图讲故事。他们对图画的解释可以指示出他们自身的个性特征。②卡通试验法。它

是将卡通人物显示在一个与问题有关的具体环境内，要求被调研者指出一个卡通人物会怎样回答另一个人物的问话或评论。从被调研者的答案中就可以指示他对该环境或情况的感情、信念和态度。

美国有学者曾用卡通试验法调查香烟的销售情况。图中一男士下班回家后对妻子说："我决定吸烟了！"就此调研女士对男士吸烟的看法和态度。

4）表达法。在表达法中，给被调研者提供一种文字的或形象化的情景，请他将其他人的感情和态度与该情景联系起来。主要分为角色表演和第三者技法。

① 角色表演。在角色表演中，让被调研者表演某种角色或假定按某人的行为来动作。调研者的假定是，被调研者将会把他们自己的感情投入角色。通过分析被调研者的表演，就可以了解他们的感情和态度。

② 第三者技法。在第三者技法中，是给被调研者提供一种文字的或形象化的情景，让被调研者将第三者的信仰和态度与该情景联系起来，而不是直接地联系自己个人的信仰和态度。第三者可能是自己的朋友、邻居、同事或某种"典型的"人物。同样，调研者的假定是，当被调研者描述第三者的反应时，他个人的信仰和态度也就暴露出来了。让被调研者去反映第三者立场的做法减低了他个人的压力，因此能给出较真实、合理的回答。

（2）映射法的优点

可以提取被调研者在知道研究目的的情况下不愿意或不能提供的回答。在直接询问时，被调研者常常有意地或无意地错误理解、错误解释或错误引导调研者。在这些情况下，映射法可以通过隐蔽研究目的来增加回答的有效性。特别是当要了解的问题是私人的、敏感的或有着很强的社会标准时，作用就更明显。当潜在的动机、信仰和态度是处于一种下意识状态时，映射法也是十分有帮助的。

（3）映射法的缺点

需要有经过专门高级训练的调研员去作映射面访，在分析时还需要熟练的解释人员。因此，一般情况下映射法的费用是很高昂的，而且有可能出现严重的解释偏差。除了词语联想法之外，所有的映射法都是开放式的，因此分析和解释起来就比较困难，也容易产生主观片面性。而且样本的代表性也难以衡量。

映射法常常用于检验品牌的名称，偶而也用于测量人们对特殊产品、品牌、包装或广告的态度。如果遵照以下几点指导，映射法的作用还能加强：①当用直接法无法得到所需的信息，可考虑使用映射法；②在探索性研究中，为了了解人们的最初的内心想法和态度，可使用映射法；③由于映射法很复杂，不是谁都可以使用的。

知识拓展

态度测量中的映射法

映射法是一种利用某些材料引起被试的自由联想，作出无拘束而不受限制的反应，从而间接地分析出投射到其中的心理状态及有关态度的方法。

1. 主题统觉测验

主题统觉测验是由哈佛大学的默里设计的一种调研方法。其做法是给被试者几张图片，请他们凭想象自编一个故事，并要求说明：图中所描绘的是一个什么情境？这种情境发生的原因是什么？演变下去会有什么结果？个人有什么感想？如有人给学生们提供一张画片，其中画有"一个孩子打开一本书在书桌后面坐着"，让被试轮流编讲故事。其中一个学生说："教室里一个男孩正在做白日梦。他想起一件往事，它比现在课堂上发生的一切更有吸引力，因而更为动心。他希望能再身临其境，但是他将有可能被老师叫起来背诵或遭到麻烦和难堪。"另一个学生说："这个男孩是一名中学生，正在进行一小时的笔试。这张卷子已做了一大半，他正竭力把它全做出来。他认为要考好必须努力学习，而且也是这样做的。事实上这里的一些题目，他见过但没学过；有些答案似乎知道但又记不起来了。于是他尽力去唤起有关的观念，但仅仅想起其中一两个题目，多数已回忆不起了。他打算继续努力尝试，直到只剩五分钟时再放弃，然后回头检查试卷。他对自己看过而没有学会回答而感到遗憾。"这两则故事实际上正是两位学生自己心态的描述。前者反映出他对学习的漫不经心和害怕老师提问的态度，后者反映出他对考试与学习持有认真负责的态度。

2．作业投射法

作业投射法是在教育研究中常用的方法，即通过造句练习或命题作文（如出"我的家庭"、"我的班级"等题目）了解学生投射在文内的各种态度。

这个方法的优点是被试者不知道研究者的意图，反应比较真实。但其缺点是评析时缺乏客观标准，容易主观，特别是在被试的反应中有许多偶然性与任意性，不一定都是其真实态度的表现，所以也极易出偏差。如果能把这个方法和平时的观察或量表法结合起来运用，就可能更有效。

三种调研方法的比较如表4-7所示。

表4-7　三种调研方法的比较

标　准	焦点小组访谈法	深层访谈法	映　射　法
结构化程度	相对较高	中等	相对较低
追问程度	低	高	中
主持人偏见	中	相对较高	相对较低
解释的偏见	相对较低	中	相对较高
对潜意识信息的揭示程度	低	中高	高
对创新信息的挖掘程度	高	中	低
对敏感信息的获得	低	中	高
与众不同的行为或提问	无	少	有
整体有效性	非常有效	有效	部分有效

第三节　描述性调研设计

本节介绍市场调研设计的另一个分支——描述性调研设计，具体如图4-8所示。

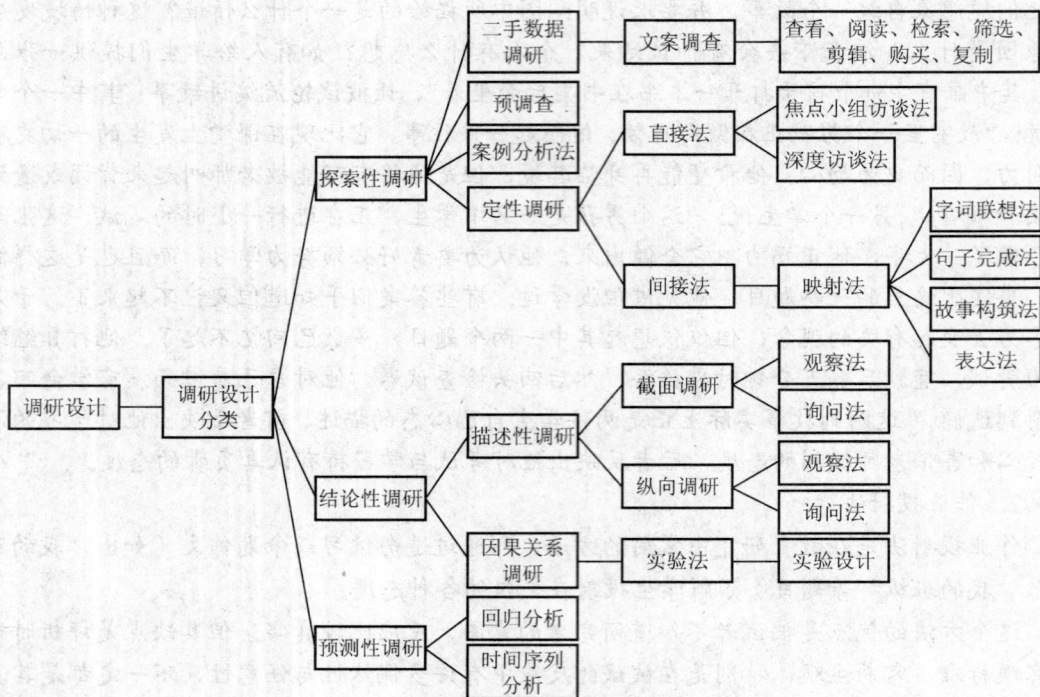

图 4-8　调研设计涉及的调研方法

一、描述性调研设计的性质与种类

1. 描述性调研的性质

在很多调研项目开始阶段，收集二手数据并进行定性调研是必要的，但往往不够充分，对解决所面临的问题也不是根本有效的。如何为解决所面临的问题提供充分的、切实有效的信息呢？有效的办法就是启用第一手资料的调研——描述性调研。描述性调研的两种常用方法为观察法和询问法。

描述性调研是结论性研究的一种，顾名思义，描述性调研是指对所面临的不同因素、不同方面现状的调查研究，其资料数据的采集和记录，着重于客观事实的静态描述。

大多数的市场调研都属于描述性调研。描述性调研一般有以下适用范围：描述某个有关群体的特征；估计某个群体中某种行为方式的发生比率；测量有关产品的知识、偏好与满意度；确定不同营销变量之间的关系；进行预测。

事实上，一个好的描述性调研需要对调研内容有相当的预备知识，它依靠一个或多个具体的假设，这些假设指导调研按一定的方向进行。在这方面，描述性调研与探索性调研存在很大的差异，探索性调研比较灵活，而描述性调研比较呆板，描述性调研要求对调研中的谁、什么、什么时候、为什么等作出明确的回答。

描述性调研在方法上与探索性调研还有较大的差别。这种差别突出地表现在描述性调研所具有的系统性、结构性和全面性上。描述性调研通常需要采取严格的随机抽样方法来选择调研对象，并且调研样本的规模要比探索性调研中的规模大得多（在三种不同目的的调研中，描述性调研的样本规模最大，探索性调研的样本规模最小）。描述性调研中资料的收集主要采用以封闭式问题为主，以自填、邮寄或结构式访问等方式进行问卷调研；所得的资料必须经过统计处理（通常是在计算机的辅助下进行），得出以数量形式为主的各种结果，并要将这些结果和结论推论到总体中去。或者说，要用来自样本的资料去描绘总体的面貌。

下面以商场购买者调研为例，陈述描述性调研六个因素的具体内容。

因素1：人员——谁是服装商场的顾客？

    a．进入商场的任何人，不论他是否购买服装。

    b．在商场购买的人。

    c．至少每季在该商场购物一次的人。

    d．经常到商场购买服装的家庭主妇。

因素2：内容——应从调研对象那里获取什么信息？

    a．不同商场因特殊商品而被顾客光顾的频率。

    b．顾客对购物环境的重视程度。

    c．关于某前提假设的信息。

    d．顾客的生活方式、媒体消费习惯等特征。

因素3：时间——何时从调查对象那里获取信息？

    a．购物前。

    b．购物过程中。

    c．紧随购物之后。

    d．购物一段时间后。

因素4：地点——在何地接触调查对象？

    a．在商场内。

    b．在商场门口。

    c．在停车场。

    d．在调研对象家中。

因素5：原因——为何从调研对象那里获取信息？为何实施该调研项目？

    a．提高商场的知名度。

    b．吸引顾客，扩大市场份额。

    c．调整广告策略。

    d．为新商场选址。

因素6：方式——调研方式通过何种方式从调研对象那里获取信息？

    a．观察调研对象的购买行为。

    b．面访。

    c．电话访问。

    d．邮寄访问。

2. 描述性调研的种类

描述性调研设计中按照一次性和重复性有两种调研设计——横向调研和纵向调研。横向调研是市场调研中最常使用的一种描述性调研方法。横向调研是一次性从既定的样本中收集资料的调研方法，它分为单一横向调研和多角化横向调研，在单一横向调研中，只从目标总体中抽取一个样本，并且只从该样本中收集一次资料。这种单一横向调研又称样本调研法。纵向调研是对一个或几个给定的样本进行重复调研的方法。与横向调研不同的是，纵向调研的样本保持不变，即对同一个样本进行多次调研。纵向调研可以抽取一个样本，也可以抽取多个样本，但必须对每一个样本进行两次或者两次以上的调研。通过纵向调研能够发现在一段时间内研究问题所发生的持续性变化。描述性调研的主要方法有观察法和询问法。

二、描述性调研的方法——观察法

1. 观察法的概念与种类

观察法是指调研者到现场凭自己的视觉、听觉或借助摄录像器材，直接或间接观察和记录正在发生的市场行为或状况，以获取有关原始信息的一种实地调研法。

按观察的形式不同分为直接观察法和间接观察法，如图 4-9 所示。

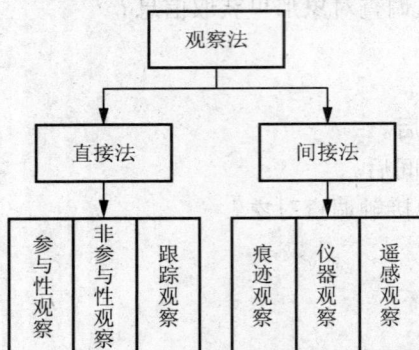

图 4-9　观察法的形式

（1）直接观察法

直接观察法是调研者直接深入到调查现场，对正在发生的市场行为和状况进行观察和记录。主要观察方式如下。

1）参与性观察。它是指调研者直接参与到特定的环境和被调研者中去，与被调研者一起从事某些社会经济活动，甚至改变自己的身份，借以获取有关的信息，如"伪装购物法"或"神秘顾客法"。

2）非参与性观察。它又称局外观察，是指调研者以局外人的身份深入调研现场，从侧面观察、记录所发生的市场行为或状况，用以获取所需的信息，如供货现场观察、销售现场观察、使用现场观察。

3）跟踪观察。它是指调研员对被调研者进行连续性的跟踪观察，如商场顾客购物跟踪观察、女士着装跟踪观察、用户产品使用跟踪观察等。

（2）间接观察法

间接观察法是指对调研者采用各种间接观察的手段（痕迹观察、仪器观察等）进行观察，用以获取有关信息的调研方法。

1）痕迹观察。它是通过对现场遗留下来的实物或痕迹进行观察，用以了解或推断过去的市场行为，如食品厨柜观察法、垃圾清点观察法。

2）仪器观察。仪器观察是指在特定的场所安装录像机、录音机或计数仪器等器材，通过自动录音、录像、计数等获取有关信息，如商场顾客流量自动测量、交通路口车流量自动测量、电视收视率自动测量等。

3）遥感观察。它是指利用遥感技术、航测技术等现代科学技术搜集调研资料的方法，如地矿资源、水土资源、森林资源、农产品播种面积与产量估计、水旱灾害、地震灾害等均可采用遥感技术搜集资料。这种方法目前在市场调研中应用较少。

2. 观察法的记录技术

观察法记录技术是指在进行观察调研中，对被调研对象进行记录时所采用的方法和手段。观察记录技术的好坏直接影响观察调研的结果，不同的观察方法要采用不同的记录技术。常用的记录技术主要有卡片、速记、符号、记忆、器材记录等。表 4-8 为消费者观察表示例。

表 4-8　消费者观察表

观　察　内　容	消费者行为
1. 消费者的购买习惯	
（1）消费者组合人数/人	
（2）消费者在商店内停留的时间/分钟	
（3）消费者所经过的区域	
（4）消费者触摸商品的次数/人次	
（5）向销售人员寻求帮助的次数/次	
（6）购物金额/元	
（7）付款方式（现金/会员电子消费卡/信用卡）	
2. 消费者购买商品的情况	（填写购买数量）
（1）食品	
（2）服装	
（3）护肤/化妆品	
（4）洗涤用品	
（5）家庭用具	
（6）书籍/办公用品	
（7）其他	

3. 观察法的优缺点

（1）观察法的主要优点

直观可靠，简便易行，可发现新情况、新问题，可克服语言交流带来的干扰。

（2）观察法的主要缺点

时间长，费用高，受时间、空间和费用的限制；只能观察表象资料，不能观察内在原因；对观察人员的素质要求高，观察者素质不同，观察的结果也不同，易产生观察者误差。

（3）应用观察法的注意事项

为减少观察者误差，在应用观察法时，应注意以下事项。

1）为了使观察结果具有代表性，能够反映某类事物的一般情况，应注意选择那些有代表性的典型对象，在最适当的时间内进行观察。

2）在进行现场观察时，最好不要让被调研者有所察觉，尤其是使用仪器观察时更要注意隐蔽性，以保证被调研者处于自然状态下。

3）在实际观察和解释观察结果时，必须实事求是、客观公正、不得带有主观偏见，更不能歪曲事实。

4）观察者的观察项目和记录用纸最好有一定的格式，以便尽可能详细地记录观察内容的有关事项。

5）应注意挑选有经验的人员充当观察员，并进行必要的培训。

4. 观察法的应用

观察法的应用范围主要有：①商场顾客流量的测定或车站码头顾客流量的测定；②主要交通道口车流量的测定；③对竞争对手进行跟踪或暗访观察；④消费者购买行为、购买动机、购买偏好调研；⑤产品跟踪测试；⑥商场购物环境、商品陈列、服务态度观察；⑦生产经营现场考察与评估；⑧作业研究；⑨弥补询问调研法的不足。

知识拓展

行为观察法

行为观察法是通过外现行为推断态度的方法。研究表明，一般态度与多重行为呈正相关；态度越具体，它和单一行为也越有紧密的相关。所以对实际行为的观察是了解态度的重要途径。行为观察法并非一般观察法，它也需要讲究一定的方法。

1. 任务完成法

任务完成法是指让被试去完成有关任务，通过后果质量来确定其对这件事的态度。根据琼斯的态度对学习有过滤作用的观点，研究者可让被试者阅读几种不同倾向的材料，而后要求他们尽可能地进行回忆。依据"和自己态度吻合的材料记得更多、更好"的观点，去分析被试者回忆的成绩并判断其态度倾向。若被试者对带有某一倾向的材料比另外的材料记得更多、更好，则表明他更倾向于这种态度。不过记忆的好坏还涉及其他变量（记忆力、材料阅读的排列次序、难度等），应设法予以排除或加以控制。

2．社会距离法

社会距离法是依据人对事物的态度常表现于人与事物保持一定的心理距离和物理距离而设计的一种推断方法。它是由博加德斯和梅拉比安等人设计的。该方法分为两种：一是量表法，二是行为观测法。

量表法是使用一种特制的量表来测查人际之间或种族之间亲疏关系的方法。博加德斯所编制的"社会距离量表"就是其中的一种，这个量表的项目通常是按心理距离的远近依次排列的，如其中一题：根据我最初的情感反应，我愿意承认某个种族人是属于以下分类中的一种或多种：可以结亲（1），可以作为朋友（2），可以作为邻居（3），可以在同行业共事（4），只能作为公民共处（5），只能作为外国移民（6），应被驱逐出境（7）。括号内的数字为得分值，其大小表示心理距离的远近。要求被试在量表上进行挑选，测试后的分值越大表示社会距离越大，种族态度上也越有偏见；反之，则表示社会距离小，没有或较少有种族歧视的态度。也有人认为，这种社会心理距离的表现并不意味人们将怎样行动，于是有的研究者又设计了行为观测法。

行为观测法依据的是霍尔的人际距离学观点。霍尔认为，人际交往中双方所保持的空间距离是人际关系的表现。对于中产阶级来说，其关系距离如下：亲密关系（父母和子女、情人、夫妻间）的距离约为18英寸（1英寸＝2.54厘米）；个人关系（朋友、熟人间）的距离一般为1.5～4英尺（1英尺＝0.3048米）；社会关系（一般认识者之间）的距离一般为4～12英尺；公共关系（陌生人、上下级之间）的距离为12～25英尺。实际上，这种互动中的距离也是人对事物在态度上的亲疏好恶等的一种表现。大凡引起我们喜爱的人或事，我们就愿意去接近，反之，令我们厌恶、反感的人或事，我们就会远离。于是不少社会心理学家在研究人们对某些事物（如济贫、救灾等）的态度时常采用这个方法。如在人行道路边装扮成乞丐行乞或挂着标语募捐等，并在离此目标点的不同距离处暗设分段线标志，以观察路人（不被察觉的被试）行走的线段及记录其捐助行为。结果发现，持助人态度者大多愿靠近目标点行走，而那些冷漠者大多远离或有意躲开目标点而匆匆走过。

这个方法作为用来了解人们的态度的手段是比较自然而有效的，但是在分析时应注意行为与态度关系的复杂性。如一个人没有助人行为并不一定都是缺乏助人的态度者，他也可能有急事、没带钱，过于简单地下断语也往往易于出偏差。

测查态度应把上述方法结合起来使用，还应致力于创造新的、更为理想和完善的方法和技术。

三、询问法

1．询问法的概念

询问法也称访问调研法，简称访问法或询问法，是指调研人员将所研究的项目通过交流访谈的方式向被调研者了解信息的方法，是被广泛使用的第一手资料收集方法。询问法主要通过电话访谈、邮寄问卷、留置问卷、小组座谈、个别访问等询问形式向被调研者搜集市场调查资料。

2. 询问法的种类

1）按访问形式的不同，可以分为面谈访问、电话询问、留置问卷访问、邮寄访问等。

2）按访问方式的不同，可以分为直接访问和间接访问。

直接访问：面访访问（小组座谈、个别访问）。

间接访问：电话询问、邮寄访问、留置问卷询问等。

3）按访问内容的不同，可以分为标准化访问和非标准化访问。

标准化访问：根据调研问卷或调研表向被调研者访问，主要用于定量研究。

非标准化访问：根据粗略的提纲自由地向被调研者访问。主要用于定性研究。

标准化访问是利用从总体中抽取的一个样本，以及事先设计好的一份结构式的问卷，向被抽中的被调研者询问问题，以获取信息。必须具备两个前提条件，一是必须随机抽取样本；二是必须设计结构性问卷。主要优点：易于操作、数据比较可靠、可减少调研员的误差、易于处理数据。主要缺点：访问的深度不够，易产生被调研者误差，封闭性问卷的答案有限制性，问卷设计有难度。具体如图 4-10 所示。

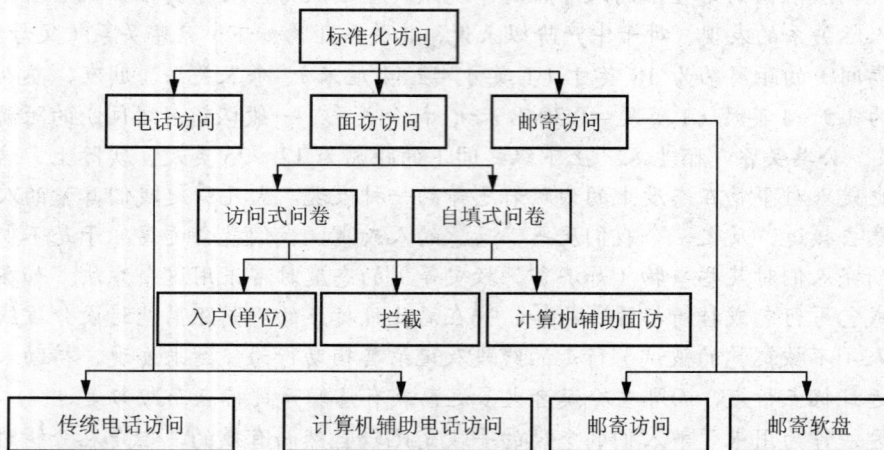

图 4-10　标准化访问方式

3. 电话访问

电话访问是指调研者通过查找电话号码簿用电话向被调研者进行访问，以搜集市场调研资料的一种方法。主要应用于民意测验和一些较为简单的市场调研项目。分为传统电话访问和计算机辅助电话访问两种形式。

（1）传统电话访问

传统电话访问就是选取一个被调研者的样本，然后拨通电话，询问一系列的问题。调研员（也叫访员）用一份问卷和一张答案纸，在访问过程中用笔随时记下答案。

1）要求：有专门的场所或电话访问间，调研员应经过专门训练，问卷应简单明了。

2）传统电话访问的程序如下：①根据调研目的划分为不同的区域；②确定各个区域必要的调研样本单位数；③编制电话号码本（抽样框）；④确定各个区域被抽中的电话号码；

⑤确定各个区域的电话访问员；⑥一般利用晚上或假日与被调研者通电话，获取有关资料。

3）主要优点：搜集市场调研资料速度快，费用低，可节省大量调研时间和调研经费；覆盖面广，可以对任何有电话的地区、单位和个人直接进行电话询问调研；可以免去被调研者的心理压力，易被人接受，尤其有些家庭不欢迎陌生人进入，电话询问可免除心理防范，能畅所欲言。特别对于那些难于见面的某些名人，采用电话询问尤为重要。

4）主要缺点：只能限于有电话的地区、单位和个人，电话普通率高才能广泛采用，在通信条件落后的地区，这种方法受到限制；无法观察到被调研者的表情和反应，也无法出示调研说明、图片等背景资料，只能凭听觉得到口头资料，不能使问题深入；对于回答问题的真实性很难作出准确的判断。

（2）计算机辅助电话访问

计算机辅助电话访问是使用一份按计算机设计方法设计的问卷，用电话向被调研者进行访问，并用计算机进行录入和统计的调研方法。

计算机辅助电话访问的基本程序如下：①利用计算机问卷设计系统设计生成问卷；②调研员用自动随机拨号系统进行电话访问和录入；③管理员用自动访问管理系统进行过程管理；④用简单统计系统进行数据统计与报告生成。

计算机辅助电话访问的基本设备包括：安装计算机辅助电话访问设备，其软件系统包括四个部分，即自动随机拨号系统、问卷设计系统、自动访问管理系统、自动数据录入和简单统计系统。

4. 面谈访问

面谈访问是指调研者与被调研者面对面地进行交谈，以收集调研资料的方法，又称直接访问法。

面谈访问按照访问对象的不同，可分为家庭访问法和个人访问法。

按访问是否采用标准化问卷，可分为标准式访谈和自由交谈。而标准式访谈按照问卷填写的形式，又可分为调研员填写问卷调研法和留置问卷调研法。

按照访问的地点和形式的不同，分为入户（或单位）访问、拦截式访问和计算机辅助面访。

（1）入户访问

入户访问指调研员到被调研者的家中或工作单位进行访问，直接与被调研者接触，然后利用访问式问卷逐个问题进行询问，并记录下对方的回答；或者将自填式问卷交给被调研者，讲明方法后，等待对方填写完毕或稍后再回来收取问卷的调研方式。

1）入户访问的优点：调研有深度，直接性强，灵活性较强，准确性较高，拒答率较低。

2）入户访问的缺点：费用高，时间长，对访问员的要求高，调研质量容易受气候、调研时间、被访者情绪等因素的干扰。

入户访问的程序如图4-11所示。

图 4-11 入户访问的程序

（2）留置问卷访问

留置问卷访问是调研者将调研问卷当面交给被调研者，说明调研目的和要求，由被调研者自行填写回答，按约定的时间收回的一种方法。它是入户访问的另一种形式。

1）主要优点：回收率高，被调研者的意见可不受调研人员的影响；问卷可以详细周密，充分体现调研者的意图，需要了解什么问题就设置什么问题；被调研者可详细思考，认真作答，避免由于时间仓促或误解产生误差。

2）主要缺点：调研区域范围受到一定的限制，难以进行大范围的留置问卷调查；时间长，费用相对较高。

（3）拦截式访问

拦截式访问是指在某个场所（如商业区、商场、街道、医院、公园等）拦截在场的一些人进行的面访调研。这种方法常用于商业性的消费者意向调研中。例如，在商场的化妆品柜台前拦截女性顾客询问她们对各种化妆品的偏好及购买习惯、行为等。

拦截式访问的方式有街头拦截法、商场拦截法和定点拦截法。

拦截式访问的程序如图 4-12 所示。

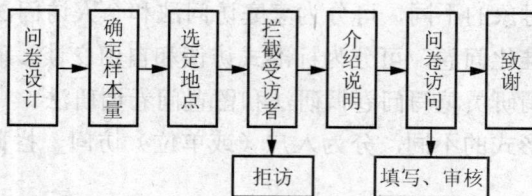

图 4-12 拦截式访问的程序

1）主要优点：访问地点比较集中，时间短，可节省访问费和交通费；可以避免入户访问的一些困难，便于对访问员进行监控；受访者有充分的时间来考虑问题，能得到比较准确的答案；对拒访者可以放弃，重新拦截新的受访者，确保样本量不变。

2）主要缺点：一是不适合内容较复杂、不能公开的问题的调研；二是调研对象的身份难以识别，在调研地点出现带有偶然性，可能影响样本的代表性和调研的精确度；三是拒访率高，拦截的个别行人、顾客可能因为要赶车、处理公务或私务、怕耽搁时间等原因而拒访。因此，在使用时应附有一定的物质奖励。

3）应用要点：一是问卷内容不宜过多，问题应简单明了，且不涉及个人隐私；二是在访问过程中要控制其他人包括受访者的同伴对受访者的影响。对主动要求接受采访的人，调研人员要善于甄别，对不合适的对象，应婉言谢绝。

（4）计算机辅助面访

计算机辅助面访是将问卷设置在电脑中，以辅助入户访问或拦截式访问。计算机辅助面访软件系统一般包括问卷设计系统、访问管理系统、数据录入和问卷统计系统四个子系统。计算机辅助面访有如下两种情形。

1）计算机辅助入户访问。它是入户访问的新的发展形式，具体是将问卷设置在笔记本电脑中，由调研员随身入户访问，向受访者介绍调研的目的及操作方法，由受访者按计算机上的提问自行输入要回答的问题，或由调研员代为输入。这样可以节省访问的时间和资料录入整理的时间，也可避免逻辑性错误，还可提高受访者的兴趣。

2）计算机辅助拦截访问。它是拦截式访问的新的发展形式，它是由调研员先拦截被调研者并征其同意后，直接带到放有计算机的地方，介绍说明调研目的，请求其配合支持，然后由被调研者按计算机上的提问自行输入要回答的问题，或由调研员按计算机上的提问边询问边输入。它具有自动录入数据、编辑数据、逻辑检查、自动汇总统计等优势，因而速度快、效率高、节省调研时间和调研费用。

5. 邮寄访问

邮寄访问是指调研者将印制好的调研问卷或调研表格，通过邮政系统寄给选定的被调研者，由被调研者按要求填写后，按约定的时间寄回的一种调查方法。有时，也可在报纸上或杂志上利用广告版面将调查问卷登出，让读者填好后寄回。调研者通过对调研问卷或调研表格的审核和整理，即可得到有关数据和资料。

邮寄访问是以邮递员取代调研员，并以邮资的形式取代了访问员的支出。它克服了电话访问和拦截式访问只能调研简单问题的缺陷。但同时也完全依赖于"问卷与被调研者"交流。因此，邮寄访问对问卷设计的要求较高。

邮寄访问的程序如图4-13所示。

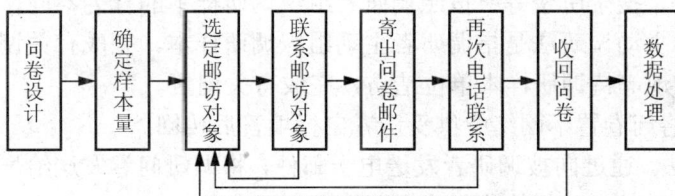

图4-13　邮寄访问的程序

1）主要优点：调研范围较广，问卷可以有一定的深度；调研费用较低，在没有物质奖励时，只需花费印刷费和邮资费；是被调研者有充分的时间作答，还可查阅有关资料，因而取得的资料可靠程度较高；被调研者不受调研者态度、情绪等因素的影响，问题更客观，可消除调研者的误差；无需对调研员进行选拔、培训和管理。

2）主要缺点：调研问卷回收率低，其原因可能是被调研者对调研问题不感兴趣，问卷设计太复杂，被调研者不在家或事务太忙等；调研时间长，由于需要联系、等待、再联系、再等待，致使调研时间拉长，影响调研资料的时效性；问卷回答可靠性较差，由于无法交流，被调研者可能产生误解，也可能请人代答填写。

3）注意事项：用电话或跟踪信提醒；注意提前通知或致谢；需要设置一定的物质奖励；附上回信的信封并贴足邮资；增加问卷的趣味性，如填空、补句、判断、图片等；最好由知名度较高且受人尊敬的机构主办，如大学、政府机构、私人调查机构等。

几种访问调研方法的比较如表4-9所示。

表4-9 几种访问调研方法的比较

评价标准	直接访问	电话访问	邮寄访问	网上访问
处理复杂问题的能力	很好	差	好	一般
搜集大量信息的能力	很好	好	一般	很好
敏感问题答案的标准性	一般	一般	很好	很好
对调研者效应的控制	差	一般	很好	很好
样本控制	很好	好	一般	差
搜集资料的周期	一般	很好	一般	很好
灵活程度	很好	好	差	一般
调研费用支出	差	好	好	很好
回收情况	好	较好	差	一般
搜集资料的真实性	好	一般	好	一般

6. 网络调研法

（1）网络调研的特点

网络调研又称网上调研，是指企业利用互联网搜集和掌握市场信息的一种调研方法。其主要特点有经济性、范围广、周期短、互动性、客观性和可靠性。

（2）网络调研的方法

网络调研法按照采用的技术方法不同可分为站点法、电子邮件法、随机IP法、视频会议法、在线访谈法、搜索引擎等；按照调研者组织调研样本的行为不同，可分为主动调研法和被动调研法。主动调研法是指调研者主动组织调研样本，完成有关调研；被动调研法是指被调研者被动地等待调研样本单位造访，完成有关调研。

1）站点法。将问卷置于网络中供受访者自行填答后传回。

2）电子邮件法。通过向被调研者发送电子邮件，将调研问卷发送给一些特定的网上用户，由用户填写后又以电子邮件的形式反馈给调研者。

3）随机IP法。随机产生一批IP地址作为抽样样本进行调研的方法，其理论基础是随机抽样。

4）视频会议法。视频会议法是基于Web的计算机辅助访问，它是将分散在不同地域的被调研者通过互联网视频会议功能虚拟地组织起来，在主持人的引导下讨论所要调查的问题。

5）在线访谈法。调研人员利用网上聊天室或BBS与不相识的网友交谈、讨论问题，以寻求帮助、获取有关信息。

6）搜索引擎法。利用网络的搜索服务功能，通过输入关键词就可以通过搜索得到大量的现成资料。亦可直接进入政府部门或行业管理网站，搜集有关的统计数据和相关资料。此外，搜索引擎还能够为市场调研策划提供许多相关的知识和信息支持和帮助。

（3）网络调研法的应用

网络调研法主要是利用企业的网站和公共网站进行市场调研，有些大型的公共网站建有网络调研服务系统，该系统往往拥有数十万条记录的有关企业和消费者的数据库，利用这些完整、详细的会员资料，数据库可自动筛选受访样本，为网络调研提供服务平台。

网络调研的应用领域十分广泛，主要集中在产品消费、广告效果、生活形态、社情民意、统计网上直报、产品市场供求调研等方面的市场调查研究。

网络调研框架如图4-14所示。

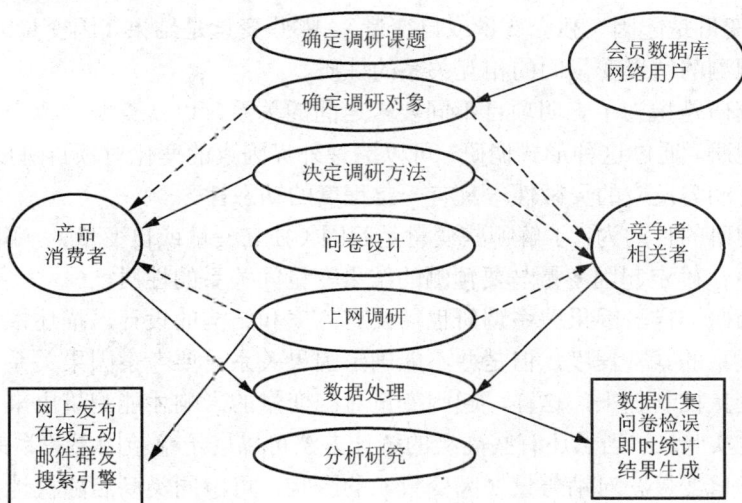

图4-14　网络调研框架

第四节　因果关系调研设计

一、因果关系调研

人们对事物和现象的认识不会只停留在全面了解其状况的层次上。在认识到现象"是什么"及其状况"怎么样"的基础上，还需要明白事物和现象的因果关系，这就需要因果关系调研。

1. 因果关系及因果关系调研的含义

要探讨因果关系，首先当然要定义什么是因果关系。这里不再谈论哲学意义上的因果关系，只从统计意义上介绍其定义。

　　从统计的角度，因果关系是通过概率或者分布函数的角度体现出来的：在宇宙中所有其他事件的发生情况固定不变的条件下，如果一个事件 A 的发生与不发生对于另一个事件 B 的发生的概率（如果通过事件定义了随机变量，也可以说是分布函数）有影响，并且这两个事件在时间上有先后顺序（A 前 B 后），那么我们便可以说 A 是 B 的原因。当我们说 A 与 B 之间具有因果关系，如果 A 是因，B 是果，则 A 与 B 之间必须具备以下四个必要条件：①A 与 B 共变，也就是 A 增加（或减少）B 也增加（或是减少）；②A 发生在 B 之前，也就是"前因""后果"；③A 与 B 之间的关系具有理论上的联结；④A 与 B 之间的关系不是伪关系。

　　原因在先，结果在后（简称先因后果）是因果联系的特点之一，但原因和结果必须同时具有必然的联系，即二者的关系属于引起和被引起的关系。"在此之后"不等于"由此之故"。了解哪些变量是起因（独立变量或自变量），哪些变量是结果（因变量或响应）。确定起因变量与要预测的结果变量间的相互关系的性质。

　　因果关系调研是指为了查明项目不同要素之间的关系，以及查明导致产生一定现象的原因所进行的调研。通过这种形式调研，可以清楚外界因素的变化对项目进展的影响程度，以及项目决策变动与反应的灵敏性，具有一定程度的动态性。

　　因果关系调研的目的为：了解哪些变量是起因（独立变量或自变量），哪些变量是结果（因变量或响应）；确定起因变量与要预测的结果变量间关系的性质。

　　和描述性调研一样，因果关系调研也需要有方案和结构的设计。描述性调研虽然也可以确定变量间联系的紧密程度，但并不能确定因果关系。要考察因果关系必须将有些可能影响结果的变量控制起来，这样，起因变量对因变量的影响才能测量出来。研究因果关系的主要方法是实验法。当然还有些高级的统计方法可以用于检验因果关系的模型。例如，为了检验包装（自变量）对销售量（因变量）的影响，可将同类商店随机地分为两组，分别出售新包装的商品和原包装的同种商品，最后再进行比较。虽然解释性研究的方法与其他研究方法不太相同，但也不应将其孤立起来看。事实上，在许多调研中，探索性的研究、描述性研究和解释性研究的设计都是相互补充的。

　　例如，我们要调研某一新的消费品投入市场定价多少比较合适，采用问卷式调研方法，我们是让被调研对象填写调研问卷，至于他的行为和他所想的是否会一致，我们无法知道。采用观察法来进行调研，我们只是观察顾客的行为特征，他看了几次这种产品，为什么看看又没买的原因，我们无从知道。如果我们要具体知道哪种价格比较有效，能得到最大的销售量和市场占有率，做法是选同样规模的几个商店，摆放相同类型的商品组，但不同的商店商品的价格可以不同，然后统计其销售量的情况。这必须通过因果关系调研来设计解决。

　　2.　因果关系调研的适用范围

　　1）建立适当的因果次序或事件次序。
　　2）测量推测原因与结果间的相关性。
　　3）确认表面上合理的其他解释或原因性因素是否存在。

比如在市场营销调研中，一般应包括（根据范围呈递减次序排列）：市场潜力预测，市场特征明确化，市场份额分析，经营倾向分析，竞争产品研究，短期观测（最长为一年），新产品接受程度与潜力，长期预测（一年以上），价格研究，现有产品研究，销售区域和数量的明确化。

3. 因果关系调研的方法

因果关系调研的方法就是实验法，调研者通过变量设计，控制某一或某几个自变量，通过观察这些因素的变化对因变量的影响。

二、实验调研法

（一）实验调研法概述

1. 实验调研法的含义

实验调研法又称实验观察法，它是通过实验设计和观测实验结果而获取有关的信息；是在可控调研设计中，依据一定的理论假设，有目的地改变一些市场因素（自变量）；是控制无关因素，观察记录另一些市场因素的变化，到了一定时间后，在统计分析的基础上，找到两类市场因素之间的内在联系验证理论假设的方法。

自变量也叫实验变量，它是指实验者操作的假定的原因变量。

因变量也叫反应变量，是自变量作用于实验对象后出现的市场结果。

无关变量是指自变量与因变量之外的一切变量。

例如，某酒厂的瓶酒销售量上不去，初步分析可能是瓶酒包装太陈旧、缺乏吸引力。该厂决定对瓶酒包装进行更新的实验，即先对少量瓶酒由旧包装改为新包装，而后再拿到市场上试销，看看新包装的瓶酒销售量能否增加。如果试销结果销售量大增，那么企业就可以决策，对所有的瓶酒进行新包装。这种调研方法就是实验调研法。

2. 基本概念

（1）自变量

自变量也称为实验变量或处理变量，指实际上引入的变量，是实验者能控制处理的、而且效果可以测量和比较的变量。

自变量的不同量值或种类称为水平，每一个水平就是一种实验处理。一般而言，它有几个水平是明确的。如包装方面，有纸、玻璃、塑料三种不同的包装设计，那么就是指包装变量有三个水平。价格方面，如要作提高 2%、10% 和不提高三种不同价格的试验。广告方面，旧广告和新广告两种等。实验时大多是只保留一个自变量，有时也可保留 2~3 个自变量。这是和调研目的紧密相关的。

（2）因变量

因变量由自变量的变化而引起变化的变量。

如在包装设计与销售量的关系中，销售量就是因变量。在市场研究中，常见的因变量有销售量、市场占有率、满意度、品牌知名度、利润等。

如在商品价格与销售量关系的研究中，销售量就是因变量。

（3）外部变量

我们是根据自变量的变化对因变量变化的影响来决定对自变量取值的取舍。但影响因变量的因素，除自变量之外，在市场营销中还有很多，如实验商店的位置、规模、知名度、信誉等。这些因素统称外部变量。

外部变量是指自变量和因变量以外的影响因素。外部变量可以影响因变量的测量值，因而使实验的结果变弱或无效。外部变量是市场实验中必须努力加以控制和排除的。

理想的外部变量应该对每一个实验单位都是一样的，这几乎不能做到。但我们应尽可能对其加以控制，使之尽可能小地影响因变量的变化。

外部变量有两类：一类是实验者可以加以控制的各实验对象之间的差别，如商场规模、地理位置、消费者的购买力等；另一类是实验者难以控制的，如气候、季节、商业状况、竞争对策和行动等。通常只有通过对实验对象的随机抽样来减少或平衡掉它们对因变量的影响。

比如，某冷饮制品厂试制了某种冷饮新品种，初次投放市场，颇受欢迎，但在试销期间却遇北方冷空气降临，气温突变，冷饮无人问津；或是在其试销点邻近有其他牌号的冷饮店正大作广告宣传，引起了顾客的好奇心，致使其产品大受冷落；或者是在其试销点周围有其他饮料正在削价倾销，吸引了一部分购买力等。因此，使某冷饮制品厂不能准确认定其新产品试销的自变量与因变量的因果关系。

（4）实验效果

实验效果指处理后的结果，一般要量化表示。

（5）实验组

实验组是指一组被研究的对象。

（6）对照组（控制组）

对照组（控制组）指不引入实验处理的实验组。

根据市场调研的目的不同，根据是否设置对照组和组数的多少，可以设计出多种实验方案。着重介绍几种基本的、常用的实验设计。

3. 市场调研实验的操作步骤

1）定题就是提出实验课题。定题要遵循有价值、有创造性和可行性等原则。

2）建立实验假说。所谓假说，就是实验者对自变量（实验变量）与因变量（反变量）之间关系的推测与判断。它是自己的市场调研经验、科学理论、他人经验综合加工的结果（好比实现理想先要有幻想）。

例如，零点调查公司的研究者看到某委托公司的产品没有得到市场的全面认可，市场认知度一直不高，于是确定了"提高产品市场认知度市场调研实验"项目建立了"提高产品宣传力度，加强公司产品渠道建设"的假说，开展了公司产品提高市场认知度实验。

实验假说具有三个特征：假说应当设想出实验变量与反变量之间的关系。假说要用表述或条件句的形式明确地表述出来。假说应当是可以检验的。

3）实验设计。实验设计是指实验者在实际着手验证假说之前制定的实验计划，它的目的在于更科学、更经济地验证假说，实验设计的问答主要有以下几个方面：①实验变量的操作与控制，确保实验者依据实验要求操作不走样（自变量）；②反映变量的观测方法（因变量）、测量手段：通过制表、绘图等进行比较分析；③无关变量的控制措施（消除法、恒定法）；④实验对象的选择（被式选择）；⑤实验的组织形式（单组或等组）；⑥实验数据处理方法的确定。

4）实验的实施。实验的实施就是实验工作者按照设计的实验方案，操作实验变量，控制无关变量，观察、记录、测量反应变量，搜集实验信息的过程，也就是将实验方案物质化、现实化的过程。

实施设计（计划）必须做到以下两方面工作：①实验进程的控制，保持实验过程按实验设计的要求、程序进行；②经常地有重点地客观地搜集实验信息与资料、观测反应变量，为因果推论提供事实和依据。

5）实验进程的控制需做好以下工作：①健全实验组织机构，准备好实验的表格与器材；②处理好市场调研实验过程中的"动"（实验因子、实验变量）"静"（非实验因子，无关变量）关系；③做好阶段性总结。阶段性小结的目的是查明在实验措施的作用下，反应变量每个阶段的变化情况，并认真地、事实求是地记录下来，看看哪些主观假说被验证，哪些被推翻，哪些有待于进一步验证。从而及时发现问题，为修改方案，进一步做好下一段工作提供依据与经验。

6）资料的统计处理。对在实验过程中积累起来的资料，采用科学的统计方法进行统计分析。一般是先用描述的方法把反应结果的原始资料加以列表、图示或计算该资料的平均数、标准差和相关数等，然后再用推断统计的方法来检验自变量与因变量之间的关系。在市场调研实验中常用的推断统计方法有卡方检验、t检验、F检验等。

7）实验报告。实验报告是反应一项实验的过程及结果并将其公布于世的文字材料，是市场调研科研成果的一种重要形式。

8）市场调研信息情报。搞市场调研实验离不开市场调研信息情报。市场调研信息情报贯穿于市场调研实验的始终。选题、建立假说、实验设计、实施实验、撰写实验报告这一整体过程，体现了情报获取、情报处理、情报运用和情报传递的全部内容。

（二）怎样写实验计划

实验计划是在实验开始操作之前制定的关于实验的内容和实施办法的文件。它是在实验设计的基础上加上实验课题形成的背景与实验目的和人员的组织分工与条件保障两大部分后形成的书面材料。

1. 背景与目的

这一部分主要是说明：为什么要搞这项试验？这一项目是怎样确定下来的，搞这项实验要证明怎样的推断，探索一个什么规律，以及这一实验的目的和意义究竟是什么。

1）实验项目的确定过程一般源于以下几种原因：一是源于市场调研中的问题；二是源于公司的要求；三是源于市场调研经验的升华；四是源于理论的启发。而大多数实验项目的提出是以上多种原因的综合作用所致。题目（项目）确定下来之后要对其必要性和可行性予以论证。（这部分内容一般以"选题的确定"为小题目。）

2）实验假说。实验在一定意义上说是通过控制验证假说的活动。一个科学的实验在实验前应有明确的假说。假说即在被实验和逻辑证明之前那些凭经验作出的判断。一般的条件句或陈述句明确地表达出来。

3）实验的目的与意义。目的一般有两个方面：一是验证假说，探索市场营销规律；二是解决市场营销决策问题。意义也是两大方面：一是丰富公司科学管理决策；二是提高公司市场营销能力和水平。

2. 实验设计

实验设计也叫实验方法。

（1）自变量（实验变量）的操作定义与控制措施

给实验变量下操作定义就是把抽象的概念形式的实验变量转化为客观、具体的指标或行为措施，从而使市场调研设想科学地转化为具体的可控制的操作步骤，以便于实验者作严密的操作和观察记录。

实际上，对实验变量下操作定义就是规定变量在实验过程中的操作程序。如果实验变量不能以程序的形式给出，那么就要把变量分解成一项具体可遵照操作的要求。实验变量的控制措施一般通过集中培训和平时检查指导来完成，以确保实验的准确进行。

（2）因变量（反应变量）的观测指标与观测方法

1）市场调研实验的观测指标多数是消费者的消费行为及其心理、态度、观念的变化。

2）确定因变量的观测指标就是把因变量变化用数字表示出来。

3）在选择实验的因变量即反应变量时，最好选择那些有量表或自己能够制造测量手段的因素来当取应变量，而且，要在实验计划中说清究竟怎样测出这些因素的变化。

（3）无关变量（无关因子因素）的控制措施

在市场调研实验中，通常采用清除法、恒定法、平衡法、代表性策略和盲法控制来控制无关变量。

1）清除法：消除某些市场因素。

2）恒定法：前后不变的市场行为。

3）平衡法：分组实验中，各组的作用相同。

4）盲法控制：让消费者（以及实验者）不知道是在搞实验，以消除其实验意识和实验情绪。

5）代表性策略：选择"普通"（广告、渠道）确保代表性便于推广。

（4）被式选择

被式选择即实验对象的选择，一般是消费者的选择，除代表法外，常使用的是扯样法。抽样法即总体中抽出一定数量的个体组成一个既比总体小，又能反映总体性质的样本。抽样法主要有：①简单随机抽样；②机械抽样；③分层抽样；④整群抽样。

（5）实验的组织形式

实验计划中要说清被式是怎样组织的，也就是说明是做单组实验，还是做等组实验，或者是什么其他的等组形式。

单组实验是对随机抽取的一组被式先后施加两种不同的实验措施，在无关因子保持恒定不变的情况下，观察测量因变量的变化，从而确定自变量与因变量之间关系的组织形式。

等组实验设计是指两个或两个以上条件大致相同的组作为实验对象。一个组接受某个实验因素的影响，另一组无实验因素的影响，或两个组同时分别接受不同实验因素的影响，其他各种条件保持不变，然后比较市场调研实验因素影响与实验因素影响的不同效果或两种不同实验效果，从而证明实验因素对反应变量是否产生了促进作用或证明两种实验变量是否有明显的差别。

（6）资料的收集与处理方法

说明用什么方法和争取观测出因变量的变化，最后用什么统计方法判断实验手段是否有效。

3. 实用人员与条件保障

1）课题组成员及分工。这部分要把课题组的主要成员的姓名以及分工都写清楚。如组长、副组长等。

2）实验所需要的仪器设备及其他条件保障。有的实验需要特殊的仪器设备或必不可少的条件，实验计划应说明对这些必备和条件是否能够满足。

（三）怎样写实验报告

写实验报告是市场调研实验的最后一环，也是收获成果的关键一步。应按照科学的程序和格式做好这一结尾工作。市场调研实验报告（是搞好市场调研实验的最后一环）的格式与内容如下：

标题：××省××股份有限公司实验报告

实验单位，作者姓名

1. 背景与目的（问题的提出）

1）实验课题确定的过程。

2）实验的假说。

3）实验的目的及意义。

这部分与实验计划的内容基本相同，但是如果在实验的实施过程中，对实验计划中的这部内容有所改变，那就要以改后的内容为准。

2. 方法

1）被式的选择方法与组织形式。这部分与实验计划中的内容一样。

2）实验变量的操作方法及辅助措施。这部分内容一方面要根据实验计划的内容来写，另一方面更要以事实为根据，把实验变量的实际操作程序或特点，全面详细地写出来。如果实验变量没有操作程序，那就要把实验措施和有关的要求说清楚。如果除了主要变量外还有一些辅助措施，那么就要把这些措施全部都说明白。

3）无关变量的控制方法。主要说明在实验中是怎样控制无关因素的，一般应指出具体的控制方法。

4）因变量的观测方法。即说明用什么方法获得的关于因变量（反应变量）变化数据，采用的什么量表，什么仪器，广告宣传的是在哪一级媒体做的等。

3. 结果

1）实验中得到的原始数据的描述统计结果。

2）根据描述统计的结果，采用推断统计获得的结果。

实验报告的结果部分常常是一些表格和图以及根据这些数据表格中的数据推断出来的统计结果。按要求，实验报告最好运用推断统计下结论，让数字说话，让事实说话，而不能仅仅依靠工作中的成绩，来作为实验成功的依据。结果部分所列的全部内容必须来自本实验，既不能任意修改，增删也不要添加自己的主观见解。

4. 讨论与结论

1）是否验证了假说？为什么？

2）对公司有什么促进作用？

3）有哪些意外的发现？

4）有什么建议？

讨论与结论有时分开写，有时合在一起写，现在多数报告都合在一起写，一边讨论，一边下结论，还有的结果和讨论放在一部分，把结果单列出来，有时甚至把结果讨论结论三部分合在一起写，这也是可以的。"结论"部分在保证写清所要求的四部分内容外，要特别注意以下两点。

1）结论要简短，不要长篇大论。

2）结论一定要以本实验的结果和分析为依据，不能夸大，也不能缩小，要确切、客观地反映出整个实验的收获。

5. 附录

实验报告的结果往往是很多表格图像，一般在实验报告里写不全，所以经常以附录的形式，把必要的材料附在报告的后面。

（四）实验调查法的设计类型

1. 实验前后无控制对比实验

通过记录观察对象在实验前后的结果，了解实验变化的效果。观察对象只有一个实验单位，实验因素也只有一个。

如表 4-10 所示，某企业生产 A、B、C 三种产品，企业打算提高 A 产品价格，以刺激 B、C 两种产品的市场需求。在特定的商场实验一个月，实验前后均统计一个月的产品销售量。实验测试表明，A 产品提价后，销售量下降 1000 件，但 B、C 两种产品销售量分别增加了 1200 件和 1000 件，表明 A 产品提价，对 B、C 两种产品的销售具有刺激作用，故 A 产品价格调整是成功的。

表 4-10　A、B、C 产品销售测验统计

产品	销售价格/元		销售量/件		销售变动/件
	实验前	实验后	实验前	实验后	
A	80	100	3000	2000	−1000
B	90	90	2000	3200	1200
C	95	95	1800	2800	1000
合计	—	—	6800	8000	1200

2. 实验前后有控制对比实验

设置控制组和实验组，控制组和实验组的条件应大体相同，控制组在实验前后均经销原产品，实验组在实验前后均经销新产品，然后对实验前后的观察数据进行处理，得出实验结果。

例如，某食品公司欲测定改进巧克力包装的市场效果，选定 A、B、C 三家超市作为实验组，经销新包装巧克力，D、E、F 为控制组，经销旧包装巧克力，实验期为 1 个月。实验前后一个月的销售量统计如表 4-11 所示。

表 4-11　巧克力新包装销售测验统计　　　　　　　（单位：盒）

组　别	实验前销量	实验后销量	变　动　量
实验组	2000（新）	3200（新）	1200
控制组	2000（旧）	2400（旧）	400

实验前后对比新包装巧克力销售增加了 1200 盒，控制组在实验前后旧包装巧克力销售增加了 400 盒，实验效果为 1200−400＝800（盒），即巧克力采用新包装有利于扩大销售。

3. 控制组与实验组连续对比实验

为了消除非实验因素的影响，可采用控制组与实验组连续对比实验。控制组在实验前后均经销原产品，实验组在实验前经销原产品，实验期间经销新产品，然后通过数据处理

得出实验结果。

例如，某企业拟测度某种糖果新包装的市场效果，选择 A、B、C 三家商场为实验组，D、E、F 三家商场为控制组，实验期为 1 个月，其销售量统计如表 4-12 所示。

表 4-12　糖果新包装销售测验统计　　　　　　　　（单位：吨）

组　别	实　验　前	实　验　后	变　动　量
实验组	7.50（原包装）	10.18（新包装）	2.68
控制组	7.38（原包装）	8.13（原包装）	0.75

实验组的新包装糖果比原包装糖果在实验前后增加了 2.68 吨，扣除控制组增加的 0.75 吨和实验前两组的差异 0.12 吨，实验结果表明新包装糖果比原包装扩大了销售 1.81 吨，改进后的新包装的市场效果是显著的。

4. 单因子随机试验

单因素随机试验涉及的因子只有一个，而这个因子又具有不同的状态或水平，试验的目的在于判断不同的状态或水平是否具有显著的差异，哪种状态或水平的效应最显著，以决定行动的取舍。具体做法是随机抽取实验单位，要求这些实验单位分别对试验因子的不同状态进行特定的实验活动，并记录其结果，通过数据处理和检验，得出实验结果。

例如，某广告公司为某企业设计了三套电视广告脚本，欲测试它们的效果，判断哪一套广告脚本效应最好。为此，随机抽取了 15 名消费者，分为 5 组，每组 3 人，每组分别观看电视广告脚本的三套方案，并要求每组对不同广告方案的效果给出评分（百分制）。试验数据整理如表 4-13 所示。

表 4-13　广告脚本方案消费者评分统计

组　别	方　案　一	方　案　二	方　案　三
1	71	87	98
2	70	83	92
3	74	86	89
4	68	80	95
5	72	83	88
平均分值	71.0	83.8	92.4
标准差	2.0	2.48	3.72

可以看出三套电视广告脚本方案的消费者评判均值是不同的，方案一为 71 分，方案二为 83.8 分，方案三为 92.4 分。同时各样本组对三套方案的评分值均具有一致的倾向性，因此，方案三的测试效果最好。在实际应用时，往往各状态或水平的观察数据往往存在着随机性，为了得出更为准确的实验结论，还可采用方差分析并作相应的统计检验。

5. 双因子随机实验

这种实验是同时考察两种因子或因素对试验变量（指标）的影响，借以寻找两种因子的最佳组合。例如，研究不同的广告方案和不同的价格方案对产品销售的影响，寻求广告与价格的最佳组合策略，研究不同的产品配方与加工工艺对产品质量的影响，寻找最佳的产品配方与加工工艺组合方案等。

例如，某企业为了测试三种不同的产品包装和三种不同的价格方案对产品销售的影响，选择三家经营条件大体相同的商场进行了为期 2 个月的试销试验，并分别记录了 2 个月的不同包装和不同价格组合的产品销售量，如表 4-14 所示。

表 4-14　产品包装与价格组合试销数据

价格因子（B） 包装因子（A）	（商场一） B1		（商场二） B2		（商场三） B3		横向平均
A1	264	300	322	346	360	340	322
A2	288	312	274	286	290	314	294
A3	230	272	326	342	342	322	314
纵栏平均	286		316		328		310

从表 4-14 中的数据可以看出产品包装和价格的组合对产品的销售量是有显著影响的，在采用包装方案 A1 和价格方案 B3 时，产品销售量最大（360＋340）/2＝350（件），最优方案为 A1B3。需要说明的是，产品包装与价格组合对产品销售量的影响，亦可运用方差分析进行显著性检验。

（五）实验调查的优缺点

主要优点：实验调查法是在一种真实的或模拟真实环境下的具体的调查方法，因而调查结果具有较强的客观性和实用性；实验调查可以主动地进行实验控制，以及较为准确地观察和分析某些现象之因的因果关系及其相互影响；可以探索在特定的环境中不明确的市场关系或行动方案；实验结果具有较强的说服力，可以帮助决定行动的取舍。

主要缺点：时间长、费用多；具有一定的局限性，只能识别实验变量与有关因素之间的关系，而不能解释众多因素的影响；具有一定的时间限制。

═══════ 小　　结 ═══════

我们将市场调研设计大致分为两类：探索性调研和结论性调研。探索性调研寻求最初的调研观点或灵感，并对未来需要的调研指明方向；而结论性调研旨在核实上述观点，并协助决策者选择特定的行动路线。

开展探索性调研最常见的方式包括：分析二手数据、深度访谈专业人士、召开焦点小组访谈会和映射法。从调研者的角度而言，这些方式都是非常灵活的。探索性调研的有效性在很大程度上取决于调研者的资源和技能。

结论性调研有两种方式：描述性调研和因果关系调研。描述性调研的目的是通过观察和访问来了解人们的行为、意向、态度、感知、动机及生活方式的问题，以达到对管理决策问题和营销问题的解决；因果关系调研就是通过实验法，通过控制条件下的数据，从而在变量之间建立更明确的因果关系。而常用的实验设计有：单一实验组前后对比实验、实验组与对照组对比实验、实验组与对照组前后对比实验。这些都是实验调研中经常采用的设计方法。

====================== 复习与思考 ======================

一、简答题

1. 什么调研设计？它有哪几种分类？
2. 如何评价二手数据？
3. 如何组织小组座谈？
4. 深度访谈有何提问技巧？
5. 观察法的特点是什么？其局限性主要有哪些？
6. 简述市场访问调研法的特点。
7. 试比较标准化访问和非标准化访问两种方法的异同。
8. 怎样理解实质性问题及其具体的分类？
9. 怎样利用引导和追询的方法更好地控制访问过程？
10. 试述访问法的优缺点。
11. 简要回答实验设计的主要内容。
12. 简述集体访问的内容要点。
13. 应用观察法搜集市场资料时需要特别注意哪些问题？
14. 应用实验法搜集市场资料时需要特别注意哪些问题？

二、论述题

1. 论述探索性调研设计、描述性调研设计和因果性调研设计的联系和区别。
2. 试论述怎样做好焦点小组访谈会。

三、实训题

1. 互联网在二手资料收集中的应用

在多媒体教室进行，由教师指导，学生操作。

1）登录国家统计局网站。可收集社会经济统计年度数据和月度数据。

2）登录中国人民银行网站。可收集金融统计、货币供应、股票交易统计数据。

3）登录各省市区统计局网站。可收集各省市区社会经济统计数据。

4）进入百度或 Google 搜索网站，输入有关行业网站名，可收集有关行业的统计数据和相关资料。

5）进入百度或 Google 搜索网站，输入想调查或研究的课题或问题，可收集有关的同类研究的相关资料。

2.（焦点）小组访谈模拟训练

在教室进行，由教师划定小组座谈人员 8～10 人、指定主持人。要求主持人引导学生对下列主题进行焦点访谈。

1）我院学生的节能环保意识（组 1）。

2）我院学生的考研意识与行为（组 2）。

组 1 座谈结束后，学生代表和教师应对主持人和访谈主题的深度进行点评，然后再进行组 2 的焦点座谈、点评。

3. 面谈访问模拟

在教室进行，由教师指导，学生利用自己设计的问卷，自由选择被访问者进行面谈访问，其他学生旁听，面谈访问结束后，访问者、被访问者和其他学生进行评说，教师点评。

1）访问者对被访问者的配合度、回答的真实性进行评说。

2）被访问者对访问者的面访态度、技巧、语言、问卷设计的优劣进行评说。

3）其他学生代表对访问者的面访态度、技巧、语言、问卷设计的优劣进行评说。

4）教师点评。

以上过程可进行 3～4 次。

第五章　测量技术与量表设计

教学目标与要求

➢ 理解测量的概念；
➢ 掌握测量类型与量表类型；
➢ 掌握类别量表和连续性量表设计技术；
➢ 了解测量的信度与效度的含义。

本章知识逻辑结构图

本章知识逻辑结构图如图 5-1 所示。

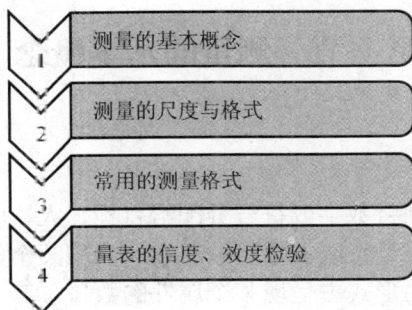

1	测量的基本概念
2	测量的尺度与格式
3	常用的测量格式
4	量表的信度、效度检验

图 5-1　本章知识逻辑结构图

导入案例

消费者的购物行为变量怎样影响贵州赖茅酒的销量

数据往往会清晰地告诉我们所不知道的现实，你知道吗？44%以上消费者的消费行为是事先没有计划的，而剩下的 60%的消费者也会在消费期间临时购买计划之外的物品。

而促成这些购买行为的原因则是多种多样的，有研究者总结，影响消费者临时购物的一共有 32 个变量。然而，作为贵州赖茅酒企业，是不可能掌握这么多变量的，因此就要从中挑选占据分量最大的因素来着手，引导消费者购买它们的产品。

首先影响消费者的有卖场富有吸引力的陈列展示、场过道堆头或是因为促销消费者一时冲动等因素。其次顾客的年龄、收入及其独特的购买方式等比卖场促销环境更能对冲动购物行为产生影响。

了解了消费者真正的购物原因和冲动购物的因素，贵州赖茅酒企业就可以根据这些因素来调整自己的营销策略，吸引消费者，并给客户一个购买赖茅酒产品的理由。如着重布置卖场的产品陈列，增加促销活动等。但是同时要注意控制成本，认真做好预算等，这样企业就可以安心地进行计划了。

（资料来源：http://www.huaiqiao.com/htm/2012720/71218.htm）

上面的案例中，影响消费者临时购物的 32 个变量是怎么来得？这就是本章要探讨的内容——测量与量表。在市场调研中，测量更占有重要的地位。因为如果没有精确的测量，那么所有的研究数据就会失去客观分析的基础。尤其为了追求市场真相，市场调研的测量较一般生活上的各种度量有更高的要求，测量的方法牵涉不同的理论根据，测量的实施更具难度，这些使得测量问题在社会科学领域自成一门学问。同时随着领域的不同与研究课题的差异，测量的内涵与焦点有所不同，使得测量这一门学问在不同的学科中有着极为不同的面貌与内涵，例如经济领域的经济计量学，多偏重于预测模型的建立，时间序列数据的分析，而心理学的心理计量学，必须面对抽象心理特质的测量问题。本章介绍应用于市场调研领域的一般测量方法，首先探讨了测量数据的性质差异，也就是各种"变量"的基本概念，再介绍市场调研领域经常使用的测验评量工具，比较不同问卷的格式及应用的差异。

第一节　测量的基本概念

一、测量的意义

测量是指按照特定的规则将数字或符号分配给目标、人、状态或事件，将其特性量化的过程。测量又是运用一套符号系统去描述被观察对象的某个属性的过程。此符号系统有两种表现形式：第一以数字的形式去呈现某个属性的数量，第二以分类的模式去界定被观察对象的某个属性或特质是属于何种类型。前者是一个度量化的过程，后者则是一种分类的工作。在多数情况下，市场调研者进行测量工作主要是在进行精密的度量，亦即采用前者的界定，于是测量便与工具（量尺）的选用和统计分析的应用有密切的关系，这即是很多人把测量与统计画等号的原因。

从市场调研的观点来说，测量是一个将调研设计问题予以"变量化"的具体步骤，也就是把某一个属性的内容，以变量的形式来呈现。此时，被观察对象可能是个别的消费者、一个群体、某种现象或各种实体对象。一套具有科学意义的测量过程，除必须符合标准化的原则，还需达到下列五个目标。

第一，客观性。一个有意义的测量应不受市场调研者的主观因素而影响其结果，同时其过程应有具体的步骤与操作方法，以供他人检验。在消费行为科学的研究当中，许多心理特质不易掌握其操作型定义，因此测量的客观性遭到相当的质疑，许多统计方法因而被发明出来，以克服心理特质测量的难题。

第二，数量化。测量的主要功能之一，是提供具体的数据来描述市场调研者所关心的现象。经由数量化的过程，市场调研者可以避免使用模糊的文字或概念进行研究，以明确的指标，配合数学的原理应用与统计的技术，提出强而有力的证据与研究结论，协助管理者进行决策。

第三，沟通性。就像所有的调研活动一样，标准化的测量可以产生一些具有特定格式、具体明确的指标与数据，因而能够提供给所有的市场调研者作为参考与比较。市场调研活动的价值，在于可以不断累积各种研究发现，如果这些市场调研活动缺乏一套所有市场调研者共同接受的标准与规范，研究结果与发现即无法相互沟通，便失去了研究的价值。

第四，经济性。经由标准化的测量活动，市场调研者得以有效运用其有限的时间与资源，专注于特定现象的测量与分析。相对地，主观的评估与分析除了偏误的威胁之外，所耗费的时间与精力是市场调研者必须付出的代价。

第五，科学的类化。标准化的测量，协助市场调研者客观、具体地去探索市场现象或心理属性。一个严谨的市场研究，可以从所观察的对象或所操作的实验控制当中，去建立一套具有解释力的原理与通则，并扩大到其他的场景当中。这就是市场调研价值的体现，必须有赖市场调研者良好的训练、严谨的研究设计与执行，测量或统计分析，在其间皆具有关键性的作用。

二、测量与统计的基础——变异

随着影响市场各个要素每时每刻的变化，每一个市场调研人员，时时在做着测量工作，如超市的顾客流量、商圈的半径、消费者的成熟度、顾客购买商品的频率、广告的效度等。除了频繁的测量，调研者的思考、判断与决定，都与测量脱离不了关系，可见测量的客体是每时每刻都在发生变化的。这就是变异，变异的存在给市场调研者提出了挑战。

1. 变量与常数

变量是指没有固定的值，可以改变的量。所谓市场变量，是市场研究目标和影响其变化的各种因素之总称。表征市场研究目标的市场变量，称因变量。表征影响市场研究目标的各种因素，称自变量。

一个变量一般由元素、变量和观测三部分组成。

（1）元素

我们所研究的对象由各元素组成。市场数据资料就是关于各元素的有关特征的信息。表 5-1 中的元素就是各顾客。

表 5-1　顾客个人资料表

姓　名	性　别	年龄/岁	身高/米	体重/千克	民　族	公司服务年限/年	受教育年限/年
甲	男	33	1.85	65	汉	3	18
乙	女	25	1.65	55	回	2	16
丙	男	26	1.72	60	满	1	15
丁	女	35	1.60	53	回	4	16
戊	男	32	1.83	68	汉	2	19

（2）变量

变量是关于元素的一种属性或特征。表 5-1 中年龄是各顾客的一个特征，这些特征对于不同元素取不同的结果，所以称为变量。其中结果用数字表示的，称为定量变量，不可用数字表示的，称为定性变量。

表 5-1 中年龄、身高、体重、公司服务年限、受教育年限是定量变量，性别、民族为定性变量。

（3）观测

一次观测的结果是指资料中关于某一元素所有各变量的信息。当一项市场调研工作开始时，首先要明确所研究的问题及为此需要的资料，之后就要考虑如何收集及到哪里收集这些资料，是间接引用现成的二手资料，还是直接自己动手收集。

若有现成资料可以引用，当然应尽量引用。这不仅为了节省费用和时间，而且因为某些资料（如历史性的、地域性的或专业性很强的），自己直接收集通常是不可能的。因此，要求市场调研工作者对现成的资料的情况（如各级政府公报、年鉴、期刊杂志、各种专业数据库等）必须了解，以便及时引用，同时还应掌握现代的检索方法。

当所需要的资料没有适当、现成的可以引用时，就需要自己动手直接收集，进行市场调研。为了获得所需要资料，在市场调研之前先要明确采取哪种研究方式。有两种取得统计资料的研究方式：实验式和非实验式（或称观察法）。

如果某一个市场属性或市场现象不因时、地、人物而有所不同，则称为常数。下面案例中的 100 分就是常数。

对以下品牌的商品各给予一定的分数，总分为 100 分。

① A 品牌（　　　）　　　② B 品牌（　　　）　　　③ C 品牌（　　　）

在选购西服时，对下列因素你是怎样认识的？请分别打分，总分为 100 分。

① 式样（　　　）　　　② 价格（　　　）　　　③ 面料（　　　）

2. 变量的类型

在市场调研当中，变量会因为所扮演的角色不同，被测量对象的特性不同，或是所使用的量尺类型的不同，而有不同的名称。从因果关系的角度来区分，变量可以分为自变量和因变量。自变量即原因变量，而因变量则为结果变量。在自变量与因变量的对偶配对关系中，自变量是不受任何因素影响的前置变量，而因变量的变化主要归因于自变量的变动。

从被测量的对象的性质来看，变量可分为离散变量和连续变量。前者是指被测量的对象，在变量的数值变化上是有限的，数值与数值之间无法找到更小单位的数值。例如，家庭子女数、某个都市的户数、商店数等。连续变量则指被测量的对象，其特征可以被变量中以无限精密的数值来反映。如果技术上允许，数值可以无限切割，例如，以货币测量销售额、以容积测量饮料、以温度计测量气温等，测量的刻度可以无限精密。

在数据分析实务上，连续变量系指利用等距或比率尺度等有特定单位所测量得到的变量，变量中的每一个数值，皆代表强度上的意义，又称为量化变量，相对之下，以名义尺度所测量得到的数据，数值所代表的意义为质性的概念，又称为类别变量。

最后若从测量的量尺来区分，变量可以分为名义变量、顺序变量、等距变量和比率变量。这四种变量分别由四种对应的量尺所测得，有关四种不同量尺的特性与比较，将在本章第二节中详细介绍。

知识拓展

市场调研中的变量

1）地理变量。如国家、地区、城市规模、气候、人口密度、地形地貌等方面的差异化变量。地理变量易于识别，是市场调研应予考虑的重要变量，但处于同一地理位置的消费者的需求仍会有很大的差异。

2）人口变量。如年龄、性别、家庭规模、家庭生命周期、收入、职业、教育程度、宗教、种族、国籍等人口统计变量。人口变量容易衡量，有关数据相对容易获取，因此是常用的变量。

3）心理变量。主要指消费者所处的社会阶层、生活方式、个性等心理因素变量。

4）行为变量。主要指消费者对城市产品的了解程度、态度和使用情况。具体包括购买时机、所追求的利益、使用者状况、使用数量、品牌忠诚度、待购阶段和态度等。行为变量能更直接地反映消费者的需求差异，因而是比较可靠的市场变量来源。

5）经营（或操作）变量。经营变量有助于在人口统计变量的基础上更精确地确定现有顾客和潜在顾客，而且变量通常也比较稳定，包括技术特征、产品和品牌的使用状况、顾客能力（含技术能力、财力、管理等）。

6）购买方式。这个变量因涉及组织的行为和哲学，因此很有价值，包括组织的购买标准、选购政策、供求关系、一般购买原则和影响购买因素等。

7）环境（或形势）变量。环境变量类似于经营变量，但它却是暂时的，需要对消费者有更具体的了解，包括订单履行的迫切性、产品适用性、订单大小等。

8）个性变量。因为做决策的是人而不是抽象的组织，因此，组织的细分变量中，个性是最不易了解却非常重要的信息。如购买动机、忠诚度、承受风险倾向和程度、决策风格（谨慎或果断）等。

第二节　测量的尺度与格式

一、测量的尺度

市场调查所涉及的问题不外乎两种：定量问题和定性问题。定量问题如价格、收入、销售量、市场占有率、年龄等，可以用数字表示；而定性问题如被调研者的看法、需求、意见等，一般难以用数字表达，而在很多情况下，市场调研的主要目的是了解人们的态度和意见。为了更准确地了解人们的态度、认识，可以采用一定的态度测量技术，把定性的问题用数量的形式表示出来。

市场调研中常用的测量尺度有高级与低级之分，这种尺度由低到高的排列顺序为：定类测量尺度、定序测量尺度、定距测量尺度、定比测量尺度。这四种尺度之间的关系为高级尺度的信息包括低级尺度的信息，并能够转化为低级尺度，反之则不成立。

1. 定类尺度

数字用于对事物的识别和分类。例如，用 1 表示男性，2 表示女性，再如，我们常见的"房间号"、"电话号码"等。在市场调研实例中，常用于品牌号、商店类型、性别分类，用百分比、众数进行描述性统计分析。

2. 定序尺度

数字不仅能识别和分类，还代表物体的相对位置，但没有指明差距的大小。例如，用"1"表示销售量第一，用"2"表示销售量第二，我们可知被测量现象的顺序差异，但它们之间的差距有多大并不知道。定序尺度常用于质量排序、联赛中各队的排名、社会经济阶层的排列及职业地位的排名。在市场调研中，定序尺度被用来测量相对的态度、观点、感受和偏好，用百分位数、中位数、序数等进行统计描述。

3. 定距尺度

定距尺度包含了定序尺度的所有信息，而且它还能够比较物体之间差别的大小。在市场调研中，用评价量表获得的态度数据通常被看成定距尺度。在定距尺度中，零点的位置没有固定，将物体 A、B、C、D 定级为 1、2、3、4 或者 33、36、39、42 是等价的，因此，定距尺度得出的数据可以做加减运算但不能乘除，常用算术平均数、标准差、简单相关进行统计描述。

例如，按自己的喜爱程度对几种品牌的电视机打分，若康佳得 30 分，创维得 25 分，我们可以说创维得分比康佳少 5 分。

定距尺度的缺点是没有绝对零点，造成不同种类商品之间不好比较。

4. 定比尺度

定比尺度具有定类、定序、定距尺度的所有性质和绝对零点，因此可以对物体进行分类、排序，比较它们间的差别，并且计算其比值。定比尺度常用于测量身高、体重、年龄、收入，用几何平均数、调和平均数和变异系数等进行统计描述。例如，测量商品周转量时，用"销售金额"就可相互比较，因为"销售金额"的单位不但是定距的，而且有绝对零点，即销售为零。

上述四种计量尺度对事物的计量层次是由低级到高级、由粗略到精确逐步递进的。高层次的计量尺度具有低层次计量尺度的全部特性，但不能反过来。显然，我们可以很容易地将高层次计量尺度的测量结果转化为低层次计量尺度的测量结果，比如将销售业绩成绩的百分制转化为五等级分制。在市场调研分析中，一般要求测量的层次越高越好，因为高层次的计量尺度包含更多的数学特性，所运用的统计分析方法越多，分析时也就越方便，因此应尽可能使用高层次的计量尺度。

四种计量尺度的比较如表 5-2 所示。

表 5-2　四种计量尺度的比较

科学特征＼计量尺度	定类尺度	定序尺度	定距尺度	定比尺度
分类（＝，≠）	√	√	√	√
排序（＜，＞）		√	√	√
间距（＋，－）			√	√
比值（×，÷）				√

二、测量格式的基本特性

1. 结构与非结构化测量

测量的结构化与非结构化反映了测量过程的标准化程度。一般而言，市场调研者在进行调研或行为测量之前，会预先拟定一套问题，编制成一套测量工具（问卷），所有的施测者或访问员必须完全依照测量工具所提供的标准刺激，去搜集受访者的答案或由受测者自填。此种具有一定格式与作答内容的测量问卷称为结构化问卷（结构化测验），适用于大样本研究。

相对之下，有些研究或调查，市场调研者并未预设特定的问题内容与方向，而取决于受访者本身的态度与意愿，在测量过程中，不同的受测者可能有不同的情况，访问者可以适时地介入测量过程，主导问题的方向。此种测量方法，标准化程度低，但是数据搜集的丰富性高，称为非结构化测验，多用于定性研究与访谈研究，且样本规模不宜过大，以免造成分析上的困扰。有时访问者会预先拟定一个问题纲要，在一定的范围内，采用非结构化、非标准化的测量，称为半结构测量。

在数据分析的策略上，结构化测量由于具有标准化的题目与作答方式，因此可以非常轻易地转换成量化数据，并进一步使用各种统计技术加以分析。而非结构化或半结构测量则偏重于质性的分析方法，多以概念性分析与意义的建构为主，即使产生了一些数字，这些数字仅以最基本的描述统计进行描述即可，量化数据的功能多主要在于佐证文本性的讨论。

2. 封闭式测量与开放性测量

结构化的测量工具，不论是心理测验、量表还是自编问卷，皆由市场调研者在数据收集之前针对研究的目的与问题预先准备，除了拟定题目之外，市场调研者多会预设受测者回答的内容或范围，设定题目的选项，此种有特定选项的问卷称为封闭式问卷，受测者完全依据研究者所提供的选项来做答，没有任何其他可能的答案。相反地，有些题目的答案分布于一定的范围内，是无法指定选项的，即使强制指定选项，也可能造成题目过度冗长，因此采用开放式的作答方式，如家中人口数、居住县市等，此类问卷称为开放式问卷。开放式问卷可以再细分为数字型问题及非数字型问题，前者多属顺序或等距量尺，由受测者直接填入数字，后者则类似于问答题，如文字型问题，由受测者填入可能的文字，或是一些绘图反应的投射法调研。

值得注意的是，数据型的开放式问题与封闭式问题皆直接以数字的形式对于题目内容加以度量，有些题目被设计成开放型或封闭型问题，可以视研究者的需求而定。例如，月收入的测量可以为下列两种：

A：您的月收入：□30 000 元以下；□30 000～49 000 元；□50 000～99 000 元；□100 000 元以上。

B：您的月收入约：_____万_____千。

问题 A 属于封闭型数字问题，问题 B 为开放型数字问题。从数据分析的观点，封闭式的问题与数字型的开放式问题最容易进行量化的处理，文字型的开放问题处理最为困难，通常需要额外的计分或量化的处理，才能转换成量化的变量。数字型的开放式问题，由受测者自行填写答案，可以提高变量的变异量与测量的精密度，广为行为科学研究者采用。许多统计技术以线性关系为基础，数字型开放问题能够提供离散量数的连续性变量，可以适用于较多的统计分析技术，有其统计检验上的优势。相对之下，封闭式的问题则仅能提供一定数目的选项，如将月收入切割为五个级距，在测量上，有损失测量的精密度、减少测量变量的变异量等缺点，但是具有易于处理、简单易懂的优点，统计处理上多以类别变量处理，可以搭配条形图、饼图等统计图表来呈现数据，在市场调研、消费研究中颇受重视。

三、量化研究的测量格式

测量的量表可分为不同的种类，如类别量表、顺序量表、差距量表、等比量表、总加量表等。不同种类的量表可用来测量不同的内容，解决不同的需要。在长期的市场调研实践中，人们已经将一些量表设计成标准化测量工具，用统一的指标来测量某些市场现象。但在市场调研当中，由于市场现象的复杂多变，一般还很少有统一设计的标准化量表，而必须由市场调研者根据研究问题的目的和市场现象的特点自行设计量表。

1. 类别量表

类别量表是最普通的量表之一，其目的是分类。它是根据被调研对象的性质进行分类，将数据分成各种相互排斥、互不相容的类别。这意味着任何一个数字都将适合于一类而且是唯一的一个类别。这些数字仅仅是用来分类或命名的，数字本身没有真实的意义，不能排序或加减乘除，它们只是一种标签或识别数字，别无他意。例如：

性别：1. 男性　　2. 女性

地理区域：1. 城市　　2. 农村　　3. 郊区

您是否有购房计划：1. 有　　2. 没有　　3. 不确定

类别量表得到的资料是各分类答案的数量，其平均态度值用众数表示，不能以算术平均数或中位数表示，但可计算各类答案的百分比以供比较。可供选择的统计方法有频数分析、比例分析、众数分析、部分相关分析等。

2. 顺序量表

顺序量表是表示各类别之间的顺序关系的一种量表。使用时，先在量表中列出若干答案，再由每个被调研者根据自己的态度来确定答案之间的顺序关系。例如：

请对下列品牌的电视机按 1 到 5 进行排序，1 表示最喜欢，5 表示最不喜欢。

松下＿＿＿＿＿＿＿＿＿　　　　　TCL＿＿＿＿＿＿＿＿＿

海尔＿＿＿＿＿＿＿＿＿　　　　　海信＿＿＿＿＿＿＿＿＿

康佳＿＿＿＿＿＿＿＿＿

1、2、3、4、5 等数字符号仅表示顺序，并不表明量的绝对大小，也不能表明两个数字之间的差距有多少。由于顺序量表的目的是排序，因此，任何可以代表顺序关系的数字都可以接受。上例中松下可以被指定为 45 分，TCL 为 40 分，海尔为 37 分，海信为 32 分，康佳为 35 分或其他数字，只要其顺序不改变即可。在顺序量表中，代表各类答案的数字不能做加减乘除运算，其平均态度值用中位数、众数表示。选择的统计方法有频数分析、百分比分析、平均分析等。

3. 差距量表

差距量表是表示各类别之间的顺序关系之间差距的量表。差距量表不仅能表示各答案之间的顺序，还可以测量各顺序位置之间的距离。同理，上例中如果松下得 20 分而海尔得 10 分，我们不能得出结论说对松下的喜欢程度是海尔的 2 倍。

使用差距量表得到的数据可以进行加减计算，但不能作乘除计算。其平均态度值用算术平均数表示，将所有被调研者对某一答案的分数汇总后除以人数，不同答案之间的平均态度值以算术平均数来确定顺序和差距关系。常用的统计方法有平均数、标准差、方差分析、回归分析等。

4. 定比量表

定比量表是表示各个类别之间的顺序关系成比率的量表。等比量表除了有差距量表的全部特征外，还具有真正零点的特点。等比量表中的零点是客观存在的，所列各答案之间具有类别关系、顺序关系、等距关系和比率关系。例如，企业的销售额、广告费、受访者年龄、收入等的测量均可使用等比量表，月收入 5000 元的人是月收入 2500 元的人的 2 倍。在等比量表中，其平均态度值用几何平均数来表示。但这种量表在态度、意见测量上有困难，因此，在市场调研中运用较少。

在以上四种态度量表中，最常用的是类别量表和顺序量表，因为态度本身就是一种顺序关系，很难用差距关系和比率关系来表示。如给零售店打十分，超级市场打四分，并不能表示在实际生活中有十次购物在零售店，有四次购物在超级市场，只能表示购物时的选择顺序是怎样的。

测量量表的四种类型的比较如表 5-3 所示。

表 5-3 测量量表的四种类型

类　　型	规 则 描 述	基 本 操 作	应 用 实 例	统 计 计 算
类别量表	用数字识别对象,对其进行分类	判断相等或不等	品牌编号、商店编号、受访者性别分类	频数、百分比、卡方检验、二项检验
顺序量表	除识别外,数字表示对象的相对顺序,但不表示差距的大小	判断较大或较小	产品质量等级评价、对商店的偏好程度或社会阶层的划分	百分位数、中位数、秩次数
差距量表	除排序外,可比较对象之间差别的大小,但原点不固定	判断间距相等性	温度、品牌认知水平等复杂情况和偏好的测量	极差、均值、方差或标准差、z 检验、t 检验、因子分析
定比量表	具有上面三种类型的性质,并有固定原点	判断等比相等性	销售量、市场份额、产品价格、家庭收入等精确数据的测量	几何平均数、变异系数

第三节　常用的测量格式

一、常用的测量格式

1. 类别性测量

在问卷调研当中,最简单且经常被使用的测量格式是类别性测量,如性别、宗教信仰、通勤方式等。类别性题目多应用于人口变量或事实性问题的测量,通常一份问卷都有基本数据栏,记录受测者的基本数据,包括性别、教育背景、居住地区等,或是具体的要求受测者就自己的情况加以报告的事实或行为频率,如一周使用计算机网络的频率。因为其主要功能是作为基本数据,这些变量的测量多以封闭性问题来询问,以简化变量的内容。

类别性测量的基本要件有二:第一是题目的选项必须是完全互斥的;第二是题目的选项能够包括所有可能的选择,以避免受测者填答时遇到困难。有些题目研究者无法完全将选项设计进入试题,因此,在最后增加"其他"一项,此举虽然使填答者得以将选项之外的答案填在问卷上,但是受测者所填注的"其他"数据往往无法与其他选项的数据一起处理,可能使得该受测者的问卷沦为废卷,因此除非不得已,一般问卷设计均不鼓励使用"其他"作为选项。

对选项的选择模式,类别性测量有多种不同的使用方式,如复选题,每一个题目有许多个答案,或是排序题,要求受测者将选项加以排序。以数据分析的角度来看,以传统的单一选择题最容易处理,也就是将该题以一个类别变量来处理。对于复选题与排序题,由于一个题目内有不同的答案组合,因此同一个题目必须被切割成多个类别变量或顺序变量来进行输入或编码,在处理上相对复杂。

2. 连续性测量

如果类别性测量的主要功能在于鉴别差异,确认受测者所归属的类别,那么连续性的测量主要在进行程度的测量，以测定某些概念或现象的强度大小。在消费行为科学研究中，一些抽象特质的测量，如态度、满足感、忠诚度等，必须依赖精密的尺度来进行程度上的测定，因此，测量学者发展出不同测量格式，使研究者可以依不同的需求来设计适合的工具。

（1）李克特量表

李克特（Likert）量表是广泛应用于社会与行为科学研究的一种测量格式，适合于态度测量或意见的评估。典型的量表由一组测量某一个相同特质或现象的题目所组成，每一个题目均有相同的重要性。每一个单一的题目包含了一个陈述句与一套量尺。量尺由一组连续的数字组成，每一个数字代表一定的程度，用以反映受测者对于该陈述句同意、赞成或不同意、反对的程度。例如，一个传统的五点量尺，1 表示非常不同意、2 表示不同意、3 表示无所谓同意或不同意、4 表示同意、5 表示非常同意，分数越高，表示代表同意程度越高。受测者依据个人的意见或实际感受作答，每一题的分数加总后得到该量表的总分，代表该特质的强度。举例如下：

下面是对某航空公司办理乘机手续的一些叙述，请用数字 1～5 表明你对每种观点同意或反对的强烈程度。1 为强烈反对，2 为反对，3 为既不同意也不反对，4 为同意，5 为十分赞同。

- 服务态度很好　　　　　　1　2　3　4　5
- 办理速度快　　　　　　　1　2　3　4　5
- 排队时间短　　　　　　　1　2　3　4　5
- 行李交运较快　　　　　　1　2　3　4　5
- 舱位选择比较自由　　　　1　2　3　4　5

假设某人对以上选项的分数分别为 4、3、3、4、1，则该消费者得分为（4＋3＋3＋4＋1）＝15（分）。还可以有第二种应用，即按确定的标准进行分类比较。

从上面的选项中可以看出，任何人只要愿意填答，他的最低分为 5 分，最高分为 25 分，我们可以把反对的划为 1 类，则第 1 类为 5～10 分，按同样的方法，我们可以划分出第 2 类、第 3 类，分别为 11～15 分、16～25 分。

知识拓展

李克特量表

为了使先前量表得到简化和改进，李克特选择了人际关系、种族关系、经济冲突、政治冲突和宗教五个态度范畴，分别设计了五个特殊的由一系列陈述问题组成的问卷。有些问题要求被试作"是"与"否"的回答，有的则允许作多种选择，大部分问题采用 5 点或 7 点量表让被试者作出反应。所谓 5 点量表，即从强烈赞同（5）、赞同（4）、尚未确定（3）、不赞同（2）到强烈不赞同（1）；7 点量表分为强烈赞同（3）、中等赞同（2）、轻微赞同（1）、尚未确定（0）、轻微不赞同（−1）、中等不赞同（−2）、和强烈不赞同（−3）。每一个回答都附有一个得分值，于是每个被试者在测试后都可以在每一态度范畴得到一个累积分数，并可与其他被试进行比较。

李克特量表是西方研究者使用得最广且认为最简便的一种态度量表。它和瑟斯顿量表的相关系数达到 0.80，说明它也是比较有效的态度测量工具。但是上述两种量表都是依据直接询问被试者对态度客体的评价而给以分数，所以在一些敏感的问题上，往往引起被试者的顾虑，因而有些回答可能不真实。

李克特量表分数的计算与运用有一个基本的假设，即数字与数字之间的距离是相等的，在这一假设成立的前提下，不同的题目才可以加总得到一个量表的总分，因此，量表又称为总加量表法，表示量表的总分由个别题目加总而得。

为使受测者的感受强度能够被适当地反映在量表的不同选项，并符合等距尺度具有特定单位的要求，每一个选项的文字说明应使用渐进增强的词句，并能反映出相等间距的强度差异，如使用高度、中度、低度或非常、有点、从未等形容词。过多的选项并不会有助于受测者进行个人意见的表达，过少的选项则会损失变异量与精密度，因此，除非特殊的考虑，一般研究者多选用 4、5、6 点的李克特量表。当采用奇数格式时，如 5 点或 7 点量表，中间值多为中庸或模糊意见。采用偶数格式时，多为研究者希望受测者有具体的意见倾向，避免回答中间倾向的意见，而能获得非常赞成、赞成与非常不赞成、不赞成两类明确的意见。

从数据分析的观点看，李克特量表是测量特定概念或现象的良好工具，主要有量表的编制过程简易、计分过程简单，以及题目具有可扩充性等优点。在统计分析上，以量表所计算出的分数是一种连续分数，具有丰富的变异量，可以进行线性分析或平均数差异检验。但是，由于建立在量表的等距性及题目的同质性两项假设上，李克特量表必须先要经过信度的检验，以确认量表的稳定性与内部的一致性。

阅读资料

餐厅服务调查表

■ 填写要求：
1. 字迹工整，容易辨认。
2. 对有可选项的项目，须依据其后可选项内所提供的可选内容进行选择或填写。
3. 对各项的填写可以参看填写要求。
4. 分数值在 1~5；不填，视为弃权。
■ 说明：
分数填写标准：1—很差，2—差，3—一般，4—好，5—很好。
■ 食品质量（请在相应分数内打✓，并只选一项）：
具体如表 5-4 所示。

表 5-4 餐厅服务调查表

■ 主菜

项目 \ 分数	1	2	3	4	5
色、香、味					
种类变换					
饭菜量					

续表

■ 副菜

项目＼分数	1	2	3	4	5
色、香、味					
种类变换					
饭菜量					

■ 米饭

项目＼分数	1	2	3	4	5
色、香、味					
种类变换					
饭菜量					

■ 面食

项目＼分数	1	2	3	4	5
色、香、味					
种类变换					
面食量					
价格					

■ 汤

项目＼分数	1	2	3	4	5
色、香、味					
种类变换					
汤量					

■ 零点食品（包括零点、小吃及西餐）

项目＼分数	1	2	3	4	5
色、香、味					
种类变换					
饭菜量					
价格					

■ 服务质量（请在相应分数内打√，并只选一项）

项目＼分数	1	2	3	4	5
服务员的态度					
清洁效率					
服务经理处理问题的效率					
服务员发餐效率					
服务员是否按标准菜样量分发					
售卖部的服务质量					

■ 卫生状况（请在相应分数内打√，并只选一项）

项目 \ 分数	1	2	3	4	5
食品卫生					
餐厅整洁程度					
餐具卫生					
地面卫生					
桌面卫生					
发餐中的操作卫生					

■ 食品搭配质量（请在相应分数内打√，并只选一项）

项目 \ 分数	1	2	3	4	5
早便餐的质量					
早加餐的质量					
正餐的质量					
晚便餐的质量					
夜正加餐的质量					

■ 建议性数据(以下部分仅为参考数据，不列入满意度计算中)

你最喜欢的味道		你最喜欢的风味		你最喜欢的肉类	
甜		京		牛	
酸		粤		羊	
辣		鲁		猪	
咸		沪		鸡	
偏淡		川		鱼	

您用餐后有没有经历过肠胃不适：有_____，无_____。

在食品中有无发现过有异物存在：有_____，无_____。

它们是：_____（可选项：石头，头发，塑料，树叶，清洁用具，草，玻璃，苍蝇，蟑螂。选择其中的某一项），次数：_____。

目前的零点您是否满意：是_____，否_____。

目前的小吃您是否满意：是_____，否_____。

目前的西餐您是否满意：是_____，否_____。

以下几点，请排出您心目中的轻重次序：口味（   ）、风味（   ）、种类变换（   ）、价格（   ）、搭配和营养（   ）、就餐环境（   ）、卫生状况（   ）、服务质量（   ）。

如果您认为零点食品(包括零点，小吃，西餐)的价格不合理，请具体指出至少一种和您认为的价格不符的菜品。菜品名称：_____；您认为的合理价格：_____；

您的建议：（请不要超过50字）

_____

_____

（2）瑟斯顿量表

以瑟斯顿（Thurstone）格式所编写的量表称为瑟斯顿量表，此种量表也是由一组测量某相同特质的题目所组成的，但是每一个题目具有不同的强度，受测者勾选某一个题目时，即可获得一个强度分数，当一组题目被评估完毕后，所有被勾选为同意的题目的强度分数的中位数即代表该量表的分数，它是态度测量的一种等距量表方法。

瑟斯顿量表的编制过程较为复杂。首先，编制者先将编写完成的一群题目（几十个题目）交由一群相关的实务人员，请这些评估者依个人喜好或实务上的重要性，将题目归类，例如，将最不重要或最轻微的标为 1，最重要的标为 11，其他的依序给予 1～11 中的不同数字，代表不同的重要性。评分完成之后，每一题可以计算出一个平均数与四分位差（Q 分），每一个题目的 Q 分数越大，代表大家的评分越分散，重要性越模糊，但是如果大家一致认为某个题目很重要或很不重要，该题目的 Q 分数即会较小，评价不一致程度较小，模糊性低。研究者即依模糊性的高低选出最一致（不模糊）的 10～20 个题目，并使其平均数能涵盖不同的强度，组成一套瑟斯顿量表，此时这些题目不但内容上具有特定的重要性，且模糊性低，每一个题目都有一定的重要性权数（即重要性平均数）。

瑟斯顿量表完成后，由受测者逐题依"同意"或"不同意"作答，回答同意的题目计分为 1，并乘以该题重要性的权数得到各题分数，再以各题分数的中位数代表该量表的得分，如表 5-5 所示。此种方法可以回避作答时，受测者必须自行斟酌同意的强度是"非常"或"有些"，以及所导致的量表是否等距的争议，同时每一题又有一定的重要性，施测后所得到的总分能够反映题目的重要性，在测量上远较李克特量表尺度符合等距尺度的精神，以此法编制量表又称为等距量表法，从数据分析的立场来看，量表所获得的分数最符合等距尺度的要件，进行相关的统计分析时风险最小；但是该量表编制的过程相对繁琐复杂，评分者选择时需考虑代表性与客观性的问题，耗费时间与经济成本，因而甚少被使用。

表 5-5　瑟斯顿量表举例

分　数	评　定	题　目
10.2	□ 同意　□ 不同意	1. 产品不做广告卖不出去
9.1	□ 同意　□ 不同意	2. 做广告是免不了的，只是费用不要太高就行
6.2	□ 同意　□ 不同意	3. 广告应该在各种媒体做
4.8	□ 同意　□ 不同意	4. 即使广告效果很差，也应先考虑做，再考虑预算
1.5	□ 同意　□ 不同意	5. 产品做广告不但不会有帮助，还有反效果

表 5-6 是一份由彼得森编制的瑟斯顿式的"战争态度量表"选择性示例，其用来测量人们对战争所持的态度（主战、反战或是中立），共 20 题。

如果被试者只选一题，该题的分数就是他对这件事的态度分；如果选两道题，则两道题分值的均数即为态度分；如果选三道题以上，将其分值由小到大排列，以奇数项的中项分值或以偶数项中间两项分值的均数为态度分。得分越高表示越赞同战争，得分越低则表示越反对战争。

表5-6　战争态度量表

题　序	项　　　目	分　值
1	在某些情况下，为了维持正义，战争是必要的	（7.5）
4	战争是没有道理的	（0.2）
6	战争通常是维护国家荣誉的唯一手段	（8.7）
9	战争徒劳无功，甚至导致自我毁灭	（1.4）
14	国际纠纷不应以战争的方式解决	（3.7）
18	无战争即无进步	（10.1）

知识拓展

瑟斯顿态度量表

瑟斯顿态度量表（Thurstone – type Attitude Scale）是瑟斯顿为求对态度测量达到客观量化的目的，在1929年所创用的一种态度量表编制方法。

瑟斯顿态度量表的编制大致采以下程序：①确定主题：确定一个构成态度问题的主题，如死刑、堕胎、安乐死等。②搜集意见：以一般人对安乐死的态度为例，搜集各种不同意见，每一意见写于一卡片上。③意见分类：请多位评判（100人以上）将代表各种意见的卡片，按"极同意"到"极反对"的程度分为11个等级，并逐项计算其累积次数。④定量表值：按累积次数为标准，查看50%的累积次数正好落在11类级的那一位置，该位置即代表一般人对此问题所持态度的量表值。以对安乐死的态度为例，如累积次数的50%落在第九与第十等级之间，量表值即为9.5，这表示一般人对安乐死一事的态度接近"极反对"的一端。瑟斯顿态度量表编制方法发表后，已成为社会调查问卷编制的典型方法之一。

一般认为瑟斯顿在心理计量学方面的研究，是20世纪中期科学心理学发展过程的一个重要的里程碑。

（3）哥特曼量表

以哥特曼（Guttman）格式所编制的哥特曼量表，与瑟斯顿量表类似，由一组具有不同程度的题目所组成。受测者对于某特定事件有一定的看法，且题目由浅至深排列，因此，这位受测者在一定的程度以下的题目均应回答同意，但是超过一定的程度即应回答不同意，同意与不同意的转折点即反映了受测者的真实态度强度或行为强度，此时受测者回答几个同意，即代表其分数，因此哥特曼量表又称为累积量表，如表5-7所示。

表5-7　哥特曼量表举例

评　　定		题　　目
□ 同意	□ 不同意	1. 你喝酒吗
□ 同意	□ 不同意	2. 你每天是否喝酒多于2两
□ 同意	□ 不同意	3. 你每天是否喝酒超过5两
□ 同意	□ 不同意	4. 你是否每天不能离开酒

哥特曼量表与瑟斯顿量表类似，必须经过一定的前期准备，以确定量表的题目能够反映被测量的特质内涵与结构，在哥特曼量表中，程度较高的题目被受测者勾选为同意时，其他所有较低程度的题目应该全部被评为同意，如果有任何一个例外，代表该题的程度评估有误。因此量表事前需针对每一题的程度进行确认。

哥特曼量表与瑟斯顿量表的差异在于计分的方法，哥特曼以转折点所累积的题数为分数，但是瑟斯顿量表以各题目的重要性分数来计分，相比之下，哥特曼量表的编制与使用较瑟斯顿量表简易；但是在分数的精确性上，则以瑟斯顿量表较佳。此外，对于具体行为的测量(如喝酒的行为)，哥特曼量表是较佳的选择，但是对于抽象性高的特质的评估（如行为态度），每一个题目的程度难以获得一致，则以瑟斯顿量表较佳。

（4）语意差别量表

语意差别法是由奥斯古德等人所发展的态度测量技术，针对某一个评定的对象,要求受测者在一组极端对立的配对形容词中进行评定。例如，

在各种交通方式中，您对航空公司的印象如何？请按照下面的问题，在认为最合适的数字上画"〇"。

1. 安全的	1	2	3	4	5	6	7	危险的
2. 麻烦的	1	2	3	4	5	6	7	方便的
3. 高效的	1	2	3	4	5	6	7	低效的
4. 舒适的	1	2	3	4	5	6	7	难受的
5. 昂贵的	1	2	3	4	5	6	7	便宜的
6. 紧张的	1	2	3	4	5	6	7	轻松的
7. 准时的	1	2	3	4	5	6	7	不准时的

在评定的尺度上，语意差别法与李克特量表的原理类似，分数越高者代表受测者在该题的意见强度越高，而李克特是以完整的陈述句来说明测量的内容，语意差别法则以两极化形容词来表示。语意差别法对于题目分数的计算，除了个别地使用每一个形容词配对来进行平均数的计算，也可将形容词加总获得总分来运用，也是一种总加量表。值得注意的是，并非每一对形容词都适合加总，因此，研究者应妥善设计形容词的选用，以便能够进行总和计算。或是利用因素分析法，将概念相似的形容词配对予以加总，得到因素分数再做进一步的应用。

语意差别法的主要目的在区别两个极端的概念，对于两极化形容词的评分，除了使用类似于李克特量表的尺度之外，另一种替代的方法是提供一段开放的线段，让受测者自由点出其意见倾向，再以点选处的距离来代表受测者的强度，称为视觉类化测量。例如：

对产品包装的评定：□创新的　　　□守旧的

此法的优点是以开放的线段代替特定的数字，可以去除由特定数值带来的锚定效果，测量精密度较高，同时在进行重测时，记忆效果较小，适用于实验研究中的前后测评量。但是在处理上耗时、耗力，应用情形较不普遍。

阅读资料

语义差别测量

这是由奥斯古德等人提出的采取多维度和更为间接的方法了解人们对事物态度的一种工具。其依据的前提是，态度是由人们对所给的概念（刺激）的含意（语义）组成，这个含意可通过对关联词的反应来决定。例如，想测查一个人对"父亲"的态度，不必要求被试者直接回答对父亲的感觉，可以提出"父亲"这个词，要求被试者按语义分化量表中的规定划圈，即可推断出其对"父亲"的态度。语义分化量表确定了三个不同的维度，即评价维度、力度维度和活动维度。每一维度中都有几项有对极的形容词（见表5-8）。这个表格中三个维度是不变的，维度中的项目是可变的。其中评价维度是主要的。测查时，先给被试者提出一个关键词（态度对象），要求被试者按自己的想法在两极形容词间的7个数字上圈选一个数字，各系列分值的总和就代表他对有关对象态度的总分，即总态度。

表5-8 对"父亲"的态度状况的评价

维 度		项 目	
评价量表	好	7 6 5 4 3 2 1	坏
	美	7 6 5 4 3 2 1	丑
	聪明	7 6 5 4 3 2 1	愚蠢
力度量表	大	7 6 5 4 3 2 1	小
	强	7 6 5 4 3 2 1	弱
	重	7 6 5 4 3 2 1	轻
活动量表	快	7 6 5 4 3 2 1	慢
	主动	7 6 5 4 3 2 1	被动
	敏锐	7 6 5 4 3 2 1	迟钝

（5）强迫选择法

强迫选择法是利用两个立场相反的描述句，其中一句代表正面的立场，另一句代表反面的立场，要求受测者自两者中挑选出较接近自己想法的题目，然后将正面的题项勾选题数加总得到该量表的总分。例如：

类型1：1. □甲：我喜欢狂热、随心所欲的产品推介会。

□乙：我比较喜欢可以好好聊天、安安静静的产品推介会。

2. □甲：很多皮包，我喜欢一看再看。

乙：我不能忍受，看过的皮包还要一看再看。

3. □甲：我常常希望自己能成为一名登山者。

□乙：我不能了解为什么有人会冒险去登山。

类型2：在以下两个航空公司中，从总体服务质量来看，你觉得哪个更好？

□ A 航空公司

□ B 航空公司

类型 3: 在以下防晒油项目的配对比较量表中，要求受测者在成对的答案中二选一,以下是用来描述防晒油产品的特点，请指出当你选择一种防晒油产品时，你认为每组中的哪一个特点更为重要。

A. 防止晒黑　　　　　　B. 保持白皙

A. 防止灼伤　　　　　　B. 保护其不受灼伤和曝晒

A. 物有所值　　　　　　B. 效果持久、均匀

A. 不油腻　　　　　　　B. 不弄脏衣服

A. 保持白皙　　　　　　B. 防止灼伤

强迫选择量表主要用于改善李克特量表对于两极端强度测量敏感度不足的问题。当受测者对两个立场相反的陈述句做二选一的选择时，即明确地指出个人的立场，而不会有中庸模糊的分数。此外，强迫选择问题能够回避一些反应心向的问题，减少受测者以特定答题趋势去回答问题(如中庸取向、一致偏高分作答)。

强迫选择量表的缺点之一为量表的长度较传统李克特量表多出一倍，增加编题者的工作量。强迫选择问卷的数学原理也是以总加量表法来进行量表分数的使用，一般研究者以改善李克特量表的信度与项目代表性，来取代强迫选择题目的编制。但是强迫选择量表在市场营销调查与民意测验中，用以了解受测者的立场时，有强迫其表态的优点。

（6）配对比较量表

配对比较量表是把受测对象配对，让受测者一一比较选择答案。还可以设计成具有评价等级的比较形式，即在比较对象的上方设计双极标度评价等级，等级可以是五级、七级、九级等，调研时请受测者按照比较对象的差异程度选择适当的答案。其优点是：应用广泛，特别适用于比较对象的数量较少时，其缺点是：当比较对象很多时，调研结果偏差大。例如：

下面是十对牙膏的品牌，对于每一对品牌，请指出你更喜欢其中的哪一个。在选中的品牌旁边□处打勾（√）。

十对牙膏品牌配对比较

① 华　夏 □　　　　白珊瑚 □
② 华　夏 □　　　　双面针 □
③ 华　夏 □　　　　洁齿灵 □
④ 华　夏 □　　　　靓　妹 □
⑤ 白珊瑚 □　　　　双面针 □
⑥ 白珊瑚 □　　　　洁齿灵 □
⑦ 白珊瑚 □　　　　靓　妹 □
⑧ 双面针 □　　　　洁齿灵 □
⑨ 双面针 □　　　　靓　妹 □
⑩ 洁齿灵 □　　　　靓　妹 □

根据配对比较量表得到品牌偏好矩阵，如表 5-9 所示。

表5-9　品牌偏好矩阵

	华　夏	靓　妹	白　珊　瑚	双　面　针	洁　齿　灵
华夏	—	0	0	1	0
靓妹	1	—	0	1	0
白珊瑚	1	1	—	1	1
双面针	0	0	0	—	0
洁齿灵	1	1	0	1	—
合计	3	2	0	4	1

　　将表 5-9 的各列数字分别加总，计算出每个品牌比其他品牌更受偏爱的次数，就得到该受测者对于 5 个牙膏品牌的偏好，从最喜欢到最不喜欢，依次是双面针、华夏、靓妹、洁齿灵和白珊瑚。假设调查样本容量为 100 人，将每个人的回答结果进行汇总，将得到表 5-10 的次数矩阵。再将次数矩阵变换成比例矩阵（用次数除以样本数），在品牌自身进行比较时，我们令其比例为 0.5。

表5-10　品牌次数矩阵

	华　夏	靓　妹	白　珊　瑚	双　面　针	洁　齿　灵
华夏	—	20	30	15	20
靓妹	80	—	50	40	65
白珊瑚	70	50	—	60	45
双面针	85	60	40	—	75
洁齿灵	80	35	55	25	—

　　当要评价的对象的个数不多时，配对比较法是有用的。但如果要评价的对象超过 10 个，这种方法就太麻烦了。另外一个缺点是"可传递性"的假设可能不成立，在实际研究中这种情况常常发生。同时对象列举的顺序可能影响受测者，造成顺序反应误差。而且这种"二中选一"的方式和实际生活中作购买选择的情况也不太相同，受访者可能在 A、B 两种品牌中对 A 要略为偏爱些，但实际上却两个品牌都不喜欢。

　　（7）等级排序量表

　　等级排序量表是一种相对值的评价方法，是调研人员向受测者同时列举若干个不同因素，受测者根据自己对这些因素的不同认识划分出等级的一种量表形式。例如：

　　下列 6 种品牌的洗衣粉，请按喜爱程度分别给予适当的分数（顺序由 1 至 6）。

　　立白_____　　佳美_____　　纳爱斯_____

　　白猫_____　　奥妙_____　　奇　强_____

　　（8）形容词检核表

　　检核表可以说是一种简化的李克特量表的测量格式，针对某一个测量的对象或特质，研究者列出一组关键的形容词，并要求受测者针对各形容词的重要性，以二点尺度（是或否）或多点尺度来进行评估。例如：

　　对于一个具有创意的广告工作者，你认为表 5-11 中的人格特质的重要性为何？评分要求：1＝非常不重要，2＝不重要，3＝重要，4＝非常重要。

表 5-11　形容词检核表举例

项　目	分　值			
1. 热情的	1	2	3	4
2. 理性的	1	2	3	4
3. 外向的	1	2	3	4
4. 冷静的	1	2	3	4
5. 有耐心的	1	2	3	4

形容词检核技术是一种探索性的测量方法，一般研究中对于形容词的选择多无特定的理论依据。当受测者针对一组形容词进行评定之后，利用因素分析技术来进行分类或以特定方式重新分组，以总加量表的方式来计算分数。对于某些人格量表，测验编制者基于特定的理论或实证的研究数据，列出与某一心理特质有关的重要形容词，组成一套形容词检核量表，施以受测者，加总得到的分数即代表该心理特质的强度。

（9）沙氏通量表

沙氏通量表通过应答者在若干（一般在 9～15 条）与态度相关的语句中选择是否同意的方式，获得应答者关于主题的看法。制作一个测量态度的沙氏通量表的基本步骤如下。

1）收集大量的与要测量的态度有关的语句，一般在 100 条以上，保证其中对主题不利的、中立的和有利的语句都占有足够的比例，并将其分别写在特制的卡片上。

2）选定 20 人以上的评定者，按照各条语句所表明态度的有利或不利的程度，将其分别归入 11 类。第一类代表最不利的态度……第六类代表中立的态度……第十一类代表最有利的态度。

3）计算每条语句被归在这 11 类中的次数分布。

4）删除那些次数分配过于分散的语句。

5）计算各保留语句的中位数，并将其按中位数进行归类，如果中位数是 n，则将该态度语句归到第 n 类。

6）从每个类别中选出一两条代表语句（即各个评定者对其分类的判断最为一致的），将这些语句混合排列，即得到沙氏通量表。例如：

电视商业广告态度测量的沙氏通量表如下：

A. 所有的电视商业广告都应当由法律禁止。

B. 看电视广告完全是浪费时间。

C. 大部分电视商业广告是非常差的。

D. 电视商业广告枯燥乏味。

E. 电视商业广告并不过分干扰欣赏电视节目。

F. 对大多数电视商业广告我无所谓好恶。

G. 我有时喜欢看电视商业广告。

H. 大多数电视商业广告是挺有趣的。

I. 只要有可能，我喜欢购买在电视上看到过广告的商品。

J. 大多数电视商业广告等帮助人们选择更好的商品。

K. 电视商业广告比有些电视节目更有趣。

二、测量格式的比较

上述各种测量格式各有不同的功能与适用时机，使用者应审慎考虑调研者的需求与研究目的，并依问卷编制的原则进行研究工具的准备。从量化研究的立场看，不同的量表格式有不同的应用价值，所以使用的统计分析亦有所不同。测量格式的比较如表 5-12 所示。

表 5-12　各种测量格式的比较

测量格式类型	编 制 难 度	应 用 价 值	量化精密度	分数的运用	测 量 表 度
非结构式问卷	低	低	低	需经转换	—
结构化开放式问题					
1. 数字型开放问题	低	高	高	连续分数	顺序、等距或比率量表
2. 文字型开放问题	低	低	低	需经转换	—
结构化封闭式问题					
类别性测量	低	高	—	个别题目（类别次数）	名义或顺序量表
连续性测量					
1. 李克特量表	中	高	高	总加法(连续分数)	等距量表
2. 瑟斯顿量表	高	高	高	等距法(连续分数)	比率量表
3. 哥特曼量表	高	高	高	累积法(连续分数)	比率量表
4. 语意差别量表	中	高	高	总加法(连续分数)	等距量表
5. 强迫选择量表	中	高	高	总加法(连续分数)	等距量表
6. 形容词检核技术	低	高	高	总加法(连续分数)	等距量表

以编制的难度而言，最繁复的格式为哥特曼量表与瑟斯顿量表，耗费的成本最高、时间最长，但是发展完成后，其等距性的测量提供最强韧的统计分析基础，适用于推论统计等检测。对于研究者而言，虽然成本较高，但是可以减少测量误差，提升检验的正确性，在市场调研与组织心理学领域，这些精密的量表有助于营销决策绩效与消费行为的评量，因此应用空间较大。其次是李克特量表，虽然编制难度不如哥特曼量表与瑟斯顿量表,但是量表多半需要提供信效度数据，使得量表的使用也需要经由具专门训练背景的调研人员来操作。

编制难度高的测量格式，相对地在统计与量化的应用上具有较高的应用价值。在结构化的问卷当中，以封闭性的问题在量化研究中的应用性最理想。不论是总加量表、累积量表或等距量表，皆能提供精密的量化数据，若能结合计算机应用软件，量化的数据可以快速地转换成不同的形式，应用在市场营销调研领域，提供决策与诊断的依据。值得注意的是，开放型问题中的数字型问题，不仅在编制难度上低，而且在统计与数据分析上的应用价值高，值得多方采用。

上述提及各种测量格式，多用于处理连续性的数据，但是绝大多数的研究与调查，均有收集背景数据加以分析运用的需求。在量化研究中，类别性的封闭性测量有其不可或缺的重要性，这类测量格式多用于收集事实性的数据，因此没有所谓精密度的问题，但是，如果封闭性的类别测量（如分类化的月收入调查、分类化的年龄变量）转换成开放式数字型测量格式（开放式地询问月收入或实际年龄），则可以获得高精密性的计量数据，有利于数据分析的操作。

在市场调研的实践中，我们经常要作态度的测量。态度的主要属性是评价性，即对一定态度对象的积极或消极的反应倾向。例如，要调查了解消费者的购买心理和购买行为，消费者在市场上选购哪种消费品，不选购哪种消费品，受到其购买心理的支配，即消费者的内心有一定的尺度，表现为属性、行为、态度、意见、观念、思想倾向等。这些需要用一定数量来表示，但是，态度测量带有明显的主观色彩，可重复性也比较差。这是因为态度测量的对象是人，人一方面作为测量的客体或对象，另一方面，人又作为测量过程的主体，无论作为测量主体的人，还是作为测量客体的人，都具有主观意识、思想感情、思维能力和价值观念，导致他们对测量的过程和方式作出种种不同的反应，从某种意义上来说，态度决定消费行为。但市场调研在研究这类问题时，又特别需要将不同属性、行为、态度、意见、观念、思想倾向等的差异表现出来。为了更准确、更可靠地调查到这些内容，常使用的格式有李克特量表及其他量表等。

知识拓展

态度的测查

构成态度的成分主要有三个：认知或知识，认知或知识代表了一个人掌握的关于某个对象的信息；好感或喜欢，概括了一个人对某个对象、状况或人的总体感觉，它使用的是"喜欢—不喜欢"或"赞成—反对"这样的尺度；意图或行动指的是一个人对未来自己会对某个对象采取什么行动所持的期望。态度在现实生活中如此重要，设法了解人们的各种态度就很有必要。然而态度又是如此捉摸不定，有时还不表现于外，有时表态又不一定是真实的态度，即使人们的态度毫不掩饰地流露出来，确切地判断它也非易事，甚至要花较长时间。那么应该采用哪些方法云较好地把握人们态度的指向与强度呢？解决测查态度的方法问题，不仅对从事有关人的实际工作有帮助，而且对开展态度的研究工作也极为必要。

目前，社会心理学测查态度的方法并不十分理想，但知道一些已在运用的方法对于进一步去改善或创建新方法颇有益处。以下介绍的仅是常用的几种。

1. 态度量表法

态度量表法或称自我报告测量法，它是以态度问卷中一些社会事件的陈述作为刺激，引起被试的态度反应，然后依据其回答反应，给予分数或等级的评定，以确定其态度的状况。现在西方通用的量表有瑟斯顿量表、李克特量表、语义差别量表。

2. 投射法

投射法是一种利用某些材料引起被试者的自由联想，作出无拘束、不受限制的反应，从而间接地分析出投射到其中的心理状态及有关态度的方法。投射法主要分为主题统觉测验法和作业投射法。

3. 行为观察法

行为观察法是通过外现行为推断态度的方法。研究表明，一般态度与多重行为呈正相关，态度越具体，它和单一行为也越有紧密的相关。所以对实际行为的观察是了解态度的重要途径。这种观察并非一般观察法，它也需要讲究一定的技术，主要有任务完成法和社会距离法。

测查态度应把上述方法结合起来使用，还应致力于创造新的、更为理想和完善的方法和技术。

三、选择量表时应考虑的因素

1. 量表种类多的选择

绝大多数研究人运都倾向于使用制作简单且操作容易的量表。究竟选择哪种量表，原则上还取决于所要解决的问题和想要知道的答案。通常，在一份问卷中可以结合使用多种不同的量表。

2. 平衡量表和非平衡量表

平衡量表是肯定态度的项目数目与否定态度的项目数目相等的量表，反之则为非平衡量表。一般来说，如果研究人员要得到广泛的意见，并且估计有利意见和不利意见是对称的，则采用平衡量表比较好。如果以往的经验表明，大多数的意见都是肯定的，那么量表就应该给出更多的肯定答案。

3. 量级层次的个数

量表的量级层次个数太少，如只有同意、无所谓、不同意三层，那么量表就不够全面。一般来说，评比量表、李克特量表等采用 5～9 层为宜。

4. 量级层次的奇数与偶数选择

偶数个量级的量表意味着没有中间答案。没有中间答案，被访者就会被迫选择一个正向或负向答案。所以，给出奇数个量级层次就可以给被访者提供一个简单的出路。

5. 强迫性和非强迫性量表的选择

强迫性与非强迫性量表的选择与上述的奇数、偶数量表有关。强迫选择就是剔除量表中的中立答案，使受测者被迫给出正面的或负面的答案。

第四节　量表的信度、效度检验

我们采用含有多个项目的量表来测量人们的意见、态度、看法等，那么，这样得到的结果是否准确、可靠、具有适用性呢？这就需要评价量表的信度和效度。从理论的观点来看，一个良好的测量格式（量表）应具有足够的效度和信度。

一、信度检验

（一）信度

信度即可靠性，是指采用同一方法对同一对象进行调研时，问卷调研结果的稳定性和一致性，即测量工具（问卷或量表）能否稳定地测量所测的事物或变量。信度指标多以相关系数表示，具体评价方法大致可分为三类，即稳定性系数（跨时间的一致性）、等值系数（跨形式的一致性/替换形式）和内在一致性系数（跨项目的一致性）。

1. 稳定性系数

稳定性系数是采用同样的问卷，对同一组访问对象在尽可能相同的情况下，在不同时间内进行两次测量，用两次测量结果间的相关分析来评价量表信度的高低，连皮尔逊积差相关系数即是信度系数，也称为重测信度，或再测信度。

两次测量，如果间隔时间过长，调研对象容易受环境和个人经历的影响而发生态度的转变，如果间隔时间过短，则受到上次调研记忆的影响。适当的间隔时间是既不能让调研对象记住上一次测验的内容，也保证被测的主观特征在两次测验之间没有发生较大的变化。适合的间隔时间要视调研对象和测量内容的不同而不同，一般来说，年幼儿童，间隔时间要小，年长者，间隔时间可以延长。并且调研对象在两次测量期间没有发生相关的重大事件。在最后提交调研报告时，要对间隔时间加以说明，报告间隔的时间。

2. 等值系数（复本信度）

等值系数指用两个复本在最短时间内对同一组调研对象进行测量所得结果的一致性程度，等值系数等于两个复本测量所得分数的皮尔逊积差相关系数。等值系数的高低反映了这两个测验复本在内容上的等值性程度。等值类似于考试中得 A、B 卷，如果一个人在 A 卷和 B 卷的得分相同，就说明考题具有信度；如果两者差异很大，则缺乏信度。

等值系数的使用前提是测量所用的两个复本必须是等效的，两个复本要满足以下几个条件：①两个复本测量的是同一种特征；②两个复本具有相同的内容和形式；③两个复本的题目不应重复；④两个复本的题目数量相等，难度和区分度相同。

在现实工作中，设计一份满意的调查量表已然不易，设计两份完全等效的量表难度更大，所以很少使用。

3. 内在一致性系数

内在一致性系数主要反映的是测验内部题目之间的关系，即量表内部所有题目的一致性（项目同质性）程度，考察量表的项目是否测量了相同的内容，又称为内部一致性信度。其评价方法有两种，即折半信度法和克朗巴哈系数（Cronbach α）法，两种方法测得的信度系数分别称为分半信度和克朗巴哈系数。

（1）折半信度

折半信度法是将调查项目分为两半，计算两半得分的相关系数，进而估计整个量表的信度，折半信度测量的是两半题项得分间的一致性。进行折半信度分析时，如果量表中含有负向标度的题项，应先将其得分作逆向处理，以保证各题项得分方向的一致性。分半的方法很多，一般是将全部题项按奇偶分成尽可能相等的两半，而不是按照前后分半，前后分半不是不能使用，但应该注意前后顺序的影响。计算前后两半量表得分的相关系数即为半个量表的信度系数），最后用斯皮尔曼-布朗公式 $[2r/(1+r)]$ 求出整个量表的信度系数。

（2）克朗巴哈信度

克朗巴哈信度是克朗巴哈（Cronbach）于1951年创立的，是指测验内部的项目在多大程度上考察了同一内容，评价的是量表中各题项得分间的一致性。同质性信度低时，即使各个测试题看起来似乎是测量同一特质，但测验实际上是异质的，即测验测量了不止一种特质。α 信度系数是目前最常用的内部信度系数，其公式为

$$\alpha = (n/n-1) \times \left[1 - \left(\sum S_i^2\right) / ST^2\right]$$

其中，n 为量表中题项的总数；S_i^2 为第 i 题得分的题内方差；ST^2 为全部题项总得分的方差。

从公式中可以看出，α 系数评价的是量表中各题项得分间的一致性，属于内在一致性系数。这种方法适用于态度、意见式问卷（量表）的信度分析。

实际上，α 系数是所有可能的分半信度的平均值，α 系数是估计信度的最低限度，α 系数高时，信度就高，α 系数低时，信度不一定低。低信度为 $\alpha < 0.35$，中信度为 $0.35 < \alpha < 0.70$，高信度为 $0.70 < \alpha$。一般来说，α 系数在0.8以上的问卷才具有使用价值，α 系数达到0.85以上，表明问卷信度良好。

4. 评分者信度

评分者信度是指不同评分者对同一测量进行评定时的一致性。与其他信度从本质上是独立的，测量信度的高低与评分者信度的高低并没有必然的联系。在评分者的文化背景、生活经历、价值观等也会制约评分者的评分。例如，语文作文的评分者在很大程度上会受其文化背景、生活经历、价值观等因素潜在的影响。

最简单的估计方法就是随机抽取若干份答卷，由两个独立的评分者打分，再求每份答卷两个评判分数的相关系数，两个以上评分者这种相关系数的计算可以采用积差相关方法，也可以采用斯皮尔曼等级相关方法。

（二）影响信度的因素

1）样本特征。即样本异质性的影响。调研对象间的差异越大，其分数的分布范围越大，所测信度系数越高。

2）项目的多少。一般来说，在一个测试中增加同质的题目，可以使信度提高。

3）量表的层级。在量表项目既定的情况下，量表的层级越多，题目区分度越高，信度系数越高。

4）时间间隔。时间间隔只对重测信度和不同时测量时的复本信度有影响，对其余的信度来说，不存在时间间隔问题。

二、效度及其评价方法

（一）效度

效度指测量结果的有效程度，它是指测量工具或手段能够准确测出所需测量的事物的程度，或者说实测结果与所要测查的结果的吻合或一致程度。效度系数是指描述某种测量结果有效性程度的数量指标，常以相关系数来表示。效度是一个相对的概念，是相对于测量目的而言的。主观心理测量不可能百分之百地准确，只能达到一定的准确度。

效度的种类很多，分类方法也有所不同，如内容效度、构想效度、预测效度、同时效度、区别效度、收敛效度、判别效度等。

目前被广泛采用的是弗兰士和米希尔提出的分类方法，他们将效度分为内容效度、结构效度和效标效度。内容效度是指测验的内容对欲测范围内内容的代表性程度；结构效度是指测量结果与测验的理论假设之间的一致性程度；效标效度是指测量结果与某种外在效标之间的一致性程度，一般用测验分数与效标之间的相关系数表示。为了规范效度问题的研究与解释，美国心理学会在1974年将测量的效度分为以上三大类，在以下的论述中，我们将使用这个分类体系。

1. 内容效度

内容效度也称表面效度或逻辑效度。对内容效度常采用逻辑分析与统计分析相结合的方法进行评价。

（1）逻辑分析的方法

逻辑分析方法的思路是由调研人员或请专家、其他调研人员对测量项目与原定调研目的的吻合程度作出判断，检验所选择的项目是否"看起来"符合测量的目的和要求，所设计的题项能否代表所要测量的内容或主题。主观性使其不能单独地用来衡量表的效度，但可以用来对观测结果作大致的评价。为了获得足够的内容效度，要特别注意设计量表时应遵循的程序和规则。

（2）统计分析方法

统计分析主要采用单项目与量表总和相关分析法获得评价结果，即计算每个题项得分与题项总分的相关系数，根据相关性是否显著判断量表是否有效。若量表中有反意题项，应将其逆向处理后再计算总分。

2. 效标效度

效标效度又称为准则效度或预测效度。效标效度是根据已经得到确定的某种理论，选择一种指标或测量工具作为效标（准则），分析量表得分与准则（效标）间的相关系数即为准则效度系数。

在调研问卷的效度分析中，选择一个合适的准则往往十分困难，使这种方法的应用受到一定限制。一个好的效标需要符合以下几个条件：①有效性，能够有效地测量所要测量的内容；②客观性，效标测量必须客观，避免偏见；③可靠性，效标测量必须稳定、可靠；④实用性，在保证有效性的前提下，效标测量必须尽可能简单、省时、花费少。

3. 结构效度

结构效度又称为建构效度或构建效度，其分析所采用的方法是因子分析。最关心的问题是：量表实际测量的是哪些特征？在评价建构效度时，调研人员要试图解释"量表为什么有效"这一理论问题及考虑从这一理论问题中能得出什么推论。效度的评价方法有因子分析法和结构方程法。

因子分析的主要功能是从量表变量（题项）中提取一些公因子，各公因子分别与某一组特定变量高度关联，这些公因子即代表了量表的基本结构。通过因子分析可以考察量表是否能够测量出研究者设计量表时假设的某种结构。在因子分析的结果中，用于评价结构效度的主要指标有累积贡献率、共同度和因子负荷。累积贡献率反映公因子对量表的累积有效程度，共同度反映由公因子解释原变量的有效程度，因子负荷反映原变量与某个公因子的相关程度。

（二）效度的评价方法

1. 专家判断法

为了确定一个测验是否有内容效度，最常用的方法是请有关专家对测验题目与原定内容的符合性作出判断，看测验的题目是否代表规定的内容。如果专家认为测验题目代表了所测内容，测验就是有内容效度。由于这种估计效度的方法是一个逻辑分析的过程，所以内容效度有时也可称为"逻辑效度"。

2. 统计分析法

统计分析法计算两个评分者之间评定的一致性，虽然考察的是评分者的判断信度，但由于来自两个独立的评判者，因此符合程度越高越能反映测验的内容效度。克伦巴赫提出，内容效度可由一组被试在独立取得自同样内容范围的两个测验复本上得分之相关来作数量的估计。再测法也可用于内容效度的评估。

3. 经验推测法

经验推测法是通过实践来检验效度。如果通过率是随着年龄的增加而增加，就可以推测该测验有内容效度。

三、效度和信度的关系

一个具有信度的调研量表程序，不论其过程是由谁操作，或进行多少次同样的操作，其结果总是非常一致的。效度是一个调研量表的性质和功能，也是对研究结果正确性的评价标准，一个有效度的研究程序不仅能够明确地回答研究的问题和解释研究结果，而且能够保证研究结果在一定规模的领域中推广。把两者的作用结合起来看，信度和效度是一项市场调研的活动和结果具有科学价值和意义的保证。研究信度是研究效度的一个必要的前提，没有信度，效度不可能单独存在，也就是说，一项研究不可能没有信度却具有效度。信度对于效度是必要条件，但不是充分条件，有信度不保证一定有效度，一个可靠的研究程序并不证明内容一定有效，而一个有效度的研究一定是一个有信度的研究。有效度必定有信度，效度高信度必定也高，因为不可能存在唯有效度而没有信度的情况。信度是为效度服务的，因而效度是信度的目的；效度不能脱离信度单独存在，所以信度是效度的基础。所以明确研究变量、拟定具体的研究指标、选择指标的测量水平，直接关系到研究的信度、内部效度和外部效度，需要在进行研究设计时予以认真、周密的考虑和采取相应的措施。

信度是效度的必要条件而非充分条件。如果量表的信度不足，测量结果不可能有效（见图 5-2）；如果量表是可信的，测量结果可能有效，也可能无效（见图 5-3）；如果测量结果是有效的，则测量的工具必然是可信的（见图 5-4）。

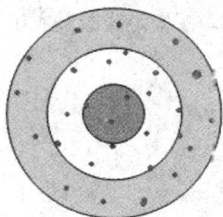

图 5-2　低信度、低效度　　　图 5-3　高信度、低效度　　　图 5-4　高信度、高效度

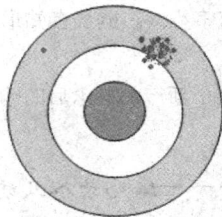

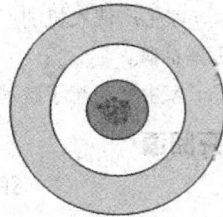

=== 小　结 ===

测量指根据一定规则将数字分配给目标和事件并将其特性量化的过程。测量有四种尺度测量水平：定类、定序、定距和定比，这四种测量水平对应的量表分别为类别、顺序、等距、等比量表。类别量表数字或字母代表所属类别的特征，具有标签的作用；连续性量表分为李克特量表、瑟斯顿量表、哥特曼量表、语意差别量表、强迫选择量表、形容词检核技术。

量表的评价可以从信度、效度和可推广性三个方面着手。信度指使用相同的研究技术重复测量同一对象得到相同结果的可能性。可以分为稳定系数、等值系数和内在一致性系数。效度也称为测量的有效度或准确度，指测量工具或测量手段能够准确测出所测变量的程度，或者说能够准确、真实地度量事物属性的程度。效度一般包括内容效度、构想效度、预测效度、同时效度、区别效度、收敛效度、判别效度等。具有良好的效度和信度的量表才具有可推广性。

=== 复习与思考 ===

一、简答题

　1. 什么是测量？

　2. 变量有哪几种？

3. 测量的尺度有哪些？

4. 测量格式的基本特征有哪些？

5. 四种类型测量尺度之间有什么联系与区别？

6. 进行测量量表选择时，调研人员应该考虑哪些问题？

7. 如何评估量表的可靠性和有效性？

二、讨论题

1. 讨论每种量表所包含的信息的形式。

2. 态度测量需要哪些方法？

三、实训题

1. 假设一家企业希望了解自己在顾客中的形象，请为这家企业利用李克特量表的格式设计一份量表。

2. 利用瑟斯顿量表格式设计一份量表，用来测量家人对购买某种商品的态度（电器、食品、旅游、教育、服装等）。

3. 利用语义差别量表格式设计一份量表，从三个维度来测量你经常去的超市的感觉。

4. 一家生产洗衣机的厂商想要了解有多少潜在购买者知道其品牌的存在，想知道说起洗衣机，他们会想到哪些品牌。

5. 一家生产商想了解消费者在知道某个新产品概念后的购买意图。

补充阅读

SPSS 问卷分析——编码录入及统计分析详解

一、编码录入

调查分析问卷回收后，在经过核实和清理后就要用 SPSS 做数据分析，首先要把问题编码录入。要根据问卷问题的不同定义变量。定义变量要注意两点：区分变量的度量，其中 Scale 是定量、Ordinal 是定序、Nominal 是定类；注意定义不同的数据类型。

各种各样的问卷题目的类型大致可以分为单选、多选、排序、开放题目四种类型，它们的变量的定义和处理的方法各有不同，现详细举例介绍如下。

1. 单选题：答案只能有一个选项

【例1】当前贵组织是否设有面向组织的职业生涯规划系统？

      A. 有   B. 正在开创   C. 没有   D. 曾经有过但已中断

编码：只定义一个变量，Value 值1、2、3、4分别代表 A、B、C、D 四个选项。

录入：录入选项对应值，如选 C 则录入3。

2. 多选题：答案可以有多个选项，其中又有项数不定多选和项数限定多选

（1）二分法

【例2】贵处的职业生涯规划系统工作涵盖哪些组群？画钩时请把所有提示考虑在内。

      A. 月薪员工   B. 日薪员工   C. 钟点工

编码：把每一个相应选项定义为一个变量，每一个变量 Value 值均如下定义："0"未选，"1"选。

录入：被调研者选了的选项录入1、没选录入0，如被调研者选择 AC，则三个变量分别录入为1、0、1。

（2）多重分类法

【例3】你认为开展保持党员先进性教育活动的最重要的目标是哪三项？

      1（ ） 2（ ） 3（ ）

　　A．提高党员素质　　　B．加强基层组织　　　C．坚持发扬民主

　　D．激发创业热情　　　E．服务人民群众　　　F．促进各项工作

　　编码：定义三个变量分别代表题目中的 1、2、3 三个括号，三个变量 Value 值均同样的以对应的选项定义，即录入的数值 1、2、3、4、5、6 分别代表选项 A、B、C、D、E、F，相应录入到每个括号对应的变量下。如被调查者三个括号分别选 ACF，则在三个变量下分别录入 1、3、6。

　　3．排序题：对选项的重要性进行排序

　　【例 4】您购买商品时，对①品牌、②流行、③质量、④实用、⑤价格的关注程度的先后顺序是（请填代号重新排列）：

　　　　　第一位　　　第二位　　　第三位　　　第四位　　　第五位

　　编码：定义五个变量，分别可以代表第一位至第五位，每个变量的 Value 都做如下定义："1"品牌，"2"流行，"3"质量，"4"实用，"5"价格。

　　录入：录入的数字 1、2、3、4、5 分别代表五个选项，如被调查者把质量排在第一位则在代表第一位的变量下输入"3"。

　　4．开放性数值题和量表题：这类题目要求被调研者自己填入数值或打分

　　【例 5】你的年龄（实岁）：_____

　　编码：一个变量，不定义 Value 值。

　　录入：录入被调研者实际填入的数值。

　　5．开放性文字题

　　如果可能的话，可以按照含义相似的答案进行编码，转换成为封闭式选项进行分析。如果答案内容较为丰富、不容易归类，应对这类问题直接做定性分析。

　　二、问卷一般性分析

　　下面具体介绍 SPSS 中问卷的一般处理方法，操作以版本 SPSS 13.0 为例，以下提到的菜单项均在 Analyze 主菜单下。

　　1．频数分析

　　Frequencies 过程可以做单变量的频数分布表；显示数据文件中由用户指定的变量的特定值发生的频数；获得某些描述统计量和描述数值范围的统计量。

　　适用范围：单选题（例 1），排序题（例 4），多选题的方法二（例 3）

　　频数分析也是问卷分析中最常用的方法。

　　实现：Descriptive statistics…Frequencies

　　2．描述分析

　　Descriptives:过程可以计算单变量的描述统计量。这些述统计量有平均值、算术和、标准差、最大值、最小值、方差、范围和平均数标准误等。

　　适用范围：选择并排序题（例 5）、开放性数值题（例 6）。

　　实现：Descriptive statistics…Descriptives，需要的统计量点击按钮 Statistics…中选择。

　　3．多重反应下的频次分析

　　适用范围：多选题的二分法（例 2）。

　　实现：第一步在 Multiple Response…Define Sets 把一道多选问题中定义了的所有变量集合在一起，给新的集合变量取名，在 Dichotomies Counted value 中输入 1。第二步在 Multiple Response…Frequencies 中做频数分析。

4．交叉频数分析

解决对多变量的各水平组合的频数分析的问题。

适用范围：适用于由两个或两个以上变量进行交叉分类形成的列联表，对变量之间的关联性进行分析。比如，要知道不同工作性质的人上班使用交通工具的情况，可以通过交叉分析得到一个二维频数表则一目了然。

实现：第一步根据分析的目的来确定交叉分析的选项，确定控制变量和解释变量（如上例中不同工作性质的人是控制变量，使用交通工具是解释变量）。第二步选择 Descriptive statistics…Crosstabs。

三、简单图形描述介绍

在做上述频数分析、描述分析等分析时就可以直接做出图形，简单方便，同时也可以另外作图。SPSS的作图功能在菜单 Graphs 下，功能强大，图形清晰优美。现在把常用图简单介绍一下。

1）饼图。它又称圆图，是以圆的面积代表被研究对象的总体，按各构成部分占总体比重的大小把圆面积分割成若干扇形，用以表示现象的部分对总体的比例关系的统计图。频数分析的结果宜用饼图表示。

2）曲线图。它是用线段的升降来说明数据变动情况的一种统计图，主要表示现象在时间上的变化趋势、现象的分配情况和两个现象的依存关系等。

3）面积图。它是指用线段下的阴影面积来强调现象变化的统计图。

4）条形图。它是指利用相同宽度条形的长短或高低表现统计数据大小及变化的统计图。

四、问卷深入分析

除了以上简单的分析，SPSS 强大的功能还可以对问卷进行深入分析，比如常用的有聚类分析、交叉分析、因子分析、均值比分析（参数检验）、相关分析、回归分析等。因为涉及很专业的统计知识，下面只将个人觉得比较有用的方法的适用范围和分析目的简单做介绍。

1．聚类分析

样本聚类可以将被调查者分类，并按照这些属性计算各类的比例，以便明确研究所关心的群体。比如，按消费特征对被调研者进行聚类。

2．相关分析

相关分析是针对两变量或者多变量之间是否存在相关关系的分析方法，要根据变量的不同特征选择不同的相关性的度量方式。问卷分析中的多数用的变量都属于分类变量，要采用斯皮尔曼相关系数。

其中可以用卡方检验，其是对两变量之间是否具有显著性影响的分析方法。

3．均值的比较与检验

1）Means 过程。对指定变量综合描述分析，分组计算均值再比较。比如可以按性别变量分为男和女来研究二者收入是否存在差距。

2）t 检验。独立样本 t 检验用于不相关的样本是否来自具有相同均值的总体的检验。比如，研究购买该产品的顾客和不购买的顾客的收入是否有明显差异。

如果样本不独立则要用配对 t 检验。如研究参加职业培训后工作效率是否提高。

4．回归分析

问卷分析中的回归分析常采用的是用离散回归模型，一般是罗杰斯蒂模型，解释一个变量对另一变量的影响具体有多大。比如，研究对某商品的消费受收入的影响程度。

（资料来源：http://blog.sina.com.cn/s/blog_49f78a4b0100ccsa.html）

第六章 问卷设计技术

➢ 理解问卷的含义中，掌握问卷的类型与结构；

➢ 清楚问卷设计的程序；

➢ 学习和掌握问卷的基本格式，掌握问卷设计的技术要求；

➢ 掌握开放式、封闭式问题的设计概念，并能进行问卷设计；

➢ 学会网上创建在线问卷。

本章知识逻辑结构图

本章知识逻辑结构图如图 6-1 所示。

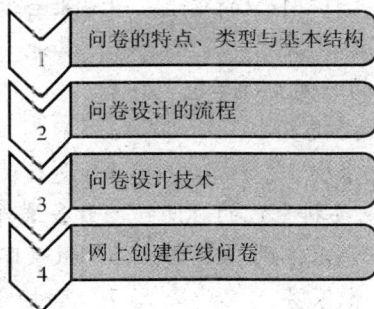

1	问卷的特点、类型与基本结构
2	问卷设计的流程
3	问卷设计技术
4	网上创建在线问卷

图 6-1　本章知识逻辑结构图

════ **导入案例** ════════════════════════

湖州市居民闲暇生活状况调研问卷

一审：＿＿＿＿＿＿　　　　　　编号：＿＿＿＿＿＿

二审：＿＿＿＿＿＿　　　　　　编码：＿＿＿＿＿＿

录入：＿＿＿＿＿＿　　　　　　复核：＿＿＿＿＿＿

【访问员保证】我保证本问卷所填内容均由我严格按照规定操作，绝对真实，如有一份虚假，
　　　　　　全部问卷作废，并承担相关责任。

　　　　　访问员签名：＿＿＿＿＿＿　　　　　时间：＿＿＿＿＿＿

尊敬的女士/小姐/先生：

　　您好！我们是湖州师范学院的学生，正在进行一项有关湖州市居民闲暇生活状况的调
研，想请教您一些看法。您的回答正确与否无关紧要，请客观陈述您的观点。我们保证对

您的个人资料完全保密，敬请放心。非常感谢！

开始时间：_____结束时间：_____访问长度：_____访问地点：_____

【正式问题】

Q1. 您听说过"休闲"这个词吗？（单选）

　　1. 听说过　　　　　　　　2. 没有听说过

Q2. 您对"休闲"一词的理解是什么？（单选）

　　1. 休息

　　2. 除了工作，其他活动都是休闲

　　3. 富人或有钱人才能从事的那些昂贵、豪华的体育、娱乐活动

　　4. 在闲暇时间里人人都可以进行的有益于身心健康、有益于保护环境和社会进步的一切活动

　　5. 其他活动_____

Q3. 下列哪些活动占据了您日常的大多数时间？（最多选择两项）

　　1. 工作　　　　　　2. 上班/上学的路上　　3. 业余学习

　　4. 家务劳动　　　　5. 休闲放松　　　　　　6. 其他_____

Q4. 平时，您是否有闲暇的时间？（单选）

　　1. 很多　　　　　　2. 比较多　　　　　　　3. 不多

　　4. 比较少　　　　　5. 很少　　　　　　　　6. 没有

Q5. 8小时工作之外您如何安排自己的时间？（最多选择两项）

　　1. 休息　　　　　　2. 娱乐休闲　　　　　　3. 做兼职　　　　4. 社交

　　5. 阅读　　　　　　6. 做家务　　　　　　　7. 其他_____

Q6. 您每天的休闲活动主要在什么时间段？（单选）

　　1. 清晨　　　　　　2. 上午　　　　　　　　3. 午饭或午休后

　　4. 下午　　　　　　5. 傍晚　　　　　　　　6. 晚上睡觉前

Q7. 您如何安排双休日和节假日的时间？（最多可选两项）

　　1. 休息　　　　　　2. 娱乐休闲　　　　　　3. 做兼职　　　　4. 社交

　　5. 阅读　　　　　　6. 做家务　　　　　　　7. 其他_____

Q8. 如果让您自己安排时间，您愿意怎样度过闲暇时间？（单选）

　　1. 平时专心工作，然后集中在闲暇时间里从事休闲活动

　　2. 希望每天都有休息和休闲的时间

　　3. 多工作，少休闲或者不休闲

　　4. 尽可能多休闲，少工作或不工作

Q9. 最近一年中，您是否进行过以下活动？（在表6-1相应的空格中画"○"）

Q10. 您所在社区或者附近是否有以下设施？您最喜欢去的地方是什么？（在表6-2中相应的空格中画"○"）

表 6-1 活动情况

项 目	没有进行	偶尔	一般	经常
去图书馆/图书室/阅览室等	1	2	3	4
逛书店	1	2	3	4
看展览（博物馆/科技馆等）	1	2	3	4
去音乐厅/剧院	1	2	3	4
到棋牌游艺室	1	2	3	4
到健身（健美）俱乐部/体育馆	1	2	3	4
户外体育运动（如打球、登山、亲花园绿地等）	1	2	3	4
到美容美发场所	1	2	3	4
去海滨游玩（垂钓）	1	2	3	4
到外地旅游	1	2	3	4
到郊区观光	1	2	3	4
做礼拜或其他宗教活动	1	2	3	4
逛街购物	1	2	3	4
上网（家里或网吧）	1	2	3	4
泡酒吧/咖啡屋/茶馆等	1	2	3	4
去 DISCO 厅/卡拉 OK 厅/歌舞厅	1	2	3	4
自修、职业培训或其他学习	1	2	3	4

表 6-2 使用社区或附近的设施活动情况

项 目	有	没有	不清楚	最喜欢
图书馆/图书室/阅览室等	1	2	3	4
书店	1	2	3	4
展览馆（厅/室）	1	2	3	4
音乐厅/剧院/影院	1	2	3	4
歌舞厅/DISCO 厅/卡拉 OK 厅	1	2	3	4
棋牌游艺室	1	2	3	4
健身/健美俱乐部	1	2	3	4
高尔夫球场/其他豪华休闲场所	1	2	3	4
体育场（馆）	1	2	3	4
网吧	1	2	3	4
桑拿/按摩/足疗/点穴等场所	1	2	3	4
美容/美发场所	1	2	3	4
酒吧/茶庄/咖啡屋/小吃店	1	2	3	4
花园/草坪或其他绿地	1	2	3	4
小区全民健身设施	1	2	3	4
旅游景点	1	2	3	4

Q11. 您对下列场所设施的服务满意度如何？（在表 6-3 中相应的空格中画 "○"）

表 6-3 对场所设施的服务满意度

项　目	非常满意	比较满意	满意	不满意	非常不满意	没去过
图书馆/图书室/阅览室等	5	4	3	2	1	0
书店	5	4	3	2	1	0
展览馆（厅/室）	5	4	3	2	1	0
音乐厅/剧院/影院	5	4	3	2	1	0
歌舞厅/DISCO 厅/卡拉 OK 厅	5	4	3	2	1	0
棋牌游艺室	5	4	3	2	1	0
健身/健美俱乐部	5	4	3	2	1	0
高尔夫球场/其他豪华休闲场所	5	4	3	2	1	0
体育场馆	5	4	3	2	1	0
网吧	5	4	3	2	1	0
桑拿/按摩/足疗/点穴等场所	5	4	3	2	1	0
美容/美发场所	5	4	3	2	1	0
酒吧/茶庄/咖啡屋/小吃店	5	4	3	2	1	0
花园/草坪或其他绿地	5	4	3	2	1	0
小区全民健身设施	5	4	3	2	1	0
旅游景点	5	4	3	2	1	0

Q12. 哪些因素影响了您进行更多的休闲？（最多选 3 项）

1. 工作压力大
2. 经济原因（收支平衡或入不敷出等）
3. 交通不便
4. 不知道什么是休闲或哪里可以休闲
5. 附近设施不齐全或者没有提供
6. 个人身体原因
7. 对于休闲服务不满意
8. 安全因素
9. 其他 _____

Q13. 您最符合下述哪一种说法？（限选 1 项）

1. 想参加休闲活动，但是工作太忙，没有时间
2. 想参加休闲活动，但是家务劳动太多，没有时间
3. 想参加休闲活动，但是经济条件有限
4. 各种条件都允许休闲，但自己注重勤俭节约，很少闲逛、吃喝玩乐
5. 把休闲看成是一种心情，与时间和工作没有多少关系

Q14. 您觉得闲暇生活对您的作用是什么？（最多 5 项）

1. 锻炼身体，增进健康
2. 学习知识，接受教育
3. 玩耍娱乐，消除无聊空虚
4. 寻求刺激，发泄多余的精力和体力
5. 接触艺术，陶冶情操
6. 消除紧张情绪，调节身心
7. 观赏自然，享受自然
8. 参与公益活动，培养奉献精神
9. 促进社区交往，增进邻里友谊
10. 全家共享天伦之乐，加深家庭感情

Q15. 根据您的实际情况，未来2年您的消费主要会集中在哪些方面？（最多2项）

　　1. 住房消费　　　　2. 自身教育　　　　3. 子女教育

　　4. 结婚消费　　　　5. 汽车消费　　　　6. 休闲旅游消费

　　7. 发展特长/爱好　　8. 孝敬父母　　　　9. 其他_____

Q16. 请问您家里是否有下列用于娱乐和休闲的设施？（在表6-4中相应的空格中画"○"）

表6-4　家里的娱乐和休闲设施

项　　目	有	没有
电视机	1	2
家庭影院	1	2
藏书（20种以上）	1	2
乐器（如钢琴等）	1	2
家用电脑	1	2
健身器材	1	2
VCD机/DVD机	1	2
报纸/杂志	1	2
照相机	1	2
摄像机	1	2

Q17. 您对目前的闲暇生活状况的满意度如何？

　　1. 很不满意　　2. 不太满意　　3. 一般　　4. 比较满意　　5. 很满意

Q18. 您认为休闲与工作的关系是怎样的？（单选）

　　1. 工作比休闲重要　　　　　　2. 休闲比工作重要

　　3. 工作和休闲一样重要　　　　4. 无所谓

Q19. 您对湖州市的休闲服务和设施有什么样的感受？

　　1. 非常不满意，不改进根本不行　　2. 不太满意，需要改进

　　3. 满意，改进不改进都可以　　　　4. 比较满意

　　5. 非常满意，无需改进

Q20. 湖州市的休闲服务和设施如果需要改进，您觉得应该怎样改？（单选）

　　1. 应大大增加各种营利性的休闲服务设施和场所

　　2. 应大大增加各种非营利性、公益性的公共休闲服务设施和场所

　　3. 各种营利性和非营利性的休闲服务和设施都要大力发展

　　4. 政府应该加强管理和引导各种休闲服务场所，不要让各种有害的风气污染了休闲
　　　领域

　　5. 其他措施(例如，_____)

Q21. 您对"黄金周"有什么看法？（多选）

　　1. 好，可以使各种旅游和休闲商家赚钱

　　2. 好，可以使老百姓集中时间外出旅游、休闲

　　3. 无所谓

　　4. 不好，它加剧了我国交通紧张和安全形势，破坏了很多旅游景点的环境

5. 不好，很短的时间里，太多的人们出行，那种拥挤和嘈杂非常破坏心情

6. 还是带薪休假好，它可以使人员分散、缓解交通、保护环境、静心观赏和休闲

7. 其他(例如,_____)

【背景资料】

B1. 性别：　　　　1. 男　　　　　　　　2. 女

B2. 年龄状况：_____岁

B3. 婚姻状况：

　　1. 未婚　　　　　2. 已婚　　　　　3. 离异　　　　4. 丧偶

B4. 户籍状况：

　　1. 农业户籍　　　2. 非农业户籍　　　3. 其他

B5. 受教育程度：

　　1. 初中及以下　　2. 高中/中专/技校　　3. 电大/成教

　　4. 大学专科　　　5. 本科　　　　　　　6. 研究生及以上

B6. 工作情况：

　　1. 有工作　　　　2. 离（退）休在家　　3. 失业（含下岗、待业）

　　4. 在学　　　　　5. 不需要工作　　　　6. 在家休养（治疗或养病）

B7. 若有工作，请问您的职业是？

　　1. 机关/事业单位干部　　　　　　　2. 私营企业主

　　3. 科研/技术人员　　　　　　　　　4. 企业管理人员/厂长经理

　　5. 服务人员/营销人员/一般职员　　6. 个体工商业者

　　7. 部队人员　　　8. 工人　　　　　　9. 其他_____

B8. 您的收入来源主要是？

　　1. 工资　　　　　2. 离（退）休金　　3. 失业救济金　　4. 低保

　　5. 别人供养　　　6. 财产性收入（如股票/债券/储蓄/出租房屋车辆等）

　　7. 无固定收入来源　　8. 其他_____

B9. 若有收入，您的月总收入大概是？（包括工资/奖金/津贴）

　　1. 800 元以下　　　2. 800～1500 元　　3. 1501～2000 元

　　4. 2001～2500 元　　5. 2501～3000 元　　6. 3001～3500 元

　　7. 3501～4000 元　　8. 4001～4500 元　　9. 4501～5000 元

　　10. 5000 元以上

B10. 您的家庭常住人口为（每周 5 天以上）：_____人

B11. 您工作后，是否参加过脱产或在职学习？或者：您失业后，是否参加过再就业培训或自修学习？

　　1. 若参加过，共参加了多长时间？_____年_____月

　　2. 没有参加过

B12. 姓名：_____先生/女士　　联系电话：_____

访问至此结束，再次对您表示感谢！

（资料来源：湖州师范学院商学院）

在市场调研中，有时可以通过对二手数据的收集取得所需要的信息和情报资料，但大多数情况下要进行实地调研，而实地调研过程中大多采用问卷调研的方法，前者不需要设计问卷，后者则涉及问卷设计的技巧问题。因为问卷决定了调研方向、调研内容、调研范围和调研成效，问卷设计到位，分析研究时可以事半功倍，本章主要介绍问卷的设计技术。

第一节　问卷的特点、类型与基本结构

问卷是市场调研搜集数据的工具，它是由调研者经过精心设计的，可用来了解市场属性、行为、观念、态度方面的表现。问卷具有一定的特点、类型和结构。

一、问卷的特点

问卷调研是指调研者运用统一设计的问卷，由受测者填答，向受测者了解市场有关情况的搜集资料方法。问卷具有如下几个明显的特点。

1. 问卷一般是间接调查

应用问卷搜集市场资料，受测者填写问卷是在调研者不在场的情况下进行的，调研者与受测者一般并不直接见面。这样，受测者填答过程不会受到调研者的影响，但调研者也无法对填写问卷过程加以控制。

2. 问卷是标准化的调研

调研者按统一设计的、有一定结构的标准化问卷进行调研，每个受测者接到的是完全相同的问卷，并按相同的规定填答。这就给市场调研资料的整理和分析研究创造了极为有利的条件。

3. 问卷调研是书面化调研

调研者通过问卷用书面形式提出问题，受测者对问卷作出书面形式的填答，这就决定了调研者必须掌握全面的书面提问方法，设计出符合需要、具有可行性的问卷；也要求受测者具有相当的文化程度，能够正确理解、填答问卷。

由此可见，问卷调研在调研者提出问题、被调查回答提问这一点上，与访问调研是一致的，所以说问卷调研是访问法特点的发展和延伸；而问卷调研在间接化、书面化方面的特点又与访问法截然不同，所以又说问卷调研是一种独立的与访问法不同的调研方法。问卷标准化的特点，在访问调研中只体现在标准化访问这种特定的访问类型里。从这个角度看，又可以说标准化访问是问卷在访问法中的应用，因此在问卷设计中所阐明的内容，对标准化访问也完全适用。

二、问卷的类型

在市场调研实践中，由于问卷有不同的传递方法，有不同的调研方式，问卷调研就形成了不同的类型。

1. 根据传递问卷的方法不同，可分为报刊问卷、邮寄问卷和送发问卷

（1）报刊问卷

报刊问卷就是将市场调研问卷登载在报刊上，随报刊发行传递到受测者手中，并号召报刊读者对问卷作出书面问答后，按规定时间寄还给报刊编辑部或调研组织者的问卷调研方法。报刊问卷实际上是以读者为调研对象，它具有稳定的传递渠道、广泛的传递面；费用和时间都比较节省；能保证匿名性；回答的质量一般也比较高。但采用报刊问卷，调研者对受测者无法选择；问卷回收率比较低；调研者难于控制对填答问卷产生影响的各种因素。

（2）邮寄问卷

邮寄问卷是调研者通过邮局向受测者寄发问卷，被调研者按规定填写问卷后，再通过邮局将问卷寄给调研者的问卷调研方法。采用邮寄问卷可以加强对受测者的选择性，能提高回答问卷的质量；同时也还能保有匿名性；人力和时间也比较节省。但邮寄问卷同样存在回收率比较低、无法全面控制问答过程等不足。

（3）送发问卷

送发问卷也称留置问卷，是调研者将问卷送发给受测者，受测者按规定填答后，再由调研者取回问卷的问卷调研方法。采用这种传递问卷方法的突出优点是问卷回收率高，同时还能做到及时收回问卷。它可以用于有组织的调研对象，如一个单位的职工、某一社区的居民、某一地区或部门的有关人员等；也可以用于较大范围的调研，如与抽样调研相结合对城乡居民进行住户调研等。当然，这种方法同样无法对填答过程进行全面控制；调研费用、人力的花费比较高。

2. 根据问卷的填答者和调研方法不同，可分为自填问卷和访问问卷

自填问卷和访问问卷分别应用于问卷和访问调研法中。从问卷的角度看，它们具有同一性；从用于不同调研方法角度看，它们又具有各自的特点。

（1）自填问卷

自填问卷是指由受测者自己填写的调研问卷，它应用在问卷中，上述报刊问卷、邮寄问卷、送发问卷都是自填问卷。

（2）访问问卷

访问问卷是指调研者按统一设计的问卷向受测者当面提问，再由调研者根据受测者的口头回答来填写的问卷。显然，它应用于访问调研中，是访问调研中的标准化访问。它包括人员访问问卷、小组座谈问卷、电话访问问卷和电子网络访问问卷等。

　　这两种问卷既有许多相同之处，又存在一些不同。其相同之处是，自填问卷和访问问卷在设计时都应遵守问卷设计的原则和步骤；在问卷中问题设计方法也基本一致；问卷的结构也无很大差异。它们的不同之处是，两种问卷的填写者完全不同。自填问卷由受测者填写，访问问卷则由调研者填写。这就决定了在设计不同问卷时，需要采用不同的形式，按不同的要求来做。

三、问卷的基本结构

　　问卷是调研的工具，了解问卷的基本结构，对设计问卷和应用问卷都是必须的。问卷一般可由封面信、指导语、问题与答案、结束语等部分组成。

　　1. 封面信

　　封面信是一封致受测者的短信，用来向受测者说明市场调研机构、组织或个人的身份，调研的目的和意义，调研的内容，对受测者的希望和要求，等等。封面信的篇幅不宜过大，文字要简洁、准确，语气要谦虚、诚恳。封面信在问卷调研中具有特殊的作用，受测者能否认真地接受调研，在很大程度上取决于封面信。例如：

家庭计算机设备与利用问卷调研表

各位小朋友好：

　　计算机科技逐渐走进家庭，已是未来的趋势。本问卷最主要的目的在于了解您家中的计算机设备，以便了解学生使用计算机、运用计算机的情形，并分析学生的信息素养与家中拥有设备与否的关系。本问卷仅用于学术性之探究，并不公开问卷的原始资料，烦请您填写。谢谢您的合作。

研究者：×××敬上

　　2. 指导语

　　问卷中的指导语是调研者指导受测者正确填写问卷的说明。指导语一般既可以放在封面信之后，集中对问卷的填答方法、要求、注意事项等加以总的说明；也可以放在某类或某个需要特别说明的问题之前，用括号括起来，对该类问题的填写加以说明。如果是集中说明可用"填写说明"为标题给出。

　　3. 问题与答案

　　问题和答案是问卷的主体，是问卷最核心的组成部分。

　　1）问卷调查中的问题按其形式不同，可以分为两大类。一类是开放式问题；另一类是封闭式问题。

　　开放式问题是市场调研者在提出问题时并不给受测者提供任何具体答案，而由受测者根据客观实际情况自由填写的问题。对开放式问题，受测者可以充分地发表自己的意见，不受任何限制；调研者则可得到许多生动、具体、丰富的市场信息。但开放式回答需要受测者具有较高的文字表达能力；花费比较长的时间和精力；由于没有进行调研前分类，调研者在对资料进行整理、分析时就比较困难。

封闭式问题是调研者在提出问题的同时，还将问题的一切可能答案或几种主要可能答案全部列出，由受测者从中选出一个或多个答案作为自己的回答，而不作答案以外的回答。对封闭式问题，受测者填写问卷很方便，节省时间；由于答案的标准化程度高，很有利于受测者对资料进行整理和综合分析。但封闭式问题在设计中对调研者有较高的技术要求；在调研中也无法得到更多的答案以外的丰富资料。

开放式问题和封闭式问题各有特点，适用于不同市场现象的调研。在一份市场调研问卷中，完全都用开放式问题或完全都用封闭式问题，往往不能满足研究市场问题的需要。所以，在设计问卷时，常常采用以一种形式的问题为主、另一种形式的问题为辅，两种形式的问题结合应用于一份问卷，以便充分发挥不同形式问题的优点。

2）问卷中的问题，按其内容的不同可以分为两类，一类是事实、行为方面的问题，另一类是观念、态度、愿望方面的问题。

事实和行为方面的问题通常可以用来了解市场现象的各种实际表现；观念、态度、愿望等方面的问题则常常用来了解消费者的消费心理、消费观念及对市场某方面的态度、愿望等。问卷可以了解的市场现象是十分广泛的。

4. 结束语

结束语放在问卷的最后。一方面，向受测者表示诚恳的感谢，另一方面，还应向受测者征询对市场调研问卷设计的内容、对问卷调研的意见和想法。

征询意见可用具体的问题表示出来。例如：

您对这份问卷的内容有何看法？

　　①有意义　　　②可能会起些作用　　　③不必要　　　④没过多考虑

您填写这份问卷总计约花了多长时间？

　　①1小时以下　　　②半小时　　　③1小时以上

您今后是否还愿意接受问卷调研：①愿意　　　②可以勉强配合　　　③不愿意

您对问卷有什么意见或建议？_____

了解市场调研问卷的结构，不论是对调研者自行设计问卷，还是应用已设计好的问卷，都是必须的。

第二节　问卷设计的流程

设计精密的问卷是市场调研得以实施的关键，问卷设计的质量、可行性等都对问卷调研结果起着决定性的作用。设计一份市场调研问卷决不是一件轻而易举的事，它需要调研者按一定步骤做许多细致而具体的工作。

一、设计问卷前的探索性分析与研究

设计问卷的探索性分析与研究，就是了解设计问卷的基础条件，并对这些条件进行分析研究，目的是使问卷设计具备客观可行性。探索性工作常常采用的是到被调研对象中去，了解和熟悉情况，取得感性认识，为设计问卷打好基础。通过探索性分析研究，要具体解决好如下问题。

1. 要明确问卷设计的起点

明确问卷设计的起点，主要是指对受测者的回答能力要心中有底。问卷是调研者搜集市场资料的工具，设计问卷当然要根据研究市场问题的需要来进行；但是如果只考虑到需要，而不考虑受测者的回答能力，即使问卷设计出来，也难以达到目的。因此，必须要明确不同地区、不同年龄、不同职业等受测者不同的回答问题能力。

受测者的回答能力主要是由他们的文化程度、社会经验及其居住地区等决定的。在设计问卷时，必须要做具体分析，切不可不顾客观条件，设计出过长、回答难度过高的问卷，使问卷失去可行性。在设计问卷时，一定要把需要性和可能性结合考虑，特别要将为受测者问答问题提供方便条件放在重要位置上。

2. 要清楚问卷调研的各种不利因素

清楚问卷调研的不利因素，主要是明确受测者主观上和客观条件，有哪些不利于问卷调研的因素，在设计问卷时避免受其干扰，有效地提高问卷质量，取得更好的调研效果。

问卷调研的不利因素主要来自如下两个方面。

（1）受测者主观因素的影响

受测者思想上和心理上对问卷的不良反应。如对问卷调研不理解，采取不与配合的态度；对调研有顾虑，怕把自己的意见填写下来对自身利益产生损害；采取不认真的态度，凑合填完了事；问卷的填写中遇到困难就轻易放弃等。这些都是受测者经常出现的问题，对调研质量和问卷的回收率会产生极为不利的影响。为此，调研者在设计问卷时必须考虑到这些不利因素，在问题的选择、问题形式和答案设计、问题的排列顺序、问卷的基本结构等具体工作中，尽可能避免受测者主观不利因素的影响。

（2）客观条件的限制

对受测者的阅读和文字表达能力，在问卷调研中比在其他调研中要求得更高，在设计问卷时必须要考虑到这一点。此外，受测者所处的社会环境、所具有的社会经验，以及所从事的职业等客观条件，也会对问卷调研产生一定的影响或限制。设计问卷时必须要十分注意这些客观条件，不要使之转化为不利因素，从而对调研产生不良的影响。

二、设计市场调研问卷初稿

在做过探索性分析研究之后，就可以根据研究市场问题的需要和受测者回答问题的可能性，投入问卷的设计工作。问卷的设计必须先设计初稿，经过试用和修改才能定稿。

设计问卷初稿一般需要做如下两方面的具体工作：一是将所有的问题和答案设计出来；二是从整体上将所有问题按一定的顺序排列成问卷初稿。

1. 设计问题和答案

设计问卷中的问题和答案有两种方法，即卡片法和框图法。

（1）卡片法

卡片法是将每一个问题和答案分别写在一张卡片上，有多少个问题与答案就写多少张卡片；然后，根据卡片上问题的内容不同，将卡片分成若干类；再按一定顺序把各类卡片排列起来；经过反复检查、推敲和调整，最后按卡片排列顺序将问题和答案重新抄录，就形成了问卷初稿。

用卡片法设计调查问卷的好处在于，每一个问题与答案独立成卡，便于对问题的分类、排序，在进行分类、排序的调整时非常方便自如。这种方法体现的是一种由部分到整体的考虑问题思路。

（2）框图法

框图法是根据研究市场问题的需要，根据对市场现象的探索性分析研究，在一张纸上先画出问卷整体和整体各组成部分的框图；再具体设计出各部分中的问题与答案，并按顺序排列好；最后经过必要的调整形成问卷的初稿。

框图法设计问卷初稿的好处是，在一张框图上可以一目了然地看出问卷的整体结构，有利于合理安排问卷的各部分和各部分中的具体问题与答案。这是一种由整体到局部的思考问题方法。

设计问卷初稿的卡片法和框图法各有优点，在实践中经常采用两种方法结合的方式。即对问卷的整体和组成部分用框图法设计；对各部分中的具体问题与答案采取卡片法设计。

卡片法和框图法既可以独立使用，也可结合使用，以便使问卷初稿设计更合理。计算机也可以辅助设计问卷初稿，比较方便地对问卷进行调整，即为卡片法和框图法的结合使用。

2. 排列问题的顺序

不论是用卡片法还是用框图法，在设计市场调研问卷初稿中，都存在一个合理排列问题与答案顺序的问题。问题与答案的合理顺序，在问卷调研中是不可忽视的。同样是若干个问题，顺序合理就能收到良好的效果；而顺序不合理往往影响调研质量和问卷的回收率。

所谓问题与答案合理的顺序，一方面要便于受测者顺利地回答问题；另一方面要便于调研者在调研后对资料进行整理和分析。一般应考虑如下几点。

（1）应按问题的性质和类别排列

把同一性质和同类别的问题排列在一起，这样受测者可以按一定的思路连贯回答问题。而如果不顾这一点打乱类别排列，就容易使受测者的思路发生中断或跳跃，不利于顺利回答问题。一般是先排列事实、行为方面的问题，后排列观念、态度意见方面的问题。

（2）应按问题的难易程度排列

一般把比较容易回答的问题放前，把比较难的问题放后。把受测者熟悉的问题放在前面，比较生疏的问题放在后面；把比较好答的封闭式问题放前，把比较难答的开放式问题放后；把受测者比较感兴趣的问题放前，把比较严肃的问题放后等。

（3）应按问题的时间顺序排列

按时间顺序排列，可以采取由过去到现在，也可以用由现在到过去的顺序排列，使受测者可以按由前到后或由后到前的时间顺序连贯地回答问题。

（4）应按受测者的心理承受能力排列问题

在市场调研中，往往无法完全排除对一些敏感性问题的调研。当问卷调研中必须提问这类问题时，考虑到受测者的心理承受能力，应该把这些问题放得靠后一些。具体如表6-5所示。

表6-5　问卷中问题的逻辑性顺序

位　置	类　型	例　子	理　论　基　础
过滤性问题	限制性问题	过去12个月中您曾经滑过雪吗	为辨别目标被调研者
		您拥有一副雪橇吗	对去年滑过雪的雪橇拥有者的调研
最初的几个问题	适应性问题	您的雪橇是什么品牌的	易于回答，向回答者表明调研很简单
		您使用几年了	
前1/3的问题	过渡性问题	您最喜欢雪橇的哪些特征	与调研目的有关，回答困难些
中间1/3的问题	难于回答或复杂的问题	以下是雪橇的10个特点，请用以下量表分别评价您的雪橇的特征	应答者已保证完成问卷，并发现只剩下几个问题了
最后部分	分类和个人情况	您的最高教育程度是什么	有些问题可能被认为是个人问题，应答者可能留下空白，但它们是在调研的末尾

三、对问卷初稿进行试用和修改

在现代市场调研中，由于市场现象的复杂性和对于调研结果的高要求，一般难于做到问卷设计的一次性成功，经常要反复修改。修改问卷初稿是在最终将问卷用于市场调研之前，在对问卷进行试用的过程中发现问题，并及时进行修整、改换等，这是问卷设计中不可缺少的步骤。

1．小样本试用初稿

试用市场调研问卷初稿通常采用两种办法。一种是进行小样本的调查，对问卷初稿进行客观检验。这种做法实际上就是搞一次小型的问卷调研，但目的并不是为了取得市场资料，而是为了对问卷初稿从各方面进行检验。一般是将问卷初稿复印10～30份，在市场调研对象中随机或非随机地抽取一个数量相当的小样本，对他们用问卷初稿进行调研；并对调研过程和结果进行分析研究，发现问卷初稿的问题和不足，以对问卷初稿进行修改。

用问卷初稿结果进行分析研究，首光要看问卷的回收率，如果问卷的问收率过低，说明问卷初稿存在问题比较多，需要进行较大的修改；其次要分析问卷初稿调研结果的有效回收率，它能更明确地检查出问卷初稿存在的问题。如填答不完整，只答了问题的一半或只答一些比较容易回答的问题，说明问卷可能过长或问题难度过高；若对策问题普遍存在所答非所问，说明问题不明确或指导语不清楚等。在问卷调研中，虽然对问卷初稿进行试用，要花费相当的时间或费用，但却是一种比较稳妥的办法。因为它使问卷初稿直接面对受测者，是一种很客观的检验方法。

2. 专家评定初稿

使用初稿的另一种方法是主观评定法。它是将问卷初稿复制 10 份左右，分别送给对问卷调研有研究的专家、对问卷调研有经验的调研员、从调研对象中选出的有代表性的受测者。由他们对问卷初稿进行阅读、分析和评定，根据他们的评定对问卷初稿进行修改。这种方法虽然没有把问卷初稿投入试调研，但它综合了各方面的意见，在评定中还可以开展讨论，做到集思广益，所以也是一种行之有效的办法。

实践还证明，预调研的客观评定和主观评定如能结合应用，对问卷初稿进行双重试用，将会更稳妥、更可靠。总之，问卷的初稿只有经过试用和修改，才能形成问卷定稿，投入正式调研使用。

第三节　问卷设计技术

问题与答案是问卷的主体部分，对问卷中问题与答案的设计也是问卷设计的关键内容。问题与答案的设计有必须遵守一些原则，也有具体的方法和技巧。

一、问卷中问题的设计

问卷调研是以书面方式向受测者提问，受测者根据各种提问作出回答，提供市场现象的有关资料。问卷中问题的形式、问题的表达、问题的数目和排列顺序等都直接影响着问卷的质量。

1. 问题的选择

进行市场调研，用问卷搜集资料，有各种各样的问题可以提问。在问卷中提问什么，不提问什么，必须要经过认真的思考和选择。

问题的选择一般必须考虑如下几点。

1）必须选择与市场调研目最必要的问题。结合市场调研目的选择问题，是从需要出发考虑问题。如果问题设计得过于简单，就无法满足市场调研的需要；但问题设计得过于繁琐就会造成人、财、物力和时间的浪费，还会直接影响问卷的回收率和有效率。

2）问题的选择必须符合市场现象在一定时间、地点、条件下的客观实际发现。如对居民耐用消费品拥有量的调查。20 世纪 60 年代和 70 年代初是以自行车、手表、缝纫机为代表商品；70 年代末到 80 年代以电视机、冰箱、洗衣机为代表商品；80 年代末到 90 年代初则发展为彩色电视机、电冰箱、录像机等；90 年代末向住房、空调、家庭汽车等商品发展。到 21 世纪，将会有更高层次的商品满足需求。这样，同样是市场调研，随着时间、地点、条件的变化，所选择的问题不尽相同。问卷中的问题不论是落后于市场现象的表现，还是超越市场现象的表现，都是不符合客观实际的，也就不会取得理想的调研效果。

3）问题的选择还必须符合受测者回答问题的能力和愿望。这点所强调的是根据受测者回答问题的可能性来选择问题。市场调研者决不能将受测者根本不可能知道的问题、受测者不愿回答的问题、难度大大超出受测者理解和回答能力的问题等选入问卷。

总之，问题的选择是一个关系到问卷的质量，关系到市场调研需要性和可能性有机地结合的重要问题，必须在设计问卷中处理好。

2. 设计问题的形式

市场调研问卷中的问题有两种基本形式，即开放式问题和封闭式问题。

（1）开放式问题

开放式问题在提出时不提供任何答案，由受测者根据实际情况自由填写。市场调研问卷中若采用开放式问题，就在所提出的问题后留下一块空白，由受测者根据实际情况，将对问题的回答填写在空白处。所留空白大小必须合适。空白留得大大会增加问卷的篇幅；空白太小则限制了受测者提供更多的信息。

就市场现象来看，有许多问题既可用开放式形式提出，也可用封闭式形式提出，也有一些问题只适合用开放式一种形式。对那些用两种形式设计都可以的问题，采用开放式还是封闭式，主要取决于研究市场问题的需要。如仅仅想了解一些基本问题，就采取封闭式；如果想了解到更具体、更丰富的信息，则应采用开放式。

如对同一个问题采取不同形式设计：

第一种：您对购买汽车有何看法？

第二种：您对购买汽车有何看法？①财力上无法承受；②等待观望；③基本赞同；④很赞同；⑤不赞同；⑥其他。

显然，封闭式只能得到几种基本的回答，而开放式则可得到更多的信息。

市场现象中有些问题只适于用开放式提问。这类问题的特点在于，调研者事先无法将其所有可能的回答一一列出，甚至难于列出其主要的可能回答。只有通过受测者对开放式问题问答后，才能归纳整理出问题的主要答案。

封闭式问题在提出问题的同时，还必须将答案设计出来。封闭式问题是现代问卷调查中采用的主要问题形式，许多市场现象的问题都可采用封闭式。

（2）封闭式问题

1）填空式。在问题的后面画一短横线，并在短线后写明计量单位，由受测者将问题答案写在短线上。例如：

① 您的年龄：_____岁。

② 您的月收入：_____元。

③ 您家庭中人口：_____人。

④ 您家的轿车已经用了_____年。

填空式问题，多用于很容易填写，只用几个字或一个数字便能回答的问题。这种方式虽然不是由调研者给出全部答案，但它规定了答案的一部分，所以也把它看成封闭式问题。它同样具有填答方便、易于资料整理分析的优点。

2）两项选择式。这种问题只有两个答案，如是或不是、有或没有等，受测者从中选择一项作为自己的回答。例如：

① 您的性别？　　　　　男□　　　女□

② 您家有轿车吗？　　　有□　　　无□

③ 您有子女吗？　　　　有□　　　无□

两项选择式答案简单明确，对受测者来说问答比较容易，但它仅适用于只有两种答案的问题。如果问题有多种答案，却硬要用两项选择式设计，就会发生遗漏信息的现象，这是不符合封闭式问题答案设计原则的。

3）多项选择式。它是列出问题的两种以上答案，被测者根据自己的实际情况选择一个或一个以上的答案。在多项选择式中又有不同的具体情形。例如：

【例1】您的文化程度是（请在适合您的答案号上画√）：

①大学本科及以上　　②大学专科　　③高中或中专　　④初中　　⑤小学及以下

这是一个只选择一项答案的问题，因为人的文化程度应以现有最高文化程度为标准来选择一个答案。

【例2】您喜欢购买什么书？（请在适合您的答案上画√）

□政治理论类　　　　□经济类　　　　　□文学艺术类

□生活常识类　　　　□科学技术类　　　□其他

这是一个可以选择一个或一个以上答案的问题，因为受测者可能喜欢一类或一类以上的书籍。

【例3】为您经常购物的市场中存在哪些问题？（请在所选择的答案后括号内画×）

商品价格不合理（　　　）　　　　服务态度差（　　　）

商品质量不高（　　　）　　　　　食品卫生差（　　　）

商品种类不全（　　　）　　　　　营业时间短（　　　）

购物环境差（　　　）　　　　　　其他（　　　）

这是一个可选一项或一项以上答案的问题，但在选择上不分先后主次。

【例4】商品质量差的后果是什么？（请按后果的严重程度，将答案号自左向右填在问题与答案后给出的横线上，至少选3项）_____

①造成商品积压　②影响消费者的健康　③造成企业损失　④造成消费者损失

⑤失去民众的信任　⑥破坏社会的风气　⑦影响经济顺利发展　⑧其他

这是一个多项选择问题，不仅要求受测者选择三个或三个以上的答案，而且要把答案按某种要求排列起来，称为顺序填答。类似的还有：

【例5】提高农产品产量需要做好什么工作？（请按工作的重要程度的高低将答案由小

到大编号，并将编号写在答案前的空白方格里）

□增加农业资本投入　　□加强农业信息交流　　□稳定农业政策

□推广农业科学技术　　□搞好农业物资供应　　□提高农业劳动生产率

□组织好农产品物流　　□其他

还有的多项选择式在给出问题答案时，是按不同等级排列的，要求受测者选择一项适合自己的作为回答。这种问题多用来调查态度、愿望等，称之为等级填答。

【例6】您对小区周边的超市是否满意？（请在适合自己的答案空白横线画×）

①很满意＿＿＿＿　　　　②不太满意＿＿＿＿　　　　③比较满意＿＿＿＿

④很不满意＿＿＿＿　　　⑤无所谓＿＿＿＿　　　　　⑥不了解＿＿＿＿

类似这样的问题还有同意不同意、喜欢不喜欢，可以不可以、赞成不赞成，好不好等，它是将两个反义词按不同等级排列，一般采用五级。调研者可以按不同等级打分，用综合分数评定市场现象。

4）矩阵表格式。它是将同类的若干个问题及答案排列成矩阵，以一个问题的形式表达出来。这样就可以大大节省问卷的篇幅；将同类问题放在一起又特别有利于受测者阅读和填答。例如：

您家庭中电子消费品购买和拥有情况如何？（请在表6-6中适合的空格内画✓）

表6-6　矩阵表格式

项　　目	已　　有	年内将购买	年内将更新	年内不买
3D LED 电视机				
4核智能手机				
苹果平板电脑				
超级笔记本				

总之，问题形式主要有开放式和封闭式两类，封闭式问题又有多种表达方法，它们各有特点，各有适应的市场现象，在设计问卷中应根据实际情况灵活应用。

3．问题的表述

在问卷设计中，不论开放式问题还是封闭式问题，都要用文字表述出来。问题的表述与问题的选择和问题形式的设计一样，也对问卷的质量、问卷的回收率及其调研的结果有重要影响。问卷中问题的表述应遵守以下规则。

（1）每个问题的内容要单一，避免多重含义

这点强调的是不能在一个问题中同时问两件事。例如，"您喜欢电影和电视吗？""您所居住的地区饮食、文化服务方面的条件怎样？""您近年的食品消费和衣着消费水平具体有多大的提高？"这几个问题都未做到问题内容的单一。"电视和电影"、"饮食和服务"、"食品消费和衣着消费"是具有双重含义的。可能电视和电影的情况并不一样；可能饮食和文化服务的发展并不均衡；可能食品消费和衣着消费水平并不能同时提高，对这种双重含义的问题，受测者不知从哪方面回答好。

（2）问题的表达要具体，避免抽象、笼统

问题太抽象、笼统，也会使受测者无从答起。在封闭式问题中，这项规则比较容易实现，因为调研者必须提供若干个答案供选择，如果问题抽象、笼统。自己就无法设计答案，调研者设计答案过程，就等于是对问题表述是否具体的一种检验。但在开放式问题中，往往不容易做到此规定。例如，"您认为当前市场情况怎么样？"这种问题就过于笼统，它是指证券市场，还是指生产要素市场、人力资源市场、消费品市场？使受测者搞不清楚，也就不能具体回答问题。

（3）问题的表述语言要简短、通俗、准确

提问的问句一般不宜太长，要力求简短。因为过长的问句在调研者设计和受测者理解时，都比较容易发生错误，会直接影响调查效果。提问时还应采用通俗易懂的语言，不要采用研究者才用的专业术语，那样会增加受测者的填答难度，或使受测者根本无法正确理解问题。例如，"您家的生活消费结构是怎样的？""您金融衍生产品每年的投入是多少？""您家的恩格尔系数是多少"等，都使用了专业术语，大多数受测者是不能理解的。问题的表达还必须做到准确，不能用模棱两可和含混不清的词，如"还可以"、"也许"、"可能"、"大概"、"常常"、"有时"等词就不宜用于表述问题，它们都不能准确地表达市场现象。

（4）表述问题要客观，不能带倾向性或诱导性

这是指问题的表述不能使受测者感到，调研者希望或不希望自己填答什么内容或选择某项答案，而应由受测者根据客观实际情况填答。例如，"专家认为，经常喝牛奶有益健康，你喝吗？""居民储蓄是利国利民的，您愿将暂不用的钱存入银行吗？""各国医学界已确认吸烟对人体危害很大，您准备戒烟吗？"等等，都带有明显的倾向和诱导，显然是期待受测者回答"喝"、"愿意把钱存入银行"、"准备戒烟"等。

（5）对于敏感性问题，不要直接提问

在市场调研中，难免要提问敏感性问题（如涉及私人生活问题，如收入、家庭生活、个人习惯、政治、宗教信仰等）。用问卷提问敏感性问题比用访问法的可行性要强一些，但在问卷中仍然不要直接提问敏感性问题，要想方设法降低敏感程度和受测者所感觉到的威胁程度。可采用的方法有假定法、转移法等。例如：

对一些高中生出国留学现象，有不同的看法，您同意哪种？

①是不现实的　　②无所谓　　③是一种趋势　　④要具体情况具体分析

这里采用了提问中的转移法。又如：

假定人才培养时间相同，您认为国内教育和国外教育哪种情况更快地出人才？

这个问题采用了假定法。这样会比直接提问有利于受测者回答。

（6）不用否定形式提问

很多人习惯肯定陈述的提问，否定提问会影响受测者的思维，或容易造成相反意愿的回答或选择，因此，要用肯定形式提问。例如，"您是否赞成彩电不要降价？"

4. 相关联问题的设计

问卷中的各问题之间是相互联系的，不是孤立存在的。而我们这里所说的相关联问题，

是特指那种对某问题是否需要回答或如何回答，取决于被调研者对该问题之前的问题的回答结果。也就是说问题之间不但具有其他问题也具有的联系，而且还带有问题之间特有的逻辑性和连贯性。

例如，"您买智能手机了吗？""您买的是什么牌的？"显然，对后一个问题是否回答，取决于对前一个问题回答的结果，如果回答已买手机，才需要回答后一个问题，这样的问题称为相关联问题。

对相关联问题可以采用不同的方式进行设计。

（1）用文字说明

例如：

A. 您当过志愿者吗？①当过□　　②没当过□（若没当过，直接答D题）

B. 您当过_____次志愿者。

C. 您当志愿者做的是_____。

D. 您现在的月薪酬是_____元。

在A题选择第②个答案后，用文字说明应空过的题。

（2）用框图表示

用框图法不但能将两个相关联的问题之间的关系表示出来，还可以将两个以上相关联的问题表示得更清楚。例如：

您觉得哪种媒体最吸引您？（在表6-7中限选三个，在相应的选项中打√）

表6-7　示例

1. 电视（频道、节目）	是哪些频道			
2. 报纸	是哪些报纸			
3. 杂志	是哪些杂志			
4. 互联网	是哪些网站			
5. 广告	是哪些广告			

（3）用连线表示

用连线表示问题的关联，看上去比较简洁明了。例如：

在您家购买与使用MINI组合音响过程中都有哪些人参与？

①本人　　　②丈夫或妻子　　③父母　　　④兄弟姐妹

⑤小孩　　　⑥其他亲戚　　　⑦朋友　　　⑧其他_____

A. 提议购买的人_____；B. 收集信息的人_____；C. 对购买的品牌和型号做最终决定的人_____；D. 最终决定是否购买的人_____；E. 使用次数最频繁的人_____；F. 对功能最了解的人_____。

二、问卷中问题答案的设计

封闭式问题在问卷中占有重要的地位。封闭式问题不但要提出问题，还必须提供答案，因此，问题答案的设计与问题的设计是同等重要的。在本节前面讲到问题形式设计时，已经举过不少封闭式问题的例子，对各种不同类型封闭式问题分别说明了特点。

1. 问题答案设计的原则

问题答案的设计要遵循两条基本原则。

（1）互斥性原则

所谓问题答案设计中的互斥性原则，是指同一问题的若干个答案之间关系是相互排斥的，不能有重叠、交叉、包含等情况。

这样才能保证每个答案都有与其他答案不同的特定含义，受测者在选择答案时才不至于发生混乱和重复。这一点在两项选择式问题中比较容易做到，因为是与不是，有与没有，赞同与反对等等，它们之间界线非常清楚、但在多项选择式中这个原则往往不易做到，因为，当答案比较多时，如果没有统一的划分各答案之间界限的标准，就往往容易出现答案之间相互重叠、交叉或包含等错误。例如：

您上月的支出中花费最多的是：（单选，在相应的选项中打√）

　　A. 食品　　　B. 服装　　　C. 书籍　　　D. 饮料　　　E. 其他

这个问题的答案中，食品和饮料就不符合互斥性原则。这样就不会出现交叉的错误。这组答案设计的主要错误是消费的分类标准选择得不好，有的以大类划分，有的又以具体种类划分，因而造成了混乱。

我们在理解互斥性原则时，绝不能错误地认为它是指受测者只能从多个答案中选出一个答案。事实上，多项选择式有要求选一个答案的问题，也有不少可以选一个以上答案或明确要求受测者选若干个答案的问题，但它们并不违背答案设计的互斥性原则。例如：

您所居住的小区内生活上有什么不方便？（请在合适的答案后的□内画√，选几项不限）

　　A. 买粮□　　　　B. 买副食□　　　　C. 买日用品□　　　　D. 交通费□
　　E. 买蔬菜□　　　F. 看戏/电影□　　　G. 儿童入托□　　　　H. 其他□

显然，居民可以根据实际情况，对这个问题选 0～8 个答案，而这个问题的各答案之间又不存在重叠、交叉、包含关系。

（2）完备性原则

所谓问题答案设计中的完备性原则，是指所排列出的答案应包括问题的全部表现，不能有遗漏。因为受测者的实际情况会是所有可能答案中的一项或多项。这一点在两项选择式中也是比较容易做到的，因为现象只有两种表现，一般不会遗漏。在多项选择式中，做到答案设计的完备性并不容易。完备性原则要求将问题的所有可能答案都排列出来，而许多问题很难做到这一点。

例如，"您喜欢什么品牌的衬衣？""您喜欢读什么书？""您常用哪种牙膏？"由于衬衣品牌、书的种类、牙膏种类都比较多，如果都排列穷尽是不可能的，也是问卷篇幅所不允许的。对此，设计答案时经常采用的办法，就是将问题的主要答案排列出，供大多数受测者选择。并在最后把"其他"也作为一种答案，由"其他"来包括主要答案中没有列出的情况。需要注意的是，"其他"所包括的不应是普遍性的情况，也就是说，问卷填答时选择这一项的只是极少数受测者，而不应有比较多的人选择这一项。例如：

您的家庭构成是？（单选）（在相应的选择中打○）

A. 单身居住　　　　　　　　　　B. 只有夫妻生活的一代家庭

C. 夫妇＋子女构成的二代家庭　　D. 夫妇＋父母构成的二代家庭

E. 夫妇＋父母＋子女构成的三代家庭

如果这组答案就这样设计，看上去好像把主要情况都列出，但事实上并未将情况列举穷尽，肯定还会有六种情况以外的表现，如果再加上"F. 其他"就符合完备性的要求了。

问题答案设计的互斥性和完备性原则不是孤立存在的，而是相互联系缺一不可的。互斥性保证了答案之间的不重复，完备性保证了答案的不遗漏，只有同时遵守了这两项原则，答案的设计才有科学的保证。

2. 问题答案形式设计及填答说明设计

在前面已经介绍了封闭式问题的几种形式，有填空式、两项选择式、多项选择式、矩阵式、表格式等。相对各种封闭式问题，都要设计出相应形式的答案，同时要设计填答说明。

（1）问题答案形式

答案的形式有以下几种设计方法。

1）将两个或两个以上的答案编上序号，置于问题之后，由受测者选择，在所选的答案号上做标记。这种答案形式对两项选择或多项选择式都适用。

2）将两个或两个以上的答案编好序号，并在每个答案后给出_____、□、(　　　)，置于问题之前或之后，由受测者选择，并在选中答案之前或之后的_____、□、(　　　)上做标记。这种形式对两项选择式、多项选择式及矩阵式都适用，用在矩阵式中不必编答案序号。

3）对两个以上的答案不编序号，只在每个答案后或前给出_____、□、○、(　　　)，由受测者按某种标准对答案编号，并写在□、○、(　　　)上。这种形式用于多项选择式的顺序填答法，是由受测者按答案的重要程度等编顺序号。

4）将多个答案不编序号，放在表格的最上行中，与问题相交叉对应，受测者在表格每行的空格中做标记。这种形式用于表格式问题。

（2）填答说明

在设计问题和答案的同时，还必须设计填答说明。填答说明一般放在问卷封面信后，那是对问卷整体的填答说明。对具体问题的填答说明则放在问题后，用括号括起来。封闭式问题具体的填答说明必须明确如下两点。

第一，规定受测者用什么标记来标明自己选中的答案。一般放在答案号上做标记，可以用√、×；在_____、□上做标记可以用√、＋、○；在○、(　　　)上做标记可以用√、×；在表格中做标记可采用√、×、○等。

第二，规定受测者选择适合的答案或须选答案个数。规定受测者选择适合的答案，而不是随便选，这一点调研者必须向受测者说明，一般可以放在问卷封面信的总说明中，也可放在封闭式问题后，用括号括起来。规定受测者选择答案的个数，也是答案设计中不可少的。

两项选择式一般要求受测者只选一个答案。多项选择式有时要求受测者选择一个答案，如要求受测者在对一个问题的五种可能态度的答案中选一个答案，因为每个人对一件事只能有一种态度；多项选择式也有很多时候是要求受测者选多项答案，对于这种情况，调研者可以规定具体个数，如在多个答案中选出三个最重要的答案，也可以不规定具体的个数，由受测者根据实际情况有几个就选几个。

顺序填答式不是具体规定选几个答案，而是规定受测者将答案顺序填放在问题后用括号括起来。

设计问题答案填答说明要特别注意简明，切不可拖泥带水，占用问卷过多的篇幅，干扰了被测者对问题及答案的阅读与思考。

（3）对数量问题答案的设计

在市场调研中，不但要了解调研单位的品质标志，也要了解其数量标志。这是现代市场调研的重要标志之一，对数量问题采取填空形式固然是可以的，例如：

您家的客厅有_____平方米。

但这并不是唯一的形式。在研究某些市场问题时，研究者往往采取对问题前分类的办法，以便使研究工作更方便，这一点在有结构观察、标准化访问及问答中表现得尤为突出。这就要求调研者将数量问题的定量标准具体设计成答案，供受测者选择。在设计数量问题的答案时，也必须遵循完备性和互斥性原则，各答案之间不重复，也不能发生遗漏。例如：

您购买生鲜食品的频率如何？（单选）

A. 几乎每天　B. 每周1～2次　C. 每月1～2次　D. 偶尔　E. 无答案

这个问题给出的5个答案不重复，也不遗漏。类似人口数、企业数、职工数等都是用整数表示的，这类变量称为离散型变量，因此，在给出答案时各组并不需有重复的数字出现，同时又不会影响答案的完备性。但还有很多数量，如年龄、收入、企业的产量等，在每个整数之间还可分出小数来，这类变量称为连续型变量，对这样的数量问题在设计答案时不能有间断，也就是说答案中肯定会有组限的重复。为了既遵守完备性原则，又不违背互斥性原则，对这种答案的选择就必须进行必要的说明。例如：

您的家庭月平均收入大概是多少？（单选，在相应的选择中打√）

A. 1000 元以下	B. 1000～2000 元	C. 2000～3000 元
D. 3000～4000 元	E. 4000～5000 元	F. 5000～6000 元
G. 6000～7000 元	H. 7000～8000 元	I. 8000～9000 元
J. 9000～10 000 元	K. 10 000～15 000 元	L. 15 000 元以上

这里之所以在不同答案中重复出现1000元、2000元、3000元等数字，就是为了避免遗漏。若将这些数改为1999元、2999元、3999元等，势必使月收入为1000.2元、2000.8元、3000.9元的被受测者无答案可选，这是违背完备性原则的。但如果对问题答案不做特殊说

明，又不符合互斥性。

对数量问题答案设计，还必须要以事物在一定时间、地点、条件下的客观情况为根据，答案所划分的数量界线应符合实际。例如，上面的问题根据家庭收入水平的高低划分为 12 组，产生 12 个答案，如果用这种数量界限用于 20 世纪 60 年代的市场调研，显然数量标准过高。如果把它用于贫困地区也不适合。在全国各地都用同一个数量标准也不一定适用。所以调研者必须要根据客观情况来决定数量界限及其标准。

对数量问题答案设计中，确定数量标准和各答案的数量界限，还必须根据研究问题的需要。如果研究人口问题，就与研究人口中的劳动力问题所采用的对人口年龄分类的方法不同。前者一般将人口按 10 年为一组分类，即 0～10 岁，10～20 岁、20～30 岁、30～40 岁……后者则按 0～16 岁、16～64 岁、65 岁及以上的标准分组。

第四节　网上创建在线问卷

一、网上问卷调研技术与发展简介

随着计算机技术的飞速发展，利用计算机来获取和处理信息是当今信息管理的一大特点。基于 Web 系统作为最普遍、最实用的系统，其管理现代化、信息化对整个社会起着巨大的推动作用。

早期的问卷调研很不方便，需要大量的人力和财力，却也只能限于相对局部的区域里。而对于不同的调研，相对的人群也会有变化，针对性不强，因为数据量很大，信息的提取比较复杂，所以以前的问卷调研很少，只有发现了问题之后，才能知道问题的原因。当今的社会已经是一个信息时代，只有在第一时间获得有效的信息，才能在社会上立足。

网上问卷调研系统正好弥补了这个缺陷，网上问卷调研现在已经成为了解社会状况的一种有效的方式，只要在网上搜索调研，会有成万的相关记录，企业能及时地了解客户的需求，也能得到产品的优点和缺点，及时地了解信息、及时地处理问题是现在社会竞争中胜出的条件。

二、网上问卷调研的特点

1. 广泛性

互联网的广泛性决定了网上市场调研的广泛性，任何网民都可以进行投票和查看结果。网上市场调研是 24 小时全天候的调研，不受时空、地域的限制。

2. 及时性

网上市场调研采用的是电子方式，投票信息经过统计分析软件初步处理后，可以马上查看到阶段性的调研结果。

3. 便捷性

实施网上调研，对网民的要求就是能上网就行。

电子调研问卷通过站点发布，由网民网上填写，然后通过统计分析软件进行信息整理和分析。网上调研在信息采集过程中不需要派出调研人员，不需要印刷调研问卷，调研过程中最繁重、最关键的信息采集和录入工作将分布到众多网上用户的终端上完成，可以无人值守并不间断地接受调研填表，信息检验和信息处理工作由计算自动完成。

4. 交互性

互联网的最大好处是交互性。因此在网上调研过程中，被调研对象可以与调研者进行互动，就问卷相关的问题提出自己的看法和建议，可提高问卷设计合理性。同时，被调研者还可以自由地发表自己的其他看法，有助于调研者了解和掌握更多有价值的信息。

5. 可靠性

实施网上调研，被调研者是在完全自愿的原则下参与调研的，调研的针对性更强。调研问卷的填写是自愿的，不是传统调研中"强迫式"的。因此，填写者一般都对调研内容有一定的兴趣，回答问题相对认真些，所以问卷填写可靠性高。同时，网上调研还可以避免传统调研中的人为错误（如访问员缺乏技巧、诱导回答问卷问题）导致调研结论的偏差，被调研者在完全独立思考的环境下接受调研，不会受到调研员及其他外在因素的误导和干预，能保证调研结果的客观性。

6. 可控性

利用互联网进行网上调研收集信息，可以有效地对采集信息的质量实施系统的检验和控制。这是因为，一来网上调研问卷可以附加全面、规范的指标解释，有利于消除因对指标理解不清或调研员解释口径不一而造成的偏差。再则，问卷的复核检验由计算机依据设定的检验条件、控制措施自动实施，可以有效地保证对调研问卷的复核检验和保持检验与控制的客观公正性。最后通过对被调研者的身份验证技术可以有效地防止信息采集过程中的舞弊行为。

7. 局限性

由于网上市场调研限于网民，所以调研对象的广泛性受到限制。

由于网上市场调研的特点，在制定市场调研计划时，要掌握网上市场调研的特点，能根据企业经营目标制定市场调研计划。

三、网上问卷系统的具体操作

1. 注册

在浏览器地址栏输入以下网址 http://www.sojump.com（问卷星）进入网上专业调研平台，然后进行注册，注册后就可以登录使用了，如图 6-2～图 6-4 所示。

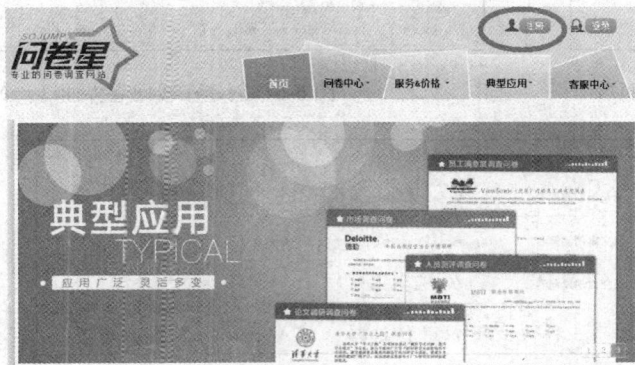

图 6-2　进入在线界面

图 6-3　注册界面

图 6-4　完成注册界面

2. 登录并创建在线问卷

具体如图 6-5～图 6-9 所示。

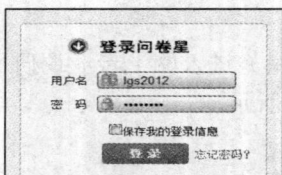

图 6-5 登录界面

图 6-6 创建在线问卷界面（一）

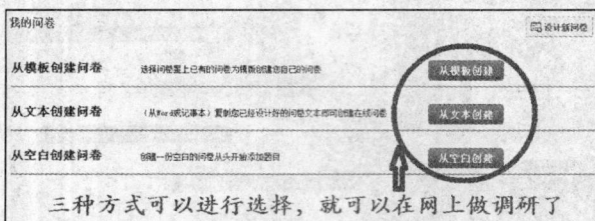

图 6-7 创建在线问卷界面（二）

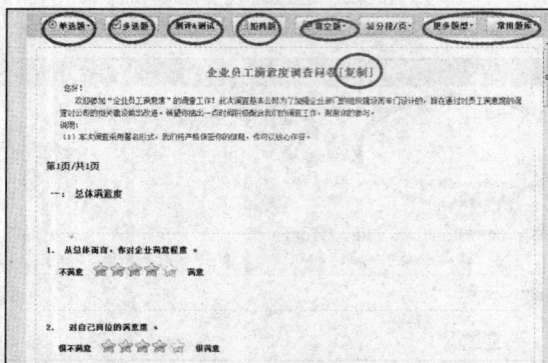

图 6-8 开始创建在线问卷

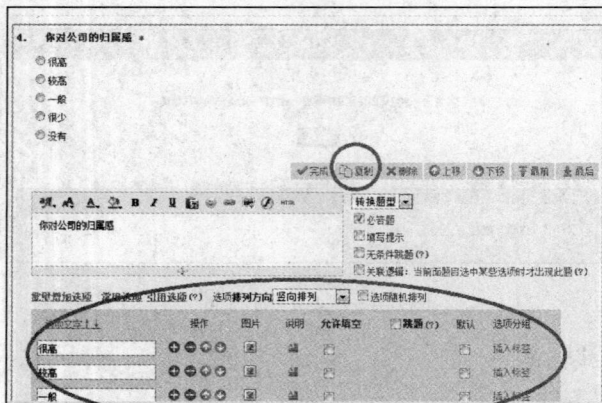

图 6-9 修改编辑问卷界面

阅读资料

纸张问卷调研与线上问卷调研方法的对比

人们经常想把用于纸张问卷调研的方法用在线上问卷调研上。虽然从现有用于纸张问卷调研的方法出发有很大的好处，但是了解这两种方法的不同是非常重要的。我们现在从这两种方法在问卷调研过程中的可用性、回收率等方面做一下对比，以便读者能更好地了解这两种方法及其区别。

1. 可用性

纸张问卷调研与线上问卷调研最主要的区别就是调研问卷在被访者面前出现的形式。与在屏幕上看到的不同，大部分印好的调研问卷会用一页或多页的纸。问卷的版面和文字的大小都是固定的。而线上调研问卷根据字体、屏幕的大小，以及人们浏览网页方式的不同，如用全屏或缩小的窗口浏览等，而出现不同的视觉效果。

通常来说，纸张调研问卷的设计会利用纸面上所有的版面。一个调研问题占整个纸张行宽是完全可以的。然而，线上调研问卷的版面设计有了不同的情况。人们习惯于上下拉动屏幕来浏览，而对左右拉动是不大习惯的。矩阵问题最容易使得调研问卷的版面过宽。一般情况下，需要把矩阵问题的列数设计得薄一些。横放等级选项数也是一样，不要把选项数设计得过多。

测试问卷视觉效果的最好办法是改变屏幕的显示设置，暂时设置成低的分辨率（如640像素×480像素或800像素×600像素），这样可以了解到很多其他人会看到什么样的视觉效果了。

另外还有页面的美观问题。大多数纸张调研问卷用的是白纸和非常易于阅读的字体。线上问卷调研是很容易设计成深紫的背景、亮黄的文字、闪烁的图片，但这对收集有效的调研数据不是一个太好的做法。比较好的是白色的背景和通用的字体，如宋体等。精制的背景图片也为调研问卷增加专业化的感觉。使用问卷通可以很容易地把图片插入调研问卷。当然，要确保这些图片是有它们的目的的。很多人增加 Logo、插入图片来匹配自己的网站，或用图片来分割调研问卷的不同部分。除非有目的，否则要避免在调研问卷里随意插入图片。

2. 速度和回收率

线上调研问卷的答卷回收速度是非常快的，它取决于被访问的人群、问卷调研的目的和问卷发放的方法，调研答卷在几分钟之内就可以回收，几天内就能完成调研。相反，纸张调研问卷是需要几周或几个月的时间来进行发送和回收的。这是两者之间最重要的区别，可以改变调研者实施问卷调研的目标。以前做纸张问卷调研的很多人会在问卷中设计非常多的问题，因为他们认为被访者会忍受这样长的问卷并作答。基于网络的线上问卷调研更经济、更快速，一个比较好的方案是更加频繁地实施更简短的问卷调研。这不但会减轻被访者的答题负担，也使数据的回收更加及时。

3. 结构化的问题设计

线上调研问卷比纸张调研问卷具有更好的答题控制，如单选和多选控制了被访者的答题方式（只能选一个选项、可多选），下拉单也有同样的效果，而且这种压缩了的选项形式能包括进非常多的选项，而在屏幕中只占一行。

在线上调研问卷中加入多个文字题、答题框是非常容易的。答题的准确性也很高，答题者错误填写的可能性也会减少。线上调研的一个非常巨大的优势是在进行回收数据的统计分析时，使用恰当的过滤条件（如"只显示那些选择了愿意再次购买的人的情况"），就可以得到非常有针对性的答案，这些答案可以提供给调研者所需要的信息。

4. 了解方法的偏差

所有的问卷调研都会产生一些偏差。在电话调研中，调研者的声调或询问方式都会影响被调研者而产生偏差，如限制调研的范围、被调研者必须有电话。书面调研产生另外的偏差，如调研者必须会读、会写，把问卷设计成高深的文学水准是没有什么意义的。线上问卷调研需要被访问者有一定的文化水平，有基本的计算机技能和上网条件。也就是说调研者必须保证通过线上问卷调研得到的结果符合其调研目标。

特定的线上问卷调研不会因为这种调研方法的偏差而受到太大的影响。例如，要调查高科技领域在职人员的工作满意度，这种影响就非常小。而从职员那里得到福利待遇的反馈会产生较高的偏差。然而，要确定 A 国是否要入侵 B 国就会有很大的偏差，因为你只有从网上得到一些反馈信息。任何类似的调研结果都需要检查其合格性。

小　　结

问卷是市场调研的一般工具。问卷设计决定信息收集的数量和质量、影响调研活动的准确性和效率，同时影响调研目标的达成。依据访问调研的具体方式的不同，把问卷划分为人员访问问卷、小组座谈问卷、电话访问问卷、邮寄和电子网络访问问卷。应注意不同访问方式的问卷设计技术。

一份完整的调研问卷通常由标题、问卷说明、调研项目、受测者项目、调查者项目等内容构成，在设计时又可根据实际需要有针对性地增删或组合。问卷中问题的形式不一，每一种形式的问题各有其独特的作用。因此，在问卷设计中要特别重视问题设计技术。按照受访者回答的形式，可以把各种形式的问题归纳为开放式问题、封闭式问题和量表式问题三类。问卷设计是一项技术性比较强的工作，设计者还应遵守一些在长期实践中形成的基本原则：完整性原则、必要性原则、可行性原则、便于整理原则、非诱导性原则和准确性原则。

通常，问卷设计的一般程序包括：根据调研目的，确定所需要的信息资料；确定问卷类型及调查方式；确定所提问题；确定提问方式；决定问题措辞；安排问题的顺序；确定问卷版面格式以及检测、修改并定稿。

复习与思考

一、简答题

1. 怎样理解问卷的概念及特点？

2. 试比较自填问卷和访问问卷的不同。

3. 简述问卷的各种不利因素及克服、避免不利因素的方法。

4. 试述设计市场调研问卷中合理排列问题顺序的方法。

5. 问卷设计中问题的选择需要考虑哪些问题？

6. 试述开放式问题和封闭式问题的不同之处。

7. 简要回答问题答案设计的基本原则。

8. 在问卷中，怎样选择和确定调研对象？

9. 在对数量问题答案的设计中要注意哪些问题？

10. 试述问卷设计中表述问题时应注意的问题。

11. 简述问卷的基本结构。

12. 试述问卷与访问法的关系。

二、论述题

1. 论述设计问卷中的问题。

2. 试论述问卷的优缺点。

三、实训题

1. 超市调研问卷设计。

目的：通过实训要求学生初步掌握问卷设计的方法。使其能够根据调研目标确定问题的类型，选择提问方式，设计适当的问句，合理编排版面从而培养问卷设计的能力。

2. 利用问卷星网站以大学生消费为主题创建在线问卷。

补充阅读

网络调研练习

有多少人在你的网站把商品加入购物车？网站和购物车对许多电子商务公司和传统的依赖于在线注册的公司来说是非常严重的问题。了解人们为什么清空购物车和注册页，从而找到这些症结所在，减少成本、提高销售收入。

使用网络调查软件来调查访问者是非常简单、有效的方法。当访问者离开网站，用他们能看到的另外一个网页或使用另外一个单独弹出的窗口。通过网络调查软件，你可以得到真实的结论，给出对网站调整的必要的信息。

1. 一些影响放弃比率的因素

根据各种不同的调研报告，放弃的比例可能高达67%。为何有这么高的比率呢？根据 Global Millernnia Marketing 公司 2002 年的调研结果：原因如下：

1）运输成本太高，而且尚未做校验就显示（69%）。

2）改变想法和清空购物车内容（61%）。

3）对比其他的购物或浏览（57%）。

4）项目总成本偏高（49%）。

5）保留某些货品或推迟购买（47%）。

6）校验的时间过长（44%）。

7）校验后缺货（39%）。

8）校验需要过多的个人资料（35%）。

9）网站浏览太差或下载时间过长（31%）。

10）缺货或没有联系方式（31%）。

11）校验过程不清楚（27%）。

12）网站要求购买前先注册（23%）。

13）网站没有说明送货时间（17%）。

14）没有订单追踪的选择（16%）。

15）没有赠品（11%）。

2．如何执行调研

找出顾客放弃购物的最佳时机是当顾客在购买页没有选择"现在购买"或"上交"按钮而是选择退出网页时。一个小的弹出窗口可以收集到非常有价值的信息。使用 Websurveyor，可以跳过顾客的在线行为而直接进入调研文件，从而可以减少你的问题，你所收集的数据就会更加有价值。

你可能没有顾客的联系方式，因为这些顾客可能还没有完成购买或注册，你也就不能发调研邀请。尽管，你有顾客的联系方式，如果你发了调研邀请，顾客也不会记得当时放弃购买的原因，相反还会觉得在你的网站，窥探他的个人信息。

3．问什么问题

做购物调研有两个主要的问题：顾客为何选择放弃购买？如何通过改变公司/网站而鼓励以后的购买行为？

通过对这类顾客的数据收集，如购物次数总和、产品的类型，及通过一些统计类问题，你可以得到一组放弃购买的人和原因。

把问卷的问题控制在 7 道以下。为什么呢？因为顾客已经表现出要退出网站的意向，把调研缩短才会使他们有兴趣完成问卷。

你的调研可以开始了。

感谢您今天光临 MySite.com。您今天并未完成购买，可否请您回答下述 4 个问题以便我们了解您不做购买的原因。

我不购买的原因是：（选出三个最重要的理由）

A．订单总金额超出我的预期　　　B．运费太贵　　　C．缺货

D．需要提供太多的个人资料　　　E．考虑到网站的安全问题　　　F．改变主意了

G．和其他购买做了对比　　　H．以后再买　　　I．校验时间过长

J．校验过程繁琐　　　K．网络游览有问题　　　L．产品信息不全

M．送货时间不明确　　　N．没有订单追踪

这些回答可以分为四类：费用，安全，不是真的想购买，购买者经验。接下来的问题可以基于上面的类别或客户的回答引出其他的问题。例如，如果调研对象考虑的是价格问题，可以问：

对比以下网站，MySite 的情况是：_____，具体内容请填写表 6-8。

表 6-8　网站体验内容

项目 ＼ 体验	好得多	较好	不太好	差很多
运费				
运费				
产品价格				

如果你使用这种矩阵型的问题，把问题的数据控制在 3～4 个。矩阵问题很容易回答，你可以对问题的回答进行比较。如果太长，顾客也可能会放弃所有的问题。

你也可以交错地问有关在线购买行为的问题。也有许多人只是浏览网页，他们从不在线购买。其他顾客可能是经常性地在线购买的客户，但不从你的网站购买。这类问题可以有效地帮你把顾客的回答作对比。

下面是统计类问题，保持简要，你所问是那些浏览你网站的购买者。表 6-9 所示的统计问题可能对你有帮助。

表 6-9　针对网站购买者的统计问题

商业统计问卷例子	客户问卷统计例子
您属于什么行业 您所属的部门 您公司的规模 您的职位	你在哪个城市/省/国家 您的性别、年龄、教育程度、收入 您的兴趣爱好

如果问客户第一次如何听说你的网站是非常有价值的问题。如果你做广告或做促销，了解这些放弃购买的原因可以帮你选择促销方法。

最后，询问客户你做怎样的改变才会令他以后购买。你可以选择单选或多选格式，甚至是开放式问题。一段时间后，你可能会希望得到更多开放式问题的答案来扩展你的单/多选式问卷。这些回复更快也更容易明白，可以使用交叉表格或筛选的方法。

4．如何总结结论

在调研结论阶段建立一个总结的环节。按你的组织状况和网络的流量状况，你会发现一周做一次结论总结非常有意义。如果想为你的网站做重要的改变计划，一定要让网站随着调研结论而变化。

第一步：独立地看每个问题。你有否发现明确的趋势或明显的被关注的范围。如果你使用了上述四类调研放弃购物的方法，或者如果你用一系列适用你的网站的方法，你会发现那个最重要的因素。

第二步：使用 WebSurveyor 的筛选功能找出适合的人群。这类人群有没有特殊的考虑？从早期的网站调研来看，你可以建议使用一些使用者或购买者的文档。从这些文档中找出趋势。

第三步：把这些结论与已知结论对比。你会发现某类产品的特殊趋势，如总订单、日期、天数等。你也可以从客户文档中筛出有价值的数据。

现在你确认客户为何会放弃购物或哪些客户最容易放弃购物，你就可以做出网站改进的优先次序了。你会得到一个清楚的数据告诉你哪些改变是对你的网站最有效的。

当你为网站作出改进后，可以把改进前和改进后的效果做个对比调研。WebSurveyor 可以很容易地帮你按日期把结论作出筛选，这样就可以看出改进后的问题与新的趋势。

（资料来源：http://www.wenjuantong.com/foreign/wangluodiaoyanlianxi.htm）

上海中高等收入家庭生活方式调研

尊敬的先生/女士：

您好！首先非常感谢您在百忙之中抽空填写此调研问卷（见表 6-10）。

本调研旨在了解上海市中高等收入家庭的消费结构与生活方式，为企业的未来营销创新提供建议，并引导我国消费者进行理性消费。本调研无需填写姓名与地址，各种答案亦无对错之分，希望您按照自己的实际情况与真实想法进行作答。本调研将严格按照《中华人民共和国统计法》的要求进行，所有回答只用于学术研究与统计分析，不涉及任何商业活动，并将进行严格保密。

感谢您的支持与协助！祝您身体健康，工作顺利，生活美好！

××大学管理学院研究生　×××

表 6-10 生活方式调研

序 号	陈 述	非常不符合			非常符合			
	请根据您及您家庭现有的生活方式，给以下40个陈述进行打分。 其中，1~7分依次代表：非常不符合，不符合，比较不符合，不确定，比较符合，符合，非常符合。	1	2	3	4	5	6	7
		得 分						
1	您的家庭除了正常开支外，还有富余的可自由支配的资产							
2	您做事一向果断和随性，不会犹豫不决							
3	您对目前的家庭生活质量很满意							
4	您认为家庭幸福比事业成功更重要							
5	您努力工作是为了有所成就							
6	您拥有自己的房产和汽车，并重视投资和保险							
7	您认为自己比大多数人都更为优秀和成功							
8	您认为高学历是成功的关键因素							
9	您十分重视家庭的教育消费投入							
10	您很喜欢吸引异性注目的感觉							
11	您认为金钱和地位是衡量成功的重要标准							
12	您更赞同收支平衡，对超前消费比较保守							
13	您的家庭消费中，女性消费比男性消费要高很多							
14	您喜欢追求流行、时髦与新奇的东西							
15	您喜欢购买高档奢侈品来象征自己成功人士的身份							
16	您对于能满足自身需要和喜好的服装类产品，不会太多计较价格							
17	您平时比较注重着装的个性风格和专业搭配							
18	您会经常购买新款服装、饰品及化妆品等							
19	您在购买产品时，往往觉得品牌比实用性更重要							
20	您非常注重对自身形象和生活品位的塑造							
21	您喜欢尝试新的食物品种							
22	您对日常花销比较谨慎，认为自己是个理性消费者							
23	您所关心的主流品牌往往是普通大众消费不起的							
24	您认为，品牌知名度高的产品，其品质也一定更好							
25	您认为促销活动有助于选择所购买的产品							
26	您认为广告中的信息对您的消费购物起决定性的作用							
27	您往往是最早购买最新技术产品的人							
28	您会订阅时尚杂志，会关注电视或网络的时尚热点							
29	您每周都会抽空参加健身运动							
30	您在晚上及周末会主动参加各种社交应酬活动							
31	您在节假日喜欢外出观光旅游							
32	您认为广告是生活中必不可少的东西							
33	您在购物前通常会比较几家商店同类商品的价格							
34	您认为，在社会上结交名流朋友是非常重要的							
35	您通常选择购买自认为最便宜的产品							
36	您向往轻松自在的生活							
37	您经常由于时间压力，随意解决自己的一日三餐							
38	您渴望私密空间，喜欢在家里多陪伴家人							
39	您对自己及家人的日常饮食非常讲究							
40	您对目前自己及家人的身体健康状况十分满意							

（资料来源：卢乙锋　上海大学管理学院研究生）

第七章 抽样技术

教学目标与要求

➢ 理解抽样技术的特点；

➢ 掌握抽样调研的几个基本概念；

➢ 掌握市场抽样调研的程序；

➢ 掌握随机抽样和非随机抽样的方式；

➢ 掌握抽样推断的技术要求和样本容量设计的方法。

本章知识逻辑结构图

本章知识逻辑结构图如图 7-1 所示。

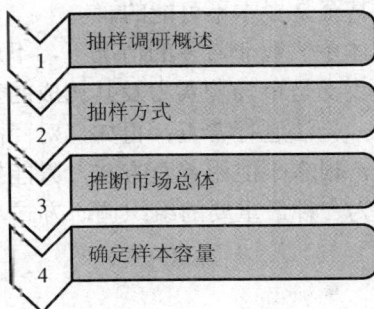

图 7-1　本章知识逻辑结构图

1　抽样调研概述

2　抽样方式

3　推断市场总体

4　确定样本容量

── **导入案例** ──

麦当劳餐馆在 7 星期内抽查了 49 位顾客的消费额（单位：元），具体如下：

15 24 38 26 30 42 18 30 25 26 34 44 20 35 24 26 34 48 18 28 46 19 30 36 42 24
32 45 36 21 47 26 28 31 42 45 36 24 28 27 32 36 47 53 22 24 32 46 26

求在概率 90%的保证下，顾客平均消费额的估计区间。

第一步：通过 Excel 进行统计计算可得

$$\overline{X} = \frac{X_1 + X_2 + \cdots + X_N}{N} = \frac{\sum_{i=1}^{N} X_i}{N} = 32$$

$$s_{n-1}^2 = \sqrt{\frac{\sum_{i=1}^{n}(x_i - \overline{x})^2}{n-1}} = 9.45$$

$$\sigma_{\bar{x}} = \frac{\sigma}{\sqrt{n}} = 1.35$$

点估计：麦当劳餐馆总体顾客平均消费额为 32 元。

第二步：根据给定的置信度 $F(z)=90\%$，查概率表得 $z=1.64$。

第三步：计算 $\bar{x}-Z_{\frac{\alpha}{2}}\dfrac{\sigma}{\sqrt{n}}$，$\bar{x}+Z_{\frac{\alpha}{2}}\dfrac{\sigma}{\sqrt{n}}$。

区间估计：以 90%的概率保证，麦当劳餐馆顾客消费额在 29.8～34.2 元。

市场调研数据的采集需要科学的方法和技术，抽样调研当今已经成为一种最重要的组织调研方式。本章从四个方面就抽样技术展开讨论。

第一节　抽样调研概述

市场是由千差万别的个体所组成的复杂总体，对市场总体情况进行调研，若能够做全面的、普遍的调研，其所得的资料当然是最能反映市场总体特征的。但是在许多情况下对市场实施普查是非常困难的，甚至是根本不可能的。

例如，在总体非常大、总体单位数非常多的情况下，不可能进行全面调研。市场调研中这种现象不少，如居民家庭收支是市场购买力及其构成的直接表现，但居民户很多，普查的工作量太大，费用也过高，无法进行普查；再如，对商品进行质量检测，在检验或测量过程中会对商品产生破坏性，根本不能用普查方法，只能抽样调研。随着市场调研工作的深入开展，抽样调研已经成为一种最重要的组织调研方式，得到极其广泛的应用。

一、抽样调研的含义

抽样调研有广义和狭义之分。广义的抽样调研包括随机抽样和非随机抽样；狭义的抽样调研只包括随机抽样。

抽样调研是从研究对象的总体中，按照随机原则抽取一部分单位作为样本进行调研，并用对样本调研的结果来推断总体的调研方法。

抽样调研的目的绝不是仅仅了解样本情况，而是通过对样本的了解来推断总体，抽样调研虽然是一种非全面调研，但其目的是得到总体的有关资料。

随机原则是指调研总体的每个单位都有同等被抽中或不被抽中的概率，即样本的抽取完全是客观的，而不能主观、有意识地选择样本。

二、抽样调研的特点

抽样调研是市场调研中应用最多的方法，它具有以下明显的特点。

1. 客观性

这个特点主要表现在随机抽样当中，随机抽样按照随机原则抽取样本，从根本上排除了主观因素的干扰，保证了样本推断总体的客观性，是抽样调研科学性的根本所在，是市场调研结果的真实性和可靠性的基础。

2. 准确性

抽样调研可以比较准确地推断总体。抽样调研的最终目的是用对样本调研所计算的指标推断总体的相应指标。参数估计的抽样误差不但可以准确计算，还可以根据研究市场问题目的的需要，对误差的大小加以控制。由于在参数估计过程中以数学中的概率论为基础，所以保证了统计推断的准确性和可靠性。

3. 经济性

抽样调研是一种比较节省的调研方法。抽样调研仅对总体中少数样本单位进行调研，因此对人、财、物力都比较节省，从而降低了市场调研的费用。抽样调研还很省时。由于抽样调研的单位少，所需搜集、整理和分析的数据也相应减少许多，因而能够在较短时间内完成市场调研工作，大大节省了调研时间。

4. 广泛性

抽样调研的应用范围广泛。在市场调研中，调研的内容很多。抽样调研所适用的范围是广泛的，它可用于不同所有制商品营销单位的调研。它可用于不同地区市场调研；既可以在城市开展，也可以在农村开展。它可用于不同商品的市场调研，既可对全部商品进行调研，也可对某一类或某一种商品进行调研。在这些调研中，抽样调研突出地表现出对市场现象数量问题研究的适用性。

由于抽样调研所调查的对象只是调查对象中的一部分，其结果是从抽取的样本中获取的信息资料推断出来的，所以，抽样调研存在抽样误差。

三、抽样调研的基本概念

1. 总体和样本

总体是我们所要研究的对象，又称母体，简称总体，它是指所要认识的，具有某种共同性质的许多单位的集合体。总体单位的总数称为总体容量，一般用 N 表示。

样本则是我们所要观察的对象，样本总体又称子样，简称样本，是从全及总体中随机抽取出来，代表全及总体的那部分单位的集合体。样本总体的单位数称为样本容量，通常用小写英文字母 n 来表示。

对于一次抽样调研，总体是唯一确定的。而样本是不确定的，具有随机性，一个总体可能抽出很多个样本总体，样本的个数和样本的容量有关，也和抽样的方法有关。

根据总体各个单位的标志值或标志属性计算的，反映总体某种属性或特征的综合指示称为总体参数，也称总体参数。常用的总体参数有总体平均数（或总体成数）、总体标准差（或总体方差）。

由样本总体各单位标志值计算出来反映样本特征，用来估计全及指标的综合指示称为统计量（抽样指标）。统计量是样本变量的函数，用来估计总体参数，因此，与总体参数相对应，统计量有样本平均数（或抽样成数）、样本标准差（或样本方差）。

2. 抽样方法

（1）按是否重复抽取，可分为重复抽样和不重复抽样两类

重复抽样也叫重置抽样，是指抽取一个单位并将其标志表现登记后又放回，重新参加下一个单位抽选的方法。因此每个单位有重复被抽中的可能。其特点：每次抽中的单位将其登记后又放回原总体，重新参加下一次抽选；每个单位在每次抽取过程中，抽中与抽不中的机会都完全一样；重复抽样的误差比不重复抽样的误差大。

不重复抽样也叫不重置抽样，是指每个被抽中单位在登记后不再放回总体，从剩下的单位中抽取下一个样本单位的方法。其特点为：每个单位最多只有一次被抽中的机会；随着抽中单位的不断增多，剩下的单位被抽中的机会不断增大；不重复抽样的误差小于重复抽样的误差。

（2）按抽样是否考虑顺序，可分为考虑顺序抽样和不考虑顺序抽样两类

考虑顺序抽样是指若先抽取 A 单位，再抽取 B 单位，其样本为 AB；若先抽中单位 B，后抽中单位 A，其样本为 BA。样本 AB 和样本 BA 应视为两个样本。

不考虑顺序抽样是指仍按上述方法抽取样本单位，但样本 AB 和样本 BA 应视为一个样本。

按以上分类就形成四种抽样方法，即考虑顺序的重复抽样、不考虑顺序的重复抽样、考虑顺序的不重复抽样和不考虑顺序的不重复抽样。

3. 样本容量、样本个数与抽样分布

样本容量是指一个样本所包含的单位数。通常将样本单位数不少于 30 个的样本称为大样本，不及 30 个的称为小样本。

样本个数又称样本可能数目。指从一个总体中可能抽取的样本个数。一个总体有多少样本，则样本统计量就有多少种取值，从而形成该统计量的抽样分布，此分布是参数估计的基础。

按照前面介绍的四种不同的抽样方法，从总体 N 个单位中抽取 n 个单位所构成的可能样本数目是不同的，如表 7-1 所示。

表 7-1 样本可能数目计算公式

抽 样 方 法	样本可能数目公式	从 5 个单位中抽取 2 个
考虑顺序的重复抽样	N^n	$5^2=25$
不考虑顺序的重复抽样	$m=\dfrac{(N+n-1)!}{n!(N-1)!}$	$m=\dfrac{(5+2-1)!}{2!(5-1)!}=15$
考虑顺序的不重复抽样	$m=\dfrac{N!}{(N-n)!}$	$m=\dfrac{5!}{(5-2)!}=20$
不考虑顺序的不重复抽样	$m=\dfrac{N!}{n!(N-n)!}$	$m=\dfrac{5!}{2!(5-2)!}=10$

在容量为 N 的总体中，抽取容量为 n 的样本时，可能抽到的样本不止一个。对每一个可能的样本，都可获得统计量 $\bar{x}$、p 和 s 等的一个具体数值。可见，样本统计量是个随机变量。我们把根据所有可能样本计算出来的某一统计量的数值分布，称为抽样分布。抽样分布理论是理解抽样调研基本原理与基础。常见的抽样分布有极限分布和精确分布两类。极限分布也叫做大样本分布，它只有正态分布一种形式；精确分布又叫做小样本分布，其前提是总体服从正态分布，它是正态分布的导出分布，包括有 t 分布、F 分布和卡方分布等形式，抽样分布属于随机变量函数的分布。样本均值的抽样分布在重复抽样时的数学期望和方差分别为 $E(\bar{x})=\mu$，$\sigma_{\bar{x}}^2=\dfrac{\sigma^2}{n}$。不重复抽样的样本平均数的方差等于重复抽样的样本平均数的方差乘以修正因子 $\left(\dfrac{N-n}{N-1}\right)$，即在不重复抽样情况下，样本平均数的方差为 $\sigma_{\bar{x}}^2=\dfrac{\sigma^2}{n}\left(\dfrac{N-n}{N-1}\right)$。同样，重复抽样下，样本比例的抽样分布：$E(p)=P$，$\sigma_p^2=\dfrac{P(1-P)}{n}$。

不重复抽样的样本比例的方差等于重复抽样的样本比例的方差乘以修正因子 $\left(\dfrac{N-n}{N-1}\right)$，即在不重复抽样情况下，样本比例的方差为 $\sigma_p^2=\dfrac{P(1-P)}{n}\left(\dfrac{N-n}{N-1}\right)$。抽样分布的这些计算公式在计算抽样平均误差和极限误差时派上了用场。

4. 抽样框

抽样框是在抽样前，为便于抽样工作的组织，在可能条件下编制的用来进行抽样的、记录或表明总体所有抽样单元的框架，在抽样框中，每个抽样单元都被编上号码。也可以这样说，抽样框是包括全部抽样单位的名单框架。编制抽样框是实施抽样的基础。抽样框的好坏通常会直接影响到抽样调研的随机性和调研的效果。抽样框的形式有以下三种。

1）名单抽样框，即列出全部总体单位的名录一览表，如职工名单，企业名单。

2）区域抽样框，按地理位置将总体范围划分为若干小区域，以小区域为抽样单位。

3）时间表抽样框，将总体全部单位按时间顺序排列，把总体的时间过程分为若干个小的时间单位，以此时间单位为抽样单位。如对流水线上 24 小时内生产的产品进行质量检查时，以 5 分钟为一个抽样单位，可将全部产品分为 288 个抽样单位并按时间顺序排列。

抽样框是设计实施一个抽样方案所必备的基础资料，一旦某个单元被抽中，也需依抽样框在实际中找到这个单元，从而实施调研。

编制抽样框是一个实际的、重要的问题，因此必须要认真对待。一般而言，如果总体中的每个元素在清单上分别只出现一次，且清单上又没有总体以外的其他元素出现，则该清单就是一个完备的抽样框。在完备的抽样框中，每个元素必须且只能同一个号码对应。但是，在实际中，完备的抽样框是很少见的，我们常常可能必须使用一些有严重缺陷的抽样框，而又必须发现这些缺陷并加以补救，在这一过程中，可以充分体现出抽样的艺术性。

常见的抽样框问题可以概括为四种基本类型：①缺失一些元素，即抽样框涵盖不完全；②多个元素对应一个号码；③空白（一些号码没有与之对应的元素）或存在异类元素；④重复号码，即一个元素对应多个号码。

抽样框存在缺陷时，我们首先想到的是如何去避免上述问题：如果已知由这些问题引起的误差比其他原因产生的误差小，并且纠正起来又花费太大的话，可以忽略不管，但在描述样本时，应对此加以说明；重新定义总体以适应抽样框；改正整个总体清单，也即找出全部缺失元素、分开每一个群、清除所有的空白和异类元素、删掉重复号码。当上述方法不能有效利用时，就应该采取其他一些补救措施来抵消抽样框中存在的缺陷。

四、抽样调研的程序

市场抽样调研，特别是随机抽样，有比较严格的程序，只有按一定程序进行调研，才能保证调研的顺利完成，取得应有的效果。

抽样调研一般分为以下几个步骤。

1. 确定调研总体

确定调研总体是根据市场抽样调研的目的要求，明确调研对象的内涵、外延及具体的总体单位数量，并对总体进行必要的分析。抽样调研虽然仅对一部分单位进行调研，但它最终目的并不是描述所调研的这一部分单位的特征，而是从部分单位所显示的特征推断其所属总体的特征，其目的是研究总体的特征与规律性。

例如，对某地区居民购买力进行抽样调研，那么首先要明确居民购买力是居民具有货币支付能力的需求量；还要明确是城市居民，还是城乡居民；进而明确总体的数量是多少，若以户为单位进行调研，就要掌握该地居民总户数。在此基础上，还要对总体情况进行必要的分析，如该地区居民购买力是否存在明显的水平差别，形成不同的层次，如果存在，可以考虑用分类随机抽样抽取样本，这样用样本特征推断总体时才更准确。

2. 设计和抽取样本

设计样本包括两项具体工作：一是确定样本数目的大小或样本容量的多少，即样本所要包含的单位个数。二是选择具体的抽样方式，抽样方式有许多种，必须根据调研目的和调研总体的具体情况选择适当方式。

对样本进行周密设计后，就可以实际进行抽样，组成所要实际调研的样本。

3. 收集样本数据，计算样本统计量

收集样本数据是非常具体的工作，它可以根据样本各单位的实际情况，选择其一种或一种以上搜集数据的方法，对样本各单位进行实际调研。收集到样本数据后，还要对数据做整理和分析，最后计算出样本统计量。

4. 用样本统计量推断调研总体参数

参数估计是抽样调研的最后一步工作，是对总体认识的过程，也是抽样调研的目的。在统计量时，要计算抽样误差，司时依据概率论的有关理论，对推断的可靠程度加以控制。

第二节 抽样方式

抽样调研可分为随机抽样调研和非随机抽样调研（见图7-2）。

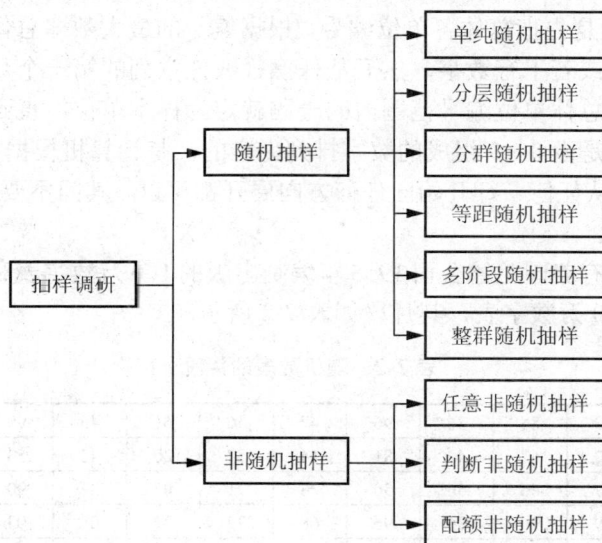

图 7-2 抽样方式的分类

一、随机抽样

随机抽样是指按照一定的程序，遵循随机性原则，从总体中抽取一部分个体组成样本，通过对样本的研究，达到从数量上认识总体目的的调研方法。在大多数情况下，抽样调研指的就是随机抽样，它是整个数理统计应用的起点和基础。

随机抽样的主要特点是：抽取样本时遵循随机性原则；从样本数量上认识总体；抽样估计的精确度及可靠程度可以测定并控制。随机抽样又可分为单纯随机抽样、等距随机抽样、分层随机抽样、整群随机抽样等，下面分别予以说明。

1. 单纯随机抽样

单纯随机抽样又称纯随机抽样。它是最基本的随机抽样方法，也是理论上最符合随机原则的抽样方法。这种抽样方法在抽样之前，对总体单位不进行任何分组、排列等处理，完全按随机原则从总体中抽取样本。

单纯随机抽样有直接抽取法、抽签法和随机数表法。

1）直接抽取法。是从调研总体中直接随机抽取样本进行调研。这种方法适合对集中于某个较小空间的总体进行抽样，如对存放于仓库的同类产品直接随机抽出若干产品为样本进行质量检查。

2）抽签法是将总体各单位编上序号并将号码写在外形相同纸片上掺和均匀后，再从中随机抽取，被抽中的号码所代表的单位，就是随机样本，直到抽够预先规定的样本数目为止。

例如，在某城市某街道所管辖的 10 000 户居民中，抽 200 户居民面向居民对某种商品的需求量进行调研，就可以做 10 000 张纸片，写上 1～10 000 号，从中随机抽取 200 张，即得到被抽中的居民为样本。一般在随机抽样中，显然这个问题中 $N=10\ 000$ 个，$n=200$ 个。

3）随机数表法。是先把总体各单位编号，根据编号的最大数即总体单位数位数确定使用随机数表中若干列或若干行数字，然后从任意行或任意列的第一个数字起，可以向任何方向数去，遇到属于总体单位编号范围内的号码就定为样本单位，直到抽够预定的样本单位数为止。随机数表是由 0～9 组成的数字排列完全的，是计算机根据概率原理打出来的，毫无偏见。使用时，从任何一行开始向任何方向展开都可以，其间不要人为地选择和跳跃，直至数够样本数为止。

较大的随机数表有美国兰德公司 1955 年编制出版的 100 万数字表和肯德尔与史密斯在 1938 年编制出版的 10 万数字表，其片段如表 7-2 所示。

表 7-2   随机数表的片段

03	47	43	73	86	36	96	47	36	61	46	99	69	81	62
97	74	24	67	62	42	81	14	57	20	42	53	32	37	32
16	76	02	27	66	56	50	26	71	07	32	90	79	78	53
12	56	85	99	26	96	96	68	27	31	05	03	72	93	15
55	59	56	35	64	38	54	82	46	22	31	62	43	09	90
16	22	77	94	39	49	54	43	54	82	17	37	93	23	78
84	42	17	53	31	57	24	55	06	88	77	04	74	47	67
63	01	63	78	59	16	95	55	67	19	98	10	50	71	75
33	21	12	34	29	78	64	56	07	82	52	42	07	44	28
57	60	86	32	44	09	47	27	96	54	49	17	46	09	62
18	18	07	92	46	44	17	16	58	09	79	83	86	19	62
26	62	38	97	75	84	16	07	44	99	83	11	46	32	24
23	42	40	54	74	82	97	77	77	81	07	45	32	14	08
62	36	28	19	95	50	92	26	11	97	00	56	76	31	38
37	85	94	35	12	83	39	50	08	30	42	34	07	96	88
70	29	17	12	13	40	33	20	38	26	13	89	51	03	74
56	62	18	37	35	96	83	50	87	75	97	12	25	93	47
99	49	57	22	77	88	42	95	45	72	16	64	36	16	00
16	08	15	04	72	33	27	14	34	09	45	59	34	68	49
31	16	93	32	43	50	27	89	87	19	20	15	37	00	49

下面举例说明随机数表的使用过程。例如，某企业要调查消费者对某产品的需求量，要从 95 户居民家庭中抽选 10 户居民，用随机数表抽选样本。具体步骤如下：第一步，将

95 户居民家庭编号，每一户家庭一个编号，即 01～95（每户居民编号为 2 位数）；第二步，在上面的表中，随机确定抽样的起点和抽样的顺序，假定从第一行、第九列开始抽，抽样顺序从上往下抽（横的数列称"行"，纵的数列称为"列"）；第三步，依次抽出的号码分别是 36、57、71、27、46、54、06、67、07、96，共 10 个号码。由于 96 这个号码不在总体编号范围内，应排除在外，再补充一个号码：58。由此产生 10 个样本单位号码为：36、57、71、27、46、54、06、67、07、58。编号为这些号码的居民家庭就是抽样调查的对象。

单纯随机抽样的不足：在总体很大的情况下使用，编号工作量繁重；当总体单位差异程度较大时，必须使样本容量充分大才能保证样本推断总体的可靠程度和准确程度；所抽取的样本在总体中的分布或过于集中，或过于分散，很不均匀，给实际调研带来困难，在实践中应用有不便之处。

2. 等距随机抽样

等距随机抽样又称机械随机抽样或系统随机抽样。它是先将总体各单位按某一标志顺序排列，编上序号；然后用总体单位数除以样本单位数求得抽样间隔，并在第一个抽样间隔内随机抽取一个单位作为组成样本的单位；最后按计算的抽样距离作等距抽样，直到抽满 n 个单位的抽样方法。

例如，前例中从 10 000 户居民中抽取 200 户居民进行抽样调研，采用等距随机抽样方法，具体做法是：首先把 10 000 户居民按一定的标志排列，其标志可以采用与调研内容有关的标志（与需求量有关的标志有收入水平、家庭人口数等），也可以采用与调研内容无关的标志（如居住地址等），并编上 1～10 000 序号；然后求出抽样间隔，用 k 表示抽样间隔，则 $k=\dfrac{N}{n}=\dfrac{10\,000}{200}=50$，即间隔 50 户抽取一户，同时在第一个 k 间隔即 1～50 中随机抽一个单位，假设抽中第 38 号单位；先从 38 开始，每隔 50 户抽取 1 户，即 38，88，138，188……9988，共抽取到 200 户组成样本。

等距随机抽样能使样本在总体中的分布比较均匀，从而抽样误差减小。但在应用此方法时要特别注意抽样间隔与现象本身规律之间的关系。例如，对城市商超商品成交量或成交金额用时间间隔去进行调研，抽样的时间间隔不能用 7 或 30 这种与周、月周期一致的数。这种方法最适用于同质性较高的总体，而对于类别比较明显的总体，则采用类型随机抽样法。

3. 分层随机抽样

分层随机抽样又称类型随机抽样。它是先将总体按一定标志分成各种类型（或称层）；然后，根据各类单位数占总体单位数比重，确定从各类型中抽取样本单位的数量；最后，按单纯随机抽样或等距随机抽样从各类型中抽取样本的各单位，最终组成调研总体的样本的抽样方法。

分层随机抽样特点是：由于通过划类分层，增大了各类型中单位间的共同性，容易抽出具有代表性的调研样本。如果总体各单位的性质差别比较大，则分层抽样可以保证样本更有效地反映总体情况。如果所获得的资料已是分组资料，则采用分层抽样更合适。分层抽样实质上就是将抽样原理与统计分组方法结合运用，所以在花费同样费用的情况下，可得到比简单随机抽样和系统抽样更好的结果。

在分层抽样中，最常用的是分层定比抽样，即按各层单位数占总体单位数的比例分配抽样单位数。例如，要研究某城市 10 000 名市民对休闲消费的看法，根据经验估计文化水平与性别对此有较大影响，因而先以文化水平与性别两标志将 10 000 人分组；假定所需样本容量为 400，再以 0.04 为比例分配各组抽样单位数（见表 7-3）。

表 7-3　分层定比抽样设计

文 化 水 平	性　　别	总体单位数/人	样本单位数/人
小学或小学以下	男	600	24
	女	1 200	48
中学	男	3 600	144
	女	3 200	128
大学或大学以上	男	1 000	40
	女	400	16
合　　计	—	10 000	400

有时，因各层（组）单位数殊异或其他某种具体原因，采取分层定比抽样会影响样本的代表性，则可采用分层异比抽样。如取某一青年群体要在了解文化水平与收入的关系，由于高学历（如博士）和文盲的人数都很少，若按比例抽样，则这两类型的人有可能抽不到，或抽到几个也无代表性。因而可以考虑在这两类型的人中多抽一些，而在其他类型的人中则少抽一些。

4. 整群随机抽样

整群随机抽样又称聚类抽样，就是从总体中成群成组地抽取调研单位，而不是一个一个地抽取调研样本的抽样方法。整群抽样的优点在于组织便利，当总体庞大时，这种方式节省时间和费用。缺点是：当调研单位在总体中的分布不均匀时，准确性要差些。因此，在群间差异性不大或者不适宜单个地抽选调研样本的情况下，可采用这种方式。容易导致较大的抽样误差。通常，生产企业或销售企业对商品质量进行抽样调研时，采用整群随机抽样的方法。

例如，生产企业把产品生产按生产时间分成群，从中抽取一定时间的产品进行质量检验。对生产周期较短的产品，从每周 48 小时的产品中，抽取 2 小时的产品进行检验，从每月 30 天的产品中抽 3 天的产品进行检验；对生产周期较长的产品，可以从每年 12 个月的产品中抽取一个月的产品进行检验。此外，还可按产品的包装单位分群，如抽取若干箱饮料，对所包括的每瓶饮料进行检验。

整群随机抽样同分层随机抽样的内容要求不同：分层随机抽样要求所分各层之间有差异性，各层内部具有相似性；整群随机抽样则要求各群之间具有相似性，而每个群体内部具有差异性。具体如图 7-3 所示。

（a）分层抽样后的各层

（b）整群抽样后的各群

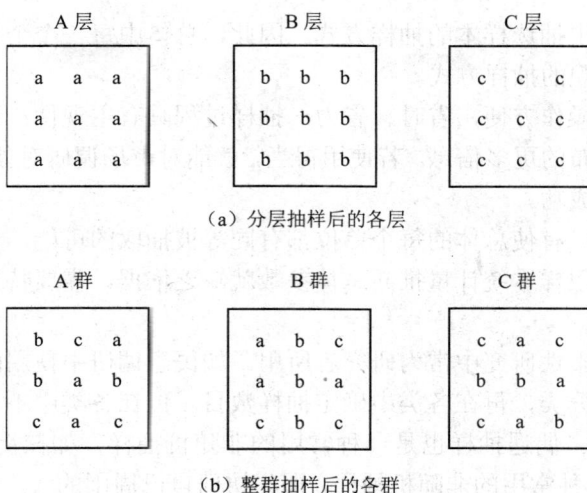

图 7-3　分层抽样与整群抽样

整群随机抽样中群体的形成有两种，一是划分群体，即对所有的个体人为地划分为若干群；二是自然形成的群体，即这些群体是客观存在的。整群随机抽样的优点是样本单位比较集中，进行起来比较方便，可以减少调查人员往返的时间和费用。缺点是样本只能集中在若干群中，没有均匀分布在总体的各个部分，因此推断总体的准确性较差。当群体内部各单位间的差异较大，而各群之间差异较小时，采用此方法可提高样本的代表性。

如果总体过于庞大，在整群抽样的基础上可以发展出一种多段抽样。

例如，我们要研究某省消费者对的 A 产品的喜欢状况，显然不能把全省消费者名单掌握起来直接抽样，而必须采取多段抽样法。即先从全省 N 个县、市中抽出 n 个若干县、市，再从抽中的县、市中抽出若干街道。如果对街道全体消费者进行调研仍有困难，那么还需要从抽中的街道中再抽取若干居委会，最后对抽中的居委会的全体消费者进行调研。在这个多段抽样的过程中，每一步采用的都是随机抽样法。

二、非随机抽样

1. 非随机抽样概述

随机抽样有明显优点，如排除了市场调研中调研者的主观影响，从而使样本具有客观性；它能够测定抽样误差指标并能对其大小加以控制，从而达到用样本统计量推断总体参数的目的。但是在很多情况下，随机抽样几乎无法进行。如对市场调研总体的外延无法具体确定，就根本无法进行随机抽样。另外，为了保证抽样的随机原则，对操作过程要求严格，实施起来的比较麻烦，费时、费力。因此，如果市场调研目的仅仅是对问题做初步探索，以便制定研究问题的方案，或市场调研并不需要推断总体参数，抽样调研就并不一定要按随机原则，而可以采取非随机抽样。

非随机抽样也称立意抽样，是指不按照随机原则，而由调查抽样人员根据调查目的和要求，主观地从总体中抽选样本的抽样方式。因此，总体中每一个个体被抽取的机会是不均等的，这是一种主观的抽样方式。

非随机抽样方法操作方便，省时、省力；抽样过程具有主观性；误差难以测算；要求已知总体调查变量分布的更多信息。若使用得当，就能对市场调研对象总体有较好的了解，抽样调研同样能获得成功。

非随机抽样由于没有使总体的每个单位都有同等被抽取的可能，也不排除调研者主观因素的影响，因此，用样本统计量推断总体参数就缺乏依据，需要特别慎重，否则就会出现以偏概全的错误。

非随机抽样在探索性研究中常为研究者所用。如民意调研中使用的定额抽样，它也是先将总体按一定标准分类，再在各类中确定抽样数目。但在各类中不是随机地抽取单位，而允许加入主观判断。偶遇抽样也是一种常用的非随机抽样，如在街头遇到谁就调研谁。"滚雪球"抽样是另一种常用的非随机抽样，即先访问自己周围的人，然后再访问由他们推荐或介绍的人，使样本越滚越大。具体的方法有判断抽样调研、任意抽样调研、配额抽样调研等。

2. 非随机抽样的类型

（1）判断抽样调研

判断抽样调研是指在对调研对象进行深入、细致的分析和了解的基础上，根据市场调研任务的需要有意识的选举一部分单位进行调研。例如，为了了解某地区商业零售的基本情况，选取那些大型的超市进行调研。为了了解某一新品种的产量和质量等所作的调研。

同随机抽样调研相比判断样本不根据"机会"来定，而是在对调研对象的有关特征做了相当了解的基础上选择出来的。判断抽样调研对了解新情况、新问题非常有用，能够帮助人们进行"解剖麻雀式"的研究，同时也有助于摸清调研对象的基本情况。另外，判断样本的回收率一般比较高。但要注意，判断抽样调研大都不能用于对总体的推断，在样本选取的时候最好能避免调研人员的主观偏差。

（2）任意抽样调研

任意抽样调研样本的确定，一般取决于调研者的现场判断、方便和被调研人是否愿意配合。这种调研方式在民意测验、新闻采访中使用比较多。如果调研对象之间的差距不大，这种抽样调研的效果往往具有较高代表性。任意抽样调研同随机抽样调研一样，调研费用少，省时且又方便易行。但是如果调研对象之间的差距比较大，容易造成调研结果的不可靠性较大。例如，在街头的拦截式访问。

（3）配额抽样调研

配额抽样调研是在进行抽样调研之前，先对总体进行分解处理，把总体划分成各个不同的组别，并且规定每一组别的抽样数目，至于在各个组别中最终选出哪些单位，则由调研人员自行决定。配额抽样调研要解决两个关键问题：一是如何对总体进行划分；二是每一个组别的样本数目怎样确定。配额抽样也具有省时省钱的特点，而且样本在总体中的分散程度比较好。如果抽样分类设计完善、调研员素质高，配合抽样调研结果的可信度和可靠性就比较理想。在市场调研实践中，采用配额抽样法，简便易行，省时、省力，并且能保证样本单位在总体中较均匀分布，调研结果比较可靠。配额抽样法是非随机抽样法中被应用得最广泛的方法之一。

例如，在城市某区域抽样 400 户，做商圈调研。对该区域全部居民按人均年纯收入分类，这是考虑到收入水平的差异直接影响着商店的布局。同时把全部居民按每户人口数分组，即商店的布局不仅受收入水平的影响，还受家庭人口数多少的影响。

1）单标志分组配额抽样计算表如表 7-4 所示。

表 7-4 单标志分组配额抽样计算表

按人均年纯收入分类/元	总体各类户数比重/%	各类中样本单位数/户
500 及以下	10	40
500～1000	75	300
1000 以上	15	60
合　计	100	400

2）复合标志分组配额抽样比重表如表 7-5 所示。

表 7-5 复合标志分组配额抽样比重表

分　组	3 人以下/%	3 人及以上/%	合计/%
500 及以下	3	7	10
500～1000	22	53	75
1000 以上	4	11	15
合　计	29	71	100

根据表 7-5 中各类的比重，各类应抽样本单位数如下。

① 500 元及以下、3 人以下类：400×3%=12（户）。
② 500 元以下、3 人及以上类：400×7%=28（户）。
③ 500～1000 元、3 人以下类：400×22%=88（户）。
④ 500～1000 元、3 人及以上类：400×53%=212（户）。
⑤ 1000 元以上、3 人以下类：400×4%=16（户）。
⑥ 1000 元以上、3 人及以上类：400×11%=44（户）。

共抽取 400 户，其中，3 人以下各种收入水平样本户数 116 户[400×29%＝116（户），或 12+88+16＝116（户）]，3 人及以上各种收入水平样本户数 284 户[400×71%=284（户），或 28+212+44=284（户）]。

3）独立控制配额非随机抽样。这种方式是分别独立地按分类特征分配样本单位数，在按多个特征对总体进行分层的情况下，这些交叉特征对样本单位的分配没有限制。

例如，某市进行化妆品消费需求调查，确定样本容量为 300 名，选择消费者的年龄、性别、收入三个标准分类。各个标准样本配额比例及配额数表 7-6～表 7-8 所示。

表 7-6　年龄标准

年龄/岁	人数/人
18～34	50
35～44	100
45～60	110
60 岁以上	40
合　计	300

表 7-7　性别标准

性　别	人数/人
男	150
女	150
合　计	300

表 7-8　收入标准

月收入/（元/月）	人数/人
200 以下	40
200～500	100
500～1500	100
1500 以上	60
合　计	300

4）相互控制配额非随机抽样。这种方式明确规定了几种分类标准下，样本单位配额数的交叉关系，调研员在选取调查单位时，必须要符合规定的样本交叉配额。

例如，上面三种分类标准交叉关系的样本分配数额如表 7-9 所示。

表 7-9　三种分类标准交叉关系的样本分配数额　　　　（单位：人）

项　目		月　收　入								合　计
		200 元以下		200～500 元		500～1500 元		1500 元以上		
性　别		男	女	男	女	男	女	男	女	
年龄	18～34 岁	4	5	7	7	9	3	10	5	50
	35～44 岁	7	6	10	16	23	17	10	11	100
	45～60 岁	5	5	20	28	19	20	4	9	110
	60 岁以上	3	5	8	4	6	3	5	6	40
小　计		19	21	45	55	57	43	29	31	
合　计		40		100		100		60		300

配额非随机抽样的具体实施过程如下：

第一，根据市场调研的目的和要求，以及总体中各单位的性质和客观条件，选定调研的分类标准，作为总体分类的依据，如收入、年龄、性别或销售额等。

第二，确定各分类标准的样本分配比例。一般是按选定标准将总体分类后，再综合考虑以下四点：各类子集中的个体数目占总体中的个体数目的比例；各类子集中个体之间的差异程度；在实现调研目的过程中各类别所处的地位和作用；在各类子集中抽选样本，事先调研其难易程度。

第三，确定各分类标准样本分配数额，计算出各类标准交叉的样本配额。

第四，配额指派，抽选调研样本，即由调研人员根据要求，判断抽选样本。

配额非随机抽样的特点是，所抽选样本对总体的代表性较强，简便易行，节省费用。

另外，还有滚雪球非随机抽样和自愿非随机抽样。滚雪球非随机抽样是调研人员通过对少数已知的被调研者的访问，再确定其他被调研者，直至获得足够的被调研者的方法。滚雪球非随机抽样的运用条件是，所需要认识总体的各个个体之间相互介绍，否则调研取样难以进行。这种方式通常是在对所需认识的总体难以把握的情况下进行。自愿非随机抽样是由一些主动接受调研的"志愿者"组成的样本。最常见的是在报刊上刊登读者意见表，是否填写调研表并寄回调研组织中心，完全由读者的意愿决定。

第三节　推断市场总体

抽样调研的目的是用样本统计量推断总体参数。通常较多用的是用样本平均数推断总体平均数，用样本成数推断总体成数等。当谈到随机抽样时，仅仅了解随机抽样抽取样本的方法是不够的，还必须要知道抽取了样本，计算了样本统计量后，如何用样本统计量推断总体。对于这个问题，应该分两步考虑：首先是看样本统计量和总体参数之间的差异能否用具体数量表示；其次是如何利用样本统计量及其与总体参数之间的差异来推断总体参数。

一、抽样误差

抽样误差是指由于随机抽样的偶然因素使样本各单位的结构不足以代表总体各单位的结构，而引起抽样指标和全及指标之间的绝对离差，又称为随机误差。

在抽样调研中，误差的来源有登记性误差和代表性误差两大类。

登记性误差是指在调研和汇总过程中由于观察、测量、登记、计算等方面的差错或被调研者提供虚假资料而造成的误差。任何一种统计调研都可能产生登记性误差。

代表性误差是只用样本统计量推断总体参数时，由于样本结构与总体结构不一致、样本不能完全代表总体而产生的误差。可分为系统误差和随机性误差两种。系统误差指由于非随机因素引起的样本代表性不足而产生的误差。随机误差有称偶然性误差，指遵循随机原则抽样，由于随机因素引起的代表性误差。

影响抽样误差的因素有总体各单位标志值的差异程度、样本的单位数、抽样的方法、抽样调研的组织形式。

1. 抽样实际误差

抽样实际误差是指某一具体样本的样本估计值与总体参数的真实值之间的离差。由于总体参数是未知数，因此，每次抽样的实际抽样误差是无法计算的。它是一个随机变量。

2. 抽样平均误差

抽样平均误差是反映抽样误差一般水平的指标，抽样平均误差即全部可能样本的统计量与总体参数离差的平均数，又称抽样标准误差、抽样标准误，即它反映了抽样指标与总体参数的平均离差程度。其作用首先表现在它能够说明样本统计量代表性的大小。平均误差大，说明样本统计量对总体参数的代表性低；反之则说明样本统计量对总体参数的代表性高。

理论计算公式（因为总体参数未知，是无法计算的）为

$$\sigma_{\bar{x}} = \sqrt{\frac{\sum(\bar{x}-\mu)^2}{m}}$$

$$\sigma_p = \sqrt{\frac{\sum(p-P)^2}{m}}$$

所以通常根据抽样分布理论推导出来的抽样标准差来计算抽样平均误差。

重复抽样的计算公式为

$$\sigma_{\bar{X}} = \frac{\sigma}{\sqrt{n}} \tag{7-1}$$

$$\sigma_p = \sqrt{\frac{p(1-p)}{n}} \tag{7-2}$$

不重复抽样的计算公式为

$$\sigma_{\bar{X}} = \sqrt{\frac{\sigma^2}{n}\left(1-\frac{n}{N}\right)} \tag{7-3}$$

$$\sigma_p = \sqrt{\frac{p(1-p)}{n}\left(1-\frac{n}{N}\right)} \tag{7-4}$$

3. 抽样极限误差

抽样极限误差是指一定概率下样本统计量偏离总体参数的最大幅度，也称为允许误差。一般用 Δ 表示抽样极限误差。

基于理论上的要求，抽样极限误差需要用抽样平均误差 $\sigma_{\bar{x}}$ 或 σ_p 为标准单位来衡量。

即把极限误差 $\Delta_{\bar{x}}$ 或 Δ_p 相应除以 $\sigma_{\bar{x}}$ 或 σ_p，得出相对的误差程度 z 倍，z 值为给定概率保证程度下样本均值偏离总体均值的抽样标准差个数，也称为抽样误差的概率度。这个问题将在参数估计方法中详细说明，于是有

$$\Delta_{\bar{x}} = z\sigma_{\bar{x}} = t\sigma_{\bar{x}} \qquad (7\text{-}5)$$

$$\Delta_p = z\mu_p \qquad (7\text{-}6)$$

假定在某城市某街道办事处所管辖的 10 000 户居民中，用单纯随机抽样方法抽取 200 户，对某种商品的月平均需求量和需求倾向进行调研。对 200 户居民采用问卷法搜集资料，对资料整理、分析计算的结果表明，每户居民对该商品的月平均需求量为 500 克，标准差为 100 克；表示一年内不选择其他替代商品，继续消费该商品的居民户为 90%。现对抽样平均数和抽样成数的抽样误差进行计算。

抽样平均数的抽样误差为

$$\sigma_{\bar{x}} = \frac{\sigma}{\sqrt{n}} = \frac{100}{\sqrt{200}} = 7.1 \text{（克）}$$

抽样成数的抽样误差为

$$\sigma_p = \sqrt{\frac{0.9 \times (1-0.9)}{200}} = 0.02$$

上面所计算出的抽样误差，用数字说明由于随机原因样本统计量与总体参数之间的差异。

总体的标准差越大，即总体各单位之间客观存在的差异越大，抽样误差也就越大。抽样的单位越大，抽样误差就越小。

因此在实践中，为了有效地控制样本统计量与总体参数之间的误差，更准确地推断总体参数，往往可以通过加大样本单位数（样本容量）的办法，或对总体分层抽样的办法，减小或控制抽样误差。

利用样本统计量和所计算出的抽样误差，可以对相应的市场总体参数进行区间估计。

二、参数估计

在抽样调研中，参数估计应用的是统计推断原理。参数估计即用样本统计量推断总体参数的过程。参数估计一般采用区间估计的方法。区间估计原理就是以样本统计量为中心，以抽样平均误差为距离单位，可以构造一个区间，并可以一定的概率保证，待估计的总体参数落在这个区间之中。区间越大，概率保证程度越高。

1. 参数估计的置信水平

所谓置信水平，就是进行估计时的可靠程度大小。参数估计可靠程度是指总体所有可能样本的指标落在一定区间的概率保证。参数估计可靠程度有高低之分，通常用%表示。

对于置信水平与抽样误差之间的关系，数理统计的理论可用正态分布来描述它，即在抽样误差前乘以 Z（大样本）或 T（小样本总体方差未知），并使置信水平成为 Z 或 T 的

分布函数 $F(Z)$，将二者关系对应起来建立正态分布概率表，以便使用时查找。这样任何一个置信水平都可以查到对应的 Z 或 T 值。如前面所说的几个常用的置信水平 90%、95%、99%，所对应的 Z 值分别是 1.645、1.96、2.58。任何一个 Z 或 T 倍抽样误差范围也可以查到对应的置信水平。$Z=1$ 时置信水平为 68.27%，$Z=2$ 时置信水平为 95.45%，$Z=3$ 时置信水平为 99.73%。

在市场调研实践中，对于抽样误差范围或置信水平，是在调研方案中事先规定的，并据此确定样本单位数。可以查正态分布概率表或 T 分布表。

知识拓展

Z 值为给定概率保证程度下样本均值偏离总体均值的抽样标准差个数。常用的值及相应的概率保证程度如表 7-10 所示。

表 7-10　常用的概率保证程度

Z 值	概率保证程度
1	0.6827
1.645	0.90
1.96	0.95
2	0.9545
2.33	0.98
2.58	0.99
3	0.9973

2. 抽样误差与置信水平的关系

抽样误差与置信水平是一对矛盾体。如果加大 Z 值，当然可以提高置信水平，但随着置信水平的提高必然会加大抽样误差范围，就降低了抽样调研的准确程度。因此，在抽样调研的实践中，既不能只强调置信水平而忽视了市场调研的准确度，也不能只重视准确度而不顾调研总体数据的置信水平。对调研的准确度和置信水平，应根据市场调研的具体需要和市场现象的不同特点，综合地考虑二者的关系。

3. 总体均值和总体比例的区间估计

（1）总体均值的区间估计

1）总体方差已知时，正态总体均值的区间估计。

设总体 $X \sim N(\mu, \sigma^2)$，σ^2 已知，已知样本均值为

$$\bar{x} \sim N\left(\mu, \frac{\sigma^2}{n}\right)$$

采用统计量 Z 得

$$Z = \frac{\overline{x} - \mu}{\sigma / \sqrt{n}} \sim N\,(0.1)$$

对于给定的置信水平 $1-\alpha$，由标准正态分布表中查临界值 $Z_{\frac{\alpha}{2}}$，并且使

$$P\left\{ -Z_{\frac{\alpha}{2}} < \frac{\overline{x} - \mu}{\sigma / \sqrt{n}} < Z_{\frac{\sigma}{2}} \right\} = 1 - \alpha$$

由不等式

$$-Z_{\frac{\sigma}{2}} < \frac{\overline{x} - \mu}{\sigma / \sqrt{n}} < Z_{\frac{\sigma}{2}}$$

求得 $1-\alpha$ 的置信区间为

$$\left(\overline{x} - Z_{\frac{\sigma}{2}} \frac{\sigma}{\sqrt{n}},\ \overline{x} + Z_{\frac{\sigma}{2}} \frac{\sigma}{\sqrt{n}} \right) \tag{7-7}$$

【例 7-1】某车间生产螺栓，从长期实践中得知，螺栓直径 X 服从正态分布，现随机抽取 6 个螺栓，测得直径分别为 14.6、15.1、14.9、14.8、15.2、15.1（单位：毫米）。若已知方差为 0.06，求平均直径 μ 的置信区间。（取 $\alpha=0.05$）

解：$\overline{x} = \frac{1}{6}(14.6+15.1+\cdots+15.1) = 14.95$（毫米）

已知 $\overline{x} \sim N\,(\mu,\ 0.06)$ 所求的 $1-\alpha$ 的置信区间为 $\left(\overline{x} \pm Z_{\frac{\sigma}{2}} \frac{\sigma}{\sqrt{n}} \right)$。

当 $\alpha=0.05$ 时，查表 $Z_{\frac{\alpha}{2}} = 1.96$。

$$\overline{x} \pm Z_{\frac{\alpha}{2}} \frac{\sigma}{\sqrt{n}} = 14.95 \pm 1.96 \times \frac{\sqrt{0.06}}{\sqrt{6}}$$

即 μ 的 95% 的置信区间为（14.75，15.15）。

需要注意的是，当总体分布未知或总体为非正态分布时，只要样本是大样本，根据中心极限定理，样本均值 $\overline{x}$ 近似服从正态分布。若 σ^2 已知，则总体均值 μ 的置信水平为 $1-\alpha$ 的置信区间为

$$\left(\overline{x} - Z_{\frac{\alpha}{2}} \frac{\sigma}{\sqrt{n}},\ \overline{x} + Z_{\frac{\alpha}{2}} \frac{\sigma}{\sqrt{n}} \right)$$

若 σ^2 未知，则用样本标准差 s 代替总体标准差 σ，总体均值 μ 的置信水平为 $100(1-\alpha)\%$ 的置信区间为

$$\left(\overline{x} - Z_{\frac{\alpha}{2}} \frac{s}{\sqrt{n}},\ \overline{x} + Z_{\frac{\alpha}{2}} \frac{s}{\sqrt{n}} \right) \tag{7-8}$$

【例 7-2】从某居民社区随机抽取 100 人，调查到他们每天参加体育锻炼的时间为 25 分钟，总体方差为 36，试以 95% 的置信水平估计该社区居民平均每天参加体育锻炼的

时间。

解：已知总体 X 的分布形式未知，但 $\sigma^2=36$，$n=100$，$\bar{x}=25$，由中心极限定理可知

$$\bar{X}-N\left(\mu,\frac{\sigma^2}{n}\right)$$

总体均值 μ 的 95% 的置信区间为

$$\left(\bar{x}-Z_{\frac{\alpha}{2}}\frac{\sigma}{\sqrt{n}},\ \bar{x}+Z_{\frac{\alpha}{2}}\frac{\sigma}{\sqrt{n}}\right)$$

$$1-\alpha=0.95,\ Z_{\frac{\alpha}{2}}=Z_{0.025}=1.96$$

则有

$$\left(25-1.96\frac{6}{\sqrt{100}},\ 25+1.96\frac{6}{\sqrt{100}}\right)$$

即 μ 的 95% 的置信区间为（23.824，26.176）。

可认为有 95% 的把握程度保证该社区居民平均每天参加体育锻炼的时间在 23.824～26.176 分钟。

【例7-3】某汽车旅游租赁公司欲估计去年顾客每次租赁汽车平均行驶的里程。随机抽取 200 个顾客，根据记录 200 个顾客，得到其平均行驶里程为 325 公里，标准差为 60 公里。试估计去年该公司所有租赁汽车平均行驶里程的置信区间。（置信水平为 95%）

解：由于样本量 $n=200$ 为大样本，故 $\bar{x}$ 的抽样分布为正态分布。

已知 $\bar{x}=325$ 公里，$s=60$ 公里，$\alpha=0.05$，$Z_{\frac{\alpha}{2}}=1.96$。所求总体均值的置信区间为

$$\bar{x}\pm Z_{\frac{\alpha}{2}}\frac{s}{\sqrt{n}}$$

$$325\pm 1.96\times\frac{60}{\sqrt{200}}$$

即 μ 的 95% 的置信区间为（316.68，333.32）公里。

2）总体方差未知时，正态总体均值的区间估计（小样本）。

设总体 $X\sim N(\mu,\sigma^2)$，且 σ^2 未知，为了估计置信区间，总体方差 σ^2 要用样本方差 s^2 代替。这时，所构造的统计量服从自由度为 $n-1$ 的 t 分布，即

$$t=\frac{\bar{x}-\mu}{s/\sqrt{n}}\sim t(n-1)$$

给定置信水平 $100(1-\alpha)\%$，查 t 分布表得出自由度的 $n-1$ 的 t 分布临界值 $t_{\frac{\alpha}{2}}(n-1)$。并且使

$$P\{p\left\{|t|<t_{\frac{\alpha}{2}}(n-1)\right\}=1-\alpha$$

由不等式

$$-t_{\frac{\alpha}{2}}(n-1)<\frac{\overline{x}-\mu}{s/\sqrt{n}}<t_{\frac{\alpha}{2}}(n-1)$$

得方差未知正态总体均值 μ 的置信水平 $1-\alpha$ 的置信区间为

$$\left[\overline{x}-t_{\frac{\alpha}{2}}(n-1)\frac{s}{\sqrt{n}},\ \overline{x}+t_{\frac{\alpha}{2}}(n-1)\frac{s}{\sqrt{n}}\right] \tag{7-9}$$

【例7-4】 设某公司的股票价格服从正态分布，为了掌握该公司股票的平均价格，根据随机抽样方法，对其25天的交易价格进行调查，结果表明：平均价格为35元，方差为4元，求该公司股票平均价格的置信区间。（$\alpha=0.02$）

解：已知 $n=25$，$s^2=4$，$\overline{x}=35$，$t=\frac{\overline{x}-\mu}{s/\sqrt{n}}\sim t(n-1)$。

已知 $\alpha=0.02$，查表 $t_{\frac{\alpha}{2}}(n-1)=t_{0.01}(24)=2.492$，则总体均值 μ 的置信区间为

$$\left[\overline{x}\pm t_{\frac{\alpha}{2}}(n-1)\frac{s}{\sqrt{n}}\right]$$

即

$$\left(35\pm2.492\times\frac{2}{\sqrt{25}}\right)$$

根据结果，说明有98%的把握程度认为股票的价格在34～36元。

（2）总体比例的区间估计

总体比例是常见的总体参数之一，它是指总体中具有某种特征单位所占的比例。在实际工作中，如产品的抽样检查，要通过样本的不合格品率估计一批产品的不合格品率，并作出整批产品是否合格的判断。当我们估计总体中具有某种特征的单位所占比例时，用 P 表示，当估计总体中不具有某种特征的单位所占比例时，用 q 表示。这类问题服从二项分布，则随机变量 X 的数学期望和方差为

$$E(X)=np \tag{7-10}$$
$$D(X)=np(1-p) \tag{7-11}$$

根据中心极限定理，在大样本时，二项分布可用正态分布来近似计算，即样本成数 $P\sim N\left(P,\frac{1}{n}P(1-P)\right)$，因此有

$$Z=\frac{p-P}{\sqrt{\frac{P(1-P)}{n}}}\sim N(0,\ 1)$$

给定置信水平 $1-\alpha$，则总体成数 P 的置信区间为

$$\left[p-Z_{\frac{\alpha}{2}}\sqrt{\frac{P(1-P)}{n}},\ P+Z_{\frac{\alpha}{2}}\sqrt{\frac{P(1-P)}{n}}\right] \tag{7-12}$$

（当总体 P 未知时，可用样本 p 来代替计算标准差。）

【例7-5】 在一所大学，我们想了解学生中近视眼患者所占的比例。随机抽取了100名

学生，其中，近视者有 33 名。试计算全校学生中近视眼患者所占比例的置信区间。（ α = 0.1 ）

解：已知 $n = 100$， $P = 0.33$，查表得 $Z_{\frac{\alpha}{2}} = 1.65$，则总体成数 P 的置信水平为 90% 的置信区间为

$$P \pm Z_{\frac{\alpha}{2}} \sqrt{\frac{P(1-P)}{n}} = 0.33 \pm 1.65 \times \sqrt{\frac{0.33 \times (1-0.33)}{100}}$$

$$= 0.33 \pm 0.0775$$

即置信水平为 90% 的置信区间为（0.2525，0.4075），即有 90% 的把握估计全校学生患近视眼的成数在 25.25%～40.75%。

第四节　确定样本容量

样本容量即样本单位的多少，在市场抽样调研中，样本容量的确定是一个必须要解决的实际问题，它关系到样本对总体的代表性，也关系到抽样调研费用和人力的花费。样本太小会影响样本对总体的推断准确性和可靠程度，样本过大则会造成不必要的人力和费用的消耗，因此，在抽样调研中样本的容量要适当。

适当地确定样本的容量，一般应考虑到市场调研的目的、市场现象总体的性质及特点、组织抽样调研时所具备的客观条件等。市场调研的目的不同，具体表现在抽样调研中，就是置信水平与置信区间要求不同；市场现象总体的性质和特点不同，就决定其具体的调研过程要采用的抽样方式不同。在组织抽样调研时所具备的客观条件，包括着人、财、物条件，调研时间要求的长短等，这些都直接影响着样本容量的确定。

一、根据调研目的确定样本容量

市场调研研究的目的不同，对抽样调研的置信水平及置信区间要求有所不同。抽样调研的置信水平是样本统计量推断总体参数时，保证其抽样误差不超出允许范围的概率水平，它也被称为可靠程度。市场调研中常用的置信水平有 90%、95%、99% 等。抽样调研的置信区间则是样本统计量推断总体参数时的误差范围，它也被称为允许误差范围。置信区间与置信水平和抽样误差之间，置信水平越高置信区间也会越大，抽样误差越大则置信区间也越大。置信水平和置信区间一般都是由资料使用者或市场调研者，根据市场调研的目的在调研方案中事先确定的，然后再根据研究市场问题所必须的置信水平和所允许的置信区间，确定样本的容量。置信水平反映抽样调研的可靠程度，置信区间则反映市场抽样调研的精确度。在市场抽样调研中置信水平要求越高，所必须抽取的样本单位就相应地越多；在市场抽样调研中置信区间越小，所必须抽取的样本单位相应越少。

二、考虑总体性质和特点确定样本容量

市场现象总体的性质和特点也是在确定样本容量时必须考虑到的方面。在分析市场现象总体性质和特点时，应该从几方面来考虑。首先，就是分析总体规模的大小，在抽样调研中，总体规模大小用总体单位数的多少来衡量，总体规模越大，所必须抽取的样本就应当相对加大，以减少抽样误差。另外，要分析总体的标准差，即分析总体各单位的差异程度大小。这是因为总体标准差大小是决定抽样误差大小的一个重要因素，在一定置信区间要求下，总体的标准差越大，所必须抽取的样本容量也就应相对越大。最后，还应对总体是否存在明显的类型加以分析，若总体内部存在不同类型，就应采取类型随机抽样方式抽取样本；否则就会使抽样误差加大，也影响到样本的容量。采取适合总体的抽样方式，可以相对缩小样本，减少市场抽样调研的工作量。

三、按市场调研条件确定样本容量

市场调研所具备的条件，即人、财、物力和时间等条件，对样本容量也起着某种限定作用。在市场抽样调研的人、财、物、时间都比较宽松的条件下，调研者可不必为增加或减少几个样本单位而过多考虑，应以样本容量能够满足研究问题的需要为基本出发点。但在人、财、物和时间比较紧张时，也不能只考虑缩小样本会达到节省费用和时间的一面，而忽视了调研目的要求的置信水平和置信区间，从而造成市场抽样调研的失败。

四、样本容量的计算

1. 制约样本容量计算的因素

制约样本容量的因素主要如下。

1）总体各单位标志方差的大小。总体各单位之间标志值差异程度大，样本容量就要大，以增加样本对总体的代表性；反之，就可以少些。

2）抽样极限误差 $\Delta_{\bar{x}}$ 或 Δ_p 的大小。在标志变动度不变的条件下，精确度要求越高，即被允许的误差范围越小，样本容量就要增大，反之，可以减少。

3）概率度值 $Z_{\frac{\alpha}{2}}$ 的大小。概率度值是表示参数估计把握程度的，在其他条件不变情况下，要提高参数估计的把握程度，即选定的概率度越大，样本容量就必须增加，反之，样本容量就可以减少。

4）抽取调查单位的方式方法。比如，在同样要求的条件下，类型抽样和机械随机抽样比简单随机抽样的样本容量要少些，不重复抽样比重复抽样的样本容量要少。

2. 样本容量的确定

样本容量的确定方法，可以根据抽样极限误差公式加以推导，以便求出在保证抽样误差不超过预先规定的范围所应抽取的样本容量。下面讨论在简单随机抽样条件下，确定抽样的样本容量的方法。

（1）推断总体均值时样本容量的确定

在重复抽样情况下，有

$$n=\frac{Z_{\frac{\alpha}{2}}^2 \sigma^2}{\Delta_{\bar{x}}^2} \tag{7-13}$$

在不重复抽样情况下，有

$$n=\frac{NZ_{\frac{\alpha}{2}}^2 \sigma^2}{N\Delta_{\bar{x}}^2 + Z_{\frac{\alpha}{2}}^2 \sigma^2} \tag{7-14}$$

（2）推断总体比例时样本容量的确定

在重复抽样情况下，有

$$n=\frac{Z_{\frac{\alpha}{2}}^2 P(1-P)}{\Delta_P^2} \tag{7-15}$$

在不重复抽样的情况下，有

$$n=\frac{NZ_{\frac{\alpha}{2}}^2 P(1-P)}{N\Delta_P^2 + Z_{\frac{\alpha}{2}}^2 P(1-P)} \tag{7-16}$$

按上述公式计算样本容量时，总体方差 σ^2 或 $P(1-P)$ 在调研前还是未知数，一般可以根据过去的统计资料来确定。如果没有，可在调研之前先进行试验性抽样，用样本方差 s^2 或 $P(1-P)$ 来代替。如果缺少成数 P 的资料，也可以用保守数 $P=0.5$ 来估计，这样使得 $P(1-P)$ 的数值最大，以保证调研有足够的抽样置信水平。

【例7-6】对某型号电子元件 10 000 件进行耐用性能检查。根据以往抽样测定，耐用时数的标准差为 51.91 小时，试在重复抽样的条件下求：

1）把握程度为 68.27%，元件平均耐用时数的误差范围不超过 9 小时，应抽取多少元件做检查？

2）如果要使抽样误差范围压缩为原来的一半，可靠程度仍为 68.27%，则应多抽查几只元件？

3）如果要使抽样误差范围减少为原来的 1/3，而可靠程度提高到 99.73%，应抽查多少只元件才能满足要求？

解：已知 $\sigma=51.91$ 小时。

1）$\Delta_{\bar{X}}=9$ 小时，$1-\alpha=0.6827$，查表得 $Z_{\frac{\alpha}{2}}=1$。因为是重复抽样，则有

$$n=\frac{Z_{\frac{\alpha}{2}}^2 \sigma^2}{\Delta_{\bar{x}}^2}=\frac{1^2 \times 51.91^2}{9^2}=33（只）$$

即应抽取 33 只元件做检查。

2）$\Delta_{\bar{X}}=4.5$ 小时，$Z_{\frac{\alpha}{2}}=1$，则有

$$n = \frac{1^2 \times 51.91^2}{4.5^2} = 133 \text{（只）}$$

即应比第一种情况多抽查 100 只元件。

3）$\Delta_{\bar{X}} = 3$ 小时，$Z_{\frac{\alpha}{2}} = 3$，则有

$$n = \frac{3^2 \times 51.91^2}{3^2} = 2695 \text{（只）}$$

即应抽查 2695 只元件才能满足要求。

【例 7-7】某一市场调研公司想估计某地区有轿车的家庭所占的比例。抽样极限误差不超过 0.05，置信水平取 95%，应抽取多少样本？调研公司认为真正的比例不可能大于 20%。

解：因为 $P \leqslant 0.20$，$\Delta_P = 0.05$，$\alpha = 0.05$，$Z_{\frac{\alpha}{2}} = 1.96$，则有

$$n = \frac{Z_{\frac{\alpha}{2}}^2 P(1-P)}{\Delta_P^2} = \frac{1.96^2 \times 0.2 \times 0.8}{0.05^2} = 245.9$$

故根据有限信息 $P \leqslant 0.20$，可抽取样本 $n = 246$ 才能满足要求。

小 结

本章抽样设计从界定总体、确定抽样单位、范围和时间等开始，然后确定抽样框。抽样框由一系列覆盖目标总体的清单组成。在这一阶段，有必要确定可能的抽样框误差。下一步是选择抽样方法和确定样本容量。

抽样技术分为非概率抽样和概率抽样。非概率抽样主要依据调研人员的判断去抽样，因此，不能对样本结果的精度作出客观的评估，且评估结果不能属于对总体做统计上的推断。常用的非概率抽样技术包括方便抽样、判断抽样、配额抽样和滚雪球抽样等。在概率抽样中，样本被随机选中，调研人员可以预先确定样本容量，对样本评估并计算误差，可以对目标总体作出推断。概率抽样技术包括简单随机抽样、系统抽样、分层抽样、整群抽样等。选择哪一种抽样技术取决于调研的性质、对误差的容忍度、抽样误差和非抽样误差相对大小、总体本身的特工以及统计上的和实际操作上的可行性。

当样本中的一些被调查者不可答对就出现了不回答误差，导致答率降低，答率降低的主要原因是拒访和不在家，可以通过有效的方法解决答率低的问题。

决定样本容量的基本统计方法有两种：置信区间法和假设检验法。运用置信区间法决定样本容量时，要求精度、置信度、总体标准差已知。运用假设检验法决定样本容量时，要求明确总体均值或总体比率的原假设和备择假设。

复习与思考

一、简答题

1. 简要回答单纯随机抽样的具体分类及其各自的特点。
2. 简述类型随机抽样的优点及其适用范围。
3. 试比较整群抽样和类型随机抽样的异同。
4. 试述抽样误差与置信水平的关系。

5．怎样理解和应用偶遇抽样法？

6．怎样应用主观抽样法进行市场调研？

7．简要回答样本容量的计算方法。

8．随机抽样调研的优点有哪些？

9．市场调研中怎样应用等距随机抽样？

10．怎样通过样本统计量推断总体参数？

11．简述非随机抽样的适用范围及其特点。

12．简述定额抽样的理论基础及其具体应用。

二、论述题

1．论述抽样调研的特点。

2．论述确定样本容量的重要性及其确定方法。

三、综合分析计算题

1．某灯泡厂生产一批灯泡共 8000 只，随机抽选 400 只进行耐用时间的试验。测试结果平均寿命 5000 小时，总体标准差为 300 小时。求抽样误差。

2．某市在家庭平均人数调研中，采用不重置简单随机抽样得到样本的每户平均人数为 3.2 人，标准差为 1.378 人。

（1）如果总户数为 1000 户，调查户数为 80 户，试计算抽样的平均误差。

（2）在（1）条件下，如果极限误差为 0.2956，试估计户平均人数。

（3）在（1）的条件下，如果可靠程度为 0.95，试计算户平均人数。

（4）如果要求可靠程度为 95.45%，极限误差为 0.35，试计算重置和不重置抽样各需抽取多少户进行调查（总户数仍为 1000 户）。

3．某机械厂生产一批零件共 6000 件，随机抽查 300 件，发现其中有 9 件不合格，求合格率的抽样误差。

4．某服装厂对当月生产的 20 000 件衬衫进行质量检查，结果在抽查的 200 件衬衫中有 10 件是不合格品，要求：

（1）以 95.45% 的概率推算该产品的合格范围。

（2）该月生产的产品是否超过规定的 8% 的不合格率（概率不变）。

5．某茶叶公司销售一批茗茶，规定每包规格重量不低于 150 克，现抽取 1% 检验，结果如表 7-11 所示。

表 7-11　某茶叶公司销售茶叶数据资料

按每包重量分组/克	包数/包
148～149	10
149～150	20
150～151	50
151～152	20
合　计	100

试以 99.73% 的概率，评估这批茶叶平均每包重量的范围是否符合规定重量的要求。

📖 **补充阅读**

随机抽样的案例设计

从一个总体中抽出一个具有代表性的样本，可按下列程序进行。

1．确定抽样方法

随机抽样包括简单随机抽样、系统抽样、分层抽样三种抽样方法，其关系如表 7-12 所示。

表 7-12　抽样方法

类　型	共　同　点	各自的特点	相　互　联　系	适　应　范　围
简单随机抽样		从总体中逐个抽取	最基本的随机抽样方法	总体中的个体数目较少
系统抽样	每个个体被抽到样本中的机会是均等的	将总体均匀分成几部分，按事先确定的规则在各部分抽取	在第一部分抽样时采用简单随机抽样	总体中的个体数目较多
分层抽样		将总体分成几层，分层进行抽取	各层抽样时采用简单随机抽样或系统抽样	总体由差异明显的几部分组成

由于三种抽样方法适应的范围不同，对于给定的抽样问题首先要选择相匹配的抽样方法，只有理解三种抽样方法的含义，才会做到这一点。看下面的几个例子。

问题1：某市为了支援西部教育事业，现从报名的18名志愿者中选取6人组成志愿小组。为了保证对每个志愿者的公平性，如何确定志愿小组的名单？

问题2：某学校有在编教师160人，其中老年教师16人，中年教师112人，青年教师32人。教育部门为了了解教师的健康状况，要从中抽取一个容量为20的样本。试确定用何种方法抽取。

问题3：某工厂平均每天生产某种零件约1000件，要求产品检验员每天抽取50件，检查其质量状况。试问运用哪种抽样方法最合理。

剖析：问题1的总体中的个体数目较少，运用简单随机抽样法抽样；简单随机抽样法有两种，分别为抽签法和随机数法，两法皆适合此题；问题2中的总体由差异明显的几部分组成，故采用分层抽样法抽样；问题3中的总体容量大，样本容量也大，可用系统抽样法抽样。

2．设计抽样的步骤

明确了一个抽样问题采用的抽样方法后，接下来可根据选择的抽样方法的特点设计抽样的步骤。那么，上述三个问题如何设计抽样的步骤呢？

问题1的抽样方法常常设计为以下几个步骤。

（1）采用抽签法

1）编号。将18名志愿者编号，号码为01、02、……、18。

2）制签。将号码分别写在一张纸条上，揉成团，制成号签。

3）搅匀。将做成的号签放入一个不透明的袋子，并充分搅匀。

4）抽签。从袋子中依次抽取6个号签，并记录上面的编号。

5）定样。所得号码对应的志愿者就是志愿小组的成员。

简记为五步走，即编号、制签、搅匀、抽签、定样。

（2）采用随机数法

1）编号。将 18 名志愿者编号，号码为 00、01、……、17（同抽签法编号一致也可，但号码的位数要相同）。

2）数表定位。在随机数表中任选一数，如第 1 行第 1 列的数 0。

3）读表并录号。从选定的数 0 开始向右读（读数的方向也可向左、向上、向下），得到一个两位数 03，由于 03＜17（03 理解为 3），说明号码在总体内，将它记录；继续向右读，得到 47，由于 47＞17，将它去掉，按照这种方法继续向右读，直到记录的号码为 03、16、11、14、10、07。

4）定样。所得号码对应的志愿者就是志愿小组的成员。

简记为四步走，即编号、数表定位、读表并录号、定样。

问题 2 的抽样方法常常设计为以下几个步骤。

1）计算抽样比 $\dfrac{n}{N}=\dfrac{20}{160}=\dfrac{1}{8}$，其中 n 表示样本容量，N 表示总体中个体的数目，下同。

2）样本容量的分配。样本中的老年教师人数为 $16\times\dfrac{1}{8}=2$；样本中的中年教师人数为 $112\times\dfrac{1}{8}=14$；样本中的青年教师人数为 $32\times\dfrac{1}{8}=4$。

3）层内抽样。运用抽签法在 16 位老年教师中抽取 2 人，运用系统抽样法在 112 位中年教师中抽取 14 人，运用抽签法在 32 位青年教师中抽取 4 人。

4）定样。把层内抽样得到的教师汇在一起，得到所求的样本。

说明：在样本容量分配时，名额一定取正整数，一旦出现小数，要四舍五入，但名额之和等于样本容量（有时需权衡取整）。

问题 3 的抽样方法常常设计为以下几个步骤。

1）编号。把 1000 个零件编号，号码为 000、001、002、……、999。

2）确定段数及间隔数 k。把编号分成 50 段，间隔数 $k=\dfrac{1000}{50}=20$。

3）确定首码。在第 1 段编号为 000～019 的个体中，用简单随机抽样法确定样本中首个个体编号 l（$l\leqslant 019$）。

4）确定样本中的个体编码。按照一定的规律，通常是首个个体编号 l 加上间隔数 20 得到第 2 个个体编号（$l+20$），在加 20 得到第 3 个个体编号（$l+40$），依次下去，直到得到最后一个个体编号（$l+980$），共 50 个编号。

5）定样。所得编号对应的零件组成样本。

说明：当间隔数 k 不是整数时，需要在编号之前在总体中随机剔除个体数为 $\left(N-\left[\dfrac{N}{n}\right]\times n\right)$，其中，$\left[\dfrac{N}{n}\right]$ 表示不超过 $\dfrac{N}{n}$ 的最大整数。

第八章　控制数据质量与初步分析

教学目标与要求

理解现场查核和办公室查核的含义；

掌握编码技术；

掌握数据分组的基本方法；

掌握二手数据资料加工的技术要求；

学会调研数据的初步分析。

本章知识逻辑结构图

本章知识逻辑结构图如图 8-1 所示。

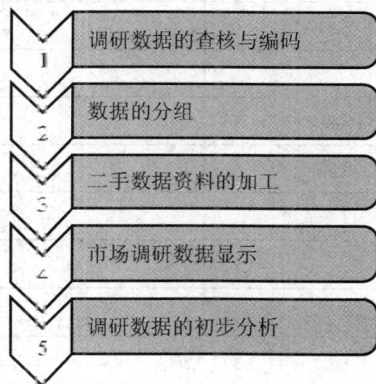

1	调研数据的查核与编码
2	数据的分组
3	二手数据资料的加工
4	市场调研数据显示
5	调研数据的初步分析

图 8-1　本章知识逻辑结构图

=导入案例=

市场调查数据的整理和显示

　　一家市场调研公司为了研究不同品牌手机的市场占有率，对随机抽取的一家电器商场进行了调研。调研员某天对 60 名顾客所购买手机的品牌进行了记录。方法是，某顾客购买了某品牌的手机，就将这一品牌的手机名称记录一次。表 8-1 就是调研记录的原始数据。

　　假定表 8-1 中的数据构成一个总体，这些数据都是定性的，为了编制该总体的频数分布表，需要统计每一种品牌出现的次数，结果表明：各品牌手机名称被记录的频数为波导 3 次、TCL 7 次、摩托罗拉 8 次、苹果 12 次、三星 10 次、西门子 5 次、厦新 3 次、索尼爱立信 2 次……用频数分布的形式表示如表 8-2 所示。

表 8-1 顾客购买手机的品牌名称

苹果	三星	康佳	摩托罗拉	摩托罗拉	TCL
摩托罗拉	三星	摩托罗拉	索尼爱立信	苹果	厦新
TCL	索尼爱立信	苹果	摩托罗拉	西门子	三星
康佳	厦新	康佳	联想	苹果	西门子
西门子	TCL	TCL	飞利浦	TCL	苹果
飞利浦	苹果	飞利浦	TCL	苹果	三星
波导	摩托罗拉	摩托罗拉	三星	三星	三星
厦新	飞利浦	西门子	波导	波导	苹果
联想	三星	西门子	摩托罗拉	三星	苹果

表 8-2 手机销售样本的品牌频数分布

手 机 品 牌	频数/次
康佳	3
波导	3
TCL	7
摩托罗拉	8
苹果	12
三星	10
西门子	5
飞利浦	5
厦新	3
联想	2
索尼爱立信	2
合计	60

通过编制频数分布表，原来的数据大大地压缩了，而且能够清晰地表示出消费者购买每一种品牌的次数，从表 8-2 中可以看出苹果手机卖得最好，三星和摩托罗拉次之。

上面是用频数分布表来反映定性数据分类的情况，如果用图示来显示频数分布会更直观。一张适当的图表往往胜过冗长的文字叙述，统计图形的制作可以由计算机来完成，这里主要介绍反映分类数据图式的方法，主要包括条形图和饼图，如图8-2和图8-3所示。

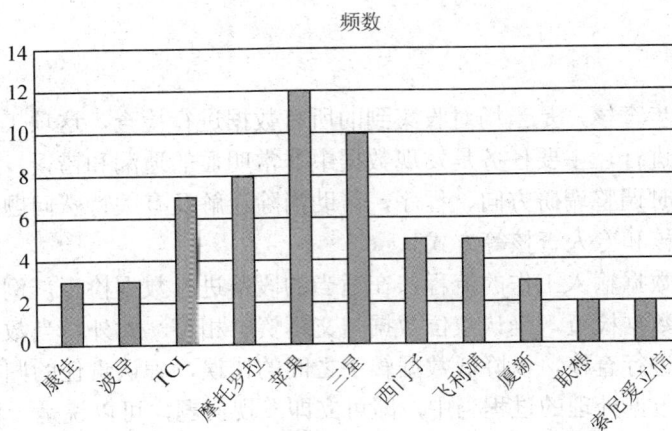

图 8-2 不同品牌手机频数分布的条形图

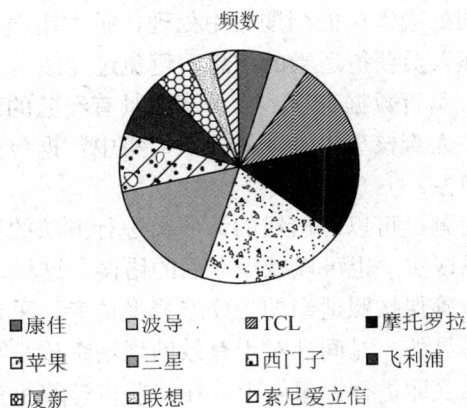

■康佳　　□波导　　☑TCL　　■摩托罗拉
□苹果　　■三星　　□西门子　　飞利浦
⊠厦新　　□联想　　☑索尼爱立信

图 8-3 不同品牌手机频数分布的饼图

(资料来源：张德存. 2009. 统计学. 北京：科学出版社)

　　上面的案例告诉我们"巧妇难为无米之炊"，市场调研数据就是市场研究的"米"，没有数据就会一事无成，但有了数据，还要注意数据的质量，把好数据的质量关。市场调研数据的质量好坏决定着市场调研的成功与否。本章我们循着这个思路，从五个维度展开讨论。

第一节　调研数据的查核与编码

一、查核

　　查核是为了提高问卷数据的准确性和精确性而对数据收集表格进行的再检查，目的是筛选出问卷中看不清楚、不完整、不一致或模棱两可的答案。查核是在原始数据阶段进行的质量控制工作，旨在及时发现和纠正数据收集中的问题。调研中的错误可以通过现场查核得到解决。

（一）现场查核

现场查核是初步查核，是当场对收集到的所有数据进行检查，这项工作通常在问卷和量表填表的同一天进行，主要任务是发现数据中非常明显的遗漏和错误，帮助控制和管理现场调研队伍，及时调整调研方向、程序，帮助消除误解及有关特殊问题的处理。它分为定点查核、定时查核和专人查核等方式。

定点查核根据数据输入工作的流程，在适当的段落进行数据检查，例如，每输入一组的数据即进行一次数据检查，确认数位数据与文本资料相符。此外，当数据转交给不同处理人员时，即要求进行查核，以降低数据转手之间的错误，确认责任的归属。定点查核的优点是实时性，在数据处理的过程当中，即可立即发现问题，可以说是一种在线查核。

定时查核则是以时间为单位，在特定的时段进行数据的检查，例如，在每日工作结束前，或每间隔一定时间后进行。定时查核虽可能造成数据输入的中断，但是配合小型会议的沟通与讨论，可以将不同处理人员的问题集中处理，扩大错误预防的有效范围。此外，定时的查核可以让数据处理人员获得适当的休息，避免过度疲劳。

专人查核则是指派专人负责数据查核，由资深或具有经验的研究人员进行定点或定时查核。专人查核可以避免多人查核事权不一的缺点，集中数据检查的责任，并突破查核时间与空间的限制，增加了弹性。

查核过程中如果发现问题，可以对出错的调研员进行方法的再培训，再用正确的程序重复调研。即使重复调研不现实，也可以减少今后的错误。这样，废卷率就会降低。

现场查核有两个目标：确保按照适当的程序选择受访者，采访并记录他们的反应，在出现大问题之前纠正错误。显然，时间性对于有效的现场查核是至关重要的，这项工作最好是在每天访问工作结束后立即进行。事实上，在一些以计算机为主的电话或互联网调查访问的情况下，应该由监督员当场进行查核。

现场查核可以发现一些问题，如受访者选择不当、访谈记录不完整（一个或几个问题未回答且没有说明原因）、回答模糊不清（特别是对于开放性问题）。在调研过程中出现这些问题是很自然的，而作为现场查核人员，必须及时从调研员那里得到合理的解释。

现场查核对数据检查的项目主要有以下几项。

（1）完整性

这主要包括检查所搜集的数据是否完整，有无缺页，所有应问或应答的问题是否都已询问或回答。

（2）清楚性

被调研者送回的问卷、调研员的访问报告或观察记录的字迹是否清楚。若无法辨认应当尽快澄清，否则就舍弃。

（3）内容的一致性

所给的答案是否一致？是否相互矛盾？若有这些情况，应设法澄清或将矛盾的答案舍弃。

（4）明确性

明确性即要确定答案的含义是否明确，对含糊不清、指代不明的答案要设法弄清楚。

（5）单位的统一性

单位的统一性即要求以统一的单位记录答案，这是非常重要的。

（二）办公室查核

一般而言，数据的输入是分批、分人进行的，不同来源的数据必须经过合并，才能加以运用。因而即使在数据输入过程中已经过严密的过程查核，一旦合并之后仍需进行终点查核，将全体数据进行全面的检查，方能确保数据的正确性。

办公室查核就是终点查核，办公室查核是审核调研问题回答的一致性和准确性，作出必要的更正，并决定是否应该抛弃部分或者全部数据。因此，查核的第二阶段是把现场查核后的所有数据集中到一个中心地点进行查核。

最严谨的终点查核是逐笔进行检查，但是如果数据规模庞大，逐笔查核耗日费时，研究者可以采用小样本查核法挑选一小部分的数据来加以检查。但是随着科技的发展，计算机软硬件功能的提升，计算机可以取代人工进行逐笔检查，解决了上述的困扰，并提高了正确性。

以计算机来查核数据有可能性检查与逻辑性查核两种主要模式。

可能性检查主要目的是进行数据格式的确认，针对每一个题目、每一个变量，检查数据中是否有超过范围的数值，或是数据的笔数不符合样本数。最常使用的检测方法是利用描述统计中的次数分布表，列出所有变量的所有可能数值，查看是否有超过合理范围的数值。例如，以计算机为基础的电话或网上访问是典型的没有实体问卷的调研方式，调研者把访问收集的资料直接存储到计算机中。这些数据的最终查核可以借助一台计算机进行。通过最终查核能够使数据更完整、确切，并校正回收上来的全部数据。

逻辑性查核则涉及数据结构的检查，通常牵涉多个变量的检验，由研究者设定检查的条件，进行较高程度的检验。例如，查看一个变量的次数分布，是否呈正态分布，或是否具有特殊的偏离值；再如，当大多数学生的零用钱为1200元时，高达万元的数值就是一个可疑的数值。此外，研究者可以运用列联表，将数据切割成不同的类别来进行细部的检查，例如，不同教育程度的样本，其年龄的最小值应有合理的数值。

另一种检验数据逻辑性的方法是运用图表，如以散点图来列出变量的分布。数据查核的目的是确保数据输入过程的正确无误，可以说是侦错的过程，经由这一程序所建立的数据称为计算机化的原始数据，其数据的格式、内容与排列方式等，均与文本资料完全一致，并符合编码系统的编码原则。

办公室查核工作要求由那些对调研目的和过程有透彻了解、具有敏锐洞察力的人来执行。为保证数据的一致性，最好由一个人来审核所有的数据。若确实任务量很大及一人力所不能及时，则可以由几名审核员审核，但对每一份问卷都需要从头审到尾。

1. 审核工作的重点

现场查核的工作最后归到复查和追访上，最终查核的工作最后归到对查出的问题如何处理上。最终查核的主要问题如下。

（1）不完整答卷的对策

不完整的答卷分为如下三种情况。

1）大面积或相当多的问题没有回答，对这样的问卷应作废。

2）个别问题没有回答，这样的问卷应作为有效问卷，未回答的问题待后续工作采取补救措施。

3）相当多的问卷对同一问题没有回答，仍作为有效问卷。未回答的问题要查明原因。

（2）明显错误答案的对策

这些问题是指那些前后不一致的答案或其他答非所问的答案。对这些问题除了能够根据全卷答案的内在逻辑联系对前后不一致的地方进行修正外，其他情况只好按"不详值"对待。

（3）无兴趣回答的对策

有些问题的答案可以明显看出受测者对所提的问题缺乏兴趣。如果这样的问题仅属于个别问卷，则可按作废处理；若这种问卷有一定的数目，且集中出现在同一个问题上，则应当将这些问题作为一个相对独立的子样本看待，在数据分析时应给予适当注意。对于最后判定，按"缺失值"处理的答案，审核员要做好标记。

缺失值也可以叫遗漏值。这里的关键是注意遗漏发生的类型，也就是遗漏类型比遗漏的量来得更重要。遗漏类型的问题反映出遗漏有可能是有规则或有次序的系统性遗漏或是毫无规则与逻辑可循的非系统性或随机性遗漏。另外，遗漏的数量则与研究样本的大小有关，一般情况下，随机遗漏在5%以下是可以接受的。基本上，遗漏的发生不外是填答者的疏忽漏填或是拒填两种原因。数据中的遗漏如果属于非系统性或随机性的遗漏，称为可忽略遗漏，此时，遗漏所造成的影响纯粹只是样本数的多寡问题，遗漏的影响可以忽略，研究者可直接加以删除，或利用估计方法来补救，此时即使所填补的数字与受访者真实情况有所差距，对于统计分析的影响可以视为一种随机变异来源，影响不大。相对之下，系统性遗漏是填答者一致性的漏填或拒填，或受到其他因素影响所造成的，属于一种不可忽略遗漏，对于研究结果与分析过程影响较大，如果任意填补或估计，易造成一致性的高估或低估，甚至于遗漏的本身可以作为研究的解释变量，称为信息性遗漏。因此，学者多主张先对遗漏的类型加以分析，了解遗漏的可能机制与影响，再决定是否采取严谨的估计程序，以对症下药来处置遗漏问题。

（4）纠正对开放性问题的打乱次序的回答

在回答开发性问题时，受测者可能在一段讲话中谈及问卷中多个问题的答案，这样对那些被同时提及的部分问题，可能就不再进一步询问，从而留下空白。对这些问题，就应当把提前给出的答案抄写到它应当出现的地方。

2. 对二手数据的审核

（1）对著述性文献的审核

对这种以文字为主的文献，在摘取数据时，应当注意如下两点：

1）弄清楚作者或编纂者的身份和背景、文献的出处等，尽可能引用客观性较强的数据。

2）注意文献的编写时间，即时效性。

（2）对统计数据的审核

在引用统计数据时，要注意其指标口径和数据分类情况。指标口径主要指指标的内涵、外延、计量单位、空间或时间等因素的总和。

对于二手数据，根据来源的不同可以划分为直接整理的数据和多次整理的数据。对直接整理的次级数据，可直接为调研所用；对多次整理的次级数据，只能是间接参考，即顺着它的来源去寻找直接整理的次级数据。

（三）查核工作的注意事项

首先，一些潜在的查核错误可以在现场编码之前通过细心的计划加以预防。防止模棱两可的答案、不适当的被访者，比错误发生之后再去纠正要好得多，查核不是解决数据质量问题的灵丹妙药，抱有这样的念头是完全错误的。

其次，利用互联网或计算辅助将收集到的数据保存在计算机存储器中时，查核工作会更彻底和高效。特别是一些难以和不可能由手工完成查核的大型调研，可以通过计算机进行查核。例如，编制计算机程序来检查回应值是否落入预定的区域，对关键问题的回答是否与其他问题的回答相一致，以及某一受访者的回答是否显著偏离平均值。这样办公室查核就可以方便地注意到有问题的受访者和回答。

再次，为提高数据质量，查核在邮件调查中的作用要大于个人访谈或电话调查。一旦问卷用邮件的方式寄出，研究者对数据质量基本无法控制。因此，对邮件调查收集到的数据唯一可能的查核就是有限的办公室查核。

最后，在查核过程中，不仅可以通过问卷来评估数据质量，还可以通过观察来评估。在大多数的调查研究项目中，与查核过程、特别是办公室查核过程同步进行的是编码过程。

二、编码

（一）编码与编码系统

编码是对一个问题的不同回答进行分组和确定数字代码的过程。编码系统是一套数据处理的模式，包含数据的架构。数据的架构包括数据的格式、符号表征、内容广度与遗漏处理。编码系统流程则指分析人员在处理数据过程当中，对于数据的分类、转换、合并、删除与保留的过程。

不论是数据的架构或流程，编码系统的发展，根据数据最初收集的方式，其处理方式有所不同。例如，文字性与量化性数据，以及开放式数据与封闭性数据，皆有不同的处理方式。量化性数据是数据在求取过程中，即以数字形式存在，例如，家中人口数、薪资、年龄、年资、工作满意度等，数字本身带有量尺的特性或研究者赋予的特定意义。文字性数据则是指数据的原始类型是文字，数据处理时必须加以转换变成数字的类型，如学校名称、宗教信仰、工作内容等。

如果问卷题目未指定范围，或内容并无确切的范围，即是属于开放式数据，例如，受访者的工作内容、观察访谈数据等，即属文字性的开放数据。此外，以特定量尺获得的连续性变量则属开放式的量化数据，例如，要求受试者填写每月薪资数额、出生年月日等。有的内容有一定的范围，或研究者将文字或数字性数据指定为特定的范围或类型，要求被测者填写，成为封闭性数据，例如，企业类型为私营或国有、组织中的层级为主管与非主管的区分，满意度调研中非常满意到非常不满意的五点量尺等。

（二）文字资料的计量处理

在一般量化研究中，文字性数据必须转换成数字的类型，才能够进行进一步的分析与运用。文字数据的数量转换有两个步骤，首先是依照编码系统，进行分类与计量；其次是以虚拟变量的方式进行数据的整备。

第一阶段的分类与计量工作，往往耗费相当的人力与时间方得以完成，并涉及主观判断与分类错误的问题，因此，量化研究宜避免过度使用文字数据。以社会经济地位的测量为例，研究者多以家庭中主要成员的职业和教育程度二个因素作为衡量标准，通常由受访者填写职业类别，再由研究人员将职业类别转换成不同层级的职业水平，如高级专业人员和高级行政人员（医生、教授、企业高级主管等）、专业人员和中级行政人员（律师、会计师、企业中级主管）、半专业人员和一般性公务人员（出纳员、一般职员等）、技术性工人以及半技术性工人和非技术性工人。分类完成后再以适当的权数与教育水平合并计算得到社会经济地位指标。其中困难度最高的部分即是分类的效度问题，即如何将各行各业分入适当的类别，而类别的高低水平能够详实地反映社会经济地位的高低。同时分类的标准缺乏一致性的标准，难以获得研究者的共识。

文字性数据分类完成之后，如何赋予特定的数字符号，牵涉虚拟变量的处理。在数据分析领域中，虚拟变量有不同意义，一般而言，虚拟是指在数据收集完之后，再以人为的方式，将数据加以处理，赋予特定计量符号的过程。事后人为变量化的过程所产生的新变量，称为虚拟变量。

广义来说，任何文字性数据转化成计量性数据，都可以称为虚拟变量，最普遍的做法即将每一个类别赋予一个特定数字，例如宗教信仰的调查，将宗教信仰视为一个变量，而将天主教赋予1、基督教为2、道教为3等数值。另一种做法则是将宗教信仰的每一个种类分别视为一个独立的二分变量，0代表否，1代表是，如此可将原本不具顺序关系的类别变量，转换成多个可作连续性变量处理的二分变量数据，得以进行其他各种统计分析。

虚拟变量的运用，虽然可以扩大数据的用途，增加统计分析的使用机会，但是具有下列问题，第一，解释上的困难。由于虚拟变量系以人为的方式将原始数据进行数量化的处理，数字本身并未具有特定的数学逻辑与概念意义，经由统计的处理之后，如何解释数字，成为一个问题。第二，编码的繁复性与主观性。由于虚拟变量往往涉及数据的人为分割与重组，使得编码系统相对复杂，且易造成分类上的人为错误。第三，统计分析的问题。一个具有 K 组的类别变量转换成 $K-1$ 个虚拟二分变量来进行分析，导致变量的数目大幅度增加，增加统计处理的难度与解释上的困难。

（三）编码表

1. 编码表的功能

建立编码系统的具体行动是建立编码表。编码表主要用于记载数据数量化的所有格式与内容，并配合计算机处理的需求，详述数据处理的步骤。

编码表具有多种重要功能，具体如下。

第一是提供标准化的作业流程。通常一个研究的数据处理由多人共同完成，这些人员可能包括了助理、服务生等素质不一的成员，使用编码表可以规范每一位工作者的作业模式与流程，避免错误的发生。

第二是沟通的功能，借由编码表，所有的使用者可以轻易地理解数据的内容与格式，而无须初始数据处理者随伺在侧，以便提供数学符号翻译的服务。此外，除了与人沟通，参考计算机设备与统计软件的编码表，可以轻易地衔接计算机与分析设备，亦具备了与计算机沟通的功能。

第三项是工作凭据的建立与工作记忆的留存。在数据处理过程当中，往往会有突发的情况发生，此时数据处理人员必须将处理策略记载在编码表中，在获得其他人员的了解之后，纳入编码系统的规定，除了提供修正扩充的平台之外，同时可将处理流程与决策结果详实地记载，成为数据处理的记忆。例如，在处理年龄数据时，某位受访者为 1949 年前出生，无法以现有的编码系统涵盖，于是将该受访者年龄数据以特殊数字处理，记载在编码表上。在大规模施测的问卷调研与长期性的纵横研究中，因涉及多人长期的工作，编码表的设计与运用对于研究的顺利完成具有关键性的影响。

2. 编码表的内容

编码表的内容通常包括四个部分，即变量名称与标签、变量数值与标签、遗漏值处理、分析处理记录。首先，第一部分是配合研究工具的内容与题号顺序，记录变量的命名与内容的说明，如问卷上的原始题号。在多数的情况下，每一个题目应有一个相对应的题号与变量名称，但是某些题目在原始问卷上仅有一题，但是在实际进行数据分析时需处理成多个变量，产生 1（题）对多（变量）的特殊情况。例如，问卷上出现出生年月日的题目，在原始问卷上属于一个题目，但是编码表上就会出现出生年、出生月、出生日三个变量。下面举例说明。

（1）事前编码

大多数问卷中的大部分问题都是封闭式的，而封闭式问题一般都是事前编码。封闭式问题中编码的主要困难是对多选题如何编码，方法是将每一个回答指定为次级变量，用"1"表示受测者选择了该答案，用"0"表示受测者未选择。具体实例如下：

1. 您家里有彩电吗？
   ①有　②没有（如果选择②，请转第10题）
2. 您家里的电视是什么品牌？
   ①长虹　②海尔　③康佳　④乐华　⑤TCL　⑥LG　⑦其他（请注明）＿＿＿
3. 您家里的彩电是什么时间买的？
   ①最近半年　②半年以上一年以内　③一年以上，一年半以内　④一年半以上
4. 您家里的彩电是由谁决定购买的？
   ①先生　②主妇　③子女　④亲朋　⑤其他（请注明）＿＿＿

……

（2）事后编码

开放式问题与封闭式问题不同，它只能在数据搜集好以后，再根据受访者的答复内容来决定类别的制定号码，也就是只适合事后编码。

对开放式问题的事后编码，它所依据的不应该是答案的文字，更重要的是这些文字所能反映出来的被调研者的思想认识。可遵循下面的步骤进行：①列出答案，即将所有的答案都一一列出；②将所有有意义的答案列成分布表；③确定可以接受的分组，并选择正式的描述词汇；④根据拟定的分组，对步骤②的分布表中整理出来的答案进行挑选归并；⑤根据分组结果制定编码规则；⑥对全部回收问卷的该开放式问题答案进行编码。例如：

您为什么选择该品牌的彩电？列出答案如下（假设只有14个样本）：

①质量好　　②外形美观　　③价格便宜　　④图像清晰
⑤色彩丰富　⑥耐用　　　　⑦高科技　　　⑧体积小
⑨名牌　　　⑩大家都买这个牌子　　　　　⑪经常在广告中看见
⑫我没想过　⑬我不知道　　　　　　　　　⑭没什么特别的原因

对开放式问题"您为什么选择该品牌的彩电？"，研究者翻阅所有受访者的答复后，将原因一一列出，然后归类成六大类，并指定号码。具体如表8-3所示。

表8-3　对上述开放式问题答案的合并分类和编码

回答类别描述	答　案	分类的数字编码
质量好	①、④、⑥	1
外形美观	②、⑤	2
价格便宜	③	3
体积小	⑧	4
名牌	⑨、⑩、⑪	5
不知道	⑫、⑬、⑭	6

（3）编码明细单

编码明细单是一份说明问卷中各个问题（即变量）及其答案与计算机数据文件中的字段、数码位数及数码之间一一对应关系的文件。我们可以用下面的"惠农政策落实情况调查问卷"和表8-4的问卷编码明细单来表示这种对应关系。

惠农政策落实情况调查问卷

尊敬的村民:

您好!

我们是××大学××学院 08 级公共管理专业的学生。随着我国"三农"问题日益凸显,为了调查国家一系列惠农政策是否真正落到实处,我们特地组织了此次调研。您的资料仅供调研分析所用,不对外公开,请如实填写。请在您认为合适的选项下打勾,题目若无说明则为单选。非常感谢您的配合!

A1. 您的基本资料:

性别:　　　　　　　年龄:　　　　　　　　文化程度:

现住址(省):

职业:　　　　务农　　　　出外打工　　　　个体商人　　　　家务

年家庭人均收入: 10 000 元以上　8000～10 000 元　5000～8000　5000 元以下

A2. 总体认知状况:

1. 政府近年来出台了一系列惠农政策,以下政策您了解的是:(可多选)

①农村小额担保贷款　②"家电下乡"　③免费职业培训　④个体户摊位租用补贴

⑤养老保险　⑥中小学学费减免　⑦新农村合作医疗　⑧旧城改造

⑨良种补贴和农机具购置补贴、农资综合补贴

2. 您是通过何种途径了解到上述政策的:(可多选)

①报刊、杂志　②广播、电视　③网络　④村委宣传(集体大会、宣传单、板报)

⑤亲朋、邻居　⑥其他

3. 您认为在惠农政策落实乃存在的问题上,哪一方的责任更大一些?

①农民参与积极性与文化素质局限　②村委会、村干部宣传不到位,实施措施不当

③县市省级政府政策下达问题　　　④中央政府政策本身的问题

A3. 新农村合作医疗:

4. 您是否参加了新农村合作医疗保险?

①是　②否

5. 您是否知道该如何报销医疗费用?

①是　②否

【若选①请继续回答第 6 题,若②则跳至第 7 题】

6. 您认为这种报销医疗费用的过程是否繁琐?

①是　②否

7. 您认为新农村合作医疗费用的报销比例如何?

①较高　②较低　③较合适

A4. 中小学义务教育学费的减免:

8. 您所在地区的义务教育学费（书本费除外）是否已经全部减免？

　　①是　②否

9. 您的家庭是否因此而感到教育负担减轻？

　　①是　②否

10. 现在您家的教育支出主要包括什么？

　　①学费　②书本费　③课外资料费　④课外补习费

A5. 农村最低养老保险:

11. 您认为您村的低保评选结果是否公平？

　　①是　②否

12. 您是否清楚您的年龄及家庭情况应该领取何种标准的养老金？

　　①是　②否

13. 您的养老保险村委是如何办理的？

　　① 先宣传各项标准，后统一到村委办理

　　② 先宣传各项标准，后个人到政府部门办理

　　③ 未听取村民意见，由村委统一按既定标准和程序代办

14. 您是否知道新农保中的农民工社会养老保险的跨省转移接续？

　　①是　②否

A6. 农民自主创业扶助:

15. 您是否参加过村委开办的免费职业培训？

　　①是　②否

16. 请问您参加的培训项目是关于：（可多选）

　　①先进种植技术　②先进养殖技术　③手工品制作技术

　　④服务业技术（美容、修脚、酒店服务等）　⑤其他

17. 请问您所参加的培训归为下列哪类？

　　① 技术含量高、培训成本大、周期较长的制造类、机械维修类、餐饮类等职业（工种）培训

　　② 技术含量高、培训成本较大、需要一定的培训周期的电子装配类、家电维修类、建筑类等职业（工种）培训

　　③ 有一定技术含量、需要一定的培训成本、培训周期不长的加工类、生产操作类等职业（工种）培训

　　④ 技术含量一般、培训成本不大、培训周期较短的服务类等职业（工种）培训

18. 您认为这种培训模式是否应该继续下去？

　　①是　②否

19. 如果政府为农民提供小额贷款作为自主创业的启动资金，您是否会申请？

　　①是　②否

20. 您清楚农民小额贷款的申请程序吗?

　　①很清楚　②不太清楚　③完全不了解

【若选①请继续回答第21题,否则直接跳至第23题】

21. 就您所了解的农民小额贷款申请程序,您认为繁琐吗?

　　①很繁琐　②还行　③一点不繁琐,很快捷

22. 如果您成功申请到了小额贷款,您将用它来做什么?

　　①承包土地搞种植业　②搞海产品养殖　③摆路边摊　④开店　⑤补贴家用

　　⑥存起来应急　⑦投资(买基金、买债券、炒股、炒房等)　⑧买房子　⑨其他

23. 您不想申请农民小额贷款的原因是:

　　①不清楚该项政策　②申请过程太过繁琐　③申请条件苛刻,需要价值不小的抵押

　　④申请成功率低,有暗箱操作.

中国××大学××学院

2008级公共管理专业

"中央惠农政策落实情况"调研小组

表 8-4　惠农调查问卷编码明细单

栏　　位	问　题 编　号	变　量　名	变量含义	变量值及代码
1～2		ID	问卷编号	1～50
3	01	A1	性别	1=男;2=女;9=缺失值
4	02	A2	年龄	1=青年;2=中年;3=老年;9=缺失值
5	03	A3	文化程度	1=小学;2=初中;3=高中;4=大学及以上;9=缺失值
6	04	A4	现住址	1=四川;2=山东;3=安徽;9=缺失值
7	05	A5	职业	1=务农;2=其他;9=缺失值
8	06	A6	家庭年人均 收入	1=10 000 元以上;2=8000～10 000 元;3=5000～8000 元;4=5000 元以下;9=缺失值
9～17	07	B1	所了解的 政策	1=农村小额担保贷款;2="家电下乡";3=免费职业培;4=个体户摊位租用补贴;5=养老保险;6=中小学学费减免;7=新农村合作医疗;8=旧城改造;9=良种补贴和农机具购置补贴、农资综合补贴;0=缺失值
18～23	08	B2	了解途径	1=报纸、杂志;2=广播、电视;3=网络;4=村委宣传(集体大会、宣传单、板报);5=亲朋、邻居;6=其他;9=缺失值
24	09	B3	问题责任方	1=农民参与积极性与文化素质局限;2=村委会、村干部宣传不到位,实施措施不当;3=县市省级政府政策下达问题;4=中央政府政策本身的问题;9=缺失值
25	10	C1	新农合参与 与否	1=是;2=否;9=缺失值
26	11	C2	是否知道怎 样报销医 疗费	1=是;2=否;9=缺失值

栏 位	问 题 编 号	变 量 名	变量含义	变量值及代码
27	12	C3	报销过程是否繁琐	1＝是；2＝否；9＝缺失值
28	13	C4	报销比例	1＝较高；2＝较低；3＝较合适；9＝缺失值
29	14	D1	义务教育学费全免与否	1＝是；2＝否；9＝缺失值
30	15	D2	家庭负担是否减轻	1＝是；2＝否；9＝缺失值
31～34	16	D3	现家庭主要教育支出	1＝学费；2＝书本费；3＝课外资料费；4＝课外补习费 9＝缺失值
35	17	E1	村低保评选是否公平	1＝是；2＝否；9＝缺失值
36	18	E2	是否清楚该领取何种标准养老金	1＝是；2＝否；9＝缺失值
37	19	E3	如何办理	1＝先宣传各项标准，后统一到村委办理； 2＝先宣传各项标准，后个人到政府部门办理； 3＝未听取村民意见，由村委统一按既定标准和程序代办； 9＝缺失值
38	20	E4	是否知道养老保险跨省转移接续	1＝是；2＝否；9＝缺失值
39	21	F1	是否参加过免费职业培训	1＝是；2＝否；9＝缺失值
40～44	22	F2	培训项目	1＝先进种植技术；2＝先进养殖技术；3＝手工品制作技术；4＝服务业技术（美容、修脚、酒店服务等）；5＝其他；9＝缺失值
45	23	F3	所参与培训归类为	1＝技术含量高、培训成本大、周期较长的制造类、机械维修类、餐饮类等职业（工种）培训； 2＝技术含量高、培训成本较大、需要一定的培训周期的电子装配类、家电维修类、建筑类等职业（工种）培训； 3＝有一定技术含量、需要一定的培训成本、培训周期不长的加工类、生产操作类等职业（工种）培训； 4＝技术含量一般、培训成本不大、培训周期较短的服务类等职业（工种）培训； 9＝缺失值
46	24	F4	该培训是否应该继续	1＝是；2＝否；9＝缺失值
47	25	G1	是否想申请农村小额贷款	1＝是；2＝否；9＝缺失值
48	26	G2	是否清楚申请程序	1＝是；2＝否；9＝缺失值

栏　位	问　题 编　号	变　量　名	变　量　含　义	变量值及代码
49	27	G3	申请程序是 否繁琐	1＝是；2＝否；9＝缺失值
50	28	G4	贷款用途	1＝承包土地搞种植业；2＝搞海产品养殖；3＝摆路边摊；4＝开店；5＝补贴家用；6＝存起来应急；7＝投资（买基金、债券，炒股、炒房等）；8＝买房子；9＝其他；0＝缺失值
51	29	G5	不想申请的 原因	1＝不清楚该项政策；2＝申请过程太过繁琐；3＝申请条件苛刻，需要价值不小的抵押；4＝申请成功率低，有暗箱操作；9＝缺失值

编码明细单要注意：虽然问卷中没有 ID 这个变量，但是在数据处理过程中，每一份问卷的编号是重要的管理数据，因此在进行数据处理时，每一份问卷若非事前已经编好一个编号，通常都会额外在问卷上编上流水号以资识别。

第二个部分包括变量的数码函义与卷标，是一份编码表当中最重要的部分。一般而言，变量名称以不超过八个字符的英文词来表示，例如，性别以 gender 命名。每一个英文名称之后，紧接着是该英文名称的卷标，该卷标将被输入 SPSS 数据库作为该英文变量名称的标签。

另外，数值的标签对于类别变量是一个非常重要的注记，但是对于连续变量，数值本身就具有意义，不需要特别予以注记。以性别为例，有的研究者习惯将男性标定为 1 女性标定为 2，但是也有人将男性标定为 1，女性标定为 0，此时若不参照编码表的记录，外人很难知道变量数值的意义。但是，对于家庭人均收入来说，数值本身就反映了多少元，此时就不必进行数值标注也可以。

一般若使用了心理测验或态度量表，通常会以特殊的量表来代表反应强度，如李克特量表，此时，数值具有特定的人为强度，因此必须加以注记，而由于各数值往往具有一定的顺序，如 1～5 的五点量表，分数越高代表强度越强，称为正向题，但有时分数越高代表强度越弱，是为反向题，在数据库建立时，需进行特别处理。此时，即可利用编码表来注记反向题。

第三个部分是有关缺失值处理的方式。在量化研究的数据处理上，缺失值的处理扮演着一个重要的角色，主要是因为数据缺失是一个相当普遍的现象，不但造成样本的损失，资源的浪费，同时造成数据处理的不便，并导致统计分析的偏误。

一般习惯上，缺失值以变量的最后一个数值来表示，个位数的变量，缺失值设为 9，二位数的变量，缺失值设为 99，当研究者有需要时，可以自行定义不同的缺失值。一般的统计软件，都有遗漏处理的专属功能，甚至有些软件（如 EQS），提供强而有力的缺失值分析工具箱，特别强化系统性缺失的检验与控制。

缺失的情况不一而足，因此处理的方式各有不同。首先，最常见的情况是单纯的作答不全产生的空白答案，数据处理多以特定数值（如 9、99）来代表缺失的情况。其次是超过范围的数据，无法被原有的编码系统涵盖，研究者通常也必须将这些数据设定为特定数值来作为缺失值处理。此外，缺失的情况还包括明确的拒答，受访者对于某一个题目没有作答，往往不是因为遗忘，而是拒绝回答，除非问卷上有特定选项让填答者选择拒填或"无法回答"，研究者很难从空白的问卷来判断是单纯的缺失还是拒答，如果问卷提供特定选项表示不愿作答，或受访者在问卷旁有特别注记"难以作答"或"不愿作答"，数据处理时均需以特定数值区别拒答与单纯缺失。

三、废卷处理

在进行研究数据计算机化之前，还有一项重要的工作，就是进行废卷处理。经由研究问卷的逐份检视，研究者可以及时地发现疏漏数据，并进行补救，如果无法及时补漏数据，研究者必须淘汰不良的研究数据，保持研究数据的纯净。如果发生问题的问卷过多或过度集中于某一类的研究对象时，研究者必须进一步探讨是否研究执行过程存有瑕疵，研究人员是否疏忽失职，并重新检视所有有关的问卷或研究数据，以避免系统性偏误的存在。

废卷发生的情况与原因非常多，最直接的判断方法是检查遗漏答案的情况。一份问卷如果长度过长、存在排版错误或是双面印刷，填答者可能会忽略部分试题，造成填答遗漏的现象，必须以无效问卷来处理。此外，有些填答者习惯性跳答，或是过度谨慎，亦将造成遗漏过多的现象。

恶意作答、说谎与欺瞒的问卷必须淘汰。例如，填答者全部勾选同一个答案，或是草率地胡乱勾选，明显地抗拒作答，即使回答了全部的问题，这些数据也不能使用。其他废卷情形不一而足，非目标样本的排除（如年龄过幼或过长）、单选题以多选题作答、作答者能力不足以回答问卷等。此外，明显的反应态度，例如过度极端的回答、社会赞许反应明显等，有时也应以废卷处理。

废卷处理并无特定的标准或程序，也不限定只能在分析之前进行，研究者在分析过程当中的任何阶段，皆可以适时地排除或调整数据。在严谨程度上，过度严格的废卷处理不一定能够提高研究的品质，反而可能因为系统化删除特定个案而造成偏误，但是粗糙的废卷处理更可能造成研究数据的偏误失真，导致研究的灾难。宽紧之间的选择，多依赖研究者累积其经验，或基于研究者的需求来进行判断。同时，也需借助统计分析的技术，善用各种指标，来管理控制研究分析的进行。

一般而言，在调研报告中，必须清楚地指明废卷处理的方式，提出修正的结果与淘汰比例的信息，以利审查人员或读者判断。如果废卷淘汰过多，研究者可能必须另行增补样本，以符合研究者预期的样本规模。废卷处理看似单纯，但却深深影响研究质量与研究结果，实在不能轻视。

第二节　数据的分组

一、数据分组概述

分组是根据调研目的和所研究现象的本质特征，将现象按照一定的标准分成不同的组别。根据分组在整个调研过程中的先后，可以将分组分为前分组和后分组。

前分组是指在调研的实际阶段，按照调研目的和预计可能面临的现实情况，制定分组方案，并在调查表或观察记录表中作相应的设计。后分组时在数据搜集后，根据数据的性质、内容和特征，设计分组方案。后分组适合于第二手数据的调研，第一手数据调研中的非结构化调研，以及调查表中的开放性问题。

分组的原则：从调研的目的出发选择分组标准；要选择最终反映事物本质特征的标志；选择分组标志时要考虑事物所处的具体历史条件和现时条件。

二、简单分组

简单分组是指对总体各单位或样本各单位只按一个标志或标准进行分组处理。分组的标志或标准一般可以区分为品质属性、数量属性、时间属性、空间属性四类。

例如，某市组织了一次样本量为 2000 户的居民家庭空调满意度和购买行为的市场调研，设计的问项是 36 个，其中基本项目 9 项，主体项目 27 项，如表 8-5 所示。

表 8-5　空调满意度调研

（一）基本项目	（二）空调拥有状况	（三）满意度项目	（四）需求项目
1. 性别	10. 拥有量	19. 制冷效果	28. 需求数量
2. 年龄	11. 品牌	20. 制热效果	29. 需求时间
3. 文化程度	12. 机型	21. 需电效果	30. 品牌选择
4. 职业	13. 功率	22. 噪声大小	31. 机型选择
5. 所属行业	14. 购买时间	23. 外观设计	32. 功率选择
6. 家庭人口	15. 购买地点	24. 组件质量	33. 价位选择
7. 就业人口	16. 购买因素	25. 价格水平	34. 购点选择
8. 年人均收入	17. 信息渠道	26. 送货安装	35. 关注要素
9. 居住城区	18. 价格	27. 维修服务	36. 由谁决定

1. 品质分布数列

品质分布数列是以被调研者的职业、所属行业、性别、文化程度、职业等品质属性作为分组标志而形成的简单品质数列，如表 8-6 所示。

表 8-6　某市居民家庭空调拥有量品牌分布

品牌 项目	A	B	C	D	E	F	G	合　计
拥有量/台	369	665	775	444	406	261	230	3 150
比重/%	11.7	21.1	24.6	14.1	12.9	8.3	7.3	100.0

2. 变量分布数列

变量分布数列是以被调研者的年龄、收入、消费支出、家庭人口、就业人口等数量属性作为分组标志形成的变量数列，有如下两种形式。

1）单项式变量数列。适应于离散型变量（如家庭人口、就业人口、耐用品拥有量、需求量等）的分组处理，即直接以变量的不同取值作组别而编制的变量数列，如表 8-7 所示。

表 8-7　某市居民家庭空调拥有台数分布

拥有量/台	0	1	2	3	4	5 台以上	合　计
家庭数/户	300	708	646	274	52	20	2 000
比重/%	15.0	35.4	32.3	13.7	2.6	1.0	100.0

2）组距式变量数列。适应于连续变量（如年龄、收入、消费支出等）的分组处理，即以变量的不同取值区间作为分组的组别而编制的变量数列，如表 8-8 所示。

表 8-8　某市居民家庭人均年收入分布

组　别	样本户数/户	比重/%
0.5 万元以下	180	9.0
0.5 万~1 万元	220	11.0
1 万~2 万元	320	16.0
2 万~3 万元	500	25.0
3 万~4 万元	360	18.0
4 万~5 万元	260	13.0
5 万元以上	160	8.0
合　计	2 000	100.0

3. 时间分布数列

时间分布数列是以调研问卷中的一些时间属性的调研项目（如购买时间、需求时间）作为分组标志，对被调研者的时间选项进行分组而形成的时间数列，如表 8-9 所示。

表 8-9　某市居民家庭现有空调购买时间分布

购买年数　项目	1 年	2 年	3 年	4 年	5 年	6 年	6 年以上	合　计
空调数/台	652	592	551	513	479	310	53	3150
比重/%	20.7	18.1	17.5	16.3	15.2	9.8	1.7	100.0

4. 空间分布数列

空间分布数列是以调研问卷中的某些具有空间属性的调研项目（如被调研者的居住区域、购买产品的场所等）作为分组标志而形成的空间数列，如表 8-10 所示。

表 8-10 某市居民家庭现有空调购买场所分布

项 目 \ 购 买 场 所	百货、超市	空调专卖店	电器城	厂家直销	旧货市场	合 计
家庭/户	547	554	534	48	17	1700
比重/%	32.2	32.6	31.4	2.8	1.0	100.0

三、平行分组处理

平行分组处理是对总体各单位或样本各单位同时采用两个或两个以上的标志或标准进行平行排列的分组，所编制的分组数列称为平行分组数列。

1. 两变量（项目）平行分组数列

两变量（项目）平行分组数列是将两个有联系的调查项目按相同选项分组的结果并列在一起而编制的平行分组数列，如表 8-11 所示。

表 8-11 某市居民家庭空调品牌分布

项 目 \ 品 牌	A	B	C	D	E	F	G	合 计
拥有量/台	369	565	775	444	406	261	230	3150
比重/%	11.7	21.1	24.6	14.1	12.9	8.3	7.3	100.0
需求量/台	103	192	183	140	110	68	52	848
比重/%	12.1	22.6	21.6	16.5	13.0	8.0	6.2	100.0

2. 多变量（多项目）平行分组数列

多变量（多项目）平行分组数列是将两个以上有联系的调查项目按相同选项分组的结果并列在一起而编制的平行分组数列。常用于产品或服务满意度测评、被调研者态度测量等原始资料的加工开发，如表 8-12 所示。

表 8-12 某市居民家庭空调满意度测评汇总表

测评项目	很满意	满意	较满意	不满意	很不满意	次数合计
制冷效果	261	328	686	340	85	1700
制热效果	272	330	514	386	198	1700
节电效果	272	330	514	386	198	1700
噪声大小	115	230	680	365	310	1700
外观设计	202	324	860	230	84	1700
产品价格	212	396	726	285	81	1700
配件质量	98	283	606	390	323	1700
送货安装	120	286	698	324	272	1700
维修服务	120	286	695	326	273	1700

四、交叉分组处理

交叉分组处理是对总体各单位或样本各单位采用两个或两个以上的标志或调研项目进行交叉分组，所编制的数列一般表现为相关分组数列或复合分组数列。

1. 基本项目之间的交叉分组处理

基本项目之间的交叉分组处理是利用反映被调研者基本情况的基本调研项目之间的关联性进行交叉分组处理，如表 8-13 所示。

表 8-13　被调研者性别与文化程度分布　　　　　　（单位：人）

文化程度 ＼ 性别	男	女	合　计
小学以下	6	4	10
初中	210	176	386
高中高职	297	321	618
专科	248	265	513
大学本科	226	177	403
硕士博士	48	22	70
合　计	1035	965	2000

2. 基本项目与主体项目之间的交叉分组处理

基本项目与主体项目之间的交叉分组处理是利用问卷中的基本项目与主体项目之间的关联性进行交叉分组处理，用以揭示不同性别、不同年龄、不同行业、不同职业、不同文化程度、不同居住区域、不同家庭人口的被调研者对所要研究的主体项目选项回答的差异性、相关性等深层次的问题。表 8-14 为两变量交叉列表。

表 8-14　某市居民人均年收入与品牌需求交叉分组列表　　　　（单位：人）

人均年收入 ＼ 品牌需求	A	B	C	D	E	F	G	合　计
0.5 万元以下	—	10	15	8	10	24	18	85
0.5 万～1 万元	4	32	28	18	14	20	16	132
1 万～2 万元	6	60	56	28	18	16	8	192
2 万～3 万元	14	48	43	30	26	4	5	170
3 万～4 万元	26	36	30	25	16	2	3	138
4 万～5 万元	28	4	6	16	14	1	2	71
5 万元以上	25	2	5	15	12	1	—	60
合　计	103	192	183	140	110	68	52	848

3．三变量交叉列表

三变量交叉列表如表 8-15 所示。

表 8-15　被调研者对空调维修服务满意度测评汇总　　　　（单位：人）

态度测评选项	男			女			合　计
	大学以下	大学以上	小计	大学以下	大学以上	小计	
很满意	135	116	251	124	40	164	415
较满意	126	48	174	141	95	236	410
一般	124	52	176	136	46	182	358
不满意	196	46	242	170	13	183	425
很不满意	180	12	192	195	5	200	392
合　计	761	274	1035	766	199	965	2000

五、开放式问题的分类归纳

"意见分类归纳法"的基本思路和程序。

1）集中所有同一个开放式问题的全部文字性答案，通过阅读、思考和分析，把握被调研者的思想认识。

2）将被调研者的全部文字性答案，按照其思想认识不同归纳为若干类型，并计算各种类型出现的频数；制成全部答案分布表。

3）对全部答案分布表中的答案进行挑选归并，确定可以接受的分组数。一般来说，应在符合调研项目的前提下，保留频数多的答案，然后把频数很少的答案尽可能归并到含义相近的组，应考虑调研的目的和答案类型的多少而确定，一般来说应控制在 10 组之内。

4）为确定的分组，选择正式的描述词汇或短语。不同组别的描述词汇或短语应体现质的差别，力求中肯、精练、概括。

5）根据分类归纳的结果，制成正式的答案分布表。

例如，在一项关于居民空调购买行为的调研问卷中，设置了"你对'静音空调'这个产品概念有何看法？"的开放式问项，被调研者的回答是多种多样的，通过分类归纳得到的答案分布如表 8-16 所示。

表 8-16　被调研者对"静音空调"的看法分布

看法分类	答案人数/人	比重/%
符合环保需求	325	16.25
符合发展趋势	286	14.30
符合消费需求	316	15.80
希望尽快推出	198	9.90
有可能实现	312	15.60
不可能实现	350	17.50
难以评价	213	10.65
合　计	2000	100.00

第三节 二手数据资料加工

一、二手数据的加工程序

二手数据的加工程序如图 8-4 所示。

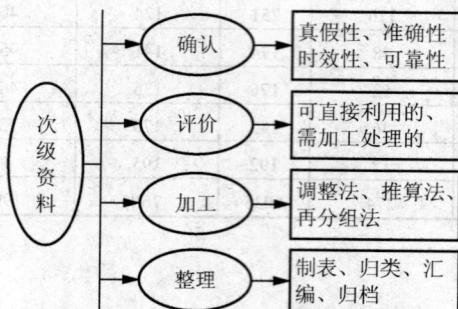

图 8-4 二手数据的加工程序

二、历史数据的整序与开发

历史数据的多方向开发，是从不同的角度对同一统计指标的依时间取值进行加工开发，为分析研究提供多样化、序列化的动态数据。按其取值的属性不同，可分别加工开发出以下六类时间数列。

1. 品质属性时间数列

品质属性时间数列指对统计指标按品质属性分组并依时间先后顺序取值而编制的时间数列。表 8-17 为某空调生产厂家不同产品近六年的国内销售量统计。

表 8-17 某空调厂近六年不同品种的产品销售量 （单位：万台）

品 种＼年 份	2007	2008	2009	2010	2011	2012
1P 挂机	10.2	11.8	13.1	15.3	18.1	20.4
1.5P 挂机	23.5	26.4	29.3	32.4	36.6	42.8
一拖二挂	22.3	24.6	27.8	30.2	34.8	40.2
二拖三挂	14.4	16.1	18.2	20.0	22.0	24.6
2P 柜机	20.8	22.1	2 203	25.4	27.1	33.1
2P 以上柜机	17.0	17.5	19.4	20.1	22.0	22.4
合 计	108.2	118.5	130.1	143.4	160.6	183.5

2. 数量属性时间数列

数量属性时间数列是指对统计指标按数量属性分组，并依时间先后顺序取值而编制的时间数列。表 8-18 为某空调厂近三年全部客户按空调购买量分组的时间数列。

表 8-18　某空调厂近三年全部客户分类统计

客户订购量分组	2010 年		2011 年		2012 年	
	客户数/户	订购量/万台	客户数/户	订购量/万台	客户数/户	订购量/万台
0.5 万台以下	50	8.2	53	8.6	58	9.2
0.5 万~1.0 万台	16	11.5	18	12.6	20	14.5
1.0 万~1.5 万台	15	18.8	15	18.9	16	20.2
1.5 万~2.0 万台	9	15.1	10	16.8	11	18.5
2.0 万~5.0 万台	5	13.5	6	16.1	7	19.2
5 万~10.0 万台	4	34.2	5	42.7	5	43.0
10 万台以上	3	42.1	3	44.9	4	58.9
合　计	102	143.4	107	160.6	121	183.5

3. 空间属性时间数列

是指对统计指标按空间属性列出不同的地区（或部门、行业），并将不同年份或月份的数据排列起来而编制的时间数列。表 8-19 为某空调厂近六年分省的空调销售量分布。

表 8-19　某空调厂近六年空调分省销售量分布　　　（单位：万台）

省别编号 \ 年份	2007	2008	2009	2010	2011	2012
01	32.3	32.8	35.4	37.8	40.2	51.6
02	21.6	23.4	25.8	27.3	31.1	35.4
03	11.4	11.8	12.1	13.2	16.6	18.8
04	8.3	8.6	8.6	8.7	8.8	8.6
05	9.6	10.4	11.3	12.3	13.8	13.4
06	6.1	6.5	7.0	7.3	8.0	8.2
07	7.4	8.6	9.4	10.4	12.5	15.5
08	5.8	9.2	12.01	17.6	20.7	23.2
09	5.7	7.2	8.5	8.8	8.9	8.8
合　计	108.2	118.5	130.1	143.4	160.6	183.5

4. 季节属性时间数列

季节属性时间数列是指对统计指标按月份、月季取值，并按年度顺序排序起来的时间数列。可以研究现象发展变化的趋势和淡旺季变化规律。表8-20为某空调厂近六年分季度的空调销售量的时间数列。

表8-20 某空调厂近六年分季空调销售量统计 （单位：万台）

季度 年份	一季度	二季度	三季度	四季度	全年
2007	11.9	28.4	37.8	30.1	108.2
2008	14.2	31.4	42.7	30.2	118.5
2009	15.0	33.6	45.1	36.4	130.1
2010	16.2	38.0	50.5	38.7	143.4
2011	18.5	42.4	57.2	42.5	160.6
2012	20.2	47.7	64.8	50.8	183.5

5. 平衡属性时间数列

平衡属性时间数列是指将具有收支平衡关系的若干统计指标的分年度（或分季、分月）的统计数据排列起来而编制的时间数列。表8-21为某空调厂近六年的空调产销统计。

表8-21 某空调厂近六年空调产销统计 （单位：万台）

产销情况 年份	年初存量	当年生产量	当年销售量	当年出口量	其他支出	年末存量
2007	13.4	136.1	108.2	27.5	—	13.8
2008	13.8	144.8	118.5	28.0	—	12.1
2009	12.1	167.6	130.1	35.6	—	14.0
2010	14.0	188.3	143.4	44.1	—	14.8
2011	14.8	212.9	160.6	53.5	—	13.6
2012	13.6	246.6	183.5	64.6	—	12.1

6. 相关属性时间数列

相关属性时间序列是将某一重要的统计指标与企业内部或外部的一些有关联的其他性质的统计指标的数据分年（季、月）或分地区、分单位组织起来而编制的时间数列。表8-22为某空调厂与全行业的产品产量、销售总量的相关数列。

表8-22 某空调厂及全行业空调产销统计 （单位：万台）

年份 项目	2007	2008	2009	2010	2011	2012
全行业生产量	1337.6	1826.7	2333.6	3135.1	3433.8	4110.3
本厂生产量	136.1	144.8	167.6	188.3	212.9	246.6
全行业销售量	1333.5	1820.0	2330.1	3131.4	3430.6	4108.6
本厂销售量	135.7	146.5	165.7	187.5	214.1	248.1

历史数据的整序与开发必须注意以下几点：一是数据收集和初加工等基础性工作必须扎实，有充分的数据资源可供利用；二是必须选择重要的统计指标或变量进行历史数据的多方向开发；三是应利用数据库技术进行历史数据的有效组织和开发。

第四节　市场调研数据显示

一、统计表

统计表是以纵横交叉的线条所绘制表格来陈示数据的一种形式。用统计表陈示数据资料有两大优点：一是能有条理地、系统地排列数据，使人们阅读时一目了然，印象深刻；二是能合理地、科学地组织数据，便于人们阅读时对照比较。

统计表从形式上看，是由总标题、横行标题、纵栏标题、指标数值四个部分构成，如表8-23所示。

总标题：统计表的名称，概括统计表的内容，写在表的上端中部。

横行标题：横行的名称，即各组的名称，写在表的左方。

纵栏标题：纵栏的名称，即指标或变量的名称，写在表的上方。

指标数值：列在横行标题和纵栏标题交叉对应处。

表 8-23　婚姻、性别与时装购买选择分布表　　　　　（单位：人）

婚姻、性别状况 时装购买选择	男　性			女　性		
	小计	已婚	未婚	小计	已婚	未婚
高档时装	171	125	46	169	75	94
中档时装	219	164	55	203	135	68
低档时装	130	101	29	108	90	18
被调研者人数	520	390	130	480	300	180

统计表从内容上看，由主词或宾词两大部分构成。主词是统计表所要说明的总体的各个构成部分或组别的名称，列在横行标题的位置。宾词是统计表所要说明的统计指标或变量的名称和数值，宾词中的指标名称列在纵栏标题的位置。有时为了编排的合理和使用的方便，主词和宾词的位置可以互换。

二、统计图

统计图是以圆点的多少、直线长短、曲线起伏、条形长短、柱状高低、圆饼面积、体积大小、实物形象大小或多少、地图分布等图形来陈示调研数据。用统计图陈示调研数据具有"一图抵千字"的表达效果，因为图形能给人以深刻而明确的印象，能揭示现象发展变化的结构、趋势、相互关系和变化规律、便利表达、宣传、讲演、广告和辅助统计分析。但统计图能包含的统计项目较少，且只能显示出调查数据的概数，故统计图常配合统计表、市场调研报告使用。

1. 直线图

直线图是以直线的长短来表示品质属性数列中各组频数或频率大小的图形。常以横轴代表品质属性的不同组别，纵轴代表各组的频数或频率。具体如图 8-5 所示。

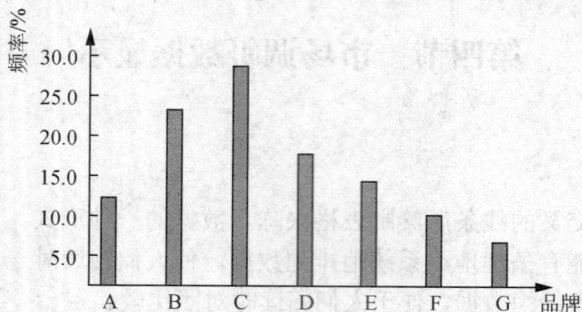

图 8-5　居民空调拥有量品牌分布

2. 条形图

条形图是以若干等宽平行长条或圆柱的长短来表示品质属性数列中各组频数或频率大小的图形。通常以横轴代表不同的组别，纵横代表各组的频数或频率，有时亦可用纵轴代表各组，横轴代表频数或频率。具体如图 8-6 所示。

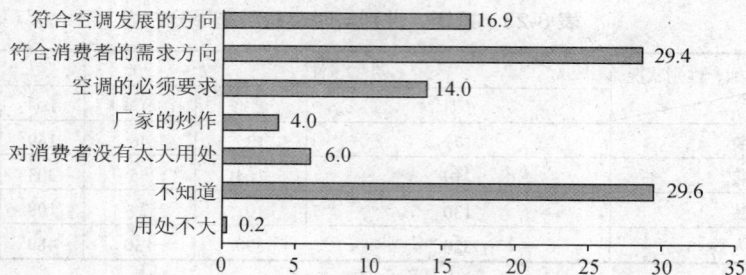

图 8-6　消费者对变频空调的看法

3. 圆面图

圆面图是以圆形的面积代表总体指标数值，圆形的各扇形面积代表各组指标数值，或将圆形面积分为若干角度不同的扇形，分别代表各组的频率。实际应用时亦可将圆面改为圆饼或圆台，变成圆形立体图。具体如图 8-7 所示。

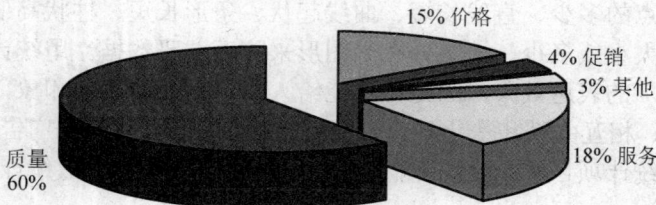

图 8-7　消费者购买空调时最关注的内容

4. 环形图

环形图是将总体或样本中的每一部分数据用环形中的一段表示。环形图亦可同时绘制多个总体或样本的数据系列，每一个总体或样本的数据系列为一个环。具体如图 8-8 所示。

5. 直方图

直方图是以若干等宽的直方长条的长短来表示各组的频数或频率的大小。常用于表现组距数列的次数分布或频率分布。离散型变量组距的直方图中的长条应间断，连续变量组距数列的直方图中的长条应连接起来。具体如图 8-9 所示。

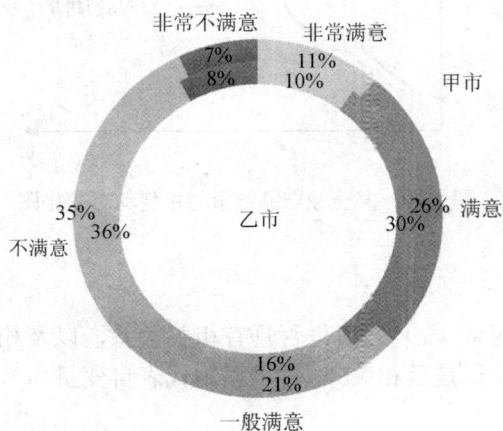

图 8-8 消费者对空调售后服务满意度评价分布

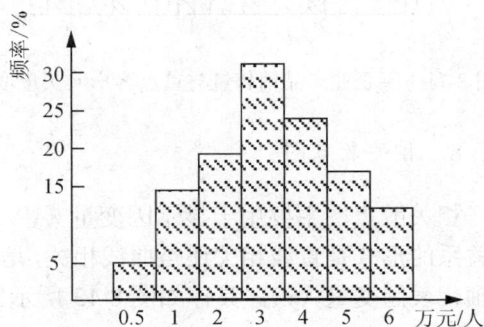

图 8-9 某市居民家庭年人均可支配收入分布

6. 动态条形图

动态条形图是以宽度相等的条形的长短或高低来比较不同时期的统计数据的大小的图形，用以显示现象发展变化的过程和趋势。动态条形排列可以是纵列（垂直条形图），也可以是横列（水平或带状条形图），按图形中涉及的统计指标或变量的多少不同，可分为单式条形图、复式条形图、分段条形图等。具体如图 8-10 所示。

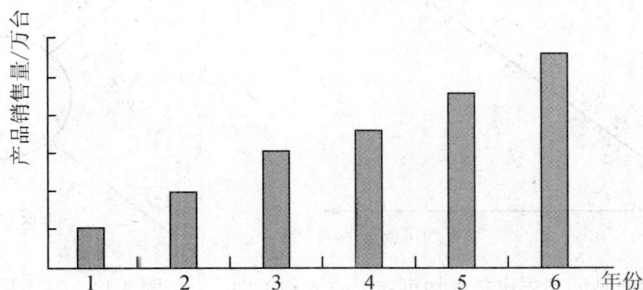

图 8-10 某企业产品销售量增长图

7. 动态曲线图

动态曲线图又称时间数列曲线图或历史曲线图，它是以曲线的升降、起伏来表示数据的动态变化。按涉及指标的多少，有单式曲线图和复式曲线图之分。具体如图 8-11 和图 8-12 所示。

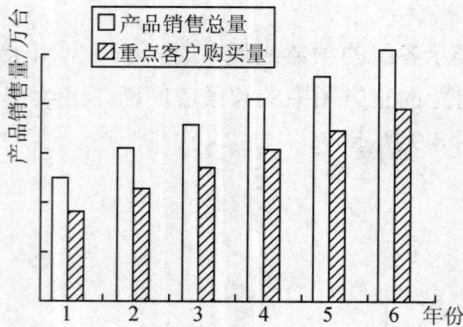

图 8-11　某企业产品销售量与重点客户购买量增长图　　图 8-12　某企业产品产量与销售动态变化图

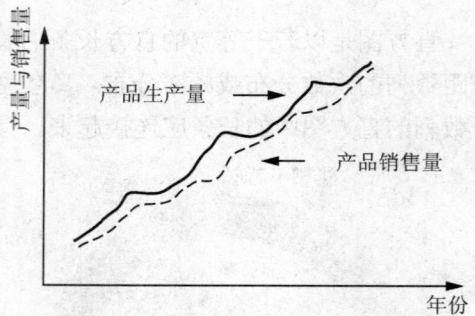

8. 相关散点图

相关散点图主要用于显示因变量（y）与自变量（x）之间是否具有相关关系，以及相关关系的形式是直线相关还是曲线相关，是正相关还是负相关。通常以横轴代表自变量（x），纵轴代表因变量（y）。具体如图 8-13 所示。

9. 统计地图

统计地图是以地图为底本，利用点、线条、面积、数据、象形、标志等来表现各区域某种统计指标数据的大小及其在地理上的分布情形，又称空间数列图。根据所利用的图形不同，统计地图可分为数据地图、点地图、面地图、象形地图、线路地图、标志地图等。图 8-14 是某市居民购房的区域选择分布地图。

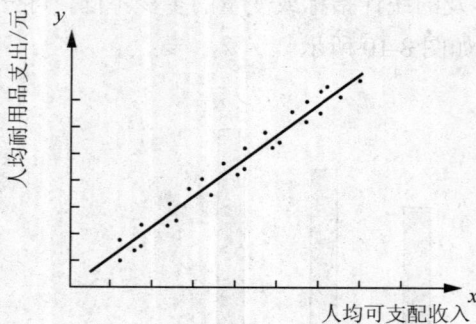

图 8-13　某市居民耐用品购买支出与人均可支配收入相关图　　图 8-14　某市居民购房区域选择

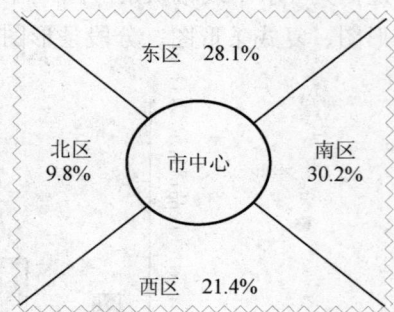

10. 茎叶图

茎叶图又称枝叶图，是一种将数据与图形结合使用的表现数据的方式。特别适合于描述变量数列的次数分配。由茎和叶两部分构成，茎一般为十位或百位数，叶为个位数，因而图形是由数字组成的茎叶图类似于横置的直方图，同时保留了原始数据的信息。图 8-15 是某厂 40 个客户产品订购量（台）分布茎叶图。

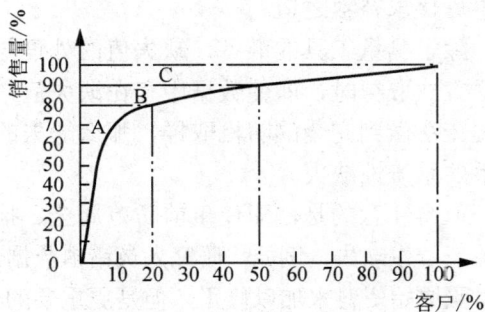

11. 帕累托图

帕累托图主要用来描述财富分配、库存物资、客户分布、产品销售等分布不均匀的现象。一般是将所研究的现象分为 ABC 三类：A 类的单位数占 10%～20%，而指标值占 70%～80%；B 类的单位数占 20%～25%，而指标值占 15%～20%；C 类的单位数占 60%～65%，而指标值占 5%～10%。然后依然累计频率进行制图。图 8-16 是某企业产品 ABC 销售分类的帕累托图。

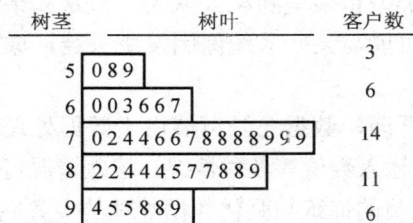

图 8-15   某企业 40 个客户产品订购量分布茎叶图   图 8-16   某企业产品 ABC 销售分类帕累托图

第五节   调研数据的初步分析

把调研数据按照一定的目的、用表格的形式展现出来，就是数据的列表。列表的基本方法就是计算变量值的出现次数。如果仅计算一个变量的不同数值的出现次数，这种列表就是单向列表；如果同时计算两个或多个变量的不同数值联合出现的次数，这种列表就是交叉列表。

一、单因素表格化分析——单向列表

单向列表重要用于以下几个目的：弄清楚无回答现象的程度；弄清编码错误发生于何处；弄清楚飞点发生于何处；弄清变量的经验分布；计算主要的计算指标。其中，前三项是"使数据清晰"的工作。

1. 无回答

在数据编码和登录时，人们总要指定一些特别的数字来表示"无回答"，这样的数值叫做"缺失值"。解决缺失值并没有一个绝对的好办法。具体采取什么措施，要根据具体情况加以考虑。缺失值的数量过多的话，说明数据收集过程中存在着严重的问题。可以接受的标准是，缺失值的数量在5%以下。一旦发生缺失数据，一般而言，有两种常用处理方式。第一种是删除法，将具有缺失的数据直接去除；第二种是取代法，利用不同的插补原则或估计方法，将缺失数据加以取代置换成有效数据，继续进行分析。这两种是最常用的方法，但是较适用于随机缺失的情况，具体处理缺失值有各种方法，介绍如下。

（1）事前预防法

由于缺失情况相当普遍，有些缺失可能事先预测或防范。因此，一般研究者在发展工具之初，即应考虑到可能出现的缺失。例如在题目选项的安排中，增加"其他"选项，以开放式的方式容许填答者在无法作答情况下，填入可能的答案，研究者事后再依情况，将填答者所填写之数据进行处理，增加样本的可使用性。此外，有时研究者预期将有多种不同的例外答案，直接将可能的例外答案以特定数值来代替，目的也是在区分可能的缺失，在事后谋求补救之道。

除了测量工具的准备，缺失值的处理与抽样方法有密切的关系，当研究的样本以随机抽样方式取得时，即使数据中存在缺失值，缺失的类型也多呈随机式缺失，但是如果抽样过程无法做到完全的随机取样，那么缺失的现象即可能与某些系统原因发生关连，成为较棘手的系统性缺失。

值得注意的是，即使事前防范周全、抽样程序严谨，数据还是可能由于数据处理人员的疏忽发生缺失，例如，研究人员错植数据，或忘了输入数值等各种情况。这些情况可以立即对照原始资料来加以修正，但是更重要的是加强人员的训练与强化数据处理的实务能力。

（2）用一个样本统计量的值代替缺失值

缺失值可以使用一个样本的统计量去代替，最典型的做法就是使用该变量的样本平均值。由于该变量的平均值保持不变，其他的统计量如标准差、相关系数等都不会受到影响。如在收入或者年龄问题中出现缺失值，可以使用收入、年龄的平均值代替缺失值。

（3）用从一个统计模型计算出来的值去代替缺失值

另一种缺失值的处理方法就是利用由某些统计模型计算得到的比较合理的值代替，常使用的模型有回归模型、判别模型等。如"个人收入"、"年龄"与"品牌的选择"可能存在关系，利用这三个问题的被访者问答数据，可能构造出一个回归方程。根据这个回归方程，对于没有回答"品牌选择"的被访者，可以根据"个人收入"和"年龄"的选项，利用回归方程式，计算出品牌选择的值。

（4）将有缺失值的个案删除

将有缺失值的个案删除的方法，结果可能会导致样本量的减少，如果调查在收集过程中控制得不是很好，被访对象多多少少都会出现一些问题没有回答的情况，删除个案的方法，会导致大量的样本减少。

（5）将有缺失值的个案保留，仅在相应的分析中做必要的删除

将有缺失值的个案保留，仅在相应的分析中做必要的排除的方法，会使分析中不同计

算的样本量不同，也有可能导致不适宜的结果。调研的样本量比较大，缺失值的数量又不是很多，而且变量之间也不存在高度的相关的情况下，市场研究者经常采用这种方式处理缺失值。

2. 编误与飞点

在作单向列表时，可能发现一些不正常的数值，这些不正常的数值可能是由于在数据编码和键入过程中操作错误导致的，称为编误。对这种编误应与原始数值对比，及时纠正。

飞点与编误的性质不同，飞点是经过查对能够确认的特殊观测值，只是与其他的观测值相比，它们特别的大或者特别小。飞点是真正的观测值，所以不能被"纠正"，只能在列表和数据分析中作为特殊来对待。

绘制箱线图有助于发现"飞点"，当飞点和其他极端值存在时，对变量分组时宜采用不等距分组，并设立开口组。

3. 频数分布表侦测偏离值

单变量偏离值的处理主要采用频数分布表与直方图，加之箱线图的运用就能达到很好的效果。

偏离值是指变量中偏离正态、不寻常的数值，也就是与多数受测者的反应数值极端不同的情况。通常一组数据中高于或低于算术平均数三倍标准差的数值是很少的，也就是说，在算术平均数加减三个标准差的范围内几乎包含了全部数据，而在三个标准差之外的数据，在统计上称为离群点。所以，凡 Z 分数小于 -3 或大于 $+3$ 的数据均可以被认为是偏离值。例如，某一个样本的年龄集中于 20 岁，标准差 5 岁，而某一位受测者的年龄为 35 岁。居三个标准差之外，即属于偏离值。严重的偏离情形，又称为极端值。以薪资为例，多数人的薪资介于 30 000 元至 40 000 元，但某一位受测者薪资为 1 000 000 元以上，即属于严重偏离的极端值。

除了单一变量的偏离，有些情形偏离可能发生在多个变量的组合情况中。例如，某位受测者年龄是 19 岁，薪资水平是 50 000 元，就此年龄与薪资两个变量单独来看，这位受测者的答案均属正常范围，但是合并检查之后，便呈现出与正常情况不符。在统计分析中，偏离值会严重地影响各种统计量的计算，如平均数、标准差、变异数，甚至影响相关系数的计算，必须小心处理。

偏离值的检验除了以图表法，列出次数分布表之外，相当程度依赖统计软件的应用。单变量的偏离值，只需使用次数分布即可显示偏离常态的数值。例如，SPSS 软件的预检数据功能可以用来检验偏离值，同时可显现该数值输入时的编号或次序，有助于研究者进行修正。如表 8-24 所示。

例如，从某公司推销员中随机抽取 11 人，对 8 种产品的推销成绩进行调查，所得结果如表 8-25 所示。

表 8-24　汽车拥有量调研——按家庭收入分组

收入/百美元	家庭数/个	
	绝对数/辆	相对数/辆
135 以下	3	0.03
135～175	51	0.51
175～215	21	0.21
215～255	10	0.1
255～295	8	0.08
295～554	6	0.06
554 以上	1	0.01
合　　计	100	1

表 8-25　11 名推销员的成绩数据

产品名称	推销员编号										
	1	2	3	4	5	6	7	8	9	10	11
A 产品	76	90	97	71	70	93	86	83	78	85	81
B 产品	65	95	51	74	78	63	91	82	75	71	55
C 产品	93	81	76	88	66	79	83	92	78	86	78
D 产品	74	87	85	69	90	80	77	84	91	74	70
E 产品	68	75	70	84	73	60	76	81	88	68	75
F 产品	70	73	92	65	78	87	90	70	66	79	68
G 产品	55	91	68	73	84	81	70	69	94	62	71
M 产品	85	78	81	95	70	67	82	72	80	81	77

4. 单向列表的主要描述量

单向列表（见表 8-26）有助于计算主要的描述性指标分析。描述性指标分析指对被调研总体所有单位的有关数据作搜集、整理和计算综合指标等加工处理，用来描述总体特征的计量分析方法。市场调研分析中最基础的描述性计量分析，主要包括集中趋势分析和离散程度分析，如众数、均值、中位数、标准差等。

表 8-26　单向列表

单个家庭拥有车辆数/辆	频　　数	汽车拥有量/辆
1	75	75
2	23	46
3	2	6
合　　计	100	127

众数是总体中出现次数最多单位的标志值，也是测定数据集中趋势的一种方法，克服

了平均数指标会受数据口极端值影响的缺陷。从分析的角度看，众数反映了数据中最大多数的数据的代表值，可以使我们在实际工作中抓住事物的主要矛盾，有针对性地解决问题，但若出现了双众数现象，则可能说明调查总体不具有同质性，资料可能来源于两个不同的总体。这类结果既可以用来检查方案设计中的总体一致性问题，也可以用来帮助验证数的数据的可靠与否。

中位数的确定可以以未分组资料为基础，也可由分组资料得到。它同样不受到资料中少数极端值大小的影响。在某些情况下，用中位数反映现象的一般水平比算术平均数更具有代表性，尤其对于两极分化严重的数据，更是如此。

均值是数据偶然性和随机性的一个特征值，反映了一些数据必然性的特点。平均数一般包括算术平均数、调和平均数和几何平均数三种，其中算术平均数是最简单、最基本的形式，它又视资料分组与否而具有简单算术平均和加权算术平均。利用均值，可以将处在不同地区、不同单位的某现象进行空间对比分析，以反映一般水平的变化趋势或规律；可以分析现象间的依存关系等等，从而拓宽分析的范围。

方差与标准差是幂的关系，前者是后者的平方。标准差的计算公式，也视资料的分组情况而分为简单平均式和加权平均式。这两个指标均是反映总体中所有单位标志值对平均数的离差关系，是测定数据离散程度最重要的指标，其数值的大小与平均数代表性的大小呈反方向变化。

离散系数是为两组数据间进行比较而设计的；是一组数据标准差与均值相比较而得的相对值。在不同情况的两组数据间，直接用标准差进行离散程度的比较是不科学的，甚至还会得出相反的结论。

二、多因素列表分析

多因素列表分析是同时将两个或两个以上具有有限类目数和确定值的变量，按照一定的顺序对应排列在一张表格中，从中分析变量之间的相关关系、得出结论的分析方法。

变量之间的分项必须交叉对应，从而使交叉表中每个结点的值反映不同变量的某一特征。值得注意的是，在运用多因素列表分析时，对变量的选择和确定是否正确，是关系到分析结果是否正确的关键性因素之一。

1. 双向列表分析

双向列表分析是同时有两个变量参加交叉分组的列表分析方法。如表 8-27～表 8-30 所示。

表 8-27　家庭收入与汽车拥有量的交叉分组数量分析

家庭收入	汽车拥有量/户		
	1辆以内	1辆以上	合计
低收入	48	6	54
高收入	27	19	46
合　计	75	25	100

表 8-28 家庭收入与汽车拥有量的交叉分组行百分比分析

家 庭 收 入	汽车拥有量			个案数/户
	1 辆以内	1 辆以上	合计	
低收入	89%	11%	100%	54
高收入	59%	41%	100%	46

表 8-29 家庭收入与汽车拥有量的交叉分组列百分比分析

家 庭 收 入	汽车拥有量	
	1 辆以内	1 辆以上
低收入	64%	24%
高收入	36%	76%
合计	100%	100%
个案数/户	75	25

表 8-30 家庭规模与汽车拥有量的交叉分组分析

家 庭 规 模	汽车拥有量		
	1 辆以内/户	1 辆以上/户	合计/户
4 口以内	70（90%）	8（10%）	78（100%）
4 口以上	5（23%）	17（77%）	22（100%）
合 计	75	25	100

2. 三向交叉列表分析

三向变量交叉列表的结构是先把其中一个自变量稳定在其各种量值之中的一个量值上，然后对另一个自变量与因变量作双向交叉分组；第二步再将第一个自变量稳定在下一个量值上，作另外两个变量的交叉列表，以此类推，直至穷尽第一个变量的所有量值；最后列出没有第一个自变量介入的另外两个变量的交叉列表。

例如，将表 8-27～表 8-30 的表格融合后，可得表 8-31 和表 8-32。

表 8-31 家庭收入、家庭规模与汽车拥有量的交叉分组数量分析 （单位：户）

收 入 水 平	家 庭 规 模								
	4 口以内			4 口以上			全部家庭		
	1 辆以内	1 辆以上	合计	1 辆以内	1 辆以上	合计	1 辆以内	1 辆以上	合计
低	44	2	46	4	4	8	48	6	54
高	26	6	32	1	13	14	27	19	46
合计	70	8	78	5	17	22	75	25	100

表 8-32　家庭收入、家庭规模与汽车拥有量的交叉分组百分比分析

收入水平	家 庭 规 模								
	4 口以内			4 口以上			全部家庭		
	1 辆以内	1 辆以上	合计	1 辆以内	1 辆以上	合计	1 辆以内	1 辆以上	合计
低	96%	4%	100%（46）	50%	50%	100%（8）	89%	11%	100%（54）
高	81%	19%	100%（32）	7%	93%	100%（14）	59%	41%	100%（46）

应用实例如表 8-33 所示。

表 8-33　按家庭收入和家庭规模交叉分组的拥有 1 辆以上汽车的家庭百分比

家 庭 收 入	家 庭 规 模		合　计/户
	4 口以内	4 口以上	
高	4%	50%	54
低	19%	93%	46
合　计/户	78	22	—

现在分析一下家庭收入与家庭规模两者中哪一个对汽车拥有量影响更大些。

单纯提升家庭收入水平，每个家庭拥有 1 辆以上汽车的机会增加的百分点为

$$\frac{(19\%-4\%)\times 78+(93\%-50\%)\times 22}{78+22}=0.21$$

单纯因家庭规模扩大，拥有 1 辆以上汽车的机会增加的百分点为

$$\frac{(50\%-4\%)\times 54+(93\%-19\%)\times 46}{54+46}=0.59$$

可见，家庭规模对汽车拥有量的影响远比家庭收入水平的影响大。

从表 8-28 中我们可以看到,高收入家庭比低收入家庭拥有 1 辆以上汽车的机会多出 0.3（0.41－0.11）；表 8-30 表明 4 口以上家庭比 4 口以内家庭拥有 1 辆以上汽车的机会多 0.67（0.77－0.1）。

通过引入第三个变量，上述两个机会的百分比增量分别降到 0.21 和 0.59。附加自变量的引入有助于修正说明第一个自变量对因变量的影响程度。表 8-32 的三向交叉列表是 8-28 的双向交叉列表所引起结论的肯定和加强。

三、变量关系的详细解释

从上面的应用实例可以看出，对于一个双向交叉列表，可以得到两个变量之间有关系或无关系的结论。但是，人们对于双向交叉列表的认识是肤浅的，其结论可能真实也可能虚假。

判断这种初始结论真实与否的办法是引入第三个变量，作三向交叉分析，检验引入新

变量以后，原有自变量与因变量之间的关系的变化情况，由此对初始关系进行再认识。这种分析方法称为变量间关系的详析。而在详析过程中引入的新变量称为中介变量。中介变量引入后，可能对原来两个变量间关系的认识产生影响。这可以通过案例解析图 8-17 表示。

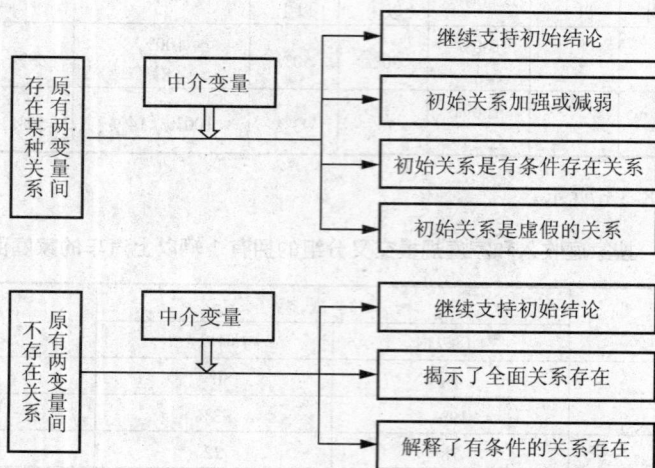

图 8-17　变量间关系的详析

（1）原有变量之间的关系为虚假的关系

居住地介入价值取向与拥有旅行车之间的关系如表 8-34 所示。

表 8-34　价值趋向与旅行车拥有状况　　　　　　　　（单位：户）

价 值 取 向	是否拥有旅行车		
	是	否	合计
自由主义	9（16%）	46（84%）	55（100%）
保守主义	11（24%）	34（76%）	45（100%）

从表 8-34 得出结论：保守主义的家庭更倾向于拥有旅行车。

价值取向、居住地域与旅行车拥有状况如表 8-35 所示。

表 8-35　价值取向、居住地域与旅行车拥有状况

价 值 取 向	居 住 地 域		
	北方	南方	全体
自由主义	5%	41%	16%
保守主义	5%	43%	24%

从表 8-35 得出结论：旅行车拥有状况与居住地有关系，而与价值取向没有关系。

（2）初始关系是有条件存在关系：

汽车拥有量介入家庭规模与拥有外国经济车之间的关系如表 8-36 所示。

表 8-36　家庭规模与外国经济车拥有状况　　　　　　（单位：户）

家庭规模	是否拥有外国经济车		
	是	否	合　计
4 口以内	6（8%）	72（92%）	78（100%）
4 口以上	6（27%）	16（73%）	22（100%）

从表 8-36 中得出结论：大家庭比小家庭才更可能拥有外国经济车。

家庭规模、汽车拥有量与外国经济车拥有状况如表 8-37 所示。

表 8-37　家庭规模、汽车拥有量与外国经济车拥有状况

家 庭 规 模	汽车拥有量		
	1 辆以内	1 辆以上	全体
4 口以内	6%	25%	8%
4 口以上	0%	35%	27%

从表 8-37 中得出结论：只有在大家庭拥有多辆车的情况下，大家庭比小家庭才更可能拥有外国经济车。

（3）继续支持初始结论：

收入水平介入家庭规模与客货两用车拥有状况之间的关系如表 8-38 所示。

表 8-38　家庭规模与客货两用车拥有状况　　　　　　（单位：户）

价值取向	是否拥有旅行车		
	是	否	合　计
4 口以内	3（4%）	75（96%）	78（100%）
4 口以上	15（68%）	7（32%）	22（100%）

从表 8-38 中得出结论：大家庭更可能拥有客货两用车。

家庭规模、收入水平与客货两用车拥有状况如表 8-39 所示。

表 8-39　家庭规模、收入水平与客货两用车拥有状况

家 庭 规 模	收 入 水 平		
	低	高	全体
4 口以内	4%	3%	4%
4 口以上	63%	71%	68%

从表 8-39 中得出结论：大家庭更倾向于拥有客货两用车；这种家庭规模的影响会由于收入水平的提升更为增大。

（1）原有变量之间存在关系

收入水平介入户主受教育程度与是否使用购车信贷之间的关系如表 8-40 所示。

表8-40　户主受教育程度与使用信贷购车状况　　　　　（单位：户）

户主受教育程度	是否使用信贷购车		
	是	否	合　计
高中以下	24（30%）	56（70%）	80（100%）
大专以上	6（30%）	14（70%）	20（100%）

从表8-40中得出结论：受教育程度与使用购车信贷之间无影响。

户主受教育程度、收入水平与使用信贷购车状况如表8-41所示。

表8-41　户主受教育程度、收入水平与使用信贷购车状况　　　（单位：户）

户主受教育程度	收 入 水 平		
	低	高	全体
高中以下	12%	58%	30%
大专以上	40%	27%	30%

从表8-41中得出结论：原来无关系的户主受教育程度与使用信贷购车之间，存在相当程度的关系。

（2）肯定原来无关系的结论

家庭规模介入居住地与客货两用车拥有状况之间的关系如表8-42所示。

表8-42　居住地域与客货两用车拥有状况　　　　　（单位：户）

居 住 地 域	是否拥有客货两用车		
	是	否	合计
北方	11（18%）	49（82%）	80（100%）
南方	7（18%）	33（82%）	20（100%）

从表8-42中得出结论：居住地对是否拥有客货两用车没有影响。

居住地、家庭规模与拥有客货两用车状况如表8-43所示。

表8-43　居住地、家庭规模与拥有客货两用车状况

居 住 地 域	家 庭 规 模		
	4口以内	4口以上	全体
北方	4%	69%	18%
南方	3%	67%	18%

从表8-43中得出结论：居住地对是否拥有客货两用车无影响。

小　结

本章介绍控制数据质量与初步分析。查核是为了提高问卷数据的准确性和精确性而进行的再检查，目的是筛选出问卷中看不清楚、不完整、不一致或模棱两可的答案。最初步的查核是数据收集过程中进行

的现场查核，旨在验证调查者是否遵循了正确的访问程序，纠正数据收集过程中出现的一些问题，防止出现更大的错误。更全面的查核被称为最终查核或办公室查核，是指所有调研收集到的数据返回研究中心后进行的数据查核。办公室查核要保持一致性，决定采取何种适当的方式来处理"不知道"、缺失数据、开放问题的分类。

随后进行的是编码过程，这一过程通常与办公室查核同步进行。先把开放式回答分类再赋予不同数值，即把开放式回答数量化。数据分析之前先对数据进行编码，形成一个数据集或数据文件存储在电脑中。数据集是矩阵形式，其中每一行都包含由一个受访者提供码答案（通常称为一个案例或观察结果）。

一个相对比较简单的确定数据特征是单变量数据分析表，即每一个变量出现的频数分布。单变量分析表可以反映数据的一般特征，找出某些编码错误，把变量的分布与其他相关分布进行比较，将一个变量的数据分其相关分布（如整体人口分布和其他相似量）进行比较，并提出有意义的变量转换。

复习与思考

一、简答题

1. 市场调研数据的查核有哪些途径？
2. 办公室查核和现场查核有什么异同？
3. 二手数据如何审核？
4. 什么是编码系统？编码技术常用的方法有哪些？
5. 数据分组的基本方法有哪些？
6. 二手数据资料加工处理的方法有哪些？
7. 怎样做调研数据的初步分析？
8. 举例说明品质数列与变量数列的根本区别。

二、论述题

1. 论述单因素表格化分析和双因素表格化分析的异同。
2. 举例说明编码与编码系统。
3. 请结合身边的实际，完成你认为是较有意义的一项统计调研工作。并将所搜集的资料进行分组整理，列出变量数列。

三、实训题

实训项目：对调研所得的原始数据进行整理、分析。

实训目的：通过这项实训活动，让学生对调研所获取的资料进行整理，并制成 Excel 表格，掌握统计分组法等数据整理方法。另外，能根据市场调研资料进行总量分析与相对指标分析，得出调研结果。

1. 实训要求与内容

(1) 设计一份问卷并进行编码实训。

(2) 实施一份问卷并进行单因素表格化分析和双因素表格化分析。

(3) 利用 Excel 进行市场调研数据图表的绘制。

(4) 原班级分成小组不变，每组 6～8 人。

(5) 各组对本组实地调研所得的原始数据进行整理，制成 Excel 表格。

(6) 各组对整理后的调研资料进行分析，写出分析结果。

(7) 各组列示自己的统计表格，并公布数据分析结果。

(8) 其他同学和教师进行提问和评价。

2. 总结与评估

(1) 每组推荐一名同学，在课堂上进行发言，总结数据整理和分析工作。

（2）其他同学可进行提问的评论，主要是评价统计分组的适当性和数据分析方法的正确性。

（3）以小组为单位，由教师打分点评。

补充阅读

谈谈问卷调查中的编码技巧

在问卷调查中大量的问卷收回后，需要对每个问题的答案进行整理、汇总。为了充分利用问卷中的调查数据，提高问卷的录入效率及分析效果，需要对问卷中的数据进行科学的编码。编码就是对一个问题的不同答案给出一个电脑能够识别的数字代码的过程，在同一道题目中，每个编码仅代表一个观点，然后将其以数字形式输入电脑，将不能直接统计计算的文字转变成可直接计算的数字，将大量文字信息压缩成一份数据报告，使信息更为清晰和直观，以便对数据进行分组和后期分析。这就使问卷编码工作成为问卷调查中不可缺少的流程，也成为数据整理汇总阶段重要而基本的环节。

通常，问卷中的问题有两类，一类是封闭式问题，即在提出问题的同时，列出若干可能的答案供被调查者进行选择；另一类是开放式问题，即不向被调查者提供回答选项的问题，被调查者使用自己的语言来回答问题。下面就不同问题的编码列出不同的编码方法，以供大家探讨：

一、封闭式问题的编码方法

事实上在调查问卷开始设计的时候，编码工作就已经开始了。因为有些问题的答案范围研究者事先是知道的，如性别，学历等。这样的问题，在问卷中以封闭问题的形式出现，被访者回答问题时只要选择相应的现成答案就可以了。例如：

Q1. 请问您通常在什么地方购买日常用品？［多选］

小杂货店/便民店 ……….1　　　仓储/超市 ……….2　　　商场内超市……….3
百货商场……….4　　　零售摊点……….5　　　批发市场……….6
直销/邮购……….7　　　网上购买……….8　　　其他……….9

对于封闭式问题的调查问卷，在问卷回收后就可以直接录入电脑，这对调查来说是非常便捷有效的。所以正常的问卷调查都尽可能的使用封闭式问题。即便是那些事先不容易知道答案的问题，如购买某商品的地点类型、使用某种商品的主要原因等也可采用此类形式，但通常会在封闭式问题的答案中增加一个"其他"选项，就是为了保证所有的被访者在回答问题时都有合适的被选对象，并且这个选项被选择的机会应当是可以预见到很少的，不会超过主要答案被选择的机会。

二、开放式问题的编码方法

还有一些问题问卷设计者在设计问卷时是不完全知道答案的，这样的问题在问卷中一般有两种形式。一种是只有问题没有备选答案，称作完全开放式问题。例如：

Q2. 请问您不喜欢吃巧克力的原因有哪些？（需要追问）

另一种是有部分备选答案同时还有要求被访者注明的"其他"选项，称作半开放式问题或隐含的开放式问题。例如：

Q3. 请问对于××产品，您愿意接受什么样的促销活动？［多选］

免费试用……….1　　　价格打折……….2　　　赠送相关产品……….3
礼品盒/礼品包……….4　　　抽奖……….5　　　会员式活动……….6
集旧包装换取新产品、奖品等……….7
其他［请注明］_____

对于开放性问题，被访者需要用文字来叙述自己的回答。问卷回收后这些答案不能马上录入电脑，需要后期的人员对其进行"再编码"。"再编码"是为了方便数据处理，对原编码的有效补充，有时还是对原编码的调整修改。"再编码"往往伴随着重新归类分组，由于电脑对数字型数据的偏爱，以及某些统计分析程序只能处理数字型数据，因此经过再编码，数据处理更方便、更可行。

但对于问卷调查来说，开放性问题出现的较少。从功能的角度来看开放性问题是对封闭式问题的补充。

三、开放式问题的编码步骤

对回收问卷的再编码主要是针对开放式问题的。开放性问题的编码工作需要进行 4 个步骤才能进行数据的录入：

第一步，录入答案。由于录入技术的进步，传统上让调查人员对着问卷逐条寻找不同答案并列在一份大清单上的繁琐做法应当废止，而代之以全部录入答案，然后再按照下列步骤实施编码。

第二步，尝试用不同方法对录入的答案进行排序、归类（许多软件例如 Excel、Foxpro、SPSS 甚至 Word 的汉字版等都有按笔画和拼音排序的功能），并结合主观判断，然后合并意思相近的答案。并且对明显相同的答案统计其出现的次数。例如：

Q4. 请问您不喜欢吃巧克力的原因有哪些？

Q4.原因	次数
价格不合理	5
价格有点贵	4
糖多怕胖	10
因为体重增加	8
热量高，怕发胖	8
妈妈说上火	4
天气太热了，易上火	15
天气热想吃清淡的	6
价格原因	1
……	……

第三步，编码人员及问卷设计者根据调查的目的对抄出的答案进一步归纳，形成类别数量适当的"编码表"。以 Q4 为例，归纳的结果如下表所示。

编码表

Q4.合并原因	编码
价格不合理	1
担心发胖	2
易上火	3
……	……

从"编码表"可以看出，答案的数量减少了，每一个保留的答案是对实际填写的同类答案的总结。

第四步，调查人员根据"编码表"中的编码对所有开放题的答案进行逐一归类，并在每个问题旁边写上实际答案在编码表中对应的号码。例如：

Q4. 请问您不喜欢吃巧克力的原因有哪些？（需要追问）

调查问题对照表

Q4.原因	对应编码
热量高，吃了怕发胖	2
价格有点贵	1
……	……

到此为止，问卷上的文字答案经过归纳变成了数字，方便了录入人员的录入、统计。

四、对问卷调查编码工作的几点建议

不论是调查前还是调查后的编码工作都有相同的原则，从这些原则可以看出编码做得好坏，也可以看出问卷设计是否科学、合理。在进行编码时提出以下几点建议。

1. 提倡使用统一编码表和对编码表进行测试

无论是开放题还是半开放题，几道问题选项或答案内容相同、相近、类似等情况下，将这几道题目采用统一的编码表。这样做一是易于控制编码，二是给后期的数据处理、分析带来很多方便。另外，对于确定的编码表，在正式开展调查前应在小范围内对编码表进行测试（测试问卷 50 份左右），以便对编码表进行修正，并使编码人员充分理解编码表。

2. 编码的合理性

首先，编码应充分反映调查项目之间的内在逻辑联系，如对地区的编码，对本省地市的编码值应该接近，以反映本省地理位置接近这一客观事实，并且在处理和汇总时容易设定条件。其次，还要遵循以下的数字用法规则：能用自然数，绝不用小数；能用正数绝不用负数；能用绝对值小的整数绝不用绝对值大的整数。

3. 编码的广泛性和概括性

它包含两方面含义：①每个答案都可以在最终的编码表上找到合适的对应，否则编码表是不完备的；②最终的编码表应当全面地涵盖问题设计时所要收集的各个方面的信息，有时候出现频次少但观点特别的回答可能代表一个特定的重要群体，从研究的角度来说包含这类编码也是非常重要。在确定最终编码表的时候，可以通过经验判断编码表是否包含了各个角度的回答。

4. 编码的唯一性和排斥性

不同编码值不能表示相同的内容或有重叠交叉。每个答案只能有唯一的编码条目与之对应，不应出现同一个答案对应两个或两个以上编码条目的情况，否则编码表就不满足唯一性。例如：如果编码表中出现 5-高兴、8-愉快，那么对于"快乐"这个答案就可以编成 5 也可以编成 8。这种情况需要对编码表重新进行归纳。

5. 严格界定回答问题的角度

对于同一个问题，不同的人可能从不同的方面或角度考虑，每一个方面又会有多种有关的观点和事实。例如：对于"您现在的职业"这个问题，有可能得到就业状态的回答，如全职、兼职、失业、待业等；有可能得到所属行业的回答，如农业、制造业、商业、金融业、教育、艺术等；还有可能得到职称的回答，如农民、工人、商人、会计师、律师、教师等。如果这些答案都出现在同一道问题中，会给编码工作造成麻烦。例如统计部门的统计师，既可以编为统计师的代码，也可以编为统计部门的代码，同时它也符合全职的含义，在这种情况下编码工作就不能保证唯一性的要求。此类问题是编码人员无法解决的，要避免这种情况的出现应尽量在正式问卷确定之前根据调查目的调整提问的方式。如果调查目的需要了解一个问题多个方面属性的话，可以将一个问题分为多个问题，每个问题要求从一个方面进行回答。

6. 详略得当

在归纳确认最终编码表的时候，经常会遇到将一些答案归纳在一起还是将它们分开的情况。对于这样的问题要根据研究目的和数据分析上的要求确定取舍。如果问卷的问题是询问事实的，如"您使用什么牌子的洗发水？"，设计人员可能会按研究的要求保留出现频次最高的前 20 个品牌，而将其余归纳为"其他品牌"。如果问卷的问题询问的是观点、意见，如"您为什么喜欢某品牌的洗发水？"对较分散的答案则不能简单地从频次确定取舍。对于研究目的来说，即使只有很少的回答者因为"味道"而喜欢一个品牌，也可能是很重要的回答；而过于细致的分类又可能造成分析的不便。所以对这类问题，编码工作是否能做好，决定于设计人员对调查目的的理解程度如何。因此，要想对调查问卷的编码做得科学、合理、规范，设计人员必须对整个调查目的做个详细的了解。

（资料来源：国家统计局郑州调查队. 2009. 袁凤献：谈谈问卷调查中的编码技巧.
www.stats.gov.cn/tjyj/tjggyj/t20090331_402550785.htm[2009-04-09]）

第九章　调研数据的深入分析

教学目标与要求

➢ 了解市场调研数据分析的意义、规则、内容、方法和流程；

➢ 掌握单变量数据分析的方法、双变量数据分析技术、多变量数据分析技术；

➢ 学会结合案例解决市场调研中遇到的问题。

本章知识逻辑结构图

本章知识逻辑结构图如图 9-1 所示。

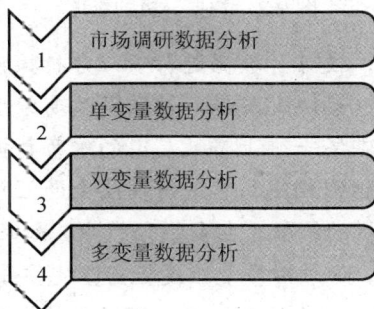

1	市场调研数据分析
2	单变量数据分析
3	双变量数据分析
4	多变量数据分析

图 9-1　本章知识逻辑结构图

=== 导入案例 ===

多维度数据分析

在零售业中，数据分析大多采用汇总、对比、趋势预测、交叉等几类方法，尤其是交叉分析的使用率颇高。交叉分析，顾名思义，是指对数据在不同维度进行交叉展现，进行多角度结合分析的方法，弥补了独立维度进行分析没法发现的一些问题。可以说，数据分析的维度弥补了众多分析方法的独立性，让各种方法通过不同属性的比较、细分，使分析结果更有意义。

我们在看待事物的时侯，如果从不同角度看，往往会得出不同的结果。在对业务数据进行分析时，也会有这种现象。如现在对某个区域的销售数据进行分析，如果以年销售额来分析的话，也许可以发现每年的销售收入都在成比例增长，这是一个不错的结果。但是如果从客户的角度出发进行分析，管理员可能会发现一些老客户的销售额在逐渐降低。

什么是数据分析的维度？如图 9-2 所示。

我们如何理解多维数据中的维？维是人们观察事物的角度，同样的数据从不同的维进行观察可能会得到不同的结果，同时也使人们更加全面和清楚地认识事物的本质。

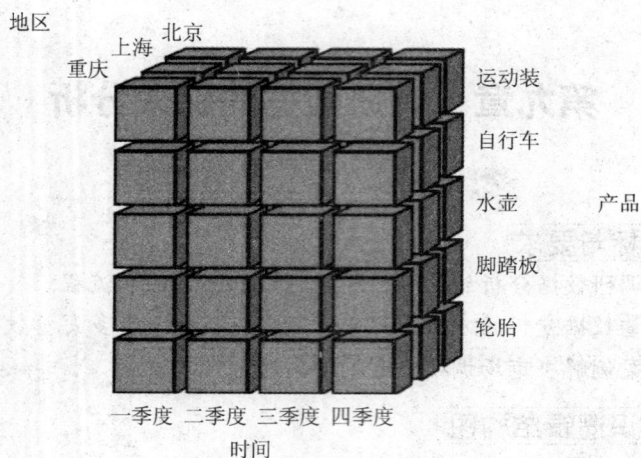

图 9-2　数据分析的维度

当数据有了维的概念之后，便可对数据进行多维分析操作，常见的多维分析操作主要有钻取（上钻和下钻）、切片、切块、旋转。钻取是改变维度的层次，变换分析的粒度。钻取包括上钻和下钻，上钻是在某一维上将低层次的细节数据概括到高层次的汇总数据的过程，减少了分析的维数；下钻则相反，它是将高层次的汇总数据进行细化，深入到低层次细节数据的过程，增加了分析的维数。在多维分析中，如果在某一维度上限定了一个值，则称为对原有分析的一个切片，如果对多个维度进行限定，每个维度限定为一组取值范围，则称为对原有分析的一个切块。在多维分析中，维度都是按某一顺序进行显示，如果变换维度的顺序和方向，或交换两个维度的位置，则称为旋转。

比如一个典型的商品销售数据库记录了商品销售的详细情况，则可从这么几个方面来对销售数据进行分析：从产品的角度，可以按产品的类别、品牌、型号来查看产品的销售情况；从客户的角度，可以按客户的类别、地区等来查看产品的购买情况；从销售代表的角度，可以按销售代表的部门、级别等来查看产品销售业绩；从时间的角度，可以按年度、季度、月份等来观察产品销售的变动情况。其中产品、客户、销售代表、时间分别是四个不同的维度，每个维度都从不同方面体现了销售数据的特征，而每个维度又可按粒度的不同划分成多个层次，称为维度成员，多维分析中另一个重要的概念是数据指标，简称指标，指标代表了数据中的可度量的属性，在上面的销售数据中有两个重要的指标是销售数量和销售金额。

图 9-3 显示的数据看起来还不错，显示的信息非常丰富，左边包含了以天为单位时间维和产品维，可以使用展开按钮进行汇总和展开，就像是细分的操作；上面的表头部分分两层罗列了地域维和指标维，Excel 的透视表提供了丰富的设置，默认展现基于各个维度的汇总数据，让我们可以从"总-分"的角度观察数据，这对数据分析非常有用。假如我们使用上面的透视表进行交叉分析，可否发现数据存在异常？

时间维	产品维	省份 ▼ 值								地域维 销售额汇总	转化率汇总
		广东		江苏		山东		浙江		指标维	
日期 ▼	产品类型 ▼	销售额	转化率	销售额	转化率	销售额	转化率	销售额	转化率		
1月1日	A	12402	6.02%	6705	5.46%	4212	5.89%	7533	6.00%	30852	5.84%
	B	1575	6.64%	3258	4.00%	828	7.89%	2259	4.86%	7920	5.85%
	C	5796	4.68%	6930	7.67%	1701	7.38%	1134	4.76%	15561	6.12%
1月1日 汇总		19773	5.78%	16893	5.71%	6741	7.06%	10926	5.21%	54333	5.94%
1月2日	A	12492	6.33%	6471	5.86%	4140	5.95%	7533	6.25%	30636	6.10%
	B	1566	6.92%	2457	4.05%	1170	5.25%	1737	5.20%	6930	5.35%
	C	8883	7.68%	8253	7.37%	1890	6.60%	1575	10.48%	20601	8.03%
1月2日 汇总		22941	5.98%	17181	5.76%	7200	5.93%	10845	7.31%	58167	6.50%
1月3日		18072	6.12%	17685	6.01%	7569	6.73%	10089	7.71%	53415	6.65%
1月4日		18153	7.70%	11250	6.81%	6255	8.70%	9270	7.60%	44928	7.70%
1月5日		17856	6.18%	11043	5.06%	6597	7.22%	10575	6.15%	46071	6.26%
1月6日		26865	6.19%	12762	6.16%	6165	8.20%	10872	7.60%	56664	7.03%
1月7日		18072	7.00%	13500	5.73%	6129	8.31%	9783	8.17%	47484	7.30%
1月8日		23094	7.2%	14454	6.12%	7650	8.07%	11313	5.81%	56511	6.81%
1月9日		19692	5.30%	15372	6.21%	9567	6.85%	9324	4.14%	53955	5.63%
1月10日		20439	7.52%	12915	5.88%	7641	5.72%	9855	6.38%	50850	6.37%
总计		329976	6.45%	215487	5.91%	103635	7.02%	156087	6.48%	805185	6.47%

图9-3 多维度数据分析的典型案例

采用从总体到细节的分析方法，首先可以从查看每天销售额和转化率的汇总数据开始，折叠产品维之后观察最右侧的指标汇总列就可以看到每日汇总数据；如果某一天的销售额或转化率出现了大幅下滑，就可以结合各种维度寻找原因。就是基于各种维度的细节数据，展开产品维观察当天的哪类产品销售出现了问题，然后结合地域维的交叉数据，可以定位哪类商品在哪个省份的销售出现了问题，这样就有效地将问题定位到了细节的层面，能够更好地发现问题，进而解决问题。所以交叉分析其实正是体现了分析"分而析之"的本意。

（资料来源：www.datascldier.net）

数据分析是市场调研的重要环节，没有分析，就不会有调研结论，好的分析、科学的分析需要科学的方法。本章从单变量数据分析、双变量数据分析和多变量数据分析三个角度展开讨论。

第一节　市场调研数据分析

一、市场调研数据分析的意义

市场调研数据分析是指根据市场调研的目的，运用多种分析方法对市场调研收集整理的各种数据进行对比研究，通过综合、提炼、归纳、概括得出调研结论，进行对策研究，撰写市场调研报告的过程。

本质：数据深加工，从数据导向结论，从结论导向对策。

二、市场调研数据分析的规则

1）从目的到研究。有针对性地选择分析的内容，以解决所定义的市场调研问题。

2）从局部到整体。先从局部问题分析开始，再过渡到对整体的全面认识。

3）从单项到多项。先认识单项指标的变化，再过渡到对多项指标的认识。

4）从表层到里层。先描述现象表层的事实，再揭示现象的内在的本质特征。

5）从静态到动态。"静态"和动态分析相结合，使定量认识更全面。

6）从结果到原因。从结果找内因和外因，以便更好地解释为什么。

7）从过程到规律。分析事物发展变化的过程，去认识事物变化的规律。

8）从规律到预测。只有先认识事物变化的规律，才能作出科学的预测。

9）从问题到对策。只有先搞准问题及其性质，才能提出有针对性的可行的对策。

三、市场调研数据分析的内容

1）背景分析。了解问题的来由和背景，把握分析研究的目的和方向。

2）状态分析。描述和评价现象的各方面的数量表现，概括现象的各种特征。

3）因果分析。找出影响事物变化的内因和外因，揭示的问题与原因。

4）对策研究。针对调查结论和启示、问题与原因，提出解决问题的对策。

四、市场调研数据分析的方法

1. 定性分析方法

是从事物的质的方面入手，利用经验判断、辨证思维、逻辑思维、创造性思维等思维方法对事物质的规定性进行判断和推理。定性分析主要是界定事物的大小、变化的方向、发展的快慢、事物的优劣、态度的好坏、问题的性质。定性分析方法主要如下。

1）辩证思维法。运用唯物辩证法来认识问题、分析问题和阐述问题。

2）逻辑思维法。利用逻辑推理的方法对事物的本质属性进行判断、推理和论证。

3）创新思维法。利用独立性思维、求异性思维、交叉性思维、联动性思维和多向性思维等创新思维的方式对市场调研问题进行分析和思考。

4）经济理论分析法。利用经济学中所阐明的各种经济范畴、经济理论和经济规律，对市场调研的问题进行判断和推理。

5）结构分析法。它是指利用分组数据，通过分析各组成分的性质和结构，进而判断和认识现质属性和特征。

6）比较判断法。它是把两个同类现象或有关联的现象进行比较，从而确定它们之间的相同点和不同点，或者它们之间的关联性，进而判别事物的本质属性。

2. 定量分析方法

定量分析方法是从事物的数量方面入手，运用一定的统计分析方法进行对比研究，从而挖掘事物的本质特征和规律性，即从数据对比中得出分析结论和启示。

（1）按研究的目的不同，分为描述性分析和解析性分析

描述性分析着重于描述和评价现象的规模、水平、结构、比率、速度、离散程度等基本数量特征。解析性分析着重于推断总体、解释数量关系、检验理论、挖掘数据中隐含的本质和规律性

（2）按涉及变量多少不同，分为单变量数据分析、双变量数据分析和多变量数据分析

单变量数据分析为一个统计指标或变量的对比研究。双变量数据分析为两个变量之间数量关系的分析研究。多变量数据分析为三个或三个以上变量之间的数量关系的分析研究。

五、市场调研数据分析的程序

市场调研数据分析的程序如图 9-4 所示。

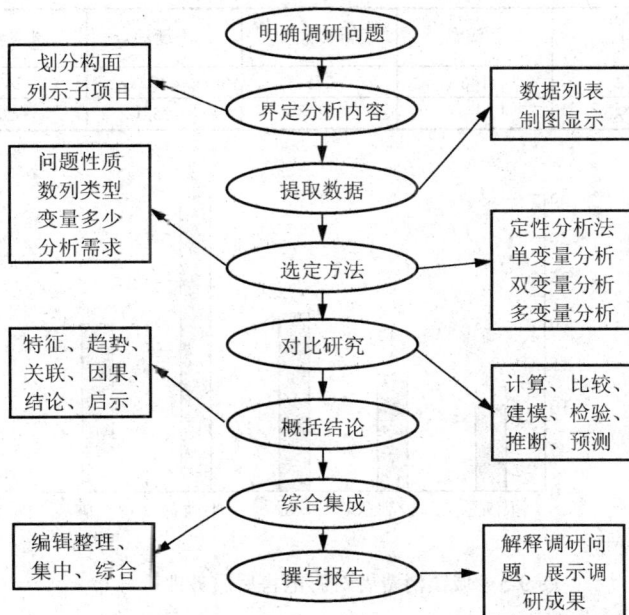

图 9-4　市场调研数据分析的程序

第二节　单变量数据分析

单变量数据分析是市场调研数据分析中最常用的定量分析，主要用于描述和评价调研现象的单变量或单指标的数量特征和规律，如规模、水平、结构、集中趋势、离散程度、发展速度、发展趋势等。单变量数据分析的方法很多，下面分别介绍有关的分析方法。

一、结构性分析

结构性分析又称数列分布分析，主要通过数列的频数分布或频率分布来显示总体或样本分布的类型和特征，反映总体或样本的结构与特点。数列分布的类型主要有钟型分布（正态的、右偏的、左偏的）、U 型分布、J 型分布等形态。不同形态的变量数列说明的问题不同，形成的内在原因也不同，应根据具体情况作具体分析。

【例 9-1】表 9-1 是某地调查的 1200 名农村消费者对彩电售后服务的满意状态的评价。从表中可看出，对彩电售后服务的满意率（包括很满意、较满意、一般）为 44.3%，不满意率为 55.7%。从分布类型（见图 9-5）来看，农村城镇消费者的满意状态呈左偏分布（左边大，右边小）。其深层次的原因可能是厂商比较注重城市彩电市场营销，农村因消费者居住分散，交通不便，售后服务存在较大的难度。

表9-1 消费者对彩电售后服务的评价

满意状态 内容	很满意	较满意	一般满意	不满意	很不满意	合计
人数/人	112	146	275	420	247	1200
频率/%	9.3	12.1	22.9	35.0	20.6	100.0

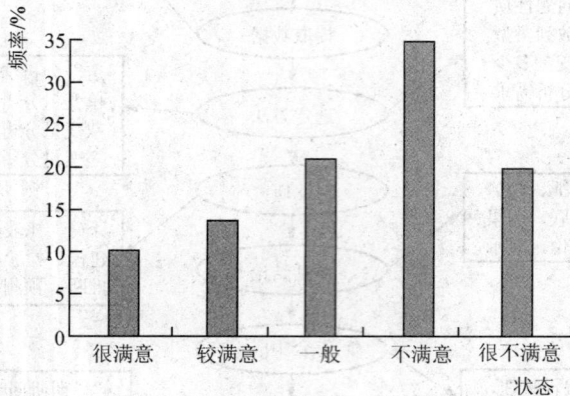

图9-5 城镇消费者对彩电售后服务评价分布

【例9-2】表9-2是某市被调查的1000户居民家庭现有住房面积的分布。从表中可看出，被调查的1000户居民家庭的住房面积在60平方米以下的占3.1%，在80平方米以下的占10.4%，在120平方米以下的占57.9%，在120平方米以上的占42.1%（累计频率分析）。从图9-6可看出，样本户现有住房面积的频率分布是近似于正态分布的。即数列的两边小，中间大，基本上是对称分布的。由于随着居民收入的提高，居民对住房面积和居房条件的改善是日益增长的，假定120平方米以下的居民户的住房面积都提高到120平方米及以上，则全市现有57.9%的居民家庭低于这一水平，因此，该市房地产投资和开发仍有较大的市场潜力。

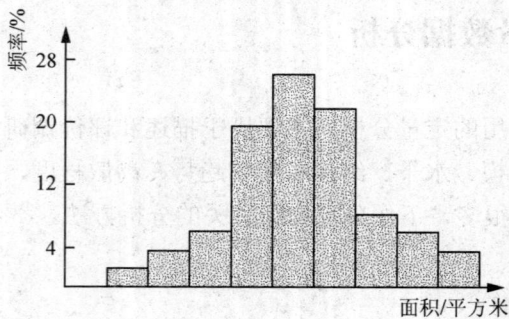

图9-6 样本房现有住房面积分布

表9-2 样本户现有住房面积分布

住房面积/平方米	户数/户	频率/%	累　计	
			户数/户	频率/%
40 以下	10	1.0	10	1.0
40～60	21	2.1	31	3.1
60～80	73	7.3	104	10.4
80～100	195	19.5	299	29.9
100～120	280	28.0	579	57.9

续表

住房面积/平方米	户数/户	频率/%	累　计	
			户数/户	频率/%
120~140	206	20.6	785	78.5
140~160	98	9.8	883	88.3
160~180	65	6.5	948	94.8
180 以上	52	5.2	1000	100.0
合　　计	1000	100.0	—	—

二、集中度分析

集中度分析又称集中程度或集中趋势分析，其目的在于通过测定变量值的一般水平，来评价数据分布的中心值或一般水平，衡量事物变动的集中趋势。

1）品质数列集中度测定："选项众数"、平均等级。

2）变量数列集中度测定：平均数、中位数和众数。

三、差异性分析

差异性分析又称离散程度分析，其目的在于测定变量值之间的离散程度或差异程度，评价平均数代表性的大小，衡量事物变动的均衡性或稳定性。

1）品质数列离散程度测定：等级标准差、等级标准差系数。

2）变量数列离散程度测定：全距、标准差、标准差系数或集中程度。

【例9-3】表9-3是某调查机构对甲、乙两市居民家用空调拥有量的调查分组数据（样本量均为1000户）。从表中的频率分布来看，两个样本均呈偏态分布，大部分家庭的空调拥有量为1~2台。为了更好地说明问题，可计算得到表9-4的分析指标。据此可得出如下几点结论：乙市空调普及率比甲市高；拥有1~2台空调的家庭的频率，乙市也比甲市高；甲乙两市的样本平均数分别为2.146和2.224台/户，乙市略高于甲市，众数和中位数均为2台/户，两个样本的分布均为右偏分布，即2台以下的频率大于2台以上的频率；甲市样本的全距、标准差、标准差系数均比乙市大，说明甲市空调拥有量分布的离散程度比乙市要大；甲市空调市场的潜力比乙市要大（普及率、户均拥有量均比乙市低）。

表9-3　甲、乙两市居民家庭空调拥有量分布

空调拥有量/（台/户）	甲 市 样 本		乙 市 样 本	
	户数/户	频率/%	户数/户	频率/%
0	57	5.7	—	—
1	218	21.8	228	22.8
2	435	43.5	486	48.6
3	156	15.6	165	16.5
4	80	8.0	76	7.6
5	54	5.4	45	4.5
合　　计	1000	100.0	1000	100.0

表 9-4　甲、乙两市居民家庭空调拥有量对比分析

分 析 指 标	甲市样本	乙市样本
户普及率/%	94.3	100.0
1～2 台频率/%	64.3	71.4
平均数/（台/户）	2.146	2.224
众数/（台/户）	2.0	2.0
中位数/（台/户）	2.0	2.0
全距/（台/户）	5.0	4.0
标准差/（台/户）	1.18	1.03
标准差系数/%	55.0	46.3
集中程度/%	45	54.7

四、增长性分析

增长性分析是分析现象在一定时期内增长变化的程度和快慢，主要分析指标有增长量和平均增长量、发展速度和增长速度、平均发展速度和平均增长速度。应注重增长过程和阶段性分析。

【例 9-4】表 9-5 是某市 2005～2012 年城镇居民人均消费支出的动态分析。可看出，近几年，人均消费支出的逐期增长量和环比增长率均呈加速增长的趋势，人均消费支出的平均增长量 316.86 元，平均增长率为 7.04%。

表 9-5　某市城镇居民人均消费支出动态分析　　　　　（单位：元/人）

年份 项目	2005	2006	2007	2008	2009	2010	2011	2012	平均
人均消费支出	3638	3886	4098	4317	4575	4880	5312	5856	—
逐期增长量	—	248	212	219	258	305	432	544	316.86
环比增长率/%		6.82	5.46	5.34	5.98	6.67	8.85	10.24	7.04

五、趋势性分析

趋势性分析在于认识和掌握现象在较长时期内发展变化的总趋势和规律，以便解释和描述现象的长期发展，预测未来的变化。长期趋势分析的方法有以下两类。

1）图示分析法。常用动态曲线图识别长期趋势的类型。

2）趋势方程法。用趋势方程描述现象长期发展变化的趋势，并据此进行外推预测。常用的有常数均值方程、直线方程、指数曲线方程、二次曲线方程等。

由表 9-5 的数据可求得人均消费支出（S）的趋势方程为

$$S = 3595.5714 + 72.3929t + 25.3690t^2$$

$$(R = 0.9977 \quad SE = 59.35 \quad 2004 \text{ 年 } t = 0)$$

以上趋势方程的相关系数（R）接近于 1，估计标准误差为 59.35 元，相对估计标准误差为 1.30%，说明方程描述的长期趋势是较为严格的，人均消费支出呈二次曲线增长趋势。具体如图 9-7 所示。

六、季节性分析

反映季节变动的淡旺季规律，可用于预测和计划分解。反映和测定季节变动方法平均季节比重、季节指数、趋势与季节模型、自回归分析。

【例 9-5】表 9-6 是某地 2009～2012 年分季的消费品零售额。从平均季节比重来看，第一季度和第四季度为旺季，第二季度平淡，第三季度最淡；近三年消费品零售额大体呈直线变化趋势。用平均增长量可预测 2013 年消费品零售额为 392.5 亿元，用表 9-6 中的平均季节比重可求得各季度的预测值分别为 99.62 亿元、95.85 亿

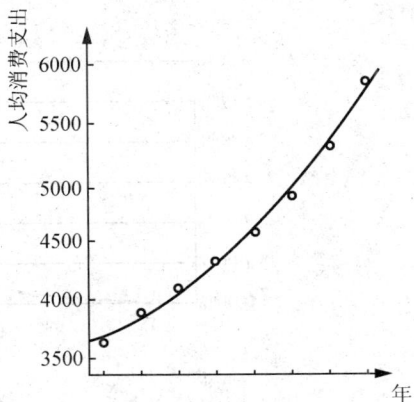

图 9-7　某市城镇居民人均消费支出动态曲线

元、91.41 亿元和 105.62 亿元。若 2013 年上半年该地实际消费品零售额为 197.82 亿元，根据表中一、二季度的季节比重之和 49.8%，可预计年消费品零售额可达到 397.23 亿元，第三、四季度零售额则分别为 92.51 和 106.89 亿元。

表 9-6　某地消费品零售额季节变动分析　　　　　　（单元：亿元）

时间／项目	第一季度	第二季度	第三季度	第四季度	全　年
2009 年	70.6	68.8	66.6	78.6	284.6
2010 年	80.3	77.5	74.9	85.5	318.2
2011 年	89.4	85.6	78.6	90.4	344.0
2012 年	92.8	88.6	85.5	98.6	365.5
合　计	333.1	320.6	305.6	353.1	1312.3
季节比重	25.38%	24.42%	23.29%	26.91%	100.00%
季平均数	83.275	80.125	76.400	88.275	82.019
季节指数	101.53%	97.69%	93.15%	107.63%	400.00

七、循环波动性分析

单变量数据波动分析又称周期性分析或循环变动分析，其目的在于揭示单变量动态数据波动是否存在从低到高、再从高到低的循环往复的变动规律，揭示不同时期经济变量波动的过程、形态和周期长度，以及当前的波动走向。单变量数据波动分析的方法主要有环比发展速度或增长率分析法、时间数列分解余值分析法、动态曲线图示法等。

【例9-6】图9-8是根据我国2008年1月至2013年2月年社会消费品零售额环比发展速度绘制的波动曲线，显示了社会消费品零售额的环比发展速度的波动存在着周期性的变动规律。2008～2013年经历了1个周期，2013年社会消费品零售额的增长正处在恢复阶段。

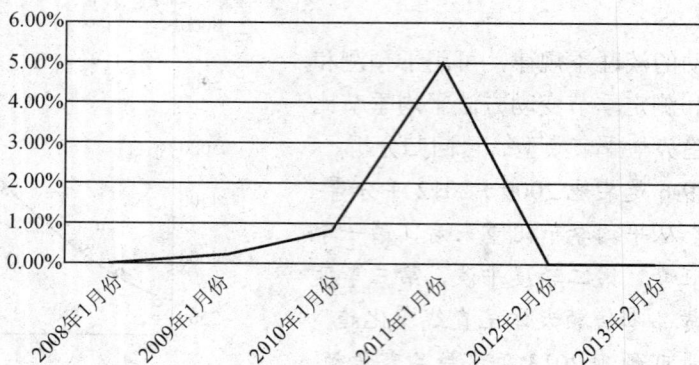

图9-8　2008～2013年消费品零售额环比发展速度波动曲线

八、显著性分析

显著性分析又称假设检验，是指以样本统计量来验证假设的总体参数是否成立，借以决定采取适当行动的统计方法。假设是指对总体参数作出的假设，这种假设可能正确，也可能是错误的，假设检验就是要对假设的正确与否作出判断。在市场调研中，许多问题往往需要经过检验，才能得出正确的结论。

在进行假设检验时，如果总体的分布形式已知，仅需对总体的未知参数（总体均值、总体比率等）进行假设检验，则称之为参数假设检验。如果总体分布形式未知，或者解决的问题不符合参数假设检验条件时，通常采用非参数假设检验（又称非参数统计）。

【例9-7】某地城镇居民某年人均可支配收入9850元，标准差为880元。某项市场调研随机抽取600个居民进行调查，结果人均可支配收入为9785元。在$\alpha=0.05$的条件下，能否认为样本户的人均可支配收入与总体均值没有显著的差别（$H_0:\mu=\mu_0$）？

解：

$$z=\frac{9785-9850}{880/\sqrt{600}}=-1.8093$$

查z分布表，得$-z_{(1-\alpha/2)}=-1.96$，$z_{(1-\alpha/2)}=1.96$，由于检验统计量$z=-1.8093$，落在了两个临界值之间，故接受原假设，即样本均值与总体均值之间没有显著的差别，样本是有代表性的。

【例9-8】某商场上半年测量的每天的顾客流量为4200人，9月份16天构成的随机样本测量的顾客流量为4284人，标准差为210人。设$\alpha=0.05$，假定顾客流量服从正态分布，能否认为顾客流量比上半年要高一些？（$H_0:\mu>\mu_0$）

解：

$$t=\frac{4284-4200}{210/\sqrt{16-1}}=1.5492$$

查 t 分布表，$\alpha=0.05$，$n=15$ 时，得临界值为 $[-1.753, 1.753]$，检验统计量 $t=1.5492$ 落在此区间内，因此，不能认为顾客流量比上半年要高一些，即差异不显著。

第三节 双变量数据分析

双变量数据分析是通过对两个变量之间的数量关系的分析研究，揭示两个变量之间的依存性、相关性、差异性，挖掘数据中隐含的本质和规律性。双变量数据分析的方法很多，下面分别介绍有关的分析方法。

一、双变量比率分析

双变量比率分析是通过计算两个有联系现象的变量值的比值（y/x）来分析现象间的相互联系的数量关系、变化过程和趋势。用以揭示现象的强度、密度、普遍程度、依存关系及其变化。所计算的比值依据两个变量的性质不同，而有不同的含义，如人口密度、存货周转率、产品产销率、居民消费倾向、资产报酬率等都是依存性或相关性比例指标。

【例9-9】某饮料厂某年第二季度单位产品成本和工人劳动生产率数据如表 9-7 所示。要求计算第二季度平均产品单位成本、季工人劳动生产率和月均工人劳动生产率。

表9-7 某饮料厂某年第二季度生产情况

时间 / 项目	4月	5月	6月	第二季度	月平均
总成本/万元	15.20	18.32	23.94	57.46	19.15
总产量/万瓶	76.0	94.0	126.0	296.0	98.67
单位产品成本/（元/瓶）	0.200	0.195	0.190	0.1941	0.1941
平均工人数/人	13	15	18	15.333	15.333
劳动生产率/（万瓶/人）	5.846	6.267	7.000	19.305	6.435

二、边际效应分析

边际效应分析通过计算两个变量的增减量的比值，考察两个有联系现象间的数量关系、变化特征和规律。边际效应又称边际水平、边际倾向、增量系数等，它是因变量 y 的增减量 Δy 与自变量 x 的增减量 Δx 的比值，用以说明自变量每增加一个单位能引起因变量 y 能增加多少个单位。

【例9-10】某地 2005～2012 年的 GDP、消费品零售额如表 9-8 所示。据此计算的消费品零售额占 GDP 的比率、逐期边际系数和逐期弹性系数均呈下降的趋势，并具有一定的周期波动性。这种变动的趋向性和周期波动性是居民消费倾向和储蓄倾向变动、商品消费与非商品消费结构变动、商品零售市场周期波动的综合反映。

表 9-8　某地 2005～2012 年 GDP 和消费品零售额

项　目　　　　时　间	2005 年	2006 年	2007 年	2008 年	2009 年	2010 年	2011 年	2012 年
GDP/亿元	844.0	896.8	992.1	1097.6	1203.3	1358.2	1598.2	1830.9
消费品零售额/亿元	333.8	356.5	391.1	430.6	481.4	525.2	595.0	671.8
比率 (y/x) /%	39.54	39.75	39.42	39.23	40.01	38.67	37.23	36.69
逐期边际系数	—	0.430	0.363	0.374	0.481	0.283	0.291	0.330
逐期弹性系数	—	1.087	0.913	0.950	1.225	0.707	0.752	0.887

三、弹性系数分析

弹性系数分析法是通过计算两个变量的增减率的比值，考察两个有联系现象间的数量关系、变化特征和规律。弹性系数是指因变量 y 的增减率与自变量 x 的增减率之比，用 E 表示。它能说明自为量 x 每变化百分之一，因变量 y 能相应地变化百分之几。弹性可按数值大小、取值正负、衡量对象不同进行分类。

【例 9-11】某市城镇居民 2007～2012 年人均可支配收入与人均消费支出如表 9-9 所示。据此用几何法求得各类商品消费的平均收入弹性如表 9-9 所示。其中，人均消费的收入弹性为 0.8472。说明收入每增长 1%，消费支出可增长 0.8472%，消费的增长略慢于收入的增长，说明居民的储蓄倾向增大。在各类商品消费的收入弹性中，食品、家庭设备用品、杂项商品与服务的弹性较弱，而衣着、医疗保健、交通通信、娱乐教育及文化服务、居住均呈现高效应弹性。这说明 2007～2012 年该市城镇居民随着收入的增长，消费结构发生了显著的变化，人们的温饱问题解决后，更加注重衣着、医疗保健、交通通信、娱乐教育及文化服务、居住等方面的消费。

表 9-9　2007～2012 年某市城镇居民消费的收入弹性　　　　　　（单位：元）

项　目	2007 年	2012 年	年均增长量	年均增长率%	边际 $\overline{M}$	弹性 $\overline{E}$
人均可支配收入	6218.7	9524.0	661.06	8.90	1.0000	1.0000
人均消费性支出	5218.8	7505.9	457.42	7.54	0.6919	0.8472
1. 食品	1 943.7	2289.4	69.14	3.33	0.1046	0.3742
2. 衣着	495.2	790.7	59.10	9.81	0.0894	1.1022
3. 家庭设备用品	544.5	451.0	−18.70	−3.70	−0.0283	−0.4157
4. 医疗保健	270.2	601.3	66.22	17.35	0.1002	1.9494
5. 交通通信	395.6	801.3	81.14	15.16	0.1227	1.7034
6. 娱乐教育及文化服务	753.8	1 338.7	116.98	12.17	0.1770	1.3674
7. 居住	576.7	971.5	78.96	10.99	0.1194	1.2348
8. 杂项商品与服务	239.1	261.2	4.42	1.78	0.0067	0.2000

四、双变量动态分析

双变量动态分析是将两个有联系的变量的动态数据联系起来，考察二者之间的增长是否具有同步性；或者考察两变量发展变化的长期趋势是否具有一致性，发展变化的动态过程是否具有协调性；亦可考察两变量的动态数据的波动是否具有某种循环变动的规律性。分析的方法主要有增长率比较法、复式动态曲线图示法、趋势方程比较法等。

【例9-12】图 9-9 是根据我国 1995～2010 年按当年价格计算的 GDP 和全社会固定资产投资年增长率绘制的复式动态曲线（数据见《中国统计年鉴2012》），该图显示了固定资产投资与经济增长具有一定的动态的依存关系，即投资增长与经济增长不是同步的，投资增长领先于经济增长，投资增长对经济增长具有长期的动态推动作用，投资波动是经济增长波动的主要原因之一。

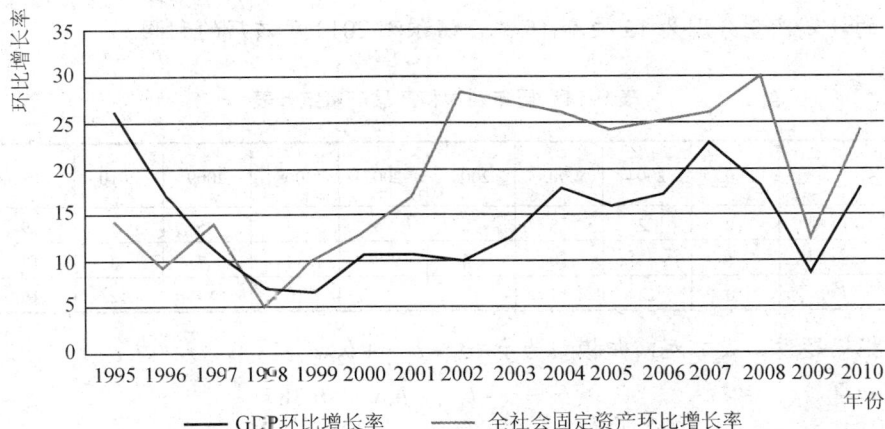

图 9-9　1995～2010 年 GDP 和固定资产投资增长率波动曲线

五、双变量关联分析

双变量关联分析是采用简单相关分析、简单回归分析或自变量滞后分布模型来衡量两个变量之间联系的紧密程度和数量关系。

【例9-13】表 9-10 是某市某年城镇居民家庭人均月收入和消费的抽样数据。从表中的分析指标可看出：

1）收入越高的家庭消费倾向越低，即储蓄倾向越高；反之，则相反。

2）消费边际具有递减的趋势，即随着收入的增加，消费边际递减，储蓄边际递增。

3）从总体上看，消费支出的收入弹性小于 1。

4）居民人均收入决定人均消费的回归方程为

$$y = 73.9243 + 0.7963x$$

$$(R = 0.9986 \qquad S_y = 14.46)$$

此方程表明，居民收入每增加 1 元，消费支出可增加 0.7963 元（平均消费边际）。相关系数 0.9986，表明消费支出与收入的关系非常密切，估计的回归方程具有较强的解释能力。

表 9-10　某市某年居民家庭人均生活费收支分析　　　　　　　　（单位：元）

月人均消费（y）	月人均收入（x）	消费倾向	消费边际	消费的收入弹性
360	368	97.83%	—	—
424	435	94.47%	0.9552	0.9765
530	548	96.72%	0.9381	0.9623
550	630	87.30%	0.2439	0.2522
690	762	90.55%	1.0607	1.2149
796	905	87.96%	0.7413	0.8186
901	1 038	86.80%	0.7895	0.8976
1 088	1 276	85.27%	0.7857	0.9052

【例 9-14】某小企业 2003～2012 年的利润和两种主要产品产量如表 9-11 所示，2013 年两种产品的计划产量分别为 12 吨和 15 吨，试预测 2013 年该厂的利润。

表 9-11　历年利润和产品产量统计表

年　份 项　目	2003	2004	2005	2006	2007	2008	2009	2010	2011	2012
第一种产品（x_1）/吨	2	2	8	2	6	3	5	3	9	10
第二种产品（x_2）/吨	1	2	10	4	8	4	7	3	10	11
产值（y）/万元	10	12	17	13	15	10	14	12	16	18

解：根据题意，设二元回归模型为 $\hat{y} = b_0 + b_1 x_1 + b_2 x_2$

由已知得

$$b_0 = \bar{y} - b_1 \bar{x_1} - b_2 \bar{x_2} = 9.3871$$

$$b_1 = \frac{L_{1y} L_{22} - L_{2y} L_{12}}{L_{11} L_{22} - (L_{12})^2} = 0.1258$$

$$b_2 = \frac{L_{2y} L_{11} - L_{1y} L_{12}}{L_{11} L_{22} - (L_{12})^2} = 0.6174$$

回归模型为

$$\hat{y} = 9.3871 + 0.1285 x_1 + 0.6174 x_2$$

标准差为

$$S_{y(x_1 x_2)} = \sqrt{\frac{\sum y - b_0 \sum y - b_1 \sum x_1 y - b_2 \sum x_2 y}{n-3}} = 1.0933$$

F 检验、参数精度检验，此处略。

T 检验

$$t_{b_1} = \frac{|b_1|}{\sqrt{c_{11}} S_{y(x_1 x_2)}} = \frac{0.1285}{\sqrt{\frac{1200}{7160}} \times 1.0933} = 0.2871$$

$$t_{b_2}=\frac{|b_2|}{\sqrt{c_{zz}}\,S_{y(x_1x_2)}}=\frac{0.6174}{\sqrt{\dfrac{860}{7160}}\times1.0933}=1.6294$$

查 t 分布表，当 $\alpha=0.05$，$n-k-1=10-2-1=7$ 时，临界量 $t_{0.05}(7)=1.8946$，此时 $t_{b_1}<t_{0.05}(7)$，所以 $t_{b_2}>t_{0.05}(7)$。t 检验不显著，经过比较，剔除掉影响较弱的第一个自变量 x_1，用一元线性回归方法，重新估计参数，得到

$$\hat{y}=9.4+0.7166x_2$$

经检验表明，这一回归模型可以用于预测。将 2013 年 $x_2=15$ 代入上式，得

$$\hat{y}=9.4+0.7166\times15=20.149\text{（万元）}$$

即预测该企业 2013 年的利润可达到 20.149 万元。

六、两变量的独立性检验

在市场调研分析研究中，往往有许多两变量交叉分类的数据列表，那么这两个变量或两种分类标准之间是否有联系，如果没有联系，则称两变量间是独立的。两变量之间是否有联系，可采用 χ^2 检验法。

【例 9-15】某市调查公司利用 1 386 户家计调查数据，分别按户主的文化程度与人均年收入进行交叉分类，其数据见表 9-12（括号内为理论次数）。要求检验人均年收入与文化程度之间是否有联系。

表 9-12　居民收入水平与文化程度列联表　　　　　　　（单位：人）

文化程度 月收入水平	大学以上	中学	小学及以下	合　计 （ n_i ）
4000 元以下	93（77.1）	19（26.6）	18（26.3）	130
4000～5000 元	114（97.3）	27（33.6）	23（33.1）	164
5000～6000 元	110（111.5）	39（38.5）	39（38.0）	188
6000～7000 元	178（180.3）	56（62.3）	70（61.4）	304
7000 元以上	327（335.8）	143（122.9）	130（121.2）	600
合　计 n_j	322	284	280	1 386

解：$n=1386$，$r=5$，$c=3$，$(r-1)(c-1)=8$。

1）求每一格的理论次数 E_{ij}，例如

$$E_{11}=\frac{130\times822}{1386}=77.1,\quad E_{12}=\frac{130\times284}{1386}=26.6$$

以此类推。

2）计算统计量 χ^2。

$$\chi^2=\frac{(93-77.10)^2}{77.10}\frac{(114-97.3)^2}{97.3}+\cdots+\frac{(130-121.2)^2}{21.2}$$

$$=23.56$$

3）作 χ^2 检验。若显著水平 $\alpha = 0.05$，根据自由度8，查表 $\chi^2_{0.95(8)} = 15.507$。由于 $\chi^2 > \chi^2_{0.95}$，因此，两个变量之间不是独立的，而是有联系的。

χ^2 的独立性检验，当两个变量的分类都只有两类时，就形成了 2×2 的列联表，若用 a、b、c、d 分别表示其观察值，则 χ^2 统计量的简便公式为

$$\chi^2 = \frac{n(ad-bc)^2}{(a+c)(b+d)(c+d)(a+b)}$$

【例9-16】为了研究女性收入高低与购买化妆品之间是否有联系，某调研公司随机抽取112名女性进行调查，数据分类如表9-13所示，要求判别女性收入与化妆品选择之间是否有联系（$\alpha = 0.05$）。

表9-13　关于收入与化妆品选择的抽样数据　　　　　　　　（单位：人）

收入分类＼产品分类	高档化妆品	中低档化妆品	合　计
高收入	40（a）	32（b）	72
中低收入	12（c）	28（d）	40
合计	52	60	112

解：自由度 $(2-1)(2-1) = 1$。

$$\chi^2 = \frac{112(40 \times 28 - 32 \times 12)^2}{52 \times 60 \times 40 \times 72} = 6.752$$

由 $\alpha = 0.05$，自由度 $=1$，查表得 $\chi^2_{0.95(1)} = 3.841$，由于 $\chi^2 > \chi^2_{0.95(1)}$，所以收入高低与化妆品选择间不是独立的，而是有联系的。

七、两样本的一致性检验

两样本的一致性检验通常用来判断两个或两个以上的样本的比率是否具有显著的差别，或者说检验两个或两个以上的独立随机样本是否来自一致的总体。检验统计量 χ^2 计算与独立性检验一样，决策法如下所述。

$\chi^2 > \chi^2_{1-a}$：两样本比率差异显著（不具有一致性）。

$\chi^2 < \chi^2_{1-a}$：两样本比率差异不显著（具有一致性）。

【例9-17】两家电视收视率调研公司分别对晚间八点档作电话调研得到的两个样本数据如表9-14所示，要求检验两家公司调研的结果是否有差异（$\alpha = 0.05$）。

表9-14　两家电视收视率调研公司的样本数据　　　　　　　（单位：人）

公司＼收视类别	A视	B视	C视	未开机	合计（n_i）
甲公司	83	75	74	40	272
乙公司	73	68	60	32	233
合计 n_j	156	143	134	72	505

解：$\alpha=0.05$，自由度（2－1）（4－1）＝3。

1）合格的理论人数 $E_{ij}=\dfrac{n_i n_j}{n}$，分别为

$$84 \quad 77 \quad 72 \quad 39$$
$$72 \quad 66 \quad 62 \quad 33$$

2）计算检验统计量 χ^2。

$$\chi^2=\frac{(83-84)^2}{84}+\frac{(75-77)^2}{77}+\cdots+\frac{(32-33)^2}{33}=0.3144$$

3）$\alpha=0.05$，自由度＝3，查表得临界值 $\chi^2_{0.95(3)}=7.81>0.3144$，故差异不显著，表示两公司调查的收视率结果可能没有显著的差异。

【例9-18】某厂从甲、乙两个城市各抽取200户居民家庭对研制的新型洗衣粉进行试用调研，调研结果如表9-15所示。其中喜爱比率甲市为80%，乙市为70%。要求检验这两个样本比率是否一致。（$\alpha=0.05$）

表9-15　丙市消费者对新型洗衣粉喜爱人数　　　　　　　　　（单位：人）

选择类型 城　市	喜　爱	不　喜　爱	合　计
甲市	160	40	200
乙市	140	60	200
合计	300	100	400

解：

$$\chi^2=\frac{400(160\times60-40\times140)^2}{300\times100\times200\times200}=5.333$$

$\alpha=0.05$，自由度＝1，临界值 $\chi^2_{0.95(1)}=3.841<5.333$，差异显著，表示甲、乙两市居民的喜爱比率有明显的差异，甲市高于乙市。

第四节　多变量数据分析

多变量数据分析是通过对三个或三个以上变量之间的数量关系的分析研究，揭示多个变量之间的依存性、相关性、差异性、挖掘数据中隐含的本质和规律性。多变量数据分析的方法很多，下面分别介绍有关的分析方法。

一、多变量比较分析

多变量比较分析是将有联系的多个变量或指标联系起来，通过计算有关的比例、弹性系数、边际效应等分析指标，揭示现象之间的依存性、差异性和协调性。亦可利用增长率比较法、复式动态曲线图示沄、趋势方程比较法等方法，考察多变量之间的增长是否具有

同步性；或者考察多变量发展变化的长期趋势是否具有一致性，发展变化的动态过程是否具有协调性或循环变动的规律性。

【例9-19】某地城镇居民和农村居民人均收入、人均消费和人均GDP如表9-16所示。根据表中的分析指标可得出如下结论。

1）城乡居民人均收入都低于人均GDP的年增长率，其协调性不高，其原因是GDP使用中积累与消费的比例不合理所致。

2）城乡居民人均收入、人均消费存在较大的差异性，2001～2005年城乡居民人均收入差距呈缩小的趋势，但2005～2012年则呈扩大的趋势，人均消费亦是如此。

3）城乡居民的消费倾向均呈不断下降的趋势，亦即储蓄倾向不断提高。

4）农村居民的消费倾向高于城镇居民，其原因是农村居民人均收入低于城镇居民。

表9-16　某地城乡居民人均收入、人均消费比较分析　　　　　　（单位：元）

年份	人均GDP	城镇居民			农村居民			城镇/农村	
		人均收入	人均消费	消费倾向	人均收入	人均消费	消费倾向	收入比值	消费比值
2001	2630	3888	3138	80.71	1155	1088	94.20	3.37	2.88
2002	3359	4699	3886	82.70	1425	1367	95.93	3.30	2.84
2003	3963	5052	4098	81.12	1792	1737	96.93	2.82	2.36
2004	4420	5210	4317	82.86	2037	1816	89.15	2.56	2.38
2005	4667	5434	4371	80.44	2064	1889	91.52	2.63	2.31
2006	4933	5815	4801	82.56	2147	1920	89.43	2.71	2.50
2007	5425	6218	5219	83.93	2197	1942	88.39	2.83	2.69
2008	6120	6781	5546	81.79	2299	1990	86.56	2.95	2.79
2009	6734	6959	5575	80.11	2398	2069	86.28	2.90	2.69
2010	7589	7674	6083	79.27	2532	2139	84.48	3.03	2.84
2011	9165	8618	6885	79.89	2838	2472	87.10	3.04	2.79
2012	10 426	9524	7505	78.80	3118	2756	88.39	3.05	2.72

二、多变量平衡性分析

多变量平衡性或协调性分析有不同的方法，最常见的是利用收支平衡关系编制的平衡表进行平衡状态分析、平衡结构分析、平衡比例关系分析等，用以揭示现象之间的相互联系的数量关系，及其发展变化的协调性和均衡性。

【例9-20】表9-17某是啤酒厂某年啤酒产销存分析。从全部产品来看生产量大于销售量。产品销售率为95.2%导致年末存货比年初增加1倍多。从产销结构来看，生产结构与销售结构相比存在着不相适应的地方，如干啤、散装啤酒的生产量过大导致产品销售率较低、存货成倍增加。因此该厂啤酒产大于销的状态主要是由这两类啤酒产大于销引起的。

表9-17　某啤酒厂啤酒产销存分析

| 产 销 情 况
产 品 类 别 | 年初存量/箱 | 生产量 | | 销售量 | | 产销率/% | 年末存量/箱 |
		数量/箱	比重/%	数量/箱	比重/%		
总　计	12	229	100.0	218	100.0	95.2	23
其中：扎啤	1	35	15.28	32	14.68	91.4	4
冰啤	5	123	55.90	128	58.72	100.0	5
干啤	6	65	28.82	58	26.60	87.88	14
其中：瓶装	2	138	60.26	136	62.39	98.60	4
罐装	3	78	34.06	76	34.86	97.44	5
散装	7	13	5.68	6	2.75	46.15	14

三、多变量综合评价

多变量综合评价亦即统计综合评价，是运用反映测评对象总体特征的多个变量或指标体系，借助一定的综合评价方法，通过数量对比，求得综合评价值，对测评对象做出明确的评定和排序的一种综合分析方法，综合测评的结果可衡量测评对象工作的优劣、质量的好坏、效益的高低，并能排出名次、作出评价结论，提出解决问题的对策或建议。综合评价方法的方法很多，如综合等级评价法、综合评分评价法和综合评价指数法。

【例9-21】某评价机构组织专家对6种品牌空调的质量、包装、外观、噪声等五个项目进行等级排序，排序结果见表9-18。表中的平均等级是用简单平均法计算的，综合评价的结果，F品牌第一名，E品牌第二名，C品牌第三名，D品牌第四名，B品牌第五名，A品牌最后一名。

表9-18　六种空调功能排序测评汇总表

品　牌	质　量	功　能	包　装	外　观	噪　声	等级和 T_i	平均等级	名　次
A	6	6	5	6	5	28	5.6	6
B	6	4	6	4	5	25	5.0	5
C	1	3	2	3	3	12	2.4	3
D	4	5	4	4	5	22	4.4	4
E	2	2	1	2	3	10	2.0	2
F	2	1	3	1	1	8	1.6	1

【例9-22】某评价机构用问卷调查的形式请消费者对A品牌的电视机的清晰度、音响效果、外观设计、功能、耗电量五个项目进行打分评价，打分标准为：很满意100分，较满意80分，基本满意60分，不满意40分，很不满意20分。回收有效问卷1000份。A品牌的综合质量评分汇总见表9-19。表中各评价项目的平均得分是用得票数（频数）作权数，用加权平均法求得的。A品牌电视机的综合平均分可根据各评价项目的的平均得分和权数，用加权平均法求得的，即

A品牌综合平均分 $=81×0.3+77×0.2+68×0.1+72×0.3+75.8×0.1=75.68$（分）

表9-19 A品牌电视机综合质量评分汇总表

评价项目	权 数	得票数/票					平均得分/分
		100分	80分	60分	40分	20分	
清晰度	0.3	500	200	200	50	50	81.0
音响效果	0.2	400	250	200	100	50	77.0
外观设计	0.1	100	500	200	100	100	68.0
功能	0.3	150	500	200	100	50	72.0
耗电量	0.1	250	470	150	80	50	75.8

【例9-23】某市有A、B、C、D、E五家同类型工业企业,确定的七项经济效益评价指标(其中资产负债率为逆指标)、权数、标准值及有关数据见表9-20。经济效益总指数是根据表中的数据用上述计算公式计算的。计算结果表明,综合经济效益最高的是A企业,最低的是D企业,其顺序是A、B、E、C、D。

表9-20 某市六家工业企业经济效益评价

指标名称	标准值	权数	A	B	C	D	E
总资产贡献率/%	10.8	20	12.5	11.4	9.8	8.6	10.5
工业增加值率/%	32.0	16	28.6	29.7	29.8	27.8	29.5
资产负债率/%	<60	12	50.4	55.4	58.8	62.4	56.2
流动资产周转次数	1.50	15	1.85	1.64	1.32	1.11	1.21
成本费用利润率/%	3.75	14	4.86	4.65	4.13	3.65	3.98
全员劳动生产率/(万元/人)	1.65	10	2.48	2.35	1.60	1.52	1.76
产品销售率/%	98.0	13	98.5	98.0	96.4	93.8	95.6
经济效益总指数/%	100	100	116.5	110.0	96.4	86.8	97.3

四、多变量方差分析

方差分析是利用方差来判断多个正态总体均值是否相等,或者检验多个样本均值之间的差异是否具有显著性的一种统计分析方法。常用于判断影响某变量的众多因素中,哪些因素起主导作用,哪些因素起次要作用;或者判断不同的方案中哪一种方案最好。

【例9-24】表9-21是某广告方案的消费者测评分数统计,表中有三种水平A_1、A_2、A_3(广告设计方案$\gamma=3$),每种水平有5个试验数据($n_1=n_2=n_3=5$)。

表9-21 广告方案消费者测评分数统计

水平(I) 试验(j)	A_1方案 I	A_2方案 II	A_3方案Ⅲ	平均分值 $\bar{x}_j$
1	71	87	98	85.33
2	70	83	92	81.67
3	74	86	89	83.00
4	68	80	95	81.00
5	72	83	88	81.00
平均分值 $\bar{x}_i$	71.0	83.8	92.4	82.4
误差平方和	20.00	30.80	69.20	1279.6

解：在表 9-21 中，$\gamma=3$，$n=15$，$n_1=n_2=n_3=5$，$\bar{x}_1=71.0$，$\bar{x}_2=83.8$，$\bar{x}_3=92.4$，$\bar{x}_i=82.4$。

各水平的误差平方和分别为 20.00、30.80、69.20。

各水平总的误差平方和 $Q_1=20+30.8+69.2=120$。

因子影响的离差平均和 $Q_2=n\sum(\bar{x}_i-\bar{X})^2=1159.6$。

全部数据离差平方和 $Q=Q_1+Q_2=1279.6$。

计算检验统计量 F，作 F 检验。表 9-22 中 $F=S_2^2/S_1^2=579.8/10=57.98$，若显著水平 $\alpha=0.05$，在 F 分布表中查得 $F_{0.05}(2,12)=3.89$，$F>F_{0.05}$，即三种广告脚本方案的效果是有显著差别的。其中广告脚本方案Ⅲ的效果最佳，效应值最大（$92.4-82.4=10.0$）。

表 9-22　方差分析表

方差来源	平方和	自由度	方差
因子影响	1 159.6	2	579.8
随机误差	120	12	10.0
总和	1 279.6	14	91.4

五、多变量相关分析

多变量相关分析是利用简单相关系数的计算方法，对多变量数据中的每两个变量的相关程度分别进行测度，从而可得到多变量的相关矩阵，根据此相关矩阵可考察任何一个变量与其他变量之间的相关程度的高低，说明哪些变量影响大，哪些变量影响小。

【例 9-25】表 9-23 是根据某省 1997～2012 年 7 类价格定基指数构建的相关矩阵。此表可考察任何一类价格与其他价格之间的相关程度，例如，作为价格传导源头之一的原材料、燃料和动力价格变动与工业品生产、固定资产投资、农业生产数据、商品零售、居民消费等价格都具有高度的相关性，其价格传导的影响大，而与农产品生产价格具有中度的相关性，亦即价格传导的影响要小一些。从消费价格来看，除与农产品生产价格中度相关外，而与其他五类价格变动都具有高度的相关性，说明各类价格的变动最终都会传导到消费价格变动中。农产品生产价格与商品零售价格具有高度的相关性，说明农产品生产价格对消费价格的传导影响，中间还要经过商品零售环节。

表 9-23　1997～2012 年主要价格指数相关分析

价格指数	原材料燃料和动力	工业品生产	固定资产投资	农业生产数据	农产品生产	商品零售	居民消费
原材料燃料和动力	1.000	0.985	0.982	0.976	0.867	0.941	0.960
工业品生产	0.985	1.000	0.971	0.980	0.915	0.982	0.977
固定资产投资	0.982	0.971	1.000	0.940	0.791	0.927	0.968

续表

价 格 指 数	原材料燃料和动力	工业品生产	固定资产投资	农业生产数据	农产品生产	商品零售	居民消费
农业生产数据	0.976	0.980	0.940	1.000	0.915	0.966	0.976
农产品生产	0.867	0.915	0.791	0.915	1.000	0.920	0.849
商品零售	0.941	0.982	0.927	0.966	0.966	1.000	0.975
居民消费	0.969	0.977	0.968	0.976	0.849	0.975	1.000

六、多变量回归分析

多元回归分析是在相关分析的基础上，利用数学模型（方程）来描述因变量与多个自变量之间的数量关系，模型通过各种统计检验后，即可利用这一模型来解释问题、分析问题，亦可进行预测和控制，多元回归分析有多元线性回归、多元非线性回归、时间数列多元自回归等多种形式。

【例 9-26】根据表 9-16 的数据，利用 SPSS 统计软件可求得城镇居民和农村居民人均收入形成的二元线性回归模型分别如下。

1）城镇居民人均可支配收入。

$$y_t = 2472.198 + 0.553\,GDP_t + 98.988t$$

（17.426） （7.881） （2.261）

$R = 0.9980$　　SE $= 114.32$ F $= 1159.85$　　DW $= 2.162$

2）农村居民人均纯收入。

$$y_t = 700.507 + 0.160\,GDP_{t-1} + 0.336\,y_{t-1}$$

（5.554） （4.677） （2.458）

$R = 0.9920$　　SE $= 65.94$　　F $= 247.33$　　DW $= 1.939$

模型检验具有显著性，模型表明城镇居民人均可支配收入和农村居民人均纯收入的形成是不同的，当年 GDP 和其他因素决定当年城镇居民人均可支配收入；而农村居民的人均纯收入取决于上年的 GDP 和上年人均纯收入的自传导效应。

七、多变量聚类分析

多变量聚类分析是研究如何将研究对象按照多个方面的特征进行综合分类的一种多元统计分析方法，可用于解决市场分析中多因素、多指标的综合分类问题。聚类分析中常用的方法有系统聚类法、K-均值聚类法、动态聚类法、模糊聚类法等。读者可参阅有关的多元统计分析书籍。聚类分析由于涉及的变量或指标多，计算复杂，实际使用时，是利用多元统计分析软件求解。

【例 9-27】表 9-24 是根据《中国统计年鉴 2012》的数据，采用 K-均值聚类对 31 个省市的人均 GDP 和三次产业结构进行聚类的结果。从表中可看出，2006 年 31 个省市人均

GDP 高于全国平均值的只有 10 个省市，而低于全国平均值的有 21 个省市，按当年平均汇率（中间价）折合计算，上海为 7237 美元，北京为 6331 美元，上海和北京都处在发达经济阶段；天津为 5164 美元，江苏、浙江、广东平均为 3722 美元，这 4 个省市都处在工业化高级阶段；内蒙古、辽宁、福建、山东这 4 个省市平均为 2732 美元，处在工业化中期的后期阶段；河北、山西、吉林、黑龙江、湖南等 16 个省市平均为 1640 美元，处在工业化中期的起步阶段；安徽、广西、贵州、云南、甘肃等 5 个省市平均为 1101 美元，处在工业化的初期阶段。由此可见，中国工业化发展在不同省市或地区之间是不均衡的，其主要原因在于三次产业结构的差别过大，表 9-24 显示，人均 GDP 越高的省市，第一产业的比重越小，第三产业的比重越大，产业非农化率亦越高。

表 9-24　中国 2006 年 31 个省市人均 GDP 和产业结构聚类

聚类中心人均 GDP/元	省市数/个	产业结构/%			省、市
		I	II	III	
57 695	1	0.9	48.5	50.6	上海
50 467	1	1.3	27.8	70.9	北京
41 163	1	2.7	57.1	40.2	天津
29 673	3	6.33	53.97	39.7	江苏、浙江、广东
21 776	4	11.43	51.63	36.95	内蒙古、辽宁、福建、山东
13 074	16	15.26	46.75	38.29	河北、山西、吉林、黑龙江、湖南等
8773	5	17.74	42.72	39.54	安徽、广西、贵州、云南、甘肃
全国 16 084	31	11.7	48.9	39.4	-

八、多变量分析的其他方法

1. 主成分分析

主成分分析是将多个指标化为少数几个既相互独立，又尽可能多地反映原有指标大量信息的综合性指标，以便更好地集中地反映各样本之间主要差别的一种多元统计分析方法。主成分分析是对多元数据结构进行简化处理的一种有效方法。但是，主成分分析涉及的变量多、计算复杂，一般仅在调查数据量大，影响指标多的情况下才采用。因此，分析者应根据市场调研分析的实际情况，决定是否有必要进行主成份分析，并利用多元统计分析软件求解。

2. 判别分析

判别分析是研究如何根据某个样本的若干个变量的观察数据对所面临的对象进行分类处理的一种多元统计分析方法。判别分析虽然也需要对样本进行分类，但它和聚类分析不同。聚类分析是在不知样本需要分多少类和都有些什么类的情况下，对样本的分类处理；而判别分析是在已知有多少类和有些什么类的情况下，对所观察的样本进行归类处理。

3. 因子分析

因子分析是研究某一总体或样本的多个变量或多个指标变动的共同原因和特殊原因，

从而达到简化变量结构或对样本进行分类的一种多元统计方法。因子分析是主成份分析的推广，但与主成分分析有很大的不同。主成分分析不需构造分析模型，它实际上是一种变量变换的方法，因子分析却需要构造因子模型，以简化变量系统或对样本进行分类。

=== 小　　结 ===

　　市场调研数据分析是指根据市场调研的目的，运用多种分析方法对市场调研收集整理的各种数据进行对比研究，通过综合、提炼、归纳、概括得出调研结论，进行对策研究，撰写市场调研报告的过程。

　　单变量数据分析是市场调研数据分析中最常用的定量分析，主要用于描述和评价调研现象的单变量或单指标的数量特征和规律，如规模、水平、结构、集中趋势、离散程度、发展速度、发展趋势等。

　　双变量数据分析是通过对两个变量之间的数量关系的分析研究，揭示两个变量之间的依存性、相关性、差异性，挖掘数据中隐含的本质和规律性。

　　多变量数据分析是通过对三个或三个以上变量之间的数量关系的分析研究，揭示多个变量之间的依存性、相关性、差异性、挖掘数据中隐含的本质和规律性。

=== 复习与思考 ===

一、简答题

　　1. 市场调研分析的意义是什么？

　　2. 市场调研分析的原则有哪些？

　　3. 简述市场调研分析的内容。

　　4. 市场调研分析的方法有哪些？

　　5. 市场调研分析的程序分几个步骤？

二、数据分析题

　　1. 结合案例作单变量数据分析。

　　某服装公司在过去七年各个季度的销售额数据如表9-25所示。

表9-25　某服装公司在过去七年各个季度的销售额数据　　　　（单位：元）

年　份 ＼ 季度	第一季度	第二季度	第三季度	第四季度
第一年	6	15	10	4
第二年	10	18	15	7
第三年	14	26	23	12
第四年	19	28	25	18
第五年	22	34	28	21
第六年	24	36	30	20
第七年	28	40	35	27

试根据上述数据：

1）选择合适的移动平均项数，确定时间序列的长期趋势。

2）绘制时间序列动态曲线图，并把它与四期移动平均后的曲线图做比较，说说你能得到什么结论。

3）计算季节比率。

4）根据年度数据配和趋势方程。

5）预测第八年和第八年各季度的服装销售额。

2．结合案例作双变量数据分析。

为了解 3 种饲料对猪的生长影响的差异，选择了 3 种不同品种的猪分别进行试验，测得三个月后的体重增长量如表 9-26 所示。试分析饲料品种和猪的品种对猪的生长是否有显著影响？（$\alpha=0.05$）

表 9-26　饲料品种对猪的生长影响　　　　　　　　　　　　（单位：公斤）

猪的品种（因素 B）	饲料品种（因素 A）		
	A_1	A_2	A_3
B_1	51	53	52
B_2	56	57	58
B_3	45	49	47

3．结合案例多变量数据分析。

Showtime Movie Theaters 公司的老板认为每周的收入是广告费用的函数，并想对每周的总收入作出估计。由 8 周的历史数据组成的一个样本如表 9-27 所示。

表 9-27　收入与广告费用关系对比

每周的总收入/千美元	电视广告费用/千美元	报纸广告费用/千美元
96	5.0	1.5
90	2.0	2.0
95	4.0	1.5
92	2.5	2.5
95	3.0	3.5
94	3.5	2.3
94	2.5	4.2
94	3.0	2.5

1）用电视广告费用与报纸广告费用作为自变量，建立估计的回归方程。

2）若电视广告费用为 3500 美元，报纸广告费用为 1800 美元，一周总收入的估计值是多少？

3）在 $\alpha = 0.05$ 水平下，检验 β_1 的显著性，x_1 应该从模型中删除吗？

4）在 $\alpha = 0.05$ 水平下，检验 β_2 的显著性，x_2 应该从模型中删除吗？

三、实训题

1．调研背景和目的

今年第一季度以来 H 市清清纯水公司大瓶装纯净水大量滞销，而 4 月份从各城区市场反馈的信息过于分散。为了摸清 H 市纯水市场的容量、竞争对手情况、目标消费群体的消费心理和接触媒体的情况，以便准确地组织促销活动，从而提高清清公司在当地市场占有率，建议采用"市场抽样调研"为主要方法对 H 市纯水市场及我公司产品供需特性进行一次系统的调研。

2．调研内容

本项调研的具体内容包括以下几个方面：

1）消费者对纯水品牌的知名度。

2）对纯水产品质量、价格及公司服务的满意度。

3）消费者的消费特征（包括职业、文化程度和经济收入）。

4）纯水市场消费行为的特点。

5）消费者了解纯水品牌的主要信息渠道。

6）消费者对清清纯水的看法。

3．研究方法

调研方法是定性研究（二手数据研究、深层访谈）和定量研究（随机抽样调查）相结合。

4．抽样方法

本次深层访谈拟访问清清纯水公司的 10 个单位用户和 20 个家庭用户。随机抽样方法是：根据该市各城区人口分布的统计数据，按人口比例等距抽取 50 个居委会，每个居委会取两个抽样点，每个抽样点随机抽取 4 个家庭户，共计调查 400 位居民户。

补充阅读

雪糕（冰淇淋）产品的购买行为

一、背景数据

为了帮助雪糕（冰淇淋）厂家更深入、准确地了解消费者对该类产品的动态需求，以便在产品高度同质化学元素的市场中发现新的、有价值的细分市场，满足不断变化的消费心理与消费需求，作为中国专业的食品市场调研与整合营销策划机构的北京英昊亚太咨询有限公司于 2002 年 5 月 26 日至 6 月 2 日，对北京雪糕（冰淇淋）市场进行了一次有针对性的调研。本次调研方法为入户访问，在北京市城八区采用分层随机抽样方式成功访问了 366 个居民家庭，同时，在对问卷数据进行分类录入的基础上，研究人员采用 SPSS for Windows 10.0 专业分析软件，对上述调查数据进行了频数、交互及相关性分析。

二、调研分析结果

1．品牌美誉度——伊利最高

超过半数的消费者认为伊利是最好的雪糕（冰淇淋）品牌，比率达到 52.2%；以下依次为和路雪、蒙牛和宏宝莱。可以看出，雪糕（冰淇淋）是品牌集中度很高的食品类别。

2．品牌力、产品力、销售力三者相辅相成

调研显示，有 56.6% 的消费者最喜欢吃伊利牌的雪糕，伊利的品牌忠诚度较其品牌美誉度还要高出近 5 个百分点；和路雪的品牌忠诚度略高于其品牌美誉度。伊利与和路雪除了品牌力强外，同时也有强大的产品力与销售力支持（伊利从苦咖啡、四个圈到小布丁、心多多，和路雪的可爱多、千层雪等产品，占领着不同的细分市场），而且这两个品牌的广告、促销力度优势明显，除了电视广告外，几乎在所有的销售终端都有伊利、和路雪的广告展牌和各类产品陈列。品牌力、产品力和竞争力的有机统一是伊利、和路雪市场成功的三个重要的互动因素。

3．消费者喜欢吃的雪糕（冰淇淋）的品牌与品种

调研发现，消费者喜欢吃的雪糕（冰淇淋）产品主要有以下几种：伊利的小布丁、心多多、苦咖啡、四个圈；和路雪的可爱多、梦龙、七彩旋、千层雪；蒙牛的奶油雪糕棒、大冰砖、鸡蛋奶糕；宏宝莱的绿豆沙、沙皇枣。

4．近四成消费者认为吃雪糕（冰淇淋）会发胖

当被问及吃雪糕（冰淇淋）对身体有哪些坏处时，有 41.6% 的被访者担心会发胖；以下依次是吃多对

胃不好（22.1%），对牙齿不好（11.6%），吃多肚子疼（10.6%）和含糖高、对身体不好（5.6%）。归纳起来，消费者认为多吃雪糕（冰淇淋）对身体主要有两大坏处：一是雪糕时淇淋含糖、含脂高，担心多吃会发胖；二是雪糕（冰淇淋）特别凉，吃多会对肠胃不好。由于该类产品的目标消费群体主要是青少年，因而，如何化解他们吃雪糕（冰淇淋）的顾虑，也是各厂家实现销售增长的主要方向之一。

5. 消费者每天吃 2 支比率过半

调研显示，在 6～9 月份，消费者每天吃 2 支雪糕（冰淇淋）的比率接近半数，为 16.2%；每天吃 1 支的为 24.8%；每天吃 3 支的为 16.2%；每天吃 4 支的为 5.7%；而每天吃 5 支以上的重度消费者也占到 6.7%。雪糕（冰淇淋）单位价格虽然不高，但整个市场容量巨大如何增大单一产品的销售规模，这是厂家取得好的经济效益的关键。

6. 价格：1～5 元最受欢迎

调研结果显示，有 39.0% 的消费者经常购买 1.5 元的雪糕（冰淇淋），经常购买 1 元的也占到 33.3%，两项合计达到 72.3%。也就是说，在 10 个购买雪糕（冰淇淋）产品的消费者中就有 7 个人经常购买价位在 1～1.5 元的产品。

7. 每月支出：集中在 21～50 元

调研显示，在 6～9 月份中，有 32.4% 的消费者每月吃雪糕（冰淇淋）的花费在 21～30 元；在 31～50 元的占 24.8%。可以看出，近六成消费者每月该类产品的消费主要集中在 21～50 元。当然，由于雪糕（冰淇淋）季节消费差异明显，6～9 月份是该类产品的销售旺季，因而其他月份的消费会相对较低。

8. 产品销售：靠终端制胜

与其他众多食品销售渠道不同的是，社区小冰点（30.6%）、超市（28.6%）和路边小冰点（27.7%）共同构成雪糕（冰淇淋）产品三个重要的销售终端。雪糕（冰淇淋）在销售过程中一直需要冷藏，冰柜需要较高的成本投入，因而每个城市从批发商到零售商的冰柜数量都是有限的，产品的储存也只能到一定的规模。因此，谁能拥有更多的经销商、控制更多的冰柜数量，谁就能在市场中占据有利的位置，并且，可以有效地抑制竞争对手产品的销量。

9. 和路雪广告比产品支持率高

有 47.1% 的消费者认为伊利的广告做得最好；38.5% 的消费者认为和路雪广告做得好，比例接近伊利。而和路雪的广告（38.5%）比产品（28.1%）的支持率高出 10 个百分点。通过和路雪与伊利系列产品的对比不难看出，和路雪的价格要高于伊利，这可能是和路雪销量相对于广告支持率略少的主要原因。

10. 广告和促销对购买的影响力

调查显示，广告的影响力集中在 50%～90%，促销的影响力集中在 50%～80%。因此，广告、促销对消费者购买雪糕（冰淇淋）产品均有着重要的影响。

11. 现有产品的十大不足

调查显示，现有的雪糕（冰淇淋）产品有十大不足：没有凉的感觉；奶油太多，越吃越渴；容易融化；含糖量高；有些产品价格太高；纸包装；形状、口味、包装大多数相同，无新鲜感；品种太多；产品的质量不稳定；不能降火、解暑。

第十章 市场调研报告

➢ 了解调研报告的功能；

➢ 了解口头报告、书面报告、演示报告撰写的相关问题；

➢ 掌握书面调研报告的内容构成；

➢ 掌握撰写调研报告的基本要求；

➢ 掌握演示报告的功能；

➢ 学会做口头调研报告。

本章知识逻辑结构图

本章知识逻辑结构图如图 10-1 所示。

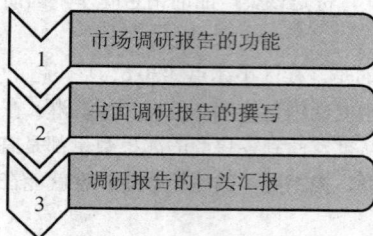

1	市场调研报告的功能
2	书面调研报告的撰写
3	调研报告的口头汇报

图 10-1　本章知识逻辑结构图

═══ 导入案例 ═══════════════════════════════

武汉葡萄酒市场调研报告

一、调研目的

1）初步了解样本市场主要大型商场和超市甜型葡萄酒的市场现状，分析武汉市场甜型葡萄酒的整体情况。

2）收集样本市场主要大型商场和超市不同品牌葡萄酒的市场分布、销售价格、销售状况以及同一品牌葡萄酒的产品分类、销售价格、销售状况，并进行对比分析。寻找武汉市场最佳突破点。

3）了解样本市场消费者对葡萄酒的需求层次、品牌认知程度。

4）了解样本市场消费者的饮酒（葡萄酒）类型、习惯、场合、男女比例、年龄层次等因素，挖掘潜在市场消费者。

二、调研方法

1）大型商场超市的走访和调研。

2）与部分商场超市促销员的个别访谈调研。

3）与部分商场超市消费者的个别访谈调研。

4）在互联网上查找资料进行补充。

三、调研概况

2002年3月24日至2002年3月25日对样本主要大型商场和超市进行了市场走访和调研。此次调研的大型商场和超市包括：中南超市、亚贸超市、中百仓储超市（武昌珞狮路店）、徐东平价超市、麦德龙超市（徐东店）、好又多超市（民意广场）、家乐福超市（武胜路十升店）、武商千禧龙超市、武汉广场、世贸广场、华联超市（汉阳店）等。这些商场超市为武汉市场知名度较高的商场超市，几乎垄断了武汉市场大部分百货零售和批发；另外，它们分布于武昌、汉口、汉阳，由点及面辐射整个武汉三镇因此，上述调研的样本可以比较真实地反映武汉市场葡萄酒销售现状。

本次调研普遍感受到消费者在选择甜型葡萄酒时较为看重产品品牌、葡萄酒的包装、葡萄酒的价位和葡萄酒的容量。以上四点是促成消费者购买某一品牌甜型葡萄酒产品的主要因素。而在选择档次较高的的干红时则更注重品牌，对品牌似乎已经产生一定的忠诚度。像张裕、王朝等强势品牌，无论其甜型葡萄酒还是其干红葡萄酒都在武汉市场取得了不错的销售佳绩。但是如果加上促销手段，那么情况就有一定的变化。例如威龙系列产品，历来是人们公认的低档产品制造商。但是，在武汉一些卖场，他们开展了一些买一送一的促销活动，销售量就立刻超过了几大品牌。

在武汉市场红酒主要品牌排序：张裕、长城、王朝、威龙。张裕大约占30%左右的市份额；丰收一般化。

甜型红酒的市场适应面较干红要广，消费群体要大。因为在调查的过程中，我们发现女性和一般不胜酒力的群体对甜型红酒更加青睐。而在一般的家庭消费中，为了适应全家所有人的口感，购买时选择甜型产品的可能性较干型要大。

四、调研内容

1. 主导产品品牌情况

（1）国内品牌

1）张裕。张裕葡萄酒在武汉大型商场超市的部分品种、容量、度数、价格详见表10-1。

表10-1　张裕葡萄酒的部分品种概况

序号	品名	容量/毫升	度数/度	价格/元
1	金张裕干红葡萄酒	750	12	50.00
2	解百纳高级干红	750	12	76.20
3	精品张裕干红	750	12	36.40
4	赤霞珠高级干红	750	12	67.00
5	高级珍珠红葡萄酒	700	12	9.90
6	红宝石葡萄酒	750	8	12.70
7	天然红葡萄酒	750		9.10
8	天然白葡萄酒	750		9.10
9	万客乐红葡萄酒	1000	12	12.00

续表

序号 内容	品　名	容量/毫升	度数/度	价格/元
10	苹果万客乐红葡萄酒	500	4~5	14.20
11	张裕干白葡萄酒	750	12	24.30
12	玫瑰白葡萄酒	1000	13	16.80
13	味美思营养葡萄酒	1000	18	19.30
14	100%全汁玫瑰红葡萄酒	1000	12	16.80

注：1. 表格中 1~4 为本品牌的高档产品，其余为本品牌的中、低档产品。
　　2. 本表格不包括张裕礼品盒产品。
　　3. 以上产品价格以中南超市为准，其余商场超市同种类型产品价格略有差异。

从表 10-1 可以看出，张裕甜型葡萄酒在武汉市场种类很多，干型半干型、甜型品种齐全。有珍珠红葡萄酒、红宝石葡萄酒、万客乐红葡萄酒、玫瑰红白葡萄酒、味美思营养葡萄酒等。这些甜型葡萄酒容量从 500 毫升、750 毫升到 1000 毫升，价格从 9.10、12.00 元到 24.30 元，极大满足了消费者差异化的需求。除甜型葡萄酒之外，张裕在高档葡萄酒上也是强势出击，其解百纳高级干红、赤霞珠高级干红、金张裕高级干红和精品张裕干红深受消费者喜爱。张裕甜型葡萄酒和高档干红葡萄酒的价格最大差异为 67.10 元（详见表 10-1 价格）。

张裕甜型酒系列度数多种，有 4~5 度、8 度、12 度、13 度、18 度等，其中以 8 度以下产品为主。而干红则统一为 12 度。在市场分布中，张裕高档干红分布于各个调研样品市场，而甜型酒系列则主要占据大型超市酒柜（如麦德龙、家乐福、好又多，而在武汉广场超市等小规模超市则没有张裕甜型系列。该超市主要零售高档次产品。）。据样本市场中的促销小姐介绍，张裕甜型葡萄酒销量较好的为天然系列、红宝石系列以及万客乐系列，消费者介绍他们选择这些系列产品的原因是因为价格便宜、度数适中和容量较大，且适应面广。

2）长城（昌黎长城）。长城葡萄酒在武汉大型商场超市的部分品种、容量、度数、价格详见表 10-2。

表 10-2　长城葡萄酒部分品种概况

序号 内容	品　名	容量/毫升	度数/度	价格/元
1	赤霞珠干红	750	11.5	115.60
2	佐餐干红	750	11.5	31.90
3	优质干红（梅鹿辄）	750	11.5	56.60
4	三星干红	750	11.5	68.40
5	二号干红	750	11.5	29.00
6	长城干白	500		18.90
7	长城天然白葡萄酒	750		12.10
8	长城桃红葡萄酒	1000	6	16.00

长城在武汉也有一定的口碑。但是，由于套用"长城"商标的葡萄酒繁多，使市场鱼龙浑珠，消费者不堪芸芸。如"华夏长城"、"沙城长城"、"安徽长城"等若干品牌。所以在一定程度上影响了其销量。

3）王朝。王朝葡萄酒在武汉大型商场超市的部分品种、容量、度数、价格详见表10-3。

表10-3 王朝葡萄酒部分品种概况

序号 内容	品名	容量/毫升	度数/度	价格/元
1	经典干红葡萄酒	750	11.5	33.60
2	金王朝干红葡萄酒	750	11.5	80.20
3	王朝干桃红葡萄酒	750	11.5	33.00
4	御用木制礼盒（2瓶）	750	11.5	91.50
5	王朝半甜葡萄酒	750	11.5	12.00
6	王朝干白	750	11.5	22.00
7	王朝甜葡萄酒	1000	8	12.00

在调查的10个大型超市中，长城、王朝在样本市场中的甜型葡萄酒品种不多。原汁白葡萄酒更少。笔者仅仅只看到长城天然白葡萄酒。这种在超市中售价为12.00元/750毫升的甜型葡萄酒在大型超市上销售业绩相对干型产品要好。但是，据理解在酒店消费中相对干型葡萄酒要差得多。

长城、王朝高档葡萄酒则在样本市场中与张裕几乎平分秋色，成为干红、干白市场销售的主流品牌。在样本市场中，像张裕一样，它们的高档葡萄酒贯穿于所有的调研市场，在有的商场中还设有摊位专卖，并且反响都不错。总之，在样品市场中，这两大品牌主要定位于高档葡萄酒，只是兼顾甜型葡萄酒。

4）威龙。威龙葡萄酒在武汉大型商场超市的部分品种、容量、度数、价格详见表10-4。

表10-4 威龙葡萄酒部分产品概况

序号 内容	品名	容量/毫升	度数/度	价格/元
1	品丽珠橡木桶陈酿干红	780	11.5	53.80
2	白标高级解百纳干红	750	11.5	35.90
3	慧丝琳干白	750	11.5	22.40
4	高级红葡萄酒			54.00
5	绿标干红葡萄酒			26.90
6	贵族干红葡萄酒			30.00
7	威龙纯汁葡萄酒（半干）	750		25.50
8	威龙鲜汁葡萄酒	750		8.80
9	威龙鲜汁红葡萄酒	1500		17.00
10	威龙红葡萄酒	1000		12.50
11	威龙红葡萄酒	750		7.70
12	威龙全汁红葡萄酒	1000		12.00

序号\内容	品 名	容量/毫升	度数/度	价格/元
13	威龙冰爽葡萄酒	500	4	8.20
14	威龙小香槟	750		11.60
15	威龙苹果香槟	1500		18.00
16	威龙大红香槟	1500		24.00

注：1. 表格中1～6为本品牌的高档产品，其余为本品牌的中、低档和香槟产品。

2. 本表格不包括威龙礼品盒产品。

威龙在样本市场中算得上是甜型葡萄酒的一大卖家，这符合其"甜酒大王"的称号。在各大商场超市中，除中南超市、中百仓储、家乐福、麦德龙等超市出现少量高档干红外，大部分卖场是其甜型葡萄酒的天下。其冰爽葡萄酒、鲜汁葡萄酒、全汁葡萄酒、纯汁葡萄酒大面积出现在陈列卖场，迎合工薪消费，并且销路不错。而且还有款式新颖的礼品装系列。另外，在所走访的超市中，威龙是国产几大葡萄酒品牌中唯一出现香槟的（张裕除外），其小香槟、苹果香槟、大红香槟销售情况较好，成为市场亮点。

从调研市场促销小姐和顾客反映的情况来看，选择威龙甜型葡萄酒主要因素是价格优势。在品牌和价格上，威龙表现为品牌大（濮存昕出演其广告代言人）、价格低，似乎找到了比较好的契合点。另外，特色也是威龙甜型葡萄酒的一大卖点，新品纷呈，其生产的冰爽甜型酒，度数仅只有4度，500毫升售价为8元左右，深受消费者喜爱。另外，瓶签出现濮存昕的1000毫升红葡萄酒和全汁红葡萄酒也成为甜型葡萄酒的主打产品。

5）丰收。丰收葡萄酒在武汉大型商场超市的部分品种、容量、度数、价格详见表10-5。

表10-5　丰收葡萄酒部分品种概况

序号\内容	品 名	容量/毫升	度数/度	价格/元
1	2000 解百纳干红	750	12	40.30
2	丰收干红葡萄酒	750	12	33.00
3	丰收干红葡萄酒	500	12	21.80
4	丰收干红葡萄酒	375	12	17.60
5	高樽丰收红葡萄酒	750		11.00
6	桂花陈酒	750	11	10.30
7	丰收纯汁红葡萄酒	1000		12.00
8	丰收北京红葡萄酒	1000		12.50

丰收葡萄酒在调研的样本市场中只进驻了家乐福、麦德龙、亚贸、中百仓储等市场，以销售干红系列为导向。其甜型葡萄酒只有纯汁红葡萄酒、北京红葡萄酒和桂花陈酒，这些甜型葡萄酒在样品市场中只在家乐福、麦德龙超市出现，销售情况不甚理想。丰收在武汉市场上根本不能排进前四名。据了解，其销售业绩还是2000年以后开始出现回升的。

6）新品牌。新品牌主要是指云南红新天红和藏秘干红等近几年在广告上动作最大的品牌。其中，藏秘干红由于是青稞酿造，口味非常不符合武汉人风格，所以，回头率很低。

云南红和新天红由于广告品味较高（云南红的民族风情广告、新天的仿花样年华广告）很受人们欢迎，加上其产品品种繁多、品名新颖，如云南红的"柔红"，很富于创意，受到消费者青睐。已经成为新品牌中的新宠。后劲很足。

7）其他品牌。这几种品牌的葡萄葡萄酒在样本市场的共同特点是进驻卖场不多，如新天，在样品市场中只有麦德龙超市一家超市中有这种品牌的甜型葡萄酒销售；富瑞斯也只有家乐福一家超市中出现这种品牌。

造成甜型葡萄酒在样品市场中群雄割据、竞争激烈的原因一是干型葡萄酒市场格局还没有完全形成，甜型产品具有一定的市场基础，而且风险较低；二是有利可图。在高档葡萄酒市场上，以张裕、王朝、长城、威龙为首的四大国产品牌占去了大半壁江山，再加上洋品牌的渗入，一些实力弱小的葡萄酒生产企业在夹缝中不得不另找出路，把生产战略调整到甜型葡萄酒生产领域。在这个领域中，由于地域的关系，使得竞争相对减弱。另外，甜型葡萄酒消费面广、市场进入较容易，开发产品不仅可以获利，还可以对高档葡萄酒进行产品补充和市场补充，提升品牌知名度、维护品牌营销网络，一举数得。

（2）国外品牌

国外品牌葡萄酒在武汉大型商场超市的部分品种、容量、度数、价格详见表10-6。

表10-6 部分国外品牌葡萄酒概况

序号	品名	容量/毫升	度数/度	价格/元
1	法国蓝红葡萄酒	750	12	20.20
2	法国干特级波尔多酒（10年100%红葡萄汁）	750		174.40
3	法国特级地利坊葡萄酒	750		72.20
4	法国雅图园葡萄酒	750		60.20
5	法国古堡贵族葡萄酒	750		48.80
6	西班牙斗牛士干红	750	13	86.90
7	美国阳光干红	750		50.00

国外品牌的葡萄酒在样本市场中基本上都为高档葡萄酒，只有法国蓝红葡萄酒价格在20元左右。这种甜型葡萄酒满足了一部分人花很少的钱买洋酒的心愿，在市场销售中还有一席之地。洋葡萄酒由于纯正的进口原装产品甚少，加上消费者害怕上当受骗购买了假冒伪劣产品，所以，市场份额相对较小，大约相当于一个新品牌（如云南红）的消费量。

2. 销售情况

从样本市场上了解到：在春节期间，高档干红的销量较好，甚至出现了供不应求的现象。消费者购买干红主要认定的是品牌知名度，像张裕的赤霞珠干红、长城的三星干红、王朝的金王朝干红成为市场销售的主流。消费者购买主要是用于送礼、同朋友聚会、家人吃团圆饭。这一方面体现了档次，另一方面也体现了饮用葡萄酒的激情氛围。到了三月份，葡萄酒的销售主流则为甜型的葡萄酒。消费者购买主要是因为这些葡萄酒的价格较低、容量较多、味道较好，而且酒精度也不是很高。在样本市场中，甜型葡萄酒销量较好的为张裕天然红白葡萄酒、威龙鲜汇全汁葡萄酒、狮王小利口红葡萄酒、通化原汁葡萄酒等。这些葡萄酒的价格普遍在 5~12 元，口味淡雅，甜度适中，能为大多数消费者接受且长期饮用。

3. 消费者调研

从总体上看，约有 6 成的消费者饮用葡萄酒的原因是出于"在特定场合下，调节气氛和氛围"，约有 2 成的消费者出于"保健作用"而饮用葡萄酒。但是如果从年龄上的角度对消费者进行细分，则会发现饮用目的随年龄的不同有着显著的差别。分析表明，在 35 岁以下的消费者中，62%的消费者饮用葡萄酒是追求一种情调和氛围，甚至是当饮料喝，而出于保健目的饮用的人数比例并不大；这种类型的消费者倾向于饮用味道较甜的葡萄酒；随着年龄的上升，消费者出于保健目的而饮用葡萄酒的人数比例则越来越大。在 36~55 岁的人群中，追求情调和因保健目的而饮用葡萄酒的比例大致已经大体接近，分别为 36.4%和 43.6%；而在 56 岁以上的人群中，出于保健目的而饮用葡萄酒的比例则超过了半数，达 56.3%，这种类型的消费者倾向于饮用档次较高的干红葡萄酒。而且在这个群体中，"嗜酒者"的比例也比较多，有 12.5%的人表示饮用葡萄酒就是因为"喜欢喝"。调查表明，酒店是具体消费葡萄酒的重要场所。除此之外，家庭也是葡萄酒的消费场所之一。

年轻人朋友聚会时在家中饮用统计显示，朋友聚会和平时在家饮用是饮用葡萄酒的主要场合。交叉分析结果表明，半数左右的年轻人主要在朋友聚会时饮用葡萄酒。随着年龄的增加，社交活动的减少，年长者在朋友聚会时饮用葡萄酒的比例逐渐降低，而在家里饮用葡萄酒的比例则呈明显上升趋势。值得注意的是，虽然半数的年轻人主要是在朋友聚会时饮用葡萄酒，但是在 18~25 岁和 26~35 岁的年轻人中仍然有 20%~30%的消费者表示主要饮用葡萄酒的场合是"在家里饮用"。

参考相关资料，从总体上看，消费者每月饮用葡萄酒的次数为 5.29 次。但不同类型的消费者饮用的频次存在一定差异：把葡萄酒作为保健饮品的消费者属于高频次消费者，每月消费的次数高达 8.49 次。虽然出于调节气氛和氛围饮用葡萄酒的消费者比例最高，但这部分群体并非高频次饮用群体；饮用场所主要是酒吧、酒店、夜总会或者同学聚会地点。

从饮用场合上将消费者进行划分，可以发现，平时在家饮用群体每月饮用葡萄酒的频次最高。其次是工作应酬的消费群体，这是饮用量最大。

从饮用不同种类葡萄酒的角度对消费者进行划分，可以发现，饮用干红的消费者群体的饮用频次最高。

从饮用不同价格葡萄酒的群体来看，20~40 元的消费者的饮用频次最高。

交叉分析表明，在家饮用和在外饮用旗鼓相当。

总体上讲，消费者在家饮用和在外饮用葡萄酒的比例接近 1 比 1，但男性在外饮用的比例要高于在家饮用的比例，而女性在家饮用的比例则略高于在外饮用的比例。男性侧重于饮用干红，而女性侧重于饮用味道较为甜的葡萄酒。同时，随着消费年龄的上升，人们在家饮用的比例也呈上升趋势，尤其是 46 岁以上的消费者在家饮用的比例占绝对多数。

参考相关资料，从总体上看，约有 60%的消费者每月在葡萄酒上的花费在 50 元以下。每月花费在 80 元以上的重度消费群体所占的比例仅 1/4 略强。

随着消费者文化水平的上升，每月在葡萄酒上的花费呈上升趋势；特别是随着消费者收入水平的上升，消费者在葡萄酒上的花费的上升趋势表现得更为显著。

五、小结

通过对甜型葡萄酒的市场进行调研，得出以下结论：

1）在样本市场上，各种品牌葡萄酒竞争激烈。传统的四大国内品牌占据市场高档葡萄酒主导地位，约占53%的市场份额，其中，前三个品牌约占50%市场份额；主要集中在省会级大都市和高档消费场所；其他品牌对市场进行补充，激发市场活力。

2）武汉市场整体上葡萄酒消费呈现上升趋势。以1999年为例，当年的葡萄酒销量仅为5000万元，2001年则达到15 000万元，增长比率为300%。

3）洋品牌的葡萄酒在武汉市场主要以高档消费为主，价格在50～200元，价格在20元左右的葡萄酒只有法国红蓝葡萄酒。所以基本上定位在高档或者洋消费群体。整体上所占比例不高。但是试图尝新者不少，潜在消费群体较大，不可小视。

4）强势品牌市场细分明确，终端完善，品种、价格齐全。这在销售中占有很大的优势。在家乐福、麦得龙等大型超市，促销架势使人汗颜，威龙的做法值得借鉴。武汉当地品牌劲牌公司生产的红珠葡萄酒开始为人所知，具有一定市场潜力。

5）品牌知名度成为葡萄酒高档市场消费者的首选因素，其次则是价格；味道、容量、价格、度数也是消费者选择甜型葡萄酒比较注重的方面。

6）中低档红酒市场需求很大。因为中低档消费群体所占的比例很大，加上节日假期走亲访友的需要，对货真价实的葡萄酒还是很受欢迎的。

（资料来源：中国营销传播网，2002-04-18）

在经过精心设计调研方案、严格的过程控制、详细的统计分析等一系列的努力后，最终到了调研报告的撰写阶段，调研报告是整个研究过程所付出的所有劳动的最终结果。在调研报告中，既需要表明前面所有环节的工作，更需要突出最终的结果。对委托调研的商家而言，他们需要的是一个有过程保证的最终结果。在调研活动结束后，受委托一方应当向调研的委托方汇报调研的过程与结果，这是一个双方相互沟通交流的过程。一方面，商家迫切想知道研究的最终结果——有什么发现、证明了什么、有哪些问题、有什么有价值的建议等；另一方面，商家也关心得出结果与结论的过程是否能有效地支持研究结论。毕竟，研究结果会对企业的市场营销决策行为发生影响。因此，受委托调研方应当精心准备，并与委托方进行深度沟通。

第一节　市场调研报告的功能

由于书面调研报告与演示报告的功能有所侧重，其写作要求也相差较大，因此这里将两者分开讨论。

一、书面调研报告的功能

1. 书面调研报告给谁看

通常，从委托调研公司方面看，书面调研报告主要有两个层次的读者：一是公司总经理一级的决策者；二是公司各部门的负责人，如市场部、产品部、广告策划部、市场销售部等部门的经理。总经理作为公司的主要决策者，其需要的更多是主要的结果，以帮助决策。而各部门经理是主要的执行负责人，因此他们往往需要更多详细的信息，供执行参考。

2. 书面调研报告的功能

书面调研报告的功能主要有三个：①证明调研过程的科学性与真实性；②阐述调研结果，提出建议；③文献功能。

（1）证明调研过程的科学性与真实性

书面报告通过对调研背景、目的、内容、方法、过程控制、结果及结论各部分的详细描述，阐释一个围绕特定目的的调研活动的科学性与真实性。科学性与真实性表现在研究体系设计的科学性与操作过程的真实有效性两个方面。首先，是研究设计的科学性。一个研究题目，无论是以在相关背景下提出恰当的问题作为研究目标，对主体内容及概念的操作化、搜集资料的方法、抽样方法的合理选择，还是对统计分析方法的正确运用、结论与建议的推导过程及详细的依据等，都体现出很强的严格的逻辑性，或者说它就是一个科学的逻辑体系的展示过程。其次，是操作过程的真实有效性，即对操作过程的严格、有效的管理与执行及最终的操作结果。

（2）阐述调研结果，提出建议

书面报告的第二个功能就是阐述调研结果，分析得出调研结论，从而在发现问题的基础上，提出解决问题的建设性意见。这是报告的核心部分。报告的科学性和真实性是结果、结论与建议的保证，是得到有价值的参考意见与建议的手段，而结果、结论、建议才是满足企业需求的内容。

（3）文献功能

书面报告具有正式文献所具有的权威性作用，它作为信息资料文件以备查阅和参考，既是应用研究结果阶段所需查阅的正式文本，又是以后研究的重要的二手资料来源，是下一个研究的起点。

二、演示报告的功能

演示报告是书面调研报告的浓缩版本，其主要作用是作为一个正式的交流汇报文本，在向调研委托方进行正式汇报交流时使用。一般而言，在一次调研活动结束后，调研公司都会向其服务的公司做一个正式的汇报交流，向客户汇报调研过程的主要情况及主要结果、结论及建议。对委托调研方而言，正式的演示汇报非常重要，它可以向公司相关部门通报有关企业产品或服务的问题，给企业下一步的工作提供重要的参考。同时，各部门人员也可以就研究中的结果、结论及建议等方面内容，向市场研究人员进行询问和深度交流。

第二节　书面调研报告的撰写

一、书面调研报告的内容构成

从内容构成上看，书面调研报告一般应当包括整个研究过程的各个环节，即研究背景、目标、内容、方法、搜集资料的过程、统计分析结果、结论、建议、调查问卷等。但是，由于书面调研报告的特殊性，它又不能按部就班地一一将整个过程不分轻重缓急地写出来。调研报告必须既充分展示研究的全貌，又考虑报告阅读者的心理特征与阅读特征。一次调研活动结束后，调研委托方的负责人最迫切想要阅读的部分是结果、结论与建议部分，其次才是其他部分。作为决策者，他们很难从头到尾读完一份研究报告的所有内容，他们最关心的是结果。因而调研报告在内容的安排上就应当充分照顾到这种阅读需求的心理特点，在适当的地方将企业领导最想阅读的内容放在突出的位置。

根据报告阅读者关心报告内容的顺序组织框架，一份规范的市场调研报告一般应该包含以下七大部分。

1. 标题与目录

在封面之后，就是标题与目录。

（1）标题内容

标题的内容一般应当包括调研项目名称、客户或委托人、调研公司名称及项目负责人、完成报告撰写日期。

（2）内容目录

内容目录主要是指调研报告中各章节的主要内容，具体包括：章节标题与副标题，并附页码；表格目录；标题与页码；图形目录；标题与页码；附录：标题与页码。一般而言，内容目录只列出各部分的标题名称及页码。目录的篇幅以不超过一页为宜。有时如果报告中图、表比较多，也可再列一张图表目录。

案例拓展

"tyy 品牌产品的广告效果调研报告"的目录

一、摘要

二、研究背景及目的

三、研究内容

四、研究方法

五、调研结果与分析

　　1. 样本受众的基本特征

　　2. 广告的到达率或知晓度

3. 广告的记忆度

4. 广告的认知与理解

5. 广告说服力与态度转变情况

6. 购买行为意向

六、结论及建议

附录：访问提纲和消费者问卷。

2. 执行摘要（或摘要）

阅读调研报告的人往往对调研过程的复杂细节没有什么知识或兴趣，他们只想知道调研所得的主要结果和主要结论，以及他们如何根据调研结果行事。因此，摘要可以说是调研报告中极其重要的一节。它也许是从调研结果得益的读者唯一阅读的部分。由于这一部分如此重要，所以它应当用清楚、简洁而概括的手法，扼要地说明调研的主要结果。详细的论证资料只要在正文中加以阐述即可。对于多数企业的决策者或高级管理层人士而言，他们的兴趣主要在于阅读报告的核心部分。许多经理是通过读书面报告而了解调研的整个过程及结论。执行性摘要尤其重要。一般而言，执行摘要包括如下方面：

1）调研背景与目标简述。在摘要中，首先要阐明调研背景与目的，即为什么公司要在这方面花费时间和金钱，它想得到些什么。这部分不仅为报告的其余部分规定了切实的方向，同时也使得管理者在评审调研的结果与建议时有了一个大致的参考框架，即所陈述的问题。

2）调研方法及调研过程简述。这部分说明资料来源与可靠性、科学性。

3）主要调研结果简述。它包括来自市场的真实情况是什么，有什么发现等。

4）主要的结论与建议简述。即从结果中能归纳总结出什么结论，从而提出什么有意义的建议，企业应当针对这些结论采取什么样的措施。

5）研究的局限性简述。

除上述内容外，在摘要的篇幅上有如下有价值的建议可供参考：首先，调研背景与目标应尽量明确，简明扼要，最多用 1～2 页的文字进行阐释；其次，摘要的主体部分——主要结果、结论及建议部分要比其他部分多几页，长短视具体情况而定。原则上，该部分也应当简短，一般认为最多不要超过报告内容的 1/5。其中，主要调查结果的陈述也应限制在为数不多的几页之内，结论和建议也要尽量言简意赅。此外，在阐述上述结论性的资料时，必要的话还应加上简短的解释。

3. 调研背景与目的

（1）调研背景

调研背景是整个研究的缘由与整个调研方案的依据。研究者要对调研的由来或受委托进行该项调研的原因做出说明。调研背景中需要着重说明的问题有两个：企业的产品或服务当时面临的问题或所处的状态；在当时的情况下，想通过调研解决什么问题。一般而言，需要引用委托企业所在的行业特点，企业的产品、服务、市场竞争力、竞争对手、营销方式、广告方式等方面的资料，进行调研背景的说明。具体而言，调研背景资料可能会涉及以下一些方面的问题。

1）委托企业所在的行业特点及企业的整体营销战略。它主要包括：产品或服务在一段时期内的销售情况，产品价格、包装情况，企业的销售渠道及销售方法，广告、促销策略与实施情况，消费者的基本情况及消费者对企业营销执行的反映。

2）竞争对手的情况。它主要包括：竞争对手的市场占有情况，对手的营销策略，对手的营销手段组合及市场反映情况，对手的新动向。背景资料的介绍不仅可作为研究目的提出的铺垫，还可以作为研究结论和建议的佐证，并可与研究结果相结合来说明问题。所以背景资料的介绍不一定要面面俱到，但必须与研究主题有关。

（2）调研目的

调研目的通常是针对背景分析认为存在的问题提出的。它一般是为了探究市场上的某些情况或论证某些假设。例如，产品销售下滑的原因是什么。该问题可能有两个方面：一方面，如果不清楚产品下滑的原因，那就需要进行探究性的调研，找到影响产品销售下滑的原因，分析主要原因，从而提出解决的方案；另一方面，如果企业已经感觉到了产品下滑的一些原因，但不能肯定或者不知道这些影响因素到底有多大的影响程度，以及在众多影响因素中，重要的因素是哪些。针对这样的问题就需要对假设进行详细的检验与论证。在研究目的中，研究者应当对本研究的预期结果列出一张清单，如下面一项关于城乡手机消费的调研结果清单。

知识拓展

手机品牌与业务可以得到的数据

- 对中国电信、中国移动、中国联通知晓度及对比。
- 对中国电信、中国移动、中国联通认识程度及对比。
- 对中国移动、中国联通的使用满意度。
- 品牌忠诚度与品牌转换的情况、忠诚与转换品牌的原因分析。
- 中国联通与中国移动的整体评价与对比。
- 获取品牌与业务信息的主要渠道及信任程度（媒体习惯）。
- 对联通、移动已有的业务知晓与需求，对未开通的业务的需求，对增值业务的需求。
- 中国联通与中国移动推出的业务子品牌的知晓情况。
- 手机消费意愿（基本话费和月租费）。
- 手机购买、服务的渠道选择及信任度。
- 手机话费的构成与手机日常使用行为。
- 城乡手机的普及率估计。
- GSM 网中，联通 130 网的占有率估计。
- GSM 联通与移动占有率及优劣的比较。

4. 调研方法

调研方法应当包括以下内容。

1）调研地域范围。它说明调研活动在什么地区和区域进行，选择这些地区的理由。

2）调研对象。它是指调研对象的界定及基本特点，在实际中怎样甄别等。调研对象通常是指产品的销售推广对象，或潜在的目标对象。

3）样本容量。

4）抽样方法。

5）资料采集方法。采集方法是入户访问，还是拦截访问或电话访问；是用观察法，还是用实验法等。

6）调研的实施过程及问题处理。它包括如何实施，遇到什么问题，如何处理。

7）访问员基本情况介绍。

8）资料处理方法及工具，即用什么工具、用什么方法对资料进行简化和统计处理。

9）样本的回收情况及有效样本。其中，有效样本至少具备两个基本条件：首先是真实性，是经过调查的真实性核实后确定的真实样本； 其次是按要求进行访问。调研方法的介绍有助于使读者确信调研结果的可靠性。但在描述时要尽量简洁，把调研方法及采用原因说清楚即可。

5. 调研结果

调研结果部分主要是原始调查数据与资料的处理、统计分析并得出分析结果。数据的分析与结果是报告的主体部分。除了企业的高层管理者如总经理外，还有许多执行部门的管理者——某些经理，例如产品经理、营销经理或其他经理，他们需要了解更多的调研信息。调研的目的在于找到或发现问题，了解问题的原因，提出解决问题的方法或策略性的建议，甚至是操作性的建议。因此，对于部门一级的管理人员而言，深入细致地了解研究方案设计的合理性与科学性，了解整个研究过程的科学性与客观性，以及了解详细的调研结果是非常重要的，对这些内容详细研读，最终决定接受或拒绝调研者的建议。正因为如此，这些经理们会详细地研究报告的主体部分，报告的主体部分实际上就是为他们而作的。

调研结果部分的表达形式是比较丰富的。除了常用的文字表达方式外，恰当地使用表格与诸如饼图、条形图等形象化的辅助工具，有助于突出重点，更直观地展示数据。

6. 结论与建议

如何根据调研结果得出结论以及如何依据结论提出建议，往往是调研报告中非常重要，而又难度较大、最容易引起争论的问题。如果说调研结果是一种对原始资料的真实的、系统性的、条理性的客观再现的话，结论与建议则是研究者根据客观结果所作的一种主观性较强的归纳与推导。面对同样的结果与数据，不同的研究者得出的结论可能会有差异，因而建议也可能不同。因此，结论与建议可能会引起争议。但是，严格按照调研结果推断得出的结论与建议应当不会有太大的差别。

结论是指能够把研究结果有效地表达给读者的某一种或某一系列陈述，而不一定非得是经过统计分析得出的数字不可。结论是在调查结果基础上所作的归纳和概括，是对调研目标所提出的问题的回答，或者是为调研目标提供支持。结论是通过归纳得出的，归纳的过程也就是对分散的信息进行概括的过程。调研者应努力整合信息，并用简洁概括的语言得出结论。建议则是经过演绎推导得出的。结论回答了调研目标中提出的问题，而建议则主要提出针对问题应当如何做，即应当从哪些方面入手应对问题或用何种方式解决问题，可以采取哪些措施、方案或具体行动步骤等。例如，产品应当如何改进与定位，广告策略应当如何调整，媒体组合应当如何变化，广告诉求应当如何调整，包装应当如何更改，渠道策略、价格策略应当如何修订等。

从提建议的方式上看，建议有积极与消极两种。大多数的建议应当是积极的，要说明应采取哪些具体措施以获得成功，或者要处理哪些已经存在的问题。在建议中多用"应当"、"调整""修订""如果……会更好"等词语，从积极的方面给以建议，如"应增加广告投放量"、"应调整媒体组合"等，它可以给企业指明工作的方向或方法。否定的建议有"应立即停止现有的促销活动"、"应马上取消报纸广告的投放"等。

在某些情况下，调研者不了解委托公司的调研意图，或委托公司已经向调研公司说明，只需要结果与结论，而建议由其自己思考提出，那么在研究报告中就应当避免提出很确切的建议，而代之以一般化的笼统的建议。

调研者往往把结论当做营销战略或战术在某一特殊领域应用的结果，而把建议的焦点放在如何使客户赢得差别优势上。差别优势是指一种潜在营销组合所提供的真实利益，这种真实利益是目标市场无法从其他途径得到的。

有时，将研究方法、调研结果、结论和建议三部分并称为报告的正文部分。这三个部分包括了整个调查研究的全部内容。调研报告的正文之所以要呈现全部必要的资料，其原因有两个方面：一是让阅读报告的人了解所得调研结果是否客观、科学准确可信；二是让阅读报告的人从调查结果中得出他们自己的结论，而不受调研人员本身所作解释的影响。

7．附录

附录中应该包括那些没有被列入调研正文的图表。例如，样本调查问卷，抽样有关细节的补充说明，原始资料的来源，地图和其他一些过于复杂、过于专业化或与正文不直接相关的资料。附录可用来佐证、说明或进一步阐释已经包括在报告正文中的资料。

二、撰写调研报告的基本要求

一份优秀的调研报告，起码必须具备下列条件。

第一，从整体上讲，调研报告应该能让读者了解调研过程的全貌，即报告要回答或说明为何进行研究，用什么方法进行研究，得到什么结果。

第二，报告语言简洁、有说服力，词汇尽量非专业化。阅读报告的人可能并不完全懂得调研人员已熟悉的技术资料，也不一定有耐心阅读繁琐、生涩的报告，因此报告应当写得让一般人都容易看懂。

第三，报告必须以严谨的结构、简洁的体裁将调研过程中各个阶段搜集的全部有关资料组织在一起，不能遗漏掉重要的资料，但也不能将一些无关的资料统统地写进报告之中。

第四，仔细核对全部数据和统计资料，务必使资料准确无误。

第五，充分利用统计图、统计表来说明和显示资料。

第六，调研报告应该对调研活动所要解决的问题提出明确的结论或建议。

第七，务必使报告打印得工整、匀称，排版好看，易于阅读。

三、撰写调研报告中易出现的问题

在调研报告的撰写方面，常见以下问题。

第一，以篇幅表现质量。调研报告常常都很长，动不动就是数百页，甚至更多。这当中有一个误区，即"报告越长，质量越高"。调研报告的质量体现在真实、科学、简洁及解决问题的有效性等方面，而不是将有关调研活动的所有细节都加到报告中去，以证明工作的努力程度。

第二，资料解释不充分、不准确。在报告中简单地重复一些图表中的数字，而不对图表所表达的含义进行分析与解释。

第三，内容偏离了调研目标。在报告中出现大量与调研目标无关的资料以及给出脱离企业现实的建议。

第四，过多地在复杂的统计方法上玩花样，用了很长的篇幅、许多种统计分析技术，最后得出的是一眼就能看得出来的简单结论。

第三节　调研报告的口头汇报

口头调研报告是市场调研的主持人或报告撰写者以口头陈述的形式向委托方汇报调研方法、报告结果以及结论、建议的活动。

一、口头调研报告的作用

口头调研报告是在书面调研报告已经送达委托方阅读的基础上，进一步向委托方有重点、有针对性地进行陈述，以加深委托方对书面报告的理解、回答委托方提出的疑问、补充委托方需要的内容，从而扩大市场调研活动的影响力和市场调研结果的应用力度。口头调研报告的作用有以下几点。

第一，能用较短的时间说明调研报告的核心内容。

第二，生动而富有感染力，容易给听众留下深刻的印象。

第三，能与听众直接交流，便于增强双方的沟通。

第四，具有一定的灵活性，一般可以根据具体情况对报告内容、时间做出必要的调整。

二、做口头调研报告需要准备的材料

为了使口头报告更容易达到汇报者要达到的目标，需要进行以下三个方面的准备。

1. 汇报提要

应该为每位听众提供一份关于汇报流程和主要结论的提要，提要不应包含数字或图表，但要预留出足够的空白部分以利于听众做临时记录或评述。

2. 视觉辅助工具

为了使报告更生动灵活，富有吸引力，提高报告效果，在条件许可的情况下，应尽量调动现代技术作为辅助手段，包括胶片、投影仪、录像片、电视、PPT 及互联网等。

它可以保持与会者的注意力，有利于增强记忆，也可以促使讲解者按一定的规则去组织思维，易于得出结论。

3. 最终报告

调研者在做口头汇报中省略了报告中的很多细节，作为补充，在口头报告结束时，应该准备一些最终报告的复印件，以备需要者索取。在有些情况下，需要将最终书面报告在做口头报告之前呈递给听众。

三、做口头调研报告需要注意的问题

口头调研报告是否能够达到目的取决于许多因素，主要有以下几点。

1. 按照书面报告的格式准备好详细的演讲提纲

采用口头报告方式并不意味着可以随心所欲、信口开河，它同样需要有一份经过精心准备的提纲，包括报告的基本框架和内容，并且其内容和风格要与听众相吻合。这就要求报告者首先要了解听众的情况，包括他们的专业技术水平如何，他们理解该项目的困难是什么，他们的兴趣是什么等。

2. 采用通俗易懂的语言

口头调研报告要求语言简洁明了、通俗易懂，要有趣味性和说服力。如果汇报的问题较为复杂，可先做一个简要、概括的介绍，并运用声音、眼神和手势等的变化来加深听众的印象。

3. 采用清晰的图形表达

用计算机做出的图形可以加强口头陈述的效果，但要保证图形清晰易懂，一张图形上不要有太多的内容，以便听众有一个清晰的认识。

4. 做报告时要充满自信

有些人在演讲时过多使用道歉用语，这是不明智的。这既说明了演讲者的准备不充分，又浪费了听众的宝贵时间。另外，演讲时要尽量面对听众，不要低头或者背对听众。与听众保持目光接触，在可以表现报告者自信的同时也有助于把握听众的喜爱与理解程度。

5. 把握回答问题的时机

在报告进行时最好不要回答问题，以免出现讲话的思路被打断、时间不够用等现象，应在报告结束后，对听众提出的问题进行回答，以便更清楚地表达报告者的思想。

6. 把握好报告的时间

应根据报告的内容和报告的对象来确定报告的时间。时间过短，往往不能表达清楚报告者的思想；时间过长，容易引起听众的不耐烦，使听众对报告产生抵制心理，所以要在适当的时间内完成报告。

小　结

调研报告是整个研究过程所付出的所有劳动的最终结果。从沟通交流的方式看，调研报告主要有口头报告、书面报告、演示报告三种。其中，口头报告比较简单，主要是对调研过程、主要结果的简要说明；书面报告是最正式的一种方式，要求详细而且符合规范； 演示报告是一种正式的汇报演讲报告，是书面报告的浓缩。一般而言，在调研活动结束后，调研方应当向委托方提交正式的书面调研报告，同时还应当精心准备演示报告，向委托方所有部门听取汇报的成员，做一次正式的调研结果演示汇报。不同的商家对调研报告的内容、格式、写作方法的需求不尽相同，有的要求非常详细，有的注重主要结论与结果； 有的喜欢厚厚的几本，有的只要求薄薄的几页。从调研公司的角度讲，调研报告首先要遵循一般的研究报告的规范和基本原则，然后再根据委托调研商家的特殊要求，做特殊的内容报告。本章主要讨论的是两种正式的调研报告——书面报告、演示报告撰写的相关问题，即怎样撰写一份好的正式研究报告。

复习与思考

一、简答题
1. 举例说明市场调研报告的特点。
2. 说明调研报告格式与内容的关系。
3. 分析典型调研报告。
4. 实际撰写一个调研报告。
5. 撰写报告应注意哪些问题？

二、论述题
1. 结合实际谈谈书面调研报告撰写的内容构成。

2．结合实际论述口头调研报告需要准备的材料和需要注意的问题。

三、实训题

1．实训项目

在校大四学生大四第二学期就业压力调查。

2．实训目的

通过这项实训活动，调研本校大学毕业班学生就职态度、求职方式、不同专业、不同性别、不同年龄段以及不同家庭出身学生的就业态度，从中得出影响成功就业的重要因素。

3．实训要求与内容

1）原班级成分小组不变，每组6～8人。

2）利用课余时间，编写调研问卷。

3）要求被调研人群选择全面、客观、有代表性。

4）对该专业目前社会就业形势及毕业后进行分析，在大学期间如何进行学习等提出好的想法。

5）调研实施者就此次调研得出什么样的有益于自身就业的理念。

4．总结与评估

1）每组推荐1～2名分析较透彻的同学，在课堂上进行发言。

2）组织一次课堂交流与讨论。

3）以小组为单位，由教师打分。

补充阅读

祥隆集团万象城项目专项市场调研报告（目录）

第一篇　市场调研概述 ……… 5

一、市场调研序言 ……… 5

二、市场调研目的 ……… 5

三、市场调研方法 ……… 6

第二篇　烟台城市宏观环境 ……… 8

一、烟台市现状：山东省第三大城市 ……… 8

（一）烟台简介 ……… 8

（二）烟台的各项主要社会指标 ……… 10

（三）烟台市2006年各项主要经济指标排名均排全省前列 ……… 12

二、烟台城市未来发展规划 ……… 20

（一）市政总体规划 ……… 20

（二）经济规划 ……… 21

（三）城市建设 ……… 22

第三篇　烟台未来商业规划 ……… 25

一、烟台市市区商业网点发展规划原则及定位 ……… 25

（一）烟台市市区商业网点发展规划原则 ……… 25

（二）烟台商业网点发展定位 ……… 26

二、烟台市商业网点布局规划 ……… 29

（一）商业网点规划思路和发展目标 ……… 29

（二）市、区、社区商业功能区及邻里商业规划 ·· 31

（三）大型商业零售网点规划 ··· 37

（四）商业街规划 ·· 41

（五）商品交易市场体系规划 ··· 42

第四篇　烟台市商业市场现状及发展分析 ·· 44

一、烟台市商业发展历程 ·· 44

小结：烟台市商业特征 ·· 47

二、烟台市主要商圈调查分析 ·· 47

（一）南大街商圈 ··· 49

1. 商圈内主要商业项目调查分析 ··· 50

（1）振华商厦 ·· 50

（2）南大街购物城 ·· 54

（3）北大西街 ··· 56

（4）时代广场 ··· 57

（5）百盛购物中心 ·· 58

（6）第一大道 ··· 60

（7）阳光国际购物广场 ·· 62

（8）振华购物中心 ·· 63

2. 商圈内业态组成及体量比例分析 ·· 64

3. 南大街商圈特征总结分析 ··· 66

（二）青年路商圈 ··· 67

1. 商圈内主要商业项目调查分析 ··· 68

（1）东方巴黎 ··· 68

（2）烟台三站批发市场 ·· 72

2. 商圈内业态组成及体量比例分析 ·· 73

3. 青年路商圈特征总结分析 ··· 74

（三）幸福商圈 ··· 75

1. 商圈内主要商业项目调查分析 ··· 76

2. 商圈内业态组成及体量比例分析 ·· 79

3. 幸福商圈特征总结分析 ·· 79

三、主要在售、招商商业项目调查分析 ··· 80

（一）市中心主要在售、招商商业项目 ·· 80

（二）项目附近主要在售、招商商业项目 ·· 83

（三）小结 ·· 84

四、业态调查分析 ·· 85

（一）大百货 ··· 85

（二）超市 ·· 86

（三）家居建材市场 ··· 87

（四）数码/通信市场 ··· 88

第五篇　项目综合分析 ··· 89

一、项目区位 ·· 89

（一）地理位置 ··· 89

（二）项目四至图 ··· 90

（三）项目交通条件 ·· 90

二、项目所在地人口调查 ·· 91

（一）莱山区现状人口规模 ·· 91

（二）莱山区未来人口规模 ·· 94

（三）莱山区总人口走势图（2007～2020 年） ··· 98

三、项目所在地商业环境调查 ·· 98

（一）烟大－埠岚商业带调查分析 ··· 99

（二）芳华园－绿色家园商业带调查分析 ··· 114

（三）澳柯玛商贸中心一带商业调查分析 ·· 118

四、项目所在地商业/服务业发展前景 ··· 118

（一）莱山商业/服务业前景规划 ··· 118

（二）莱山商业总体量 ·· 123

五、项目业态组成及体量 ·· 124

（一）项目业态组成 ·· 124

（二）项目体量规模 ·· 125

六、项目 SWOT 分析 ·· 129

第六篇　目标消费者调研 ··· 131

一、投资者调查分析 ·· 131

二、经营者调查分析 ·· 134

三、消费者调查分析 ·· 136

第七篇　媒体调查及建议 ··· 138

第八篇　市场调研重要结论及项目建议 ··· 142

一、市场调研重要结论 ··· 142

二、埠岚改造项目商业建议 ·· 143

结束语 ··· 144

附件：烟台市区主要百货、超市、家居建材市场调研资料列表 ··· 145

参 考 文 献

布莱洛克. 1988. 社会统计学. 傅正元, 等译. 北京: 中国社会科学出版社.

晁钢令. 2003. 市场营销学. 第二版. 上海: 上海财经大学出版社.

陈启杰. 2004. 市场调研与预测. 第二版. 上海: 上海财经大学出版社.

戴维·阿克, 等. 2004. 营销调研. 魏立原, 译. 北京: 中国财政经济出版社.

菲利普·科特勒. 1999. 营销管理. 第九版. 梅清豪, 译. 上海: 上海人民出版社.

郭志刚, 郝虹生, 等. 1989. 社会调查研究的量化方法. 北京: 中国人民大学出版社.

黄合水. 1998. 广告心理学. 北京: 东方出版中心.

黄升民, 等. 1997. 广告调查. 北京: 中国物价出版社.

柯惠新, 黄京华, 等. 1992. 调查研究中的统计分析法. 北京: 北京广播学院出版社.

肯尼思·D. 贝利. 1986. 现代社会研究方法. 许真, 译. 上海: 上海人民出版社.

李少华, 等. 2001. 市场调查与数据分析. 北京: 经济管理出版社.

刘燕南. 2001. 电视收视率解析——调查、分析与应用. 北京: 北京广播学院出版社.

卢泰宏, 等. 2000. 互联网营销教程. 广州: 广东经济出版社.

马连福. 2002. 现代市场调查与预测. 北京: 首都经济贸易大学出版社.

马谋超. 2001. 广告心理. 北京: 中国物价出版社.

清华大学经济管理学院. 1998. 市场营销失败反思. 北京: 世界图书出版社.

屈援. 2011. 市场研究. 北京: 经济科学出版社.

宋林飞. 1990. 社会调查研究方法. 上海: 上海人民出版社.

宋思根. 2010. 市场调研. 北京: 电子工业出版社.

托尼·普罗克特. 2004. 营销调研精要. 吴冠之, 等译. 北京: 机械工业出版社.

吴增基, 吴鹏森, 苏振芳. 2003. 现代社会调查方法. 上海: 上海人民出版社.

西蒙·萨德曼, 爱德华·布莱尔. 2004. 营销调研. 宋学宝, 等译. 北京: 华夏出版社.

小查尔斯·兰姆, 小约瑟夫·海尔, 卡尔·麦克丹尼尔. 2005. 市场营销学. 时启亮, 等译. 上海: 上海人民出版社.

小卡尔·麦克丹尼尔, 等. 2012. 当代市场调研. 第八版. 范秀成, 等译. 北京: 机械工业出版社.

袁亚愚. 1993. 社会调查的理论与方法. 成都: 成都科技大学出版社.

张梦霞. 2011. 市场调研方法与应用. 北京: 经济管理出版社.

张彦, 吴淑凤. 2006. 社会调查研究方法. 上海: 上海财经大学出版社.

A. 帕拉苏拉曼, 德鲁福·格留沃, R. 克里希南. 2009. 市场调研. 王佳芥, 等译. 北京: 中国市场出版社.

L. Kish. 1997. 抽样调查. 倪加勋, 等译. 北京: 中国统计出版社.

Sally Dibb Lyndon Simkin. 2004. 市场营销——案例和概念. 第二版. 北京: 清华大学出版社.

baike.baidu.com.

wenku.baidu.com/? fr＝bk.

www.stats.gov.cn.

www.cei.gov.cn.

www.confucius.cn.net.